JN070616

建築物環境衛生管理技術者試験

ビル管理士 科目別問題集

市ケ谷出版社

はじめに

　厚生労働省の国家資格である「建築物環境衛生管理技術者（通称「ビル管理士」）」の国家試験は「建築物における衛生的環境の確保に関する法律」（略称　建築物衛生法）に基づいて行われるものです。

　本書『ビル管理士　科目別問題集』は、「建築物環境衛生管理技術者国家試験」に合格することを目的に、「出題年度別」「科目別」「項目別」に問題が解ける『問題集』として、工夫してつくられています。

　この試験の全容と試験の特徴をまとめておきます。

（試験の内容）

　この試験は、午前3時間と午後3時間の一日で行われ、出題数は180問です。しかも合格基準があり、各科目の合格基準点（各科目の満点の40%）以上であって、かつ全科目の得点が全科目の合格基準点（全科目の満点数の65%）以上であることが条件となります。

（試験の特徴と勉強の仕方）

　試験は、試験問題数が180問と多く、試験時間が6時間なので、平均すれば1問を2分間で解くスピードと持久力が求められます。

　合格するためには、きちんとした基礎学力が求められるのは当然として、短時間で試験問題を解くことに慣れることが必要です。受験される方は、一般に、過去の試験問題を年度順に最初から順序よく解いていく人が多いのですが、この方法だと、知識を習得するための効率的な学習とはいえません。

　そこで本書は「科目別」「項目別」に集中的に学習していくことを目標に編修しました。

①．本書は最新5年間の試験問題をそのまま掲載してありますが、まず苦手としている科目の試験問題（5年間全部）を解いてみてください。過去問はそのまま出ることはありませんが、過去問と同じや似た問題は8割から9割程度出ております。過去問での正答率を8割以上とれるまで自分の知識を整理することが合格の近道と考えます。そして

②．別刷りの解答用紙を利用して、採点してください。

　同じ傾向の間違いがある場合や、理解のできないところがある場合は、市ヶ谷出版社から出版されている『ビル管理士　要点テキストⅠ・Ⅱ』を参考にして下さい。「要点テキスト」のその箇所に印をつけて、そこを徹底的に勉強してください。

　この問題集を「出題年度別」「科目別」「項目別」の3通りの方法で繰り返し取り組んで下さい。そうすれば、きっと、正しい知識が身についてきていると実感でき、自信がもて必ず合格点を獲得できるでしょう。

　皆様のご検討をお祈りします。

　2024年3月1日

編修委員一同

受験ガイダンス

(1) 資格の概要について

建築物環境衛生管理技術者とは，**建築物の環境衛生の維持管理に関する監督等を行う国家資格（厚生労働省）**を保有する人です。通称，ビル管理技術者，ビル管理士と呼ばれます。

この資格は，厚生労働大臣の指定を受けた**日本建築衛生管理教育センターの**①「**建築物環境衛生管理技術者登録講習会**」を受けた者，または，②「**建築物環境衛生管理技術者国家試験**」に合格した者，に対し免状が交付されます。

資格の保有者は，「**建築物における衛生的環境の確保に関する法律**」（建築物衛生法）に基づいて，**面積 3000 m² 以上**（学校については 8000 m² 以上）の**特定建築物**において，維持保全に関して事実上の最高責任者として職務を遂行することができます。

(2) 資格者が要求される知識・能力

建築構造，建築設備，室内環境・衛生（照明や騒音環境を含む）**，給排水，清掃，害虫・ねずみ防除，廃棄物**などといったビル管理に関する幅広い知識が要求されます。このほかに，実務上は建築物内で生じる**健康**問題に関する基礎**医学，生物学，化学等**の**自然科学**全般の知識，その他管理費，人的資源の管理，**クレーム対応，下請け事業者**との契約・折衝，官公庁との連絡調整などといった**マネジメント**能力も要求されます。

(3) 国家試験の受験概要

受験資格のある者が国家試験（上記(1)—②）に合格することによって，資格を得る方法に該当します。

試験科目と配点・合格基準・日程

	科　　目	配点*	合格基準点（合格基準）
9 時 00 分〜9 時 30 分　　受験上の注意			
午前試験（時間 3 時間） 9 時 30 分〜12 時 30 分	建築物衛生行政概論	20	8 点以上（40% 以上）
	建築物の環境衛生	25	10 点以上（40% 以上）
	空気環境の調整	45	18 点以上（40% 以上）
12 時 30 分〜13 時 15 分（45 分）　　休憩			
13 時 15 分〜13 時 30 分　　受験上の注意			
午後試験（時間 3 時間） 13 時 30 分〜16 時 30 分	建築物の構造概論	15	6 点以上（40% 以上）
	給水及び排水の管理	35	14 点以上（40% 以上）
	清掃	25	10 点以上（40% 以上）
	ねずみ・昆虫等の防除	15	6 点以上（40% 以上）
	合計	180	117 点以上（65% 以上）

*配点：問題数と同じ

・各科目の合格基準点（各科目の満点の 40%）以上であって，かつ全科目の得点が全科目の合格基準点（全科目の満点数の 65%）以上であることが条件となります。

●受験資格

　厚生労働省令で定められた建築物の用途部分において，同省令の定める実務に 2 年以上従事した者（現在，受験手続時に公表されている建築物の用途及び実務内容は次の通りです）

実務に従事した建築物の用途

ア）興行場（映画館，劇場等），百貨店，集会場（公民館，結婚式場，市民ホール等），図書館，博物館，美術館，遊技場（ボウリング場等）

イ）店舗，事務所

ウ）学校（研修所を含む）

エ）旅館，ホテル

オ）その他アからエまでの用途に類する用途

　　（多数の者の使用，利用に供される用途であって，かつ衛生的環境もアからエまでの用途におけるそれと類似しているとみられるもの）（共同住宅，保養所，寄宿舎，老人ホーム，保育所，病院等は受験資格に該当する用途です。）

（注）建築物における環境衛生上の維持管理に関する実務とは

1. 空気調和設備管理
2. 給水・給湯設備管理（貯水槽の維持管理を含む。浄水場の維持管理業務を除く。）
3. 排水設備管理（浄化槽の維持管理を含む。下水処理場の維持管理業務を除く。）
4. ボイラー設備管理
5. 電気設備管理（電気事業の変電，配電等のみの業務を除く）
6. 清掃，廃棄物処理
7. ねずみ・昆虫等の防除

※　1〜5 の「設備管理」とは，設備についての運転，保守，環境測定及び評価等を行う業務をいう。

※　修理専業，アフターサービスとしての巡回などは実務に該当しない。

※　定められた法に規定する環境衛生監視員として保健所の環境衛生担当部署に勤務した経験は実務に該当する。

　受験資格について疑問がある場合は，次の関係機関に問い合わせて下さい。

（公財）日本建築衛生管理教育センター国家試験課（電話 03-3214-4620）

⑷　受験手続・出願期間・試験日・試験地

●受験願書等の入手方法

　次の①，②のいずれかの方法により入手できます。詳細は（公財）日本建築衛生管理教育センター国家試験課ホームページを参照（http://www.jahmec.or.jp）

①　ホームページから受験願書用紙等をダウンロードして印刷する方法

②　受験願書一式を，返信用封筒を同封することにより請求する方法

●インターネットによる受験申込みの対象者

　過去に受験申請を行い，実務従事証明に代えることができる有効期間内の受験票の交付を受けている者

●願書配布および受付期間

　毎年 5 月上旬〜6 月中旬

●試験日　　　　　　　　　　●合格発表

　毎年 10 月上旬の日曜日　　　毎年 10 月下旬

●試験地

　札幌市，仙台市，東京都，名古屋市，大阪市，福岡市の 6 カ所です。

＜郵送による請求先＞

（公財）　日本建築衛生管理教育センター　国家試験課

〒100-0004　東京都千代田区大手町 1 丁目 6-1

　　　　　　大手町ビル 7 階 743 区

　　　　　　電話番号：03-3214-4620

本書の特徴と利用の仕方

1．本書の特徴

　本書は，過去5年間分の試験問題を試験科目別に編成していることを特徴としています。
　試験科目別の学習は，各試験科目の早期理解と苦手科目の重点的克服に利用できます。
　試験本番と同様に過去問に取り組むことおよび，試験科目別の集中学習にご活用ください。

　試験科目別編成

①	第1編	建築物衛生行政概論	：問題　　1～　20＝20問
②	第2編	建築物の環境衛生	：問題　21～　45＝25問
③	第3編	空気環境の調整	：問題　46～　90＝45問
④	第4編	建築物の構造概論	：問題　91～105＝15問
⑤	第5編	給水及び排水の管理	：問題 106～140＝35問
⑥	第6編	清掃	：問題 141～165＝25問
⑦	第7編	ねずみ・昆虫等の防除	：問題 166～180＝15問

2．本書の利用方法

A　インデックス

　a．［科目別インデックス］上部インデックス
　　科目（①～⑦）ごとの集中学習に使用できます。

　b．［年度別インデックス］横インデックス
　　実際の試験を意識した学習に使用できます。

B　過去5年間の出題分析表の見方

　各科目・年度ごとの出題分析表を使って試験科目の項目と出題傾向を確認できます。

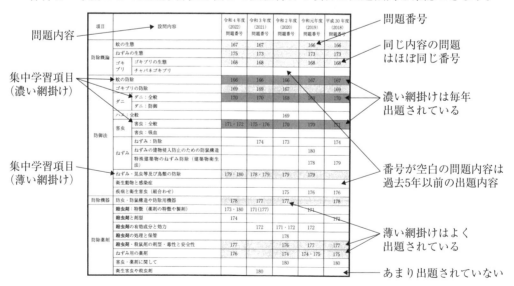

試験に臨むにあたって、「ビル管理士試験」の内容を十分に理解し、適切な試験対策に役立てることが可能です。

C　解答用紙
年度別・科目別・項目別の3種類があります。
a．年度別全問解答用紙（5年度分）
実際の試験（180問）をシミュレーション時に使用します。
b．科目別解答用紙（5年度分）
科目ごとに平日（月〜金）の学習時に使用します。
c．項目別解答用紙
過去5年間の分析表からまとめた項目ごとに平日（月〜金）の学習時に使用します。

3．本書の効果的な利用方法
国家試験「ビル管理士（建築物衛生管理技術者)」試験は、一般に難関試験といわれています。この難関試験をクリアするための学習時間は250時間から300時間程度を要すると指導されています。
Webの資格サイトでは、偏差値が「ビル管理士＝61」「二級建築士＝56」「歯科医師＝63」「薬剤師＝62」「建築施工管理士1級＝55」とされています。
試験合格のためにも問題集は内容の十分な理解と対策が明確になるまで利用しましょう。

〈本書を10週間（165時間）＋要点テキスト5週間（85〜100時間）を利用した場合（合計250〜300時間）の学習のカリキュラム例〉
A　土日の学習
実際の試験をイメージした学習は週末（土日）に行うことが効果的です。（午前3時間＋休憩1時間＋午後3時間）
試験で実力を発揮するために、試験時間の時間割で学習しましょう。
休憩時間も試験を乗り切るために重要な「リフレッシュタイム」です。休憩時間も試験のシミュレーションに入れて学習しましょう。
［土日の学習］
土曜日：試験のシミュレーション（学習時間6時間）
日曜日：答え合わせ、誤答した問題の確認（約2時間）
［解答用紙］年度別全問解答用紙（年度別5年分）を使用　→
［学習時間］土日8時間×5年度分（5週×2セット）
　　　　　　＝80時間

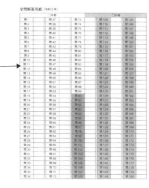

B　平日の学習（月〜金）

［平日の学習］
　試験時間1問2分の設定×問題数に演習時間と答え合わせの30分を学習しましょう。

①　科目別の学習
　平日5日間×5週間で科目別問題に取り組みます。
　<u>第1週</u>　1編（建築物衛生行政概論）＋4編（建築物の構造概論）　70分＋30分
　<u>第2週</u>　2編（建築物の環境衛生）　＋7編（ねずみ・昆虫の防除）80分＋30分
　<u>第3週</u>　3編（空気環境の調整）　　　90分＋30分
　<u>第4週</u>　5編（給水及び排水の管理）　70分＋30分
　<u>第5週</u>　6編（清掃）　　　　　　　　50分＋30分
　第1週〜5週までの合計510分（8時間30分）×平日5日間＝<u>42時間30分</u>

②　項目別の学習
　5年間の分析表を参照し，1日で5年分の類似課題（項目）を平日の5日間×5週間
　で取り組みます。（<u>42時間30分</u>）

［解答用紙］①科目別問題用紙（5週分）②項目別問題用紙（5週分）を使用
［学習時間］①科目別：<u>42時間30分</u>　②項目別：<u>42時間30分</u>

科目（編）別解答用紙　　　　　　　　　項目別解答用紙

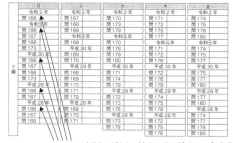

年度ごとの科目（編）
を一週間くり返す

一日で同じ項目（例：ねずみの全部）を
5年間分を一週間で演出・学習する

　以上を基本学習セットとして（A：土日80時間＋B：平日①科目別42時間30分＋②項目
別42時間30分＝<u>165時間</u>）10週間行います。
　上記10週間の学習で<u>不足する学習時間85時間〜100時間</u>は，要点テキストを併用しまし
ょう。

4．要点テキスト5週間利用の学習ポイント（想定時間85時間〜100時間）
　・10週間の学習で間違えた問題の傾向と対策をテキストで確認しましょう。
　・苦手分野にターゲットを絞り重点的な対策をしましょう。
　・試験直前の5週間は2.5時間/日を目安とした学習を推奨します。

５．学習補助

「ビル管理士要点テキストⅠ」に掲載されている「用語解説カード」を本体から切り取り，通勤・通学やすき間時間に確認することで，効果的な学習が可能です。

［カードを携帯する場合］

切り取り線に沿ってカットし，100円ショップ等のはがきホルダーに入れて携帯できます。

要点テキストの1用語解説
の頁を切り抜き4等分にする

用語解説カード　　　100円ショップの
　　　　　　　　　　はがきホルダー

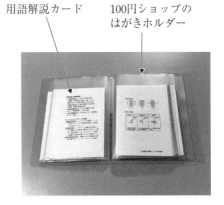

本書での表記について

・「法規」および「試験問題」は原則として法令および試験問題に則して掲載します。

・専門用語や学術用語は主に「空気調和衛生用語集」と「学術用語集（建築）」に則して掲載します。

次の注意事項を答案用紙と対照しながら声を出さずに読んでください。

注　意　事　項

1. 受験地、受験番号及びカナ氏名の確認

　　はじめに、答案用紙の右上に、あなたの受験地、受験番号及びカナ氏名が印刷してありますので、内容を確認してください。

　　違う場合は、手を挙げて申し出てください。

（例）　受　験　地　東京
　　　　受　験　番　号　20456 ⎫
　　　　氏　　　名　健康　太郎 ⎭ の場合、次のように記入されています。

受　験　地	トウキョウ	受験番号	2 0 4 5 6
フ　リ　ガ　ナ	ケンコウ　　タロウ		
氏　名(漢　字)			

この欄は記入しないこと	札　幌	仙　台	■東　京	名古屋	大　阪	福　岡
	0	■0	0	0	0	0
	1	1	1	1	1	1
	■1	2	2	2	2	2
	3	3	3	3	3	3
	4	4	■4	4	4	4
	5	5	5	■5	5	5
	6	6	6	6	■6	6
	7	7	7	7	7	7
	8	8	8	8	8	8
	9	9	9	9	9	9

2. 漢字氏名の記入

　　次に、氏名（漢字）欄に、あなたの氏名を漢字（かい書）で正確に記入してください。

3. 問題の数及び試験時間

　　この時間に解答する問題の数は90問で、解答時間は9時30分〜12時30分の3時間です。

（裏面につづく）

8

4. 解答方法

(ｱ) 各問題には(1)から(5)までの五つの答えがありますので、そのうち質問に適した答えを一つ選び、次の例にならって答案用紙に解答してください。なお、**二つ以上解答する（塗りつぶす）と誤りになりますので**注意してください。

〔例〕 問題20 次のうち、県庁所在地ではない市はどれか。

    (1) 山形市

    (2) 千葉市

    (3) 川崎市

    (4) 神戸市

    (5) 福岡市

正解は(3)ですので答案用紙の

問題20　①　②　③　④　⑤　のうち、　③　を塗りつぶして

問題20　①　②　●　④　⑤　としてください。

(ｲ) 採点は、光学式読取装置によって行いますので、答案用紙への**解答はＨＢの鉛筆を使用し、**○ の外にはみ出さないように濃く塗りつぶしてください。ボールペン、消せるボールペン、サインペンは読み取らないので採点できません。

なお、シャープペンシルを使用する場合は、なるべくしんの太いものを使用してください。

良い解答の例……　●　（濃く塗りつぶしてください。）

悪い解答の例……　⦸⦶⦵⊝⊖⊙✏●✖　（このような場合は装置による

読取りができず、解答したことにはなりません。）

(ｳ) 一度解答したところを訂正する場合は、「**消しゴム（プラスチック製の消しゴムが良い。）**」で消し残りのないように完全に消してください。鉛筆の跡が残ったり、　✖　のような消し方などをした場合は、訂正したことになりませんので注意してください。

(ｴ) 答案用紙は、折り曲げたり、チェックやメモなどで汚したりしないよう、特に注意してください。

5. その他の注意事項

(ｱ) この問題は、持ち帰っても構いません。

(ｲ) 問題の内容についての質問には、一切お答えできません。

(ｳ) 電卓等の計算用具の使用は、認めません。なお、電卓等を使用した場合は、不正行為となり退場となります。

(ｴ) 携帯電話やスマートフォン等は、電源を切ってカバンなどにしまってください。なお、携帯電話やスマートフォン等の使用は、不正行為となり退場となる場合がありますのでご注意ください。

(ｵ) 時計等については、通信機能・計算機能があるものや音を発するものは使用できません。

(ｶ) 机の上には、受験票、ＨＢの鉛筆又はシャープペンシル、消しゴム、鉛筆削り及び定規以外は置かないでください。

(ｷ) 健康上の理由により、試験中に薬等の服用が必要な方は、試験開始前に監督員に申し出てください。

問　　　題

10

建築物環境衛生管理技術者試験
ビル管理士
科目別試験問題

第1編

建築物衛生行政概論

最新5年間の出題傾向分析

項目	設問内容	令和5年度 （2023） 問題番号	令和4年度 （2022） 問題番号	令和3年度 （2021） 問題番号	令和2年度 （2020） 問題番号	令和元年度 （2019） 問題番号
行政	日本国憲法第25条	1			1	
	世界保健機構（WHO）憲章			2		1
	行政組織	2	1	1	2	
一般	医学の歴史（人物と功績）					
特定建築物	**特定建築物**：衛生的環境の確保	3	2	3	3	2
	特定建築物：延べ面積			4		3
	特定建築物：用途	4	3			5
	特定建築物：条件		5		4	6
	特定建築物：届出	5	6	5	5	7
建築物環境衛生基準	建築物衛生法令の制度改正		4			
	建築物衛生法全般（関連法規・建築基準法）					4
	環境衛生上必要帳簿書類（備え付け）	6		6	6	
	建築物環境衛生管理基準：全般					
	建築物環境衛生管理基準：**空気環境**の調整			7		
	建築物環境衛生管理基準：**空気環境**の測定方法	7	7	10	7	8
	建築物環境衛生管理基準：**空気環境**　要因と人体への影響					
	建築物環境衛生管理基準：空気調和設備の病原体汚染防止					
	建築物環境衛生管理基準：空気調和設備・加湿装置の維持管理					
	建築物環境衛生管理基準：給排水設備・雑用水/給水・給湯設備	8・9	8		8	
	建築物環境衛生管理技術者（免状・事業登録の人的基準要件）	10・11	10	8・12	9	9
	建築物環境衛生法施行規則（建築物環境衛生総合管理業）		9			10
	事業登録の（人的・物的）要件・業種	12	11・12	11	10	11・12
	労働大臣指定団体による業務					
	特定建築物 国又は地方公共団体の用	14			11	
	立ち入り検査　都道府県知事の権限と保健所設置市・特別区の区長権限	13		13		13
	立ち入り検査　及び改善命令					
	立ち入り検査　都道府県知事等による立ち入り検査		13			
	罰則：過料・所有者への罰則			14		14
	特定建築物：飲料水水質検査			9		15

項目	設問内容	令和 5 年度 (2023) 問題番号	令和 4 年度 (2022) 問題番号	令和 3 年度 (2021) 問題番号	令和 2 年度 (2020) 問題番号	令和元年度 (2019) 問題番号
関連法規	感染症（届出・予防・医療）	15			12	
	保健所の事業・地域保健法		15	15	13	
	水道法（供給水の要件）（水道条例 疾患（伝染病対処））	16				
	学校保険安全法（学校環境衛生基準・室内空気検査/薬剤師業務）		14		14	
	下水道法		16	16		16
	公衆浴場法	17				17
	興行場法（第三条）			17		
	旅館業法（第四条）		17		15	
	水質汚濁防止法				16	18
	悪臭防止法に規定する特定悪臭物質				17	
	法令と規制対象	19				
	廃棄物の処理・清掃に関する法律				20	
	環境基準法　大気汚染・公害	18	18	18・19		
	健康増進法の改正				19	
	労働安全衛生法（事業者の責務・便所の設置・事務所衛生基準規則）	20	19	20	18	19
	受動喫煙防止規定の法律		20			20

第 1 編　建築物衛生行政概論

「ビル管理士（建築物環境衛生管理技術者）」の社会的役割に例年共通の視点がある。

出題傾向は概ね例年おなじである。

・日本国憲法第二十五条と世界保健機構（WHO）憲章については文章の一部の単語（空白）を確認する問題が出題されることが多い。

・特定建築物については頻度が高く「衛生的環境の確保」は毎年出題され，「用途・条件・届出」がそれに続く。複合用途の特定建築物に関する問題は複雑化する傾向にあり，実務的にも重要な要件を問う。

・建築物環境衛生基準では「空気環境の測定方法」「建築物環境衛生管理技術者（免状・事業登録の人的基準要件）」：人的要件については資格取得後の社会的役割に直接関わる内容で関連法規と密接に関わっている。「事業登録の（人的・物的）要件・業種」「特的建築物国又は地方公共団体の用」が頻度高い。

各種届出や帳簿書類の保存期間など実務的な内容も幅広く出題されており，過去問題を基本とした正確な知識習得が必要である。

・関連法規では「労働安全労働法（事業者の責務・便所の設置・事務所衛生基準規則）」は毎年出題され，「保健所」についても頻度が高い。

感染症，健康増進法や受動喫煙防止規程の法律などの時事問題も出題されている。

＊項目中，年度が空白のものは過去 5 年以前に出題された内容である。（参考）

令和5年度
1編　建築物衛生行政概論
(1〜20)

【問題　1】日本国憲法第25条に規定されている次の条文の［　　　］内に入る語句の組合せとして，正しいものはどれか。

第25条　すべて国民は，健康で［　ア　］な最低限度の生活を営む権利を有する。

　　②　国は，すべての［　イ　］について，［　ウ　］，社会保障及び［　エ　］の向上及び増進に努めなければならない。

	ア	イ	ウ	エ
(1)	文化的	生活部面	社会福祉	公衆衛生
(2)	社会的	国民	環境衛生	生活環境
(3)	文化的	国民	環境衛生	生活環境
(4)	社会的	国民	社会福祉	公衆衛生
(5)	文化的	生活部面	環境衛生	公衆衛生

【問題　2】次に掲げる法律と，法律を所管する行政組織との組合せとして，誤っているものはどれか。

(1)　地域保健法 ──────────── 厚生労働省
(2)　廃棄物の処理及び清掃に関する法律 ─── 環境省
(3)　学校保健安全法 ──────────── 文部科学省
(4)　土壌汚染対策法 ──────────── 国土交通省
(5)　健康増進法 ──────────── 厚生労働省

【問題　3】建築物における衛生的環境の確保に関する法律（以下「建築物衛生法」という。）に基づく特定建築物の用途に関する次の記述のうち，最も不適当なものはどれか。

(1)　興行場は，興行場法に基づく興行場をいう。
(2)　旅館は，旅館業法により許可を受けた施設に限られる。
(3)　学校は，学校教育法に基づく学校に限られる。
(4)　博物館は，博物館法に基づく博物館に限らない。
(5)　図書館は，図書館法に基づく図書館に限らない。

【問題　4】建築物衛生法に基づく特定建築物の用途として，最も不適当なものは次のうちどれか。

(1)　結婚式場
(2)　理容所
(3)　認可保育園
(4)　公民館
(5)　社交ダンスホール

【問題　5】建築物衛生法に基づく特定建築物の届出等に関する次の記述のうち，最も不適当なものはどれか。
(1) 特定建築物が使用されるに至ったときは，その日から1か月以内に届け出る。
(2) 届出事項は，建築物衛生法施行規則に定められている。
(3) 届出を行う者は，特定建築物の所有者等である。
(4) 届出事項に変更が生じる場合は，1か月前までに届け出る。
(5) 届出をせず，又は虚偽の届出をした場合には，30万円以下の罰金の適用がある。

【問題　6】建築物衛生法に基づき備え付けておかなければならない帳簿書類とその保存等に関する次の記述のうち，最も不適当なものはどれか。
(1) 特定建築物の所有者等は，環境衛生上必要な事項を記載した帳簿書類を備えておかなければならない。
(2) 平面図や断面図は，当該建物が解体されるまでの期間保存しなければならない。
(3) 実施した空気環境の測定結果は，5年間保存しなければならない。
(4) 実施した遊離残留塩素の検査記録は，5年間保存しなければならない。
(5) 受水槽を更新した際の給水の系統図は，5年間保存しなければならない。

【問題　7】建築物環境衛生管理基準に基づく空気環境の測定に関する次の記述のうち，誤っているものはどれか。
(1) ホルムアルデヒド以外の測定は，2か月以内ごとに1回，定期に実施する。
(2) ホルムアルデヒドの測定結果が基準値を超えた場合は，空調・換気設備を調整するなど低減措置を実施後，速やかに測定を行う。
(3) 浮遊粉じんの量，一酸化炭素の含有率及び二酸化炭素の含有率は，1日の使用時間中の平均値とする。
(4) 通常の使用時間中に，各階ごとに，居室の中央部で実施する。
(5) 特定建築物において大規模修繕を行った場合は，完了後，その使用を開始した日以降最初に到来する6月1日から9月30日までの期間中に1回，ホルムアルデヒドの測定を行う。

【問題　8】建築物環境衛生管理基準に基づく飲料水に関する衛生上必要な措置等における次の記述のうち，誤っているものはどれか。
(1) 飲料水として供給する水については，飲用目的だけでなくこれに類するものとして，炊事用，手洗い用その他，人の生活の用に水を供給する場合も含めることとされている。
(2) 水道事業者が供給する水（水道水）以外の地下水等を原水とする場合にも，水道水と同様の水質を確保し，塩素消毒等を行うことが必要である。
(3) 貯湯槽の清掃は，1年以内ごとに1回，定期に行う。
(4) 使用開始後の飲料水の水質検査は，原水が水道水の場合と地下水の場合，項目と頻度は同じである。
(5) 遊離残留塩素の検査を7日以内ごとに1回，定期に行う。

【問題 9】 建築物環境衛生管理基準に基づく雑用水に関する衛生上必要な措置等における次の記述のうち，誤っているものはどれか。

(1) 雑用水槽の清掃は，雑用水槽の容量及び材質並びに雑用水の水源の種別等に応じ，適切な方法により，定期に行う。

(2) 給水栓における水に含まれる遊離残留塩素の含有率を，100 万分の 0.1 以上に保持する。

(3) 遊離残留塩素の検査を 7 日以内ごとに 1 回，定期に行う。

(4) pH 値，臭気，外観の検査を 7 日以内ごとに 1 回，定期に行う。

(5) 一般細菌の検査を 2 か月以内ごとに 1 回，定期に行う。

【問題 10】 建築物環境衛生管理技術者免状に関する次の記述のうち，誤っているものはどれか。

(1) 免状の交付を受けている者は，免状の再交付を受けた後，失った免状を発見したときは，5 日以内に，これを厚生労働大臣に返還する。

(2) 免状を受けている者が死亡した場合は，戸籍法に規定する届出義務者は，1 か月以内に，厚生労働大臣に免状を返還する。

(3) 免状の交付を受けている者は，免状を破り，よごし，又は失ったときは，厚生労働大臣に免状の再交付を申請することができる。

(4) 厚生労働大臣は，免状の返納を命ぜられ，その日から起算して 2 年を経過しない者には，免状の交付を行わないことができる。

(5) 免状の交付を受けている者は，免状の記載事項に変更が生じたときは，厚生労働大臣に免状の書換え交付を申請することができる。

【問題 11】 建築物環境衛生管理技術者の免状を交付されている者であっても，建築物衛生法に基づく事業の登録における人的基準の要件として，認められないものは次のうちどれか。

(1) 建築物環境衛生総合管理業の空気環境測定実施者

(2) 建築物排水管清掃業の排水管清掃作業監督者

(3) 建築物飲料水貯水槽清掃業の貯水槽清掃作業監督者

(4) 建築物空気調和用ダクト清掃業のダクト清掃作業監督者

(5) 建築物飲料水水質検査業の水質検査実施者

【問題 12】 建築物衛生法に基づく事業の登録に関する次の記述のうち，最も不適当なものはどれか。

(1) 建築物の環境衛生上の維持管理業務を行うためには，登録を受けることが必要である。

(2) 登録を受けるには，物的要件，人的要件，その他の要件が一定の基準を満たしていなければならない。

(3) 登録の有効期間は 6 年であり，6 年を超えて登録業者である旨の表示をしようとする場合は，新たに登録を受けなければならない。

(4) 登録を受けていない者が，登録業者もしくはこれに類似する表示をすることは禁止されている。

(5) 建築物の衛生管理業務を営む者の資質の向上を図ることを目的として，建築物衛生法施行後に導入された制度である。

【問題 13】建築物衛生法に基づく特定建築物等の立入検査等に関する次の記述のうち，最も不適当なものはどれか。
(1) 都道府県知事等の立入検査を拒否した者は，30万円以下の罰金に処せられる。
(2) 都道府県知事等の報告の求めに応じなかった者は，30万円以下の罰金に処せられる。
(3) 都道府県知事等は，必要に応じて犯罪捜査のために立入検査を実施できる。
(4) 保健所は，特定建築物に該当していない建築物であっても，多数の者が使用し，又は利用する場合は，環境衛生上必要な指導を実施できる。
(5) 都道府県知事等は，維持管理が建築物環境衛生管理基準に従って行われておらず，かつ，環境衛生上著しく不適当な事態が存すると認めるときは，改善命令や使用停止命令等の処分を行うことができる。

【問題 14】建築物衛生法に基づく国又は地方公共団体の用に供する特定建築物に関する次の記述のうち，誤っているものはどれか。
(1) 特定建築物の届出を行わなければならない。
(2) 環境衛生管理基準を遵守しなければならない。
(3) 建築物環境衛生管理技術者を選任しなければならない。
(4) 都道府県知事等は，立入検査を行うことができる。
(5) 都道府県知事等は，改善命令等に代えて，勧告を行うことができる。

【問題 15】感染症の予防及び感染症の患者に対する医療に関する法律（以下「感染症法」という。）に関する次の記述のうち，誤っているものはどれか。
(1) 感染症の発生を予防し，及びそのまん延の防止を図り，もって公衆衛生の向上及び増進を図ることを目的としている。
(2) 国及び地方公共団体は，感染症の患者等の人権を尊重しなければならない。
(3) 厚生労働大臣は，基本指針に即して，予防計画を定めなければならない。
(4) 国民は，感染症に関する正しい知識を持ち，その予防に必要な注意を払うよう努めなければならない。
(5) 感染症とは，一類感染症，二類感染症，三類感染症，四類感染症，五類感染症，新型インフルエンザ等感染症，指定感染症及び新感染症をいう。

【問題 16】平成30年12月の水道法改正に関する次の記述のうち，最も不適当なものはどれか。
(1) 人口減少に伴う水の需要の減少，水道施設の老朽化，深刻化する人材不足等の直面する課題に対応し，水道の基盤強化を図るために改正された。
(2) 水道事業者間の広域的な連携や統合の推進等により，上水道事業者数の具体的な削減目標を設定した。
(3) 国は広域連携の推進を含む水道の基盤を強化するための基本方針を定めることとした。
(4) 地方公共団体が厚生労働大臣の許可を受けて，水道施設に関する公共施設等の運営権を民間事業者に設定できる仕組みを導入した。
(5) 指定給水装置工事事業者の指定に更新制を導入した。

【問題 17】公衆浴場法に関する次の記述のうち，最も不適当なものはどれか。
 (1) 公衆浴場とは，温湯，潮湯又は温泉その他を使用して，公衆を入浴させる施設をいう。
 (2) 浴場業とは，都道府県知事等の許可を受け，業として公衆浴場を経営することをいう。
 (3) 営業者は，浴槽内を著しく不潔にする行為をする入浴者に対して，その行為を制止しなければならない。
 (4) 公衆浴場の営業許可は，厚生労働大臣が規則で定める構造設備基準・適正配置基準に従っていなければならない。
 (5) 公衆浴場の運営は，都道府県等の条例で定める換気，採光，照明，保温，清潔等の衛生・風紀基準に従っていなければならない。

【問題 18】環境省が公表している令和元年度以降の大気汚染の常時監視結果において，大気環境基準の達成率が最も低いものは次のうちどれか。
 (1) 光化学オキシダント
 (2) 浮遊粒子状物質
 (3) 一酸化炭素
 (4) 二酸化窒素
 (5) 微小粒子物質

【問題 19】次の法令とその規制対象との組合せとして，誤っているものはどれか。
 (1) 下水道法 ──────── 一定規模以上の飲食店に設置される厨房施設の排水中のノルマルヘキサン抽出物質含有量
 (2) 水質汚濁防止法 ──────── 一定規模以上の合併処理浄化槽の排水中の生物化学的酸素要求量
 (3) 大気汚染防止法 ──────── 一定規模以上のボイラの排ガス中のいおう酸化物
 (4) 温泉法 ──────── 一定規模以上の温泉施設の排水中の水素イオン濃度
 (5) ダイオキシン類対策特別措置法 ── 一定規模以上の廃棄物焼却炉の排ガス中のダイオキシン類の量

【問題 20】労働安全衛生法に規定されている次の記述のうち，最も不適当なものはどれか。
 (1) 厚生労働大臣は，労働災害防止計画を策定し，これを公表する。
 (2) 一定の事業場には，統括安全衛生管理者，安全管理者，衛生管理者，産業医，作業主任者を選任しなければならない。
 (3) 一定の事業場には，労働災害防止について労働者側の意見を反映させるため，安全委員会，衛生委員会又は安全衛生委員会を置かなくてはならない。
 (4) ボイラその他の特に危険な作業を必要とする機械等を製造しようとする者は，労働基準監督署長の許可を受けなければならない。
 (5) 事業者は，作業環境を快適な状態に維持管理するよう努めなければならず，作業環境の測定や，医師による健康診断の実施が義務付けられている。

令和4年度
1編 建築物衛生行政概論
(1～20)

【問題 1】 次に掲げる法律のうち，厚生労働省が所管していないものはどれか。
- (1) 生活衛生関係営業の運営の適正化及び振興に関する法律
- (2) 労働安全衛生法
- (3) 有害物質を含有する家庭用品の規制に関する法律
- (4) 廃棄物の処理及び清掃に関する法律
- (5) 水道法

【問題 2】 建築物における衛生的環境の確保に関する法律（以下「建築物衛生法」という。）に基づく特定建築物に関する次の記述のうち，誤っているものはどれか。
- (1) 特定建築物の衛生上の維持管理に関する監督官庁は，都道府県知事，保健所を設置する市の市長，特別区の区長である。
- (2) 建築物環境衛生管理基準を定め，維持管理権原者にその遵守を義務付けている。
- (3) 保健所は，多数の者が使用，利用する建築物について，正しい知識の普及を図るとともに，相談，指導を行う。
- (4) 特定建築物の所有者等は，建築物環境衛生管理技術者を選任しなければならない。
- (5) 登録業者の業務の改善向上を図ることを目的として，事業ごとに，都道府県を単位とした団体を知事が指定する制度が設けられている。

【問題 3】 建築物衛生法に基づく特定建築物としての用途に該当するものは，次のうちどれか。
- (1) 寺院
- (2) 病院
- (3) 自然科学系研究所
- (4) 水族館
- (5) スポーツジム

【問題 4】 建築物衛生法令の主な制度改正に関する次の記述のうち，誤っているものはどれか。ただし，記載された年については判断しないものとする。
- (1) 昭和50年に，特定建築物の適用範囲が拡大され，学校教育法第1条に規定する学校を除いて，延べ面積が 3,000 m² 以上となった。
- (2) 昭和53年に，維持管理に関する監督官庁が，都道府県知事から保健所を設置する市の市長に拡大された。
- (3) 昭和55年に，建築物の衛生管理業務を営む者の資質の向上を図るため，一定の人的，物的基準を要件とする事業者の都道府県知事による登録制度が設けられた。
- (4) 平成13年に，登録事業において既存の1業種は業務内容が追加されるとともに名称が変更になり，新たに2業種が加わった。
- (5) 平成14年に，給水及び排水の管理に係る基準において，雑用水の維持管理基準を追加するなど，建築物環境衛生管理基準の見直しが行われた。

【問題 5】建築物衛生法に基づく特定建築物に該当するかどうかの判断に関する次の文章の ☐ 内に入る数値と語句との組合せとして，正しいものはどれか。

ただし，A社，B社，C社，D社，E社は相互に関連はない。

A社銀行の店舗と事務所 1,700 m² と銀行の地下駐車場 300 m²，B社の学習塾 700 m² と付属自習室 100 m²，C社の保育施設 600 m²，D社の老人デイサービスセンター 500 m²，E社の美容室 400 m² が全て入っている建築物の特定用途に供される部分の延べ面積は ☐ ア ☐ m² となるので，この建築物は特定建築物に該当 ☐ イ ☐。

　　　　　ア　　　　　イ
(1)　4,300 ——— する
(2)　3,700 ——— する
(3)　3,200 ——— する
(4)　2,900 ——— しない
(5)　2,500 ——— しない

【問題 6】建築物衛生法に基づく特定建築物の届出事項のうち，最も不適当なものは次のうちどれか。
(1)　建築物の全部が使用されるに至った年月日
(2)　特定建築物の用途及び特定用途に供される部分の延べ面積
(3)　建築物環境衛生管理技術者の氏名，住所及び免状番号
(4)　特定建築物の所有者等の氏名及び住所
(5)　特定建築物の構造設備の概要

【問題 7】建築物環境衛生管理基準に基づく空気環境の測定に関する次の記述のうち，誤っているものはどれか。
(1)　2か月以内ごとに1回定期に行う測定が，年間を通して基準値以下であれば，冷暖房期とその中間期の年4回の測定に回数を軽減できる。
(2)　温度，相対湿度，気流は，使用時間中，常に基準に適合しているか否かにより判定する。
(3)　浮遊粉じん，一酸化炭素，二酸化炭素は，1日の使用時間中の平均値によって判定するが，実務上は，使用時間中の適切な二時点における測定の平均値によって判定することで差し支えない。
(4)　測定は床上 75 cm 以上 150 cm 以下の位置において実施する。
(5)　各階ごとに1か所以上，居室の中央部で実施する。

【問題 8】建築物環境衛生管理基準に定める雑用水の衛生上の措置等に関する次の記述のうち，正しいものはどれか。
(1)　雑用水の給水栓における遊離残留塩素の含有率の規定は，飲料水の給水栓における遊離残留塩素の含有率とは異なる。
(2)　雑用水を水洗便所に使用する場合は，し尿を含む水を原水として使用してはならず，pH 値，臭気，外観，大腸菌について，基準に適合していること。
(3)　雑用水を散水，修景，清掃に使用する場合は，し尿を含む水を原水として使用してはならず，pH 値，臭気，外観，大腸菌，濁度について，基準に適合していること。
(4)　遊離残留塩素，pH 値，臭気，外観については14日以内ごとに1回，大腸菌，濁度については，3か月以内ごとに1回，定期検査を実施すること。
(5)　供給する雑用水が人の健康を害するおそれがあることを知ったときは，直ちにその雑用水を使用することが危険である旨を関係者に周知し，その後，供給を停止すること。

【問題　9】建築物環境衛生管理基準に基づく給排水設備の衛生上必要な措置に関する次の記述のうち，最も不適当なものはどれか。

(1)　飲用の循環式給湯設備の貯湯槽の清掃は，1年以内ごとに1回，定期に行う。

(2)　グリース阻集器の掃除は，6か月以内ごとに1回，定期に行う。

(3)　雑用水槽の清掃は，雑用水槽の容量及び材質並びに雑用水の水源の種別等に応じ，適切な方法により，定期に行う。

(4)　高置水槽，圧力水槽等の清掃を行った後，受水槽の清掃を行う。

(5)　排水槽の清掃によって生じた汚泥等の廃棄物は，関係法令の規定に基づき，適切に処理する。

【問題　10】建築物環境衛生管理技術者に関する次の記述のうち，最も不適当なものはどれか。

(1)　特定建築物所有者等が建築物環境衛生管理技術者を選任しなかった場合は，30万円以下の罰金に処せられる。

(2)　特定建築物に選任されている建築物環境衛生管理技術者は，業務に支障のない範囲で，建築物衛生法で定める登録事業の監督者等となることができる。

(3)　建築物環境衛生管理技術者の免状の返納を命ぜられ，その日から起算して1年を経過しない者には，免状の交付を行わないことがある。

(4)　建築物環境衛生管理技術者の職務は，特定建築物において，環境衛生上の維持管理に関する業務が適正に行われるよう全般的に監督することである。

(5)　建築物環境衛生管理技術者の免状の記載事項に変更が生じたときは，厚生労働大臣に免状の書換え交付を申請することができる。

【問題　11】建築物衛生法に基づく建築物環境衛生総合管理業の登録に必要な監督者等に該当しないものは，次のうちどれか。

(1)　統括管理者

(2)　清掃作業監督者

(3)　貯水槽清掃作業監督者

(4)　空調給排水管理監督者

(5)　空気環境測定実施者

【問題　12】建築物衛生法に基づく事業登録を受けた登録業者が，次の事項を変更した場合，届出を必要としないものはどれか。

(1)　営業所の名称

(2)　清掃作業監督者

(3)　主要な機械器具その他の設備

(4)　機械器具その他の設備の維持管理の方法

(5)　従事者の研修方法

【問題　13】建築物衛生法に基づく都道府県知事による立入検査に関する次の記述のうち，最も適当なものはどれか。
⑴　特定建築物内にある住居に立ち入る場合，その居住者の承諾を得ることなく行うことができる。
⑵　立入検査は，検査日時を事前に通知しなければならない。
⑶　立入検査は，必ず2人以上で実施する。
⑷　立入検査を行う職員は，その身分を示す証明書を携帯しなければならない。
⑸　建築物環境衛生管理基準に違反があった場合は，全て直ちに，改善命令等の行政処分が行われる。

【問題　14】学校保健安全法に規定する学校薬剤師の職務として，最も不適当なものは次のうちどれか。
⑴　学校安全計画の立案に参与すること。
⑵　学校保健計画の立案に参与すること。
⑶　学校の環境衛生の維持及び改善に関し，必要な指導及び助言を行うこと。
⑷　環境衛生検査に従事すること。
⑸　疾病の予防処置に従事すること。

【問題　15】地域保健法に関する次の記述のうち，誤っているものはどれか。
⑴　地域保健法は，保健所法を改正して制定された。
⑵　保健所は，都道府県，地方自治法の指定都市，中核市その他の政令で定める市又は特別区がこれを設置する。
⑶　都道府県知事は，保健所の所管区域を設定するにあたっては，事前に厚生労働大臣の承認を得なければならない。
⑷　厚生労働大臣は，地域保健対策の推進に関する基本的な指針を定めなければならない。
⑸　市町村は，市町村保健センターを設置することができる。

【問題　16】下水道法に関する次の記述のうち，最も不適当なものはどれか。
⑴　公共下水道に流入させるための排水設備は，当該公共下水道を管理する者が設置する。
⑵　公共下水道の構造は，政令及び地方公共団体が条例で定める技術上の基準に適合しなければならない。
⑶　公共下水道の設置，改築，修繕，維持その他の管理は，原則として市町村が行う。
⑷　下水とは，生活若しくは事業（耕作の事業を除く。）に起因し，若しくは付随する廃水又は雨水をいう。
⑸　公共下水道管理者は，公共下水道を設置しようとするときは，あらかじめ，政令で定めるところにより，事業計画を定めなければならない。

【問題 17】旅館業法第4条に規定されている次の条文の ☐ 内に入る語句の組合せとして、正しいものはどれか。

　営業者は、旅館業の施設について、 ア 、採光、 イ 、防湿及び清潔その他 ウ の衛生に必要な措置を講じなければならない。

	ア	イ	ウ
(1)	換気 ———	照明 ———	客室
(2)	換気 ———	照明 ———	宿泊者
(3)	換気 ———	防音 ———	客室
(4)	空気調和 ———	照明 ———	宿泊者
(5)	空気調和 ———	防音 ———	客室

【問題 18】環境基本法に基づく大気の汚染に係る環境基準に定められていない物質は、次のうちどれか。
(1) 微小粒子状物質
(2) 光化学オキシダント
(3) 二酸化窒素
(4) ベンゼン
(5) ホルムアルデヒド

【問題 19】事務所衛生基準規則において、労働者を常時就業させる事務室の環境管理に関する次の記述のうち、最も不適当なものはどれか。
(1) 気積は、設備の占める容積及び床面から4メートルを超える高さにある空間を除き、労働者1人について、10立方メートル以上としなければならない。
(2) 一酸化炭素及び二酸化炭素の含有率を、それぞれ100万分の50以下及び100万分の5,000以下としなければならない。
(3) 冷房する場合は、当該室の気温を外気温より著しく低くしてはならない。
(4) 中央管理方式の空調設備を設けている建築物では、作業環境測定は2か月以内ごとに1回、定期に行わなければならない。
(5) 事務室の作業環境測定は、作業環境測定士が実施しなければならない。

【問題 20】平成30年に改正された健康増進法で定める受動喫煙防止規定の対象となる特定施設の区分について、誤っているものは次のうちどれか。
(1) 公立の小学校や中学校は、第一種施設である。
(2) 行政機関がその事務を処理するために使用する庁舎は、第二種施設である。
(3) 旅館業法により許可を受けたホテルや旅館は、第二種施設である。
(4) 一般の事務所は、第二種施設である。
(5) 医療法に規定する病院は、第一種施設である。

令和3年度
1編
(1~20)
建築物衛生行政概論

【問題　1】現在の行政組織に関する次の記述のうち，正しいものはどれか。
- (1)　消防法は，内閣府が所管している。
- (2)　学校保健安全法は，総務省が所管している。
- (3)　下水道法は，国土交通省と環境省が所管している。
- (4)　浄化槽法は，厚生労働省が所管している。
- (5)　保健所には，労働基準監督官が置かれている。

【問題　2】世界保健機関（WHO）憲章の前文に述べられている健康の定義に関する次の文章の　　　内に入る語句の組合せとして，最も適当なものはどれか。

　　健康とは完全な肉体的，　ア　及び社会的福祉の状態にあり，単に疾病又は病弱の存在しないことではない。

　　到達しうる最高水準の健康を享有することは，　イ　，宗教，政治的信念又は経済的若しくは社会的条件の差別なしに万人の有する基本的権利の一つである。

　　　　　　　　ア　　　　　　イ
- (1)　経済的 ——— 人種
- (2)　文化的 ——— 性別
- (3)　文化的 ——— 人種
- (4)　精神的 ——— 性別
- (5)　精神的 ——— 人種

【問題　3】建築物における衛生的環境の確保に関する法律（以下「建築物衛生法」という。）に関する次の記述のうち，誤っているものはどれか。
- (1)　建築物衛生法は，建築物の設備・構造面と維持管理面の両面から規制を行っている。
- (2)　建築物衛生法に基づく事業の登録に関する事務は，都道府県知事が行う。
- (3)　特定建築物以外の建築物であっても，多数の者が使用し，又は利用する建築物については，建築物環境衛生管理基準に従って維持管理をするように努めなければならない。
- (4)　特定建築物の維持管理権原者は，建築物環境衛生管理基準に従って維持管理をしなければならない。
- (5)　特定建築物の所有者等には，所有者以外に，特定建築物の全部の管理について権原を有する者が含まれる。

【問題　4】建築物衛生法における特定建築物の特定用途に供される部分として，延べ面積に含めるものは次のうちどれか。
- (1)　地下街の地下道
- (2)　建築物の地下に電気事業者が設置した変電所
- (3)　建築物内部にある鉄道のプラットホーム
- (4)　地下街の店舗に付属する倉庫
- (5)　建築物の地下に設置された，管理主体の異なる公共駐車場

【**問題　5**】建築物衛生法に基づく特定建築物の届出等に関する次の記述のうち，**最も適当**なものはどれか。
　(1)　現に使用されている建築物が，用途の変更により新たに特定建築物に該当することになる場合は，1カ月前までに届け出なければならない。
　(2)　特定建築物の届出をせず，又は虚偽の届出をした場合には，30万円以下の罰金の適用がある。
　(3)　建築物が解体される場合は，あらかじめ，特定建築物に該当しなくなることを届け出なければならない。
　(4)　届出事項は，政令により定められている。
　(5)　届出の様式は，厚生労働省の通知で示されている。

【**問題　6**】建築物衛生法に基づき備え付けておかなければならない帳簿書類とその保存期間との組合せとして，**最も適当**なものは次のうちどれか。
　(1)　飲料水貯水槽の修繕の記録　──────　2年間
　(2)　維持管理に関する設備の配置図　────　5年間
　(3)　更新した空調設備の整備記録　────　3年間
　(4)　臨時に実施した空気環境測定の結果　──　3年間
　(5)　排水管清掃の実施記録　──────　5年間

【**問題　7**】建築物環境衛生管理基準に規定されている空気環境の調整に関する次の記述のうち，**正しい**ものはどれか。
　(1)　機械換気設備を設けている場合，ホルムアルデヒドの量の基準は適用されない。
　(2)　居室における温度を外気の温度より低くする場合は，その差を著しくしない。
　(3)　空気調和設備等を設けている一般事務所にあっては建築物衛生法と事務所衛生基準規則が適用され，居室における二酸化炭素の含有率の基準値も同一である。
　(4)　外気の一酸化炭素の含有率が高いため基準値の 10 ppm 以下を保てない場合は，基準値を 50 ppm 以下とすることができる。
　(5)　浮遊粉じんの量の基準値は，相対沈降径がおおむね 20 μm 以下の粒子を対象としている。

【**問題　8**】建築物環境衛生管理技術者に関する次の記述のうち，**最も適当**なものはどれか。
　(1)　特定建築物の維持管理が環境衛生上適正に行われるよう，監督する。
　(2)　選任された特定建築物に常駐することが必要である。
　(3)　特定建築物所有者等と雇用関係がなければならない。
　(4)　特定建築物維持管理権原者に設備改善を命じることができる。
　(5)　環境衛生上必要な事項を記載した帳簿書類を備えておかなければならない。

【問題　9】建築物環境衛生管理基準に基づく飲料水の衛生上必要な措置に関する次の記述のうち，最も不適当なものはどれか。
(1)　水道事業者が供給する水（水道水）を直結給水により，特定建築物内に飲料水として供給する場合，定期の水質検査を行う必要はない。
(2)　水道事業者が供給する水（水道水）を特定建築物内の貯水槽に貯留して供給する場合，貯水槽以降の飲料水の管理責任者は，当該特定建築物の維持管理権原者である。
(3)　供給する水が人の健康を害するおそれがあると知ったときは，直ちに給水を停止し，かつ，その水を使用することが危険である旨を関係者に周知する。
(4)　飲用目的だけでなく，炊事用など，人の生活の用に供する水も，水道法で定める水質基準に適合する水を供給することが必要である。
(5)　水道事業者が供給する水（水道水）以外の井水等を使用する場合，水道水と同様の水質が確保されていれば，給水栓における残留塩素の保持は必要ない。

【問題　10】建築物環境衛生管理基準に基づく空気環境の測定方法に関する次の記述のうち，誤っているものはどれか。
(1)　特定建築物の通常の使用時間中に実施する。
(2)　測定位置は，居室の中央部の床上75cm以上150cm以下である。
(3)　浮遊粉じんの量，一酸化炭素の含有率及び二酸化炭素の含有率は，1日の使用時間中の平均値とする。
(4)　新築の特定建築物は，使用開始後3年間，毎年6月1日から9月30日までの期間にホルムアルデヒドの測定を行う。
(5)　測定は，2カ月以内ごとに1回，定期に実施する。

【問題　11】建築物衛生法に基づく事業の登録に関する次の記述のうち，最も不適当なものはどれか。
(1)　事業登録制度は，建築物の環境衛生上の維持管理を行う事業者の資質の向上を図っていくため，設けられた制度である。
(2)　登録を受けていない者は，登録業者もしくはこれに類似する表示をすることは禁止されている。
(3)　本社で登録を行えば，支社の営業所においても登録業者である旨を表示することができる。
(4)　都道府県は，条例により独自に登録基準を定めることはできない。
(5)　平成14年4月に建築物空気調和用ダクト清掃業と建築物排水管清掃業が追加され，現在8業種となっている。

【問題　12】建築物衛生法に基づく事業の登録の登録基準に関する次の記述のうち，誤っているものはどれか。
(1)　必要な機械器具について定められている。
(2)　監督者等の人的基準について定められている。
(3)　事故発生時の補償対応について定められている。
(4)　作業の方法について定められている。
(5)　必要な設備について定められている。

【問題　13】建築物衛生法に基づく特定建築物の立入検査に関する次の記述のうち，最も不適当なものはどれか。
⑴　特定建築物に該当していなくても，多数の者が使用し，又は利用する建築物に対して，立入検査を行うことができる。
⑵　都道府県知事は，必要があると認めるときは特定建築物に立入検査を行うことができる。
⑶　特定建築物の立入検査を行う職員を，環境衛生監視員という。
⑷　立入検査の権限は，保健所を設置する市の市長及び特別区の区長にも付与されている。
⑸　特定建築物に対する立入検査は，犯罪捜査のために行ってはならない。

【問題　14】建築物衛生法において，罰則が適用されないものは次のうちどれか。
⑴　特定建築物に建築物環境衛生管理技術者を選任しない者
⑵　都道府県知事の改善命令に従わない者
⑶　特定建築物の維持管理に関する帳簿書類に虚偽の記載をした者
⑷　建築物環境衛生管理基準を遵守しない者
⑸　都道府県知事の立入検査を拒んだ者

【問題　15】地域保健法に関する次の記述のうち，最も不適当なものはどれか。
⑴　保健所長は，原則として医師をもって充てる。
⑵　特別区には，保健所が設置されている。
⑶　都道府県が設置する保健所は，市町村の求めに応じ，技術的助言を行うことができる。
⑷　全国に設置されている保健所のうち，政令市が設置している保健所が最も多い。
⑸　地域保健対策の推進に関する基本的な指針には，対人保健のほか，建築物衛生に関わる事項も含まれている。

【問題　16】下水道法の第1条に規定する目的に関する次の条文の　　　　内に入る語句の組合せとして，正しいものはどれか。
　　この法律は，流域別下水道整備総合計画の策定に関する事項並びに公共下水道，流域下水道及び都市下水路の設置その他の管理の基準等を定めて，下水道の整備を図り，もって都市の健全な発達及び　ア　に寄与し，あわせて公共用水域の　イ　に資することを目的とする。

	ア	イ
⑴	健康で文化的な生活の確保 ———	水質の保全
⑵	生活環境の改善 —————————	環境の保全
⑶	生活環境の改善 —————————	水質の保全
⑷	公衆衛生の向上 —————————	環境の保全
⑸	公衆衛生の向上 —————————	水質の保全

【問題　17】興行場法に関する次の記述のうち，最も不適当なものはどれか。
(1)　興行場は，映画，演劇，スポーツ，演芸又は観せ物を，公衆に見せ，又は聞かせる施設をいう。
(2)　興行場の営業を行う場合には，興行場法に基づき許可を得なければならない。
(3)　興行場の維持管理は，都道府県の条例で定める換気，照明，防湿，清潔等の衛生基準に従わなければならない。
(4)　興行場は，国が定める構造設備基準に従わなければならない。
(5)　特定建築物に該当する興行場の場合は，建築物衛生法と興行場法のそれぞれの衛生上の基準を守らなければならない。

【問題　18】大気汚染防止法第1条の目的に関する次の記述のうち，誤っているものはどれか。
(1)　排出ガスに係るダイオキシン類の量について許容限度を定める。
(2)　揮発性有機化合物の排出等を規制する。
(3)　有害大気汚染物質対策の実施を推進する。
(4)　自動車排出ガスに係る許容限度を定める。
(5)　水銀等の排出を規制する。

【問題　19】環境基本法において，環境基準に定められていないものは次のうちどれか。
(1)　大気の汚染
(2)　振動
(3)　土壌の汚染
(4)　騒音
(5)　水質の汚濁

【問題　20】労働安全衛生法に規定されている内容として，最も不適当なものは次のうちどれか。
(1)　国による労働災害防止計画の策定
(2)　一定の事業場における安全衛生委員会の設置
(3)　都道府県知事によるボイラの製造許可
(4)　一定の事業者による産業医の選任
(5)　事業者による快適な作業環境の維持管理

建築物衛生行政概論

【問題　1】日本国憲法第 25 条に規定されている次の条文の　　　内に入る語句の組合せとして，正しいものはどれか。

　第 25 条　すべて国民は，　ア　で文化的な最低限度の生活を営む権利を有する。

　　2　国は，すべての　イ　について，社会福祉，　ウ　及び　エ　の向上及び増進に努めなければならない。

	ア	イ	ウ	エ
(1)	健康	国民	生活環境	環境衛生
(2)	健康	生活部面	社会保障	公衆衛生
(3)	健全	国民	生活環境	公衆衛生
(4)	健全	国民	社会保障	公衆衛生
(5)	健全	生活部面	社会保障	環境衛生

【問題　2】現在の衛生行政組織に関する次の記述のうち，最も適当なものはどれか。

　(1)　地方において建築基準法を執行する行政機関である特定行政庁は，都道府県と建築主事を置く市町村及び特別区である。

　(2)　学校保健行政の地方行政事務は，私立の学校を含め都道府県及び市町村の教育委員会が責任を負っている。

　(3)　労働衛生行政は，中央は厚生労働省，地方は都道府県が分担して行っている。

　(4)　下水道行政は国土交通省の所管であるが，終末処理場の維持管理は厚生労働省が所管している。

　(5)　保健所の数を設置自治体別にみると，地域保健法施行令により保健所を設置する，いわゆる政令市の設置する保健所が最も多い。

【問題　3】次の建築物のうち，建築物における衛生的環境の確保に関する法律（以下「建築物衛生法」という。）に基づく特定建築物に該当しないものはどれか。

　(1)　延べ面積が 7,000 m² の幼稚園

　(2)　延べ面積が 5,000 m² の自動車学校

　(3)　延べ面積が 10,000 m² の特別支援学校

　(4)　延べ面積が 6,000 m² の予備校

　(5)　延べ面積が 9,000 m² の幼保連携型認定こども園

【問題　4】次に掲げる複合用途の建築物に関する記述として，正しいものはどれか。

　ただし，A 社，B 社，C 社，D 社に相互の関連はない。

　A 社の学習塾 900 m²，B 社の銀行 1,500 m²，A 社と B 社の共用地下駐車場 500 m²，B 社の倉庫 100 m²，C 社のトランクルーム（貸倉庫）300 m²，D 社の保育施設 700 m² である建築物

(1) 特定用途に供される部分の延べ面積は 4,000 m² で，特定建築物に該当する。
(2) 特定用途に供される部分の延べ面積は 3,300 m² で，特定建築物に該当する。
(3) 特定用途に供される部分の延べ面積は 3,000 m² で，特定建築物に該当する。
(4) 特定用途に供される部分の延べ面積は 2,900 m² で，特定建築物に該当しない。
(5) 特定用途に供される部分の延べ面積は 2,400 m² で，特定建築物に該当しない。

【問題 5】建築物衛生法に基づく特定建築物の届出の際に記載が必要な事項として，建築物衛生法施行規則において規定されていない項目は次のうちどれか。
(1) 特定建築物所有者等の氏名及び住所
(2) 特定建築物維持管理権原者の氏名及び住所
(3) 特定用途に供される部分の延べ面積
(4) 建築物環境衛生管理技術者の氏名及び住所
(5) 特定建築物の竣工年月日

【問題 6】建築物衛生法に基づき備えておかなければならない帳簿書類とその保存期間との組合せとして，最も適当なものは次のうちどれか。
(1) 維持管理に関する年間管理計画書 ──── 1 年間
(2) 空気環境測定結果 ──── 2 年間
(3) ねずみ等の防除に関する記録 ──── 3 年間
(4) 臨時に行われた水質検査結果 ──── 5 年間
(5) 空調ダクトの系統を明らかにした図面 ── 5 年間

【問題 7】建築物衛生法に基づく空気環境の測定方法に関する次の記述のうち，最も不適当なものはどれか。
(1) 二酸化炭素の含有率の測定に，検知管方式による二酸化炭素測定器を使用した。
(2) 温度の測定に，0.5 度目盛の温度計を使用した。
(3) 気流の測定に，0.2 メートル毎秒以上の気流を測定することのできる風速計を使用した。
(4) 相対湿度の測定に，0.5 度目盛の乾湿球湿度計を使用した。
(5) 浮遊粉じんの量の測定に，経済産業大臣の登録を受けた者により較正された機器を使用した。

【問題 8】建築物衛生法に基づく特定建築物における給排水設備の維持管理に関する次の記述のうち，最も不適当なものはどれか。
(1) 水景に使用している雑用水について，残留塩素濃度，濁度，臭気，外観は毎日，pH 値，大腸菌については 1 ヵ月に 1 回検査を実施している。
(2) 建築物衛生法施行規則第 4 条に規定する 16 項目の飲料水の水質検査を 6 ヵ月ごとに実施している。
(3) 飲料水の残留塩素の測定を給水栓末端で毎日実施している。
(4) 貯水槽・貯湯槽の清掃を 1 年に 1 回定期に実施している。
(5) 排水槽の清掃を 4 ヵ月ごとに実施している。

【問題 9】建築物環境衛生管理技術者免状に関する次の記述のうち，誤っているものはどれか。
(1) 厚生労働大臣は，免状の交付を受けている者が建築物衛生法に違反したときは，その免状の返納を命ずることができる。
(2) 免状の交付を受けている者は，免状を破り，よごし，又は失ったときは，厚生労働大臣に免状の再交付を申請することができる。
(3) 免状の交付を受けている者が死亡した場合は，戸籍法に規定する届出義務者は，1年以内に，厚生労働大臣に免状を返還する。
(4) 厚生労働大臣は，免状の返納を命じられ，その日から起算して1年を経過しない者には，免状の交付を行わないことができる。
(5) 免状の交付を受けている者は，本籍地を変更した場合は，厚生労働大臣に免状の書換え交付を申請することができる。

【問題 10】建築物衛生法に基づく建築物清掃業の登録に必要な人的要件となる従事者の研修に関する次の記述のうち，最も不適当なものはどれか。
(1) アルバイトも研修の受講が必要である。
(2) 従事者全員が，原則として1年に1回以上研修を受講する体制が必要である。
(3) カリキュラムの参考例が，厚生労働省の通知で示されている。
(4) 研修の実施主体について定められている。
(5) 従事者全員の研修は一度に実施しなければならない。

【問題 11】建築物衛生法に基づく国又は地方公共団体の公用又は公共の用に供する特定建築物に関する次の事項のうち，誤っているものはどれか。
(1) 都道府県知事等による資料の提出要求
(2) 特定建築物の届出
(3) 都道府県知事等による改善命令
(4) 建築物環境衛生管理基準の遵守
(5) 建築物環境衛生管理技術者の選任

【問題 12】感染症の予防及び感染症の患者に対する医療に関する法律（以下「感染症法」という。）に基づく感染症で，医師が診断後，都道府県知事に直ちに届け出なければならない感染症として，誤っているものは次のうちどれか。
(1) ラッサ熱
(2) 百日咳
(3) コレラ
(4) 急性灰白髄炎
(5) デング熱

【問題 13】地域保健法に基づく保健所の事業として，最も適当なものは次のうちどれか。
(1) 社会福祉に関する思想の普及及び向上に関する事項
(2) 精神保健に関する事項
(3) 介護認定に関する事項
(4) 水道，下水道，廃棄物の処理，清掃その他の環境の保全に関する事項
(5) 児童虐待の防止に関する事項

【問題　14】学校保健安全法における教室等の環境に係る学校環境衛生基準の検査項目に含まれないものは，次のうちどれか。
(1) 照度
(2) 換気
(3) 騒音レベル
(4) 振動レベル
(5) 温度

【問題　15】旅館業法施行令に定める旅館・ホテル営業の施設の基準について，誤っているものは次のうちどれか。
(1) 宿泊しようとする者との面接に適する玄関帳場等を有すること。
(2) 適当な換気，採光，照明，防湿及び排水の設備を有すること。
(3) 客室の数は5室以上であること。
(4) 客室の床面積は，寝台を置く客室においては9平方メートル以上であること。
(5) 善良の風俗が害されるような文書，図面その他の物件を旅館業の施設に掲示し，又は備え付けないこと。

【問題　16】水質汚濁防止法に関する次の記述のうち，誤っているものはどれか。
(1) 特定施設を有する事業場（特定事業場）から排出される水について，排水基準以下の濃度で排水することを義務付けている。
(2) 公共用水域への排出とは河川，湖，海等への排出であって，下水道に排出する場合を含まない。
(3) 都道府県は，条例により国が定めた排水基準よりも厳しい基準を定めることができる。
(4) 工場や事業場から公共用水域に排出される排水が規制対象であり，地下への水の浸透を含まない。
(5) 日平均排水量が50 m³以上であるホテルは，水質汚濁防止法に基づく特定事業場である。

【問題　17】悪臭防止法に規定する特定悪臭物質に該当しないものは，次のうちどれか。
(1) アンモニア
(2) ホルムアルデヒド
(3) 硫化水素
(4) トルエン
(5) メチルメルカプタン

【問題　18】労働安全衛生法に規定されている労働災害防止に関する次の記述のうち，誤っているものはどれか。
(1) 厚生労働大臣は，労働災害防止計画を策定しなければならない。
(2) 事業者は，規模に応じて総括安全衛生管理者を選任しなければならない。
(3) 事業者は，業種と規模に応じて安全委員会を設けなければならない。
(4) 都道府県知事は，重大な労働災害が発生した場合，事業者に対し特別安全衛生改善計画を作成することを指示することができる。
(5) 安全委員会の構成委員には，当該事業場の労働者で，事業者が指名した者が含まれなければならない。

【**問題 19**】平成 30 年の健康増進法の改正に関する次の文章の◻︎内に入る語句の組合せとして，<u>正しい</u>ものはどれか。

平成 30 年の健康増進法の改正では ア の イ の強化が行われ，原則として，学校・病院・児童福祉施設での ウ の禁煙の徹底が図られている。

	ア		イ		ウ
(1)	能動喫煙 ———	削減 ———	敷地内
(2)	能動喫煙 ———	防止 ———	屋内
(3)	受動喫煙 ———	防止 ———	屋内
(4)	受動喫煙 ———	防止 ———	敷地内
(5)	受動喫煙 ———	削減 ———	屋内

【**問題 20**】次の国際的合意のうち，<u>主として廃棄物対策に関する</u>ものはどれか。

(1) モントリオール議定書　　(4) パリ協定
(2) ラムサール条約　　(5) バーゼル条約
(3) ワシントン条約

令和元年度
1編
(1〜20)

建築物衛生行政概論

【問題　1】　世界保健機関（WHO）憲章の前文に述べられている健康の定義に関する次の文章の＿＿＿内に入る語句として，最も適当なものはどれか。

「健康とは完全な肉体的，精神的及び社会的福祉の状態にあり，単に病気又は病弱の存在しないことではない。

到達しうる最高基準の健康を享受することは，人種，宗教，政治的信念又は経済的もしくは＿＿＿条件の差別なしに万人の有する基本的権利の一つである。」

(1)　地域的　　　　　　　　　(4)　精神的
(2)　文化的　　　　　　　　　(5)　身体的
(3)　社会的

【問題　2】　建築物における衛生的環境の確保に関する法律（以下「建築物衛生法」という。）に基づく特定建築物の用途に関する次の記述のうち，最も不適当なものはどれか。
(1)　百貨店は，大規模小売店舗立地法に規定する大規模小売店舗をいう。
(2)　興行場は，興行場法に規定する興行場に限らない。
(3)　図書館は，図書館法に規定する図書館に限らない。
(4)　博物館は，博物館法に規定する博物館に限らない。
(5)　旅館は，旅館業法に規定する旅館業を営むための施設をいう。

【問題　3】　建築物衛生法に基づく特定建築物の延べ面積に関する次の記述のうち，最も不適当なものはどれか。
(1)　地下街の地下道は，延べ面積に算入しない。
(2)　公共駐車場は，延べ面積に算入しない。
(3)　事務所内の事務所用倉庫は，延べ面積に算入しない。
(4)　共同住宅は，延べ面積に算入しない。
(5)　診療所は，延べ面積に算入しない。

【問題　4】　建築物衛生法に関する次の記述のうち，誤っているものはどれか。
(1)　特定建築物においては，建築物環境衛生管理基準に従った維持管理が義務付けられている。
(2)　特定建築物の所有者等は，建築物環境衛生管理技術者を選任しなければならない。
(3)　建築物環境衛生管理基準は，空気環境の調整，給水及び排水の管理，清掃，ねずみ・昆虫等の防除に関し，環境衛生上良好な状態を維持するのに必要な措置について定めている。
(4)　建築物環境衛生管理基準を定め，建築物環境衛生管理技術者にその遵守を義務付けている。
(5)　建築物環境衛生上の維持管理を行う事業者の資質の向上を図ることが重要であることから，これらの事業者について登録制度が設けられている。

【問題　5】　建築物衛生法に基づく特定建築物の用途として最も不適当なものは，次のうちどれか。
(1)　ボーリング場
(2)　水族館
(3)　公民館
(4)　人文科学系研究所
(5)　スポーツジム

【問題　6】　次の建築物のうち，建築物衛生法に基づく特定建築物に該当するものはどれか。
(1)　延べ面積が 2,500 m² の事務所を併せもつ，5,000 m² の自然科学系研究施設
(2)　延べ面積が 3,500 m² の中学校と 4,000 m² の高等学校を併せもつ，7,500 m² の中高一貫校
(3)　延べ面積が 1,500 m² の体育施設を併せもつ，6,500 m² の専門学校
(4)　延べ面積が 2,500 m² の事務所を併せもつ，5,000 m² の寺院
(5)　延べ面積が 2,500 m² の店舗と 2,000 m² の貸倉庫を併せもつ，4,500 m² の複合建築物

【問題　7】　建築物衛生法に基づく特定建築物の届出に関する次の記述のうち，最も不適当なものはどれか。
(1)　用途の変更により，特定建築物に該当しなくなったときは，その日から 1 カ月以内に，その旨を届け出なければならない。
(2)　届出義務者は，所有者あるいは当該特定建築物の全部の管理について権原を有する者である。
(3)　現に使用されている建築物が，増築により新たに特定建築物に該当することになったときは，その日から 1 カ月以内に届け出なければならない。
(4)　届出の様式は，建築物衛生法施行規則で定められている。
(5)　建築物衛生法施行規則に基づく届出事項に変更があったときは，その日から 1 カ月以内に，その旨を届け出なければならない。

【問題　8】　建築物環境衛生管理基準に基づく空気環境の測定に関する次の記述のうち，最も適当なものはどれか。
(1)　新築の特定建築物では，最初の 1 年間は毎月測定しなければならない。
(2)　測定を行う場合は，1 日 2 回以上測定することが必要である。
(3)　階数が多い場合は，各階ごとに測定しなくてもよい。
(4)　測定場所は，適当な居室を選択し，測定しやすい場所で行う。
(5)　ホルムアルデヒドの測定結果が基準を超えた場合は，空調・換気設備を調整するなど軽減措置を実施後，速やかに測定し，効果を確認しなければならない。

【問題 9】 建築物環境衛生管理技術者に関する次の記述のうち，<u>最も適当なもの</u>はどれか。
(1) 特定建築物ごとに選任しなければならないので，同時に2以上の特定建築物の建築物環境衛生管理技術者となることは，いかなる場合も認められない。
(2) 建築物環境衛生管理技術者は，必要があると認めるときは，建築物維持管理権原者に意見を述べることができ，建築物維持管理権原者はこの意見に従わなければならない。
(3) 建築物環境衛生管理技術者が管理業務の指揮監督を怠り健康被害が発生した場合は，建築物環境衛生管理技術者に対して罰則の適用がある。
(4) 建築物環境衛生管理技術者の免状の記載事項に変更を生じたときは，厚生労働大臣に免状の書換え交付を申請しなければならない。
(5) 建築物環境衛生管理技術者の免状の再交付を受けた後，失った免状を発見したときは，5日以内にこれを厚生労働大臣に返還する。

【問題 10】 建築物環境衛生管理基準のうち，建築物衛生法施行規則に<u>規定されているもの</u>は，次のどれか。
(1) 浮遊粉じんの量
(2) 相対湿度
(3) 二酸化炭素の含有率
(4) ホルムアルデヒドの量
(5) 特例による一酸化炭素の含有率

【問題 11】 建築物衛生法に基づく事業の登録に必要な人的要件に関する次の記述のうち，<u>最も適当なもの</u>はどれか。
(1) 建築物環境衛生管理技術者として特定建築物に選任されている者は，登録事業の監督者等と兼務することができる。
(2) 同一の者が2以上の営業所の登録事業の監督者等となることができる。
(3) はじめに建築物環境衛生管理技術者の免状によって監督者となったものであっても，事業登録の更新により引き続き監督者となる場合は，6年ごとの再講習を受講する。
(4) 同一の者が同一営業所の2以上の登録事業の監督者等となることができる。
(5) 登録事業に従事するパート，アルバイトは従事者研修の対象外である。

【問題 12】 建築物衛生法に基づく事業の登録に必要な物的要件に関する次の記述のうち，<u>誤っているもの</u>はどれか。
(1) 建築物空気調和用ダクト清掃業は，機械器具を適切に保管することのできる専用の保管庫が必要である。
(2) 建築物空気環境測定業は，機械器具を適切に保管することのできる専用の保管庫が必要とされていない。
(3) 建築物飲料水貯水槽清掃業は，機械器具を適切に保管することのできる専用の保管庫が必要である。
(4) 建築物ねずみ・昆虫等防除業は，機械器具及び薬剤を適切に保管することのできる専用の保管庫が必要である。
(5) 建築物環境衛生総合管理業は，機械器具を適切に保管することのできる専用の保管庫が必要とされていない。

【問題 13】 建築物衛生法における都道府県知事の権限のうち，建築物衛生法により，保健所を設置する市の市長及び特別区の区長へ<u>付与されていない</u>ものは，次のどれか。
(1) 特定建築物の届出の受理
(2) 建築物事業登録営業所への立入検査
(3) 特定建築物所有者等に対する報告の徴収
(4) 特定建築物所有者等への改善命令
(5) 特定建築物に対する立入検査

【問題 14】 建築物衛生法に基づき，10 万円以下の<u>過料</u>となるものは次のうちどれか。
(1) 建築物環境衛生管理技術者を選任していない特定建築物の所有者
(2) 特定建築物の届出義務に違反した者
(3) 特定建築物の維持管理に関し環境衛生上必要な事項を記載した帳簿書類の備付け義務に違反した者
(4) 改善命令等に従わない者
(5) 正当な理由がないのに，厚生労働大臣の命令に違反して建築物環境衛生管理技術者免状を返納しなかった者

【問題 15】 次に示すものは，建築物衛生法に基づく，ある特定建築物の飲料水水質検査結果である。
　このうち，水道法第 4 条で規定する水質基準を<u>満たしていない</u>ものはどれか。
(1) 一般細菌（1 mL の検水で形成される集落数）———— 25 個
(2) 濁度 ———————————————————— 2 度
(3) pH 値 ———————————————————— 7.5
(4) 鉄及びその化合物 —————————————— 3 mg/L
(5) 有機物（全有機炭素（TOC）の量）———————— 1 mg/L

【問題 16】 下水道法に関する次の記述のうち，<u>最も不適当な</u>ものはどれか。
(1) 下水道の整備を図り，もって都市の健全な発達及び公衆衛生の向上に寄与し，あわせて公共用水域の水質の保全に資することを目的とする。
(2) 厚生労働大臣は，緊急の必要があると認めるときは，公共下水道等の工事又は維持管理に関して必要な指示をすることができる。
(3) 終末処理場とは，下水を最終的に処理して河川等に放流するために，下水道の施設として設けられる処理施設及びこれを補完する施設をいう。
(4) 都道府県は，下水道の整備に関する総合的な基本計画を定めなければならない。
(5) 環境大臣は，緊急の必要があると認めるときは，終末処理場の維持管理に関して必要な指示をすることができる。

【問題 17】 公衆浴場法に関する次の記述のうち，<u>最も不適当な</u>ものはどれか。
(1) 営業者が講じなければならない入浴者の衛生及び風紀に必要な措置の基準については，厚生労働大臣が省令でこれを定める。
(2) 公衆浴場を経営しようとする者は，都道府県知事等の許可を受けなければならない。
(3) 都道府県知事等は，必要があると認めるときは，営業者その他の関係者から必要な報告を求め，又は当該職員に公衆浴場に立入り，検査をすることができる。

(4) 療養のために利用される公衆浴場で都道府県知事等の許可を受けた営業者は，伝染性の疾病にかかっている者と認められる者に対して，入浴を拒まなくともよい。

(5) 入浴者は，公衆浴場において，浴槽内を著しく不潔にし，その他公衆衛生に害を及ぼすおそれのある行為をしてはならない。

【問題　18】　水質汚濁防止法第1条に定めるこの法律の目的に関する次の条文の　　　内に入る語句の組合せとして，正しいものはどれか。

「この法律は，工場及び事業場から公共用水域に排出される水の排出及び地下に浸透する水の浸透を規制するとともに，　ア　の実施を推進すること等によって，公共用水域及び地下水の水質の汚濁の防止を図り，もって　イ　とともに生活環境を保全し，並びに工場及び事業場から排出される汚水及び廃液に関して人の健康に係る被害が生じた場合における　ウ　について定めることにより，被害者の保護を図ることを目的とする。」

	ア	イ	ウ
(1)	生活排水対策	国民の健康を保護する	事業者の損害賠償の責任
(2)	下水対策	水質の基準を維持する	事業者の損害賠償の責任
(3)	生活排水対策	水質の基準を維持する	緊急時の措置
(4)	下水対策	国民の健康を保護する	緊急時の措置
(5)	生活排水対策	水質の基準を維持する	事業者の損害賠償の責任

【問題　19】　事務所衛生基準規則において，労働者を常時就業させる室の環境に関する次の記述のうち，最も不適当なものはどれか。

(1) 空気調和設備を設けている場合は，室の気温が18℃以上28℃以下になるように努めなければならない。

(2) 窓その他の直接外気に向かって開放できる部分の面積が，常時床面積の20分の1以上となるようにするか，有効な換気設備を設けなければならない。

(3) 室の気温が10℃以下の場合は，暖房するなどの適当な温度調節の措置を講じなければならない。

(4) 気積は，設備の占める容積及び床面から3mを超える高さにある空間を除き，労働者1人について，8m³以上としなければならない。

(5) 室の作業面の照度は，普通の作業の場合は300 lx以上でなければならない。

※規則改正により，問題の数値の一部を修正している。

【問題　20】　次の法律のうち，受動喫煙防止を規定しているものはどれか。

(1) 健康増進法
(2) 有害物質を含有する家庭用品の規制に関する法律
(3) 悪臭防止法
(4) 環境基本法
(5) 美容師法

建築物環境衛生管理技術者試験
ビル管理士
科目別試験問題

第2編

建築物の環境衛生

最新 5 年間の出題傾向分析

項目	設問内容	令和 5 年度 (2023) 問題番号	令和 4 年度 (2022) 問題番号	令和 3 年度 (2021) 問題番号	令和 2 年度 (2020) 問題番号	令和元年度 (2019) 問題番号
環境一般	環境基本法と環境基準	21				21
	労働安全衛生法：事務所衛生基準規則（基準項目値と基準値）		23			
	環境衛生：全般	22		22		22
	作業と代謝率					
	人体の臓器系と機能/細胞・組織・臓器	23	22		21	
	体温（調節機能）	24			22	
	生体機能の恒常性（有害ストレッサ）			21		
	環境要因：健康に影響を与える化学的要因	27	21			
温熱	体温（高齢者の快適温度）（外気温と身体温度）	25・26		24	23	23
	人の熱収支					25
	WBGT（暑さ指数）				24	24
	熱中症（高熱障害）			26	26	26
	寒冷障害（ヒトの低温障害）		26			
	エネルギー代謝		25			
	温熱環境指数		24	23・25	27	
	温熱的快適性：PMV				25	
	建築物内の湿度		27			
	暖房時の留意点					
室内空気	シックビル症候群			30		27
	気管支喘息					28
	過敏性肺炎					29
	アレルギー疾患	28		29		
	室気環境	29	28			
	環境要因：健康の影響を与える化学的要因			27		
	空気汚染物質と健康障害			32		32	30
	浮遊粉塵			29		
	アスベスト			30	28	30
	ホルムアルデヒド	30			31	
	たばこ（受動喫煙）	32		31		
	オゾン	31				
	酸素欠乏				28	
	一酸化炭素					
	二酸化炭素（呼吸と二酸化炭素）		31		29	
音・振動と健康	音・騒音	33・34	33・34	32・33	33	31
	振動	35	35	34	34	
照明と色	光の色の知覚	36	36	35		
	光環境と視覚		(36)			32
	LED（発光ダイオード）				35	
	JIS 安全色 意味と色の組合せ/事務所の維持照度					33

項目	設問内容	令和5年度(2023)問題番号	令和4年度(2022)問題番号	令和3年度(2021)問題番号	令和2年度(2020)問題番号	令和元年度(2019)問題番号
照明と色	VDT作業（光環境）VDT = Visual Display Terminals	37	37	36	36	34
	紫外線（作用）	39	39			35
	赤外線による疾患		(39)		37	
電磁場	（電離）放射線：健康影響・晩発影響	38		38	38・39	36
	電場、磁場、電磁波	40	38	37		37
水と健康	人と水/脱水症状	41	40・42	39	40	38
	カドニウム					
	有機水銀		41			39
	ヒ素					
	水系感染症（病原体）	42				
	環境基準法・公共用水域水質汚濁/水質基準項目			40	41	40
	水道法：水質基準項目				42	
感染症	**感染症**：病原体（種類）	43	44	41	43	41
	感染症：細菌（レジオネラ症）					
	感染症（感染経路対策）	44		42		42
	感染症：原虫による疾患（クリプトスポリジウム症）			43	44	
	感染症：ノロウイルス					
	感染症予防・医療/食物・水の感染源		43			43
消毒	消毒：消毒用エタノール・滅菌・薬液：消毒剤			45	45	44
	次亜塩素酸ナトリウム：濃度	45	45	44		45

第2編　建築物の環境衛生

例年大きな変化はない。「音・振動と健康」の問題が例年より多く出題された。他の項目は計算問題を含めて例年並みの出題であった。

・環境一般については例年2題程度
・温熱に関しては「体温（高齢者の快適温度）（外気温と身体温度）」「熱中症（高熱障害）」の近年出題頻度が高い
・室内空気に関しては「空気汚染物質と健康障害」「アスベスト」の出題頻度が高い。
・音・振動と健康に関しては「音・騒音」については毎年出題されている。
・照明と色に関しては「VDT作業（光環境）」毎年出題される。
　　　　　VDT = Visual Display Terminals
・電磁場に関して「（電離）放射線・健康影響・晩発影響」については出題頻度が高い。
・水と健康に関しては「ヒトと水/脱水症状」「環境基準法・公共用水域水質汚濁/水質基準項目」の出題頻度が高い。
・感染症については「感染症：病原体（種類）」の出題頻度が高い。
・消毒に関しては「消毒：消毒用エタノール・滅菌・薬液・消毒剤」「次亜塩素酸ナトリウム：濃度」（ほとんどの年で計算問題として1問出題される）についての出題頻度が高い。
＊項目中，年度が空白のものは過去5年以前に出題された内容である。（参考）

令和5年度
2編 建築物の環境衛生
(21〜45)

【問題 21】 環境基準と閾値に関する次の記述のうち，**最も不適当な**ものはどれか。
- (1) 環境基準には，人の健康を保護する上で維持されることが望ましい基準と生活環境を保全する上で維持されることが望ましい基準がある。
- (2) 閾値とは最小の刺激量として定義され，医学的な有害性の判断の根拠となる量である。
- (3) 環境基準については，常に適切な科学的判断が加えられ，必要な改定がなされなければならない。
- (4) 閾値の概念を示す Hatch の図において，縦軸は化学的因子の量である。
- (5) 環境基準は，動物実験や疫学調査等から得られる有害濃度を基礎とし，安全度を考慮して決定されている。

【問題 22】 環境衛生に関する次の記述のうち，**最も不適当な**ものはどれか。
- (1) 許容濃度は一般環境の基準として用いてはならない。
- (2) （公社）日本産業衛生学会は，労働者の有害物質による健康障害を予防するために許容濃度を公表している。
- (3) 許容濃度以下であれば，ほとんど全ての労働者に健康上の悪い影響が見られないと判断される。
- (4) 有害物の曝露量と集団の反応率との関係を，量—影響関係という。
- (5) 学校における環境衛生の基準は，学校保健安全法で定められている。

【問題 23】 人体の臓器系とその障害・疾病との組合せとして，**最も不適当な**ものは次のうちどれか。
- (1) 造血器系 ——— 再生不良性貧血
- (2) 消化器系 ——— 肝硬変
- (3) 呼吸器系 ——— 肺気腫
- (4) 神経系 ——— 甲状腺機能低下症
- (5) 循環器系 ——— 動脈硬化症

【問題 24】 体温の調節における熱産生と熱放散に関する次の記述のうち，**最も不適当な**ものはどれか。
- (1) 基礎代謝とは，睡眠時のエネルギー代謝のことをいう。
- (2) 高温環境では発汗や血流量が増加し，代謝量は上昇する。
- (3) 熱産生量は人体の活動状況によって異なり，作業量が増せば増加する。
- (4) 日本人の基礎代謝は夏の方が冬よりも低い。
- (5) 低温の環境では震えによって熱産生量が増加する。

【問題　25】高齢者における温度環境に関する次の記述のうち，最も不適当なものはどれか。
(1) 一般に若年者に比べて暖かい温度を好むとされている。
(2) 寒さに対する感受性は若年者に比べて高い傾向にある。
(3) 冬季における深部体温は，若年者に比べて低い傾向にある。
(4) 放射熱がない場合，高齢者の8割を満足させる気温の範囲は青年に比べて狭い範囲となる。
(5) 寒冷環境に曝露された際の血圧の変動が，若年者に比べて顕著である。

【問題　26】ヒトの温熱的快適性に影響する因子として，最も不適当なものは次のうちどれか。
(1) 室内の気流
(2) 室内の相対湿度
(3) 室内の二酸化炭素濃度
(4) 着衣量
(5) 季節

【問題　27】ヒトのがんに関する次の記述のうち，最も不適当なものはどれか。
(1) ヒトのがんの3分の2以上は，食事や喫煙等の生活習慣が原因とされる。
(2) がんは我が国の死因のトップであり，高齢化に伴い死亡者数が増え続けている。
(3) プロモータはDNAに最初に傷を付け，変異を起こさせる物質である。
(4) ウイルスが発がんの原因となることがある。
(5) ホルムアルデヒドには発がん性が認められる。

【問題　28】アレルギーに関する次の記述のうち，最も不適当なものはどれか。
(1) アレルギーは，ヒトに有害な免疫反応である。
(2) アレルギー反応の発現には，体内の肥満細胞の働きが関係するものがある。
(3) 低湿度は，気管支喘息の増悪因子である。
(4) 予防には，ダニや真菌が増殖しないよう，換気や清掃が重要である。
(5) 建築物衛生法において，ダニ又はダニアレルゲンに関する基準が定められている。

【問題　29】建築物における室内空気とその環境に関する次の記述のうち，最も不適当なものはどれか。
(1) 一般の室内環境下では，窒素の人体への健康影響はない。
(2) 一般的な室内空気中の酸素濃度は，約21%である。
(3) 良好な室内空気環境を維持するためには，1人当たり $10\,\mathrm{m^3/h}$ 以上の換気量が必要である。
(4) 建築物衛生法では，粒径（相対沈降径）がおおむね $10\,\mu\mathrm{m}$ 以下の粉じんを測定対象としている。
(5) 花粉は，エアロゾル粒子として室内に存在し得る。

【問題　30】建築物衛生法におけるホルムアルデヒド量の基準値として，正しいものは次のうちどれか。
(1)　0.08 mg/m³ 以下
(2)　0.1 mg/m³ 以下
(3)　0.15 mg/m³ 以下
(4)　0.5 mg/m³ 以下
(5)　1 mg/m³ 以下

【問題　31】オゾンに関する次の記述のうち，最も不適当なものはどれか。
(1)　水に溶けにくい。
(2)　紫外線による光化学反応で生成される。
(3)　(公社) 日本産業衛生学会は，作業環境におけるオゾンの許容濃度を示している。
(4)　吸入すると肺の奥まで達し，肺気腫を起こすことがある。
(5)　無臭である。

【問題　32】健康増進法に関する次の記述のうち，最も不適当なものはどれか。
(1)　特定施設の管理権原者は，法で定められた禁煙エリアに喫煙専用器具及び設備（灰皿等）を利用可能な状態で設置してはならない。
(2)　特定施設の管理権原者は，法で定められた禁煙エリアで喫煙している者に対し，喫煙の中止又は禁煙エリアからの退出を求めるよう努めなければならない。
(3)　病院や学校は，たばこの煙の流出を防止するための技術的基準を満たしていたとしても，屋内に喫煙場所を設けることはできない。
(4)　受動喫煙防止を目的として罰則規定が設けられている。
(5)　加熱式たばこについては，規制対象とならない。

【問題　33】音に関する次の記述のうち，最も不適当なものはどれか。
(1)　音は最終的に聴神経を経て大脳に伝わり音として認識される。
(2)　同じ音でも，聞く人によって，快適な音になったり，騒音になったりする。
(3)　ヒトが聞き取ることができる音の周波数帯は，およそ 20 Hz〜20 kHz 程度と言われている。
(4)　音の伝達において気導とは，空気の振動による音が鼓膜を通じて伝達されることである。
(5)　騒音職場などの定期健康診断における聴力検査では，スクリーニングとして 500 Hz と 2,000 Hz の聴力レベルが測定される。

【問題　34】騒音とその影響に関する次の記述のうち，最も不適当なものはどれか。
(1)　騒音性難聴と加齢性難聴は医学的に異なる。
(2)　慢性の騒音曝露により，徐々に会話音域の聴力低下が進行する。
(3)　騒音性難聴は，中耳の伝播が障害されることによって起こる。
(4)　環境騒音に関する基準は，住民の心理的影響や聴取妨害，睡眠妨害等を参考に決められる。
(5)　会話の音声レベルから騒音のレベルを引いた値が 20 dB 以上あれば，十分な了解度が得られる。

【問題 35】振動に関する次の記述のうち，最も適当なものはどれか。
(1) 振動レベルの単位は Hz で示される。
(2) 振動は全身に分布する交感神経末端の受容器により知覚される。
(3) 全身振動は，水平振動のみで評価される。
(4) 長距離バスやフォークリフトの運転などにより，局所振動障害が起こる。
(5) 振動を原因とする白ろう病では，指に境界鮮明な蒼白化状態が発生する。

【問題 36】眼の構造と光の知覚・明るさに関する次の記述のうち，最も不適当なものはどれか。
(1) 眼の網膜にある視細胞が光を感知する。
(2) 網膜は眼の前面，水晶体の前方に位置する。
(3) 黒色の円環の切れ目を見ることで視力を測る方法がある。
(4) 室内における適正な照明の量は，使用用途によって異なる。
(5) 物体の色は，光が物体に入射し，反射した光の分光分布により見られる。

【問題 37】情報機器作業に関する次の記述のうち，最も不適当なものはどれか。
(1) 一連続作業時間は 90 分を超えないようにする。
(2) グレア防止用の照明器具を用いる。
(3) 最も多い自覚症状は，眼の調節機能の低下や疲労，痛み，充血等である。
(4) 高齢者は眼の調節力の低下があるため，作業に必要な照度に関して配慮が必要である。
(5) ディスプレイを用いる場合の書類及びキーボード上における照度は 300 lx 以上とする。

【問題 38】電場・磁場・電磁波に関する次の記述のうち，最も不適当なものはどれか。
(1) 電磁波は真空中も空気中も光速で伝わる。
(2) 高エネルギーである X 線，γ 線は電離作用をもつ。
(3) 電場と磁場の振動が伝播する波動の総称を電磁波という。
(4) 光を波長の長さ順に並べると，紫外線が一番長く，その次が可視光線で，赤外線が一番短い。
(5) 静電場は，電撃や皮膚がチリチリする不快感をもたらすことがある。

【問題 39】紫外線に関する次の記述のうち，最も不適当なものはどれか。
(1) 紫外線には殺菌作用がある。
(2) 紫外線は皮膚表層で吸収される。
(3) 紫外線のリスクとして悪性黒色腫の発生がある。
(4) 紫外線の曝露が起こる作業の一つにアーク溶接がある。
(5) 紫外線の曝露による白内障は，ガラス工白内障として古くから知られている。

【問題 40】電離放射線に関する次の記述のうち，最も不適当なものはどれか。
(1) 感受性が最も高い細胞は，消化管の上皮細胞である。
(2) アルファ線は紙一枚で遮断できる。
(3) 人体に与える影響の単位はシーベルト（Sv）である。
(4) 放射線による悪性腫瘍の発生は，確率的影響に分類される。
(5) 妊娠可能な婦人の骨盤照射は，月経開始後 10 日以内に行う。

【問題　41】ヒトと水に関する次の記述のうち，最も不適当なものはどれか。
(1) 一般成人における体内水分量は，体重の約 60% である。
(2) 水分・体液のうち，細胞内液は約 2/3 である。
(3) 成人の場合，不可避尿として 1 日最低 1 L 以上の尿排泄が必要である。
(4) 一般に，体重当たりの体内水分量は女性より男性の方が多い。
(5) 水分の欠乏率が体重の約 2% になると，強い渇きを感じる。

【問題　42】水系感染症の特徴に関する次の記述のうち，最も不適当なものはどれか。
(1) 梅雨から夏に集中する。
(2) 初発患者の発生から数日で爆発的に増加する。
(3) 職業と関連する場合は少ない。
(4) 給水範囲に一致して発生し，その境界線が明確である。
(5) 一般に潜伏期間が長い。

【問題　43】次の感染症のうち，ウイルスによって引き起こされるものはどれか。
(1) 発しんチフス
(2) カンジダ症
(3) マラリア
(4) 日本脳炎
(5) レプトスピラ症

【問題　44】感染症法により，全数把握が必要とされる感染症は次のうちどれか。
(1) ヘルパンギーナ
(2) A 型肝炎
(3) 季節性インフルエンザ
(4) 手足口病
(5) マイコプラズマ肺炎

【問題　45】5% 溶液の次亜塩素酸ナトリウムを水で希釈して 200 mg/L の濃度の溶液を 10 L 作る場合，必要となる 5% 溶液の量として，最も近いものは次のうちどれか。
(1) 0.4 mL
(2) 2 mL
(3) 4 mL
(4) 20 mL
(5) 40 mL

令和4年度
2編 　建築物の環境衛生
(21〜45)

【問題　21】健康に影響を与える環境要因のうち，化学的要因として最も不適当なものは次のうちどれか。
(1) 酸素
(2) 粉じん
(3) オゾン
(4) し尿
(5) 放射線

【問題　22】細胞・組織・臓器・臓器系とその機能の説明との組合せとして，最も不適当なものは次のうちどれか。
(1) 自律神経 ——— 消化，呼吸，循環等の諸機能を調整する。
(2) 腎臓 ————— 血液の老廃物などをろ過して尿を生成する。
(3) 消化器系 ——— 栄養や水を摂取・吸収して再合成と排泄を行う。
(4) 赤血球 ———— 細菌などに対する生体防御作用をもつ。
(5) 内分泌系 ——— 成長，発達，代謝をコントロールする。

【問題　23】労働衛生に関する次の記述のうち，最も不適当なものはどれか。
(1) 有害物の負荷量と個体レベルにおける障害などの程度の関係を，量−反応関係と呼ぶ。
(2) 最大許容濃度とは，作業中のどの時間をとっても曝露濃度がこの数値以下であれば，ほとんど全ての労働者に健康上の悪い影響が見られないと判断される濃度である。
(3) 許容濃度とは，労働者が1日8時間，週40時間程度，肉体的に激しくない労働強度で有害物質に曝露されても，ほとんど全ての労働者に健康上の悪い影響が見られないと判断される濃度である。
(4) 許容限界とは，生物が耐えきれなくなるストレス強度の限界のことである。
(5) 一般の事務所における環境の基準は，労働安全衛生法に基づく事務所衛生基準規則により定められている。

【問題　24】温熱環境指数に関する次の記述のうち，最も不適当なものはどれか。
(1) 予測平均温冷感申告は，気温，湿度，風速，平均放射温度，エネルギー代謝量，着衣量の6つの温熱環境要素を用いて評価をする。
(2) 不快指数は，気温と湿球温度，又は気温と相対湿度から算出される。
(3) 黒球（グローブ）温度は，銅製の黒球の中心温を測定したものである。
(4) 有効温度は，気温，湿度，風速，熱放射の4要素の影響を含んだ温熱環境の指標である。
(5) 湿球黒球温度（WBGT）は，暑さ指数として熱中症予防のために用いられている。

【問題　25】エネルギー代謝に関する次の記述のうち，最も不適切なものはどれか。
(1) 基礎代謝とは，早朝覚醒後の空腹時仰臥の姿勢におけるエネルギー代謝のことである。
(2) 睡眠時代謝量は，基礎代謝量より高い。
(3) 安静時代謝量は，基礎代謝量よりおよそ20%高い。
(4) 熱産生は，主に摂取した食物の代謝による化学的エネルギーに由来する。
(5) 体温は，熱産生と熱放散のバランスにより一定に保たれている。

【問題　26】寒冷障害（ヒトの低温障害）に関する次の記述のうち，最も不適当なものはどれか。

(1) 5℃ 以下の水に突然つかると，5〜15 分間で生命にかかわる低体温症を生じる。

(2) 気温が 13〜16℃ 程度でも天候によっては低体温症となることがある。

(3) 乳幼児や高齢者は寒さへの適応力が低く，低体温症のリスクが高い。

(4) 低体温症の診断は脇の下の体温を測定することで行う。

(5) 凍傷による障害は，組織の凍結と周辺の血管収縮・血栓による血流阻害により起きる。

【問題　27】建築物内の湿度に関する次の記述のうち，最も不適当なものはどれか。

(1) 低湿度ではほこりが飛散しやすくなる。

(2) 低湿度ではインフルエンザウイルスの生存率が高まる。

(3) 加湿器を清潔に保つことは室内環境衛生のために重要である。

(4) 高湿度では体感温度が上昇する。

(5) 高湿度では壁の塗装の剥離が起きやすくなる。

【問題　28】空気環境に関する次の記述のうち，最も不適当なものはどれか。

(1) 良好な室内空気環境を維持するためには，一般に 1 人当たり 30 m³/h 以上の換気量が必要とされている。

(2) 一般の室内環境下では，窒素の人体への健康影響はない。

(3) 空気中の酸素濃度が 16% 程度になると意識障害やけいれんが生じる。

(4) 二酸化炭素濃度は，室内空気の汚染や換気の総合指標として用いられる。

(5) 窒素は，大気の約 78% を占める。

【問題　29】浮遊粉じんに関する次の文章の　　　　内に入る数値の組合せとして，最も適当なものはどれか。

粒径 ア μm 以下の粉じんは長時間にわたり浮遊し，ヒトの気道内に取り込まれる。特に肺に沈着し，人体に有害な影響を及ぼすのは，通常 イ μm 程度以下の大きさである。

	ア		イ
(1)	50	——	10
(2)	40	——	10
(3)	20	——	5
(4)	10	——	5
(5)	10	——	1

【問題　30】アスベストに関する次の記述のうち，最も不適当なものはどれか。

(1) 自然界に存在する繊維状の水和化したケイ酸塩鉱物の総称である。

(2) 健康障害はアスベスト製品製造工場の従業員に限られていない。

(3) 肺がんに対して喫煙との相乗作用が疫学的に示唆されている。

(4) 労働安全衛生法，大気汚染防止法，建築基準法等により法規制が設けられている。

(5) 現在，試験研究を除き使用禁止であり，現存の建築物には残っていない。

【問題　31】二酸化炭素に関する次の記述のうち，最も不適当なものはどれか。
(1) 大気中の濃度は，一般に 0.04～0.05％ である。
(2) 学校保健安全法の学校環境衛生基準では，教室の二酸化炭素濃度は 0.5％ 以下と定められている。
(3) 安静時の人の呼気中には 4％ 程度含まれている。
(4) 室内の濃度が 3～4％ になると頭痛，めまいや血圧上昇を起こす。
(5) 室内の濃度が 7～10％ になると数分間で意識不明となる。

【問題　32】空気汚染とその健康障害との組合せとして，最も不適当なものは次のうちどれか。
(1) オゾン ——————— 気道粘膜の刺激
(2) レジオネラ属菌 ——— 急性肺炎
(3) 真菌 ——————— アレルギー性疾患
(4) たばこ煙 ————— 慢性閉塞性肺疾患（COPD）
(5) 二酸化硫黄 ———— 過敏性肺炎

【問題　33】音に関する次の記述のうち，最も不適当なものはどれか。
(1) 外耳は耳介，外耳道，鼓膜からなる。
(2) 音の伝達には気導と骨導がある。
(3) サウンドアメニティーとは，快い音環境のことである。
(4) 聴力はオージオメータの基準音圧レベルを基準として測定される。
(5) 蝸牛は内耳に含まれ，蝸牛内部には有毛細胞をもつコルチ器がある。

【問題　34】騒音に関する次の記述のうち，最も不適当なものはどれか。
(1) 騒音レベル 85 dB 以上の騒音に長期間曝露されると，聴力に障害が起こる。
(2) 騒音により副腎ホルモンの分泌増加など，内分泌系への影響が起こる。
(3) 文章了解度は，聴取妨害に関する音声の了解の程度を評価する指標である。
(4) 騒音が発生する業務に従事する労働者の 4,000 Hz の聴力レベルが 20 dB であれば，騒音性難聴とされる。
(5) 一般環境騒音に係る環境基準は，地域類型別及び道路に面しない地区と道路に面する地区に区分し決められている。

【問題　35】振動に関する次の記述のうち，最も適当なものはどれか。
(1) 地震の震度は，気象庁の職員の体感によって測定される。
(2) レイノー現象は，温度が高く代謝が上昇する夏季に起こりやすい。
(3) 全身振動により，胃腸の働きの抑制が見られる。
(4) 振動の知覚は，皮膚，内蔵，関節等，全身に分布する運動神経末端受容器によりなされる。
(5) 地面の振動が伝わる際，建築物内床面の振動レベルは減衰により屋外地面上より低くなる。

【問題 36】眼の構造と光の知覚，光環境に関する次の記述のうち，最も不適当なものはどれか。
 (1) 照度が 0.1 lx より下がると，視力は大きく低下する。
 (2) 錐体には赤，青，黄の光にそれぞれ反応する3種があり，これらの反応の組合せにより色を感じる。
 (3) 視細胞が感知した光の刺激は，視神経を介して脳に伝わり知覚される。
 (4) グレアとは，視野内で過度に輝度が高い点などが見えることによって起きる不快感や見にくさである。
 (5) 眼において，水晶体はカメラに例えるとレンズの役割を果たす。

【問題 37】情報機器作業に関する次の記述のうち，最も不適当なものはどれか。
 (1) 情報機器にはタブレット端末が含まれる。
 (2) 照明及び採光は，できるだけ明暗の対照が著しくないようにする。
 (3) ディスプレイに関しては，画面の上端が眼の高さよりやや上になる高さにすることが望ましい。
 (4) 情報機器作業とは，パソコンなどの情報機器を使用してデータの入力や文章・画像等の作成を行う作業である。
 (5) 情報機器作業者に対する健康診断では，眼の症状，筋骨格系の症状，ストレスに関する症状をチェックする。

【問題 38】電場，磁場，電磁波に関する次の記述のうち，最も不適当なものはどれか。
 (1) 電磁波には電波，光，X線，γ線が含まれる。
 (2) 可視光線のみが目で確認できる電磁波である。
 (3) 地球磁場のような静磁場の曝露による健康影響は知られていない。
 (4) 静電気は，放電によりガソリンや有機溶剤に発火や爆発を起こす。
 (5) 電磁波の周波数が高くなると波長は長くなる。

【問題 39】赤外線及び紫外線の健康影響に関する次の記述のうち，最も不適当なものはどれか。
 (1) 赤外線は熱中症の原因となる。
 (2) 赤外線はビタミン D の形成を促す。
 (3) 紫外線曝露により，角膜炎が起こる。
 (4) 紫外線のうち，UV-C はオゾン層に吸収される。
 (5) 紫外線の UV-B は，エネルギーが強く肌表面の細胞を傷つけたり炎症を起こし，皮膚がんのリスクを上昇させる。

【問題 40】健常な体重 75kg の一般成人の体内水分量として，最も適当なものは次のうちどれか。
 (1) 20 kg 未満
 (2) 20 kg 以上 30 kg 未満
 (3) 30 kg 以上 40 kg 未満
 (4) 40 kg 以上 50 kg 未満
 (5) 50 kg 以上 60 kg 未満

令和4年度

【問題 41】自然界に排出されると，生物濃縮によりヒトの健康に影響を及ぼす物質は次の
うちどれか。
(1) 四塩化炭素　　　　　(4) 有機水銀
(2) シアン化合物　　　　(5) 六価クロム
(3) 鉛

【問題 42】喉の渇きが生じた場合の体内における水分欠乏率として，最も適当なものは次
のうちどれか。
(1) 1% 程度　　　　　(4) 8% 程度
(2) 4% 程度　　　　　(5) 10% 以上
(3) 6% 程度

【問題 43】感染症の予防及び感染症の患者に対する医療に関する法律に基づく感染症の類
型のうち，一類，二類，三類全てに実施される措置として，最も不適当なものは次のうち
どれか。
(1) 積極的疫学調査
(2) 死体の移動制限
(3) 無症状病原体保有者への入院勧告
(4) 汚染された場所の消毒
(5) 就業制限

【問題 44】主にヒト−ヒト感染によって感染が拡大する感染症は次のうちどれか。
(1) マイコプラズマ肺炎　　　(4) レプトスピラ症
(2) デング熱　　　　　　　　(5) ジカウイルス感染症
(3) 発疹チフス

【問題 45】次亜塩素酸ナトリウム消毒に関する次の記述のうち，最も適当なものとどれか。
(1) 一般に手指消毒で最も用いられる。
(2) 通常5% の濃度で使用する。
(3) 芽胞には効果がない。
(4) 室内では噴霧により使用する。
(5) 有機物が多くても効力は減退しない。

建築物の環境衛生

【問題 21】生体の恒常性（ホメオスタシス）等に関する次の記述のうち，最も不適当なものはどれか。
(1) 外部環境の変化に対し内部環境を一定に保つ仕組みを恒常性という。
(2) 恒常性は，主に，神経系，内分泌系，免疫系の機能によって維持されている。
(3) 外部からの刺激は，受容器で受容されて中枢に伝達され，その後，効果器に興奮が伝えられて反応が起こる。
(4) 生体に刺激が加えられると，生体内に変化が生じ，適応しようとする反応が非特異的に生じる。
(5) 加齢とともに摂取エネルギー量は低下するが，エネルギーを予備力として蓄えておく能力は増加する。

【問題 22】健康に影響を与える環境要因のうち，物理的要因として最も不適当なものは次のうちどれか。
(1) オゾン
(2) 湿度
(3) 気圧
(4) 温度
(5) 音

【問題 23】温熱環境指数に関する次の記述のうち，最も不適当なものはどれか。
(1) 黒球温度は，熱放射と対流に関わる温度の測定に用いられる。
(2) 湿球黒球温度（WBGT）は，屋内外における暑熱作業時の暑熱ストレスを評価するために使用されている。
(3) 有効温度は，湿度100%で無風の部屋の気温に等価な環境として表す主観的経験指数である。
(4) 標準新有効温度は，気温，湿度，風速，熱放射，着衣量，代謝量の6要素を含んだ温熱環境の指標である。
(5) 不快指数は，気温に関係なく用いられる指標である。

【問題 24】体温調節に関する次の記述のうち，最も不適当なものはどれか。
(1) 寒冷環境では，温暖環境に比較して，体内と身体表層部との温度差が小さくなる。
(2) 平均皮膚温の算出式である Hardy-DuBois の7点法で，皮膚温の重みづけが一番大きいのは腹である。
(3) 冷房や扇風機の利用は，行動性体温調節である。
(4) 熱放射は，対流，放射，伝導，蒸発の物理的過程からなる。
(5) 核心温は，身体表面の温度に比べて，外気温の影響を受けにくい。

【問題　25】温熱環境と体熱平衡に関する次の記述のうち，最も不適当なものはどれか。
(1)　対流による熱放散は，流体の流れに伴う熱エネルギーの移動現象である。
(2)　蒸発による熱放散は，水分が皮膚から気化するときに皮膚表面から潜熱を奪う現象である。
(3)　高温環境下においては，人体の熱産生量は低下する。
(4)　人体側の温熱環境要素は，代謝量と着衣量である。
(5)　伝導による熱放散は，体と直接接触する物体との間の熱エネルギーの移動現象である。

【問題　26】熱中症に関する次の記述のうち，最も不適当なものはどれか。
(1)　熱けいれんは，大量に発汗した際，水分のみを大量に摂取することによって起きる。
(2)　熱疲労では，大量の発汗により体内の水分，塩分が不足し，臓器の機能低下が起きる。
(3)　熱失神はもっとも重い熱中症であり，体温は異常に上昇する。
(4)　皮膚疾患や重度の日焼けのときには発汗作用は低下するので，注意が必要である。
(5)　熱射病の治療においては，冷やしすぎに注意する必要がある。

【問題　27】ヒトの発がんの原因に関する次の記述のうち，最も不適当なものはどれか。
(1)　発がんの要因として，食事が3分の1を占める。
(2)　感染症が発がんの原因となることがある。
(3)　ラドンのばく露は肺がんのリスクを上昇させる。
(4)　DNAに最初に傷を付け，変異を起こさせる物質をプロモータという。
(5)　ホルムアルデヒドには発がん性が認められる。

【問題　28】アスベストに関する次の記述のうち，最も不適当なものはどれか。
(1)　合成された化学物質である。
(2)　胸膜中皮腫の潜伏期間の多くは，20〜50年である。
(3)　吸引すると肺の線維化を生じさせる。
(4)　肺がんに対して，アスベストばく露と喫煙の相乗作用が示唆されている。
(5)　中皮腫や肺がんの発症の危険度は，アスベストの累積ばく露量が多いほど高くなる。

【問題　29】アレルギーに関する次の記述のうち，最も不適当なものはどれか。
(1)　低湿度は，アトピー性皮膚炎の増悪因子である。
(2)　アレルゲンの同定は予防，治療の上で重要である。
(3)　ヒスタミンは，アレルゲンの一種である。
(4)　アレルギー反応は，体に有害である免疫反応をいう。
(5)　過敏性肺炎の一種である加湿器肺の予防には，加湿器の微生物汚染の防止が重要である。

【問題　30】シックビル症候群でみられる症状等に関する次の記述のうち，最も不適当なものはどれか。
(1)　目やのどの刺激やくしゃみ等の症状は，加湿により減少する。
(2)　そのビルを使用，利用する全ての人に症状がみられる。
(3)　外気の供給不足が発症の危険因子である。
(4)　胸部圧迫感，息切れ，咳などの症状を呈することがある。
(5)　アトピー体質が発症の危険因子である。

【問題　31】受動喫煙に関する次の記述のうち，最も適当なものはどれか。
(1) 医療機関における受動喫煙防止対策は，地域保健法により規定されている。
(2) 喫煙専用室には，二十歳未満の者は立ち入れない旨の掲示が必要である。
(3) 副流煙は，喫煙者が吐き出す煙のことである。
(4) たばこ煙に含まれるニコチンやタールは，副流煙より主流煙の方に多く含まれる。
(5) 受動喫煙により，小児の呼吸器系疾患のリスクは増加しない。

【問題　32】音に関する次の記述のうち，最も不適当なものはどれか。
(1) 聴力レベルがプラスの値は，基準値よりも聴力が良いことを意味する。
(2) 音の感覚の受容器である耳は，外耳，中耳，内耳に分けられる。
(3) 聴覚の刺激となる音には，頭蓋骨を伝わる音が含まれる。
(4) 音の大きさを評価する尺度として，聴覚系の周波数特性で補正したA特性音圧レベルがある。
(5) 聴力レベルのスクリーニングとして，職場の定期健康診断では1,000 Hzと4,000 Hzの聴力レベルが測定される。

【問題　33】騒音に関する次の記述のうち，最も不適当なものはどれか。
(1) 騒音性難聴は，4,000 Hz付近の聴力低下から始まる。
(2) 老人性難聴の初期では，会話音域である周波数（2,000 Hz）から聴力の低下がみられる。
(3) 環境騒音によって自律神経系が刺激され，血圧の上昇などが観察される。
(4) 長期間85 dB以上の騒音にばく露されると，永久性の聴力低下となる危険性が高くなる。
(5) 住民の騒音苦情の大半は，聴取妨害と心理的影響である。

【問題　34】振動に関する次の記述のうち，最も不適当なものはどれか。
(1) 振動レベルの単位はデシベル（dB）である。
(2) 局所振動による健康障害は冬期に多くみられる。
(3) 局所振動による障害にレイノー現象といわれる指の末梢神経障害がある。
(4) フォークリフトの運転により垂直振動にばく露されることで，胃下垂などが生じる。
(5) 全身振動は，垂直振動と水平振動に分けて評価される。

【問題　35】光の知覚に関する次の記述のうち，最も不適当なものはどれか。
(1) 目が視対象物の細部を見分ける能力を視力という。
(2) 視対象を正確に認識することを明視といい，この条件は，大きさ，対比，時間，明るさである。
(3) 視細胞は角膜に存在する。
(4) 暗順応に要する時間は明順応よりも長い。
(5) 錐体細胞には，赤，青，緑の光にそれぞれ反応する3種があり，反応の組合せで色を感じる。

【問題　36】情報機器作業に関する次の記述のうち，最も不適当なものはどれか。

(1) 作業者の健康に関する調査で，最も多い自覚症状は眼の症状である。

(2) ディスプレイのグレア防止には，直接照明を用いる。

(3) 書類上及びキーボード上における照度は 300 lx 以上が推奨される。

(4) ディスプレイ画面上における照度は規定されていない。

(5) ディスプレイ画面の明るさ，書類及びキーボード面における明るさと，周囲の明るさとの差は，なるべく小さくする。

※規則改正により，問題の照度の一部を修正している。

【問題　37】電磁波に関する次の記述のうち，最も不適当なものはどれか。

(1) レーザー光線には可視光のレーザーの他，赤外線や紫外線のレーザーがある。

(2) 溶接作業で発生する電気性眼炎は紫外線による。

(3) 赤外線は白内障の原因となる。

(4) マイクロ波の主な用途の一つとして，家庭用電子レンジがある。

(5) 可視光線の波長は赤外線より長い。

【問題　38】電離放射線による健康影響のうち，確定的影響かつ晩発影響として最も適当なものは次のうちどれか。

(1) 不妊
(2) 染色体異常
(3) 白血病
(4) 白内障
(5) 甲状腺がん

【問題　39】ヒトと水に関する次の記述のうち，最も適当なものはどれか。

(1) 通常の状態で，水が最も多く排泄されるのは尿であり，その次は皮膚からの蒸泄である。

(2) 成人の体内の水分量は，体重の約 80% である。

(3) 水分欠乏が体重の 5% 以上で，喉の渇きを感じる。

(4) ヒトが生理的に必要とする水分量は，成人の場合，1 日当たり約 3 リットルである。

(5) 体内では細胞内液より細胞外液の方が多い。

【問題　40】水質汚濁に係る環境基準項目に関する次の記述のうち，最も適当なものはどれか。

(1) ヒ素は，急性ばく露により皮膚の色素沈着を起こす。

(2) 亜鉛は，水俣病の原因となる。

(3) カドミウムは，水質汚濁に関する環境基準において検出されないこととなっている。

(4) アルキル水銀は，生物学的濃縮を起こす。

(5) ベンゼンは，ヒトに対する発がん性は認められない。

【問題　41】感染症の予防及び感染症の患者に対する医療に関する法律（以下「感染症法」という。）における感染症の類型に関する次の記述のうち，最も不適当なものはどれか。
(1)　一類感染症では，交通が制限されることがある。
(2)　二類感染症では，建物の立ち入りは制限されない。
(3)　三類感染症では，就業制限される職種がある。
(4)　四類感染症では，積極的疫学調査は実施されない。
(5)　五類感染症には，ジアルジア症が含まれる。

【問題　42】次の感染症のうち，主に空気を介して感染するものはどれか。
(1)　デング熱
(2)　B型肝炎
(3)　ペスト
(4)　日本脳炎
(5)　麻しん

【問題　43】クリプトスポリジウム症に関する次の記述のうち，最も適当なものはどれか。
(1)　病原体は細菌である。
(2)　ヒトや哺乳動物の消化管で増殖する。
(3)　水道水の塩素消毒で死滅する。
(4)　水道におけるクリプトスポリジウム等対策指針では，レベル1が最もリスクが高い。
(5)　下痢症状は1～2日で消失する。

【問題　44】5%溶液として市販されている次亜塩素酸ナトリウムを水で希釈して100 mg/Lの濃度の溶液を10 L作る場合，必要となる5%溶液の量として，最も近いものは次のうちどれか。
(1)　0.2 mL
(2)　4 mL
(3)　20 mL
(4)　40 mL
(5)　200 mL

【問題　45】滅菌に用いられるものとして，最も不適当なものは次のうちどれか。
(1)　γ線
(2)　ろ過
(3)　エチレンオキサイドガス
(4)　高圧蒸気
(5)　紫外線

令和2年度 2編 (21〜45) 建築物の環境衛生

【問題 21】人体の臓器系とその臓器・組織との組合せとして，最も不適当なものは次のうちどれか。
(1) 造血器系 ——— 脾臓
(2) 内分泌系 ——— 下垂体
(3) 呼吸器系 ——— 肺
(4) 神経系 ——— 甲状腺
(5) 循環器系 ——— 毛細血管

【問題 22】体温調節機能に関する次の文章の　　　内に入る語句の組合せとして，最も適当なものはどれか。
　生体は，体内における産熱と放熱が平衡を保ち，一定の体温を維持している。産熱機能は，　ア　の増進などによって制御されている。放熱機能は，　イ　，　ウ　，皮下組織の熱遮断等によって調節されている。

	ア	イ	ウ
(1)	消化	呼吸	神経興奮
(2)	発汗	筋収縮	神経興奮
(3)	発汗	呼吸	内分泌
(4)	基礎代謝	尿産生	血液循環
(5)	基礎代謝	呼吸	血液循環

【問題 23】通常の室内における，人体各部位の温度が低い順番に並んでいるものとして，最も適当なものは次のうちどれか。
(1) 顔 < 直腸 < 足
(2) 顔 < 足 < 直腸
(3) 直腸 < 顔 < 足
(4) 足 < 直腸 < 顔
(5) 足 < 顔 < 直腸

【問題 24】熱中症予防の指標となる暑さ指数（WBGT）に関する次の文章の　　　内に入る語句の組合せとして，正しいものはどれか。
　暑さ指数（WBGT）は，屋内や屋外で太陽照射のない場合，$0.7T_A+0.3T_B$で求められる。ただし，T_Aは　ア　，T_Bは　イ　である。

	ア	イ
(1)	黒球温度	湿球温度
(2)	湿球温度	乾球温度
(3)	湿球温度	黒球温度
(4)	乾球温度	黒球温度
(5)	乾球温度	湿球温度

【問題　25】温熱条件の快適性に関する次の記述のうち，最も不適当なものはどれか。
(1)　温冷感とは心理反応であり，人間の主観的評価による指標である。
(2)　快適感は，核心温の状態に関わらず一定である。
(3)　一般に，平均皮膚温が33〜34℃ の時に温熱的中性申告が得られる。
(4)　温熱的快適感とは，熱環境に対して満足感を表現できる心の状態をいう。
(5)　快適感尺度は，諸外国で開発されたものを日本語に翻訳して用いられているものが多く，言語による違いが生じる。

【問題　26】熱中症に関する次の文章の　　　　内の語句のうち，最も不適当なものはどれか。
　　　熱失神は皮膚血管の拡張により血圧が低下し (1)　脳血流が減少 して起こる。熱けいれんは発汗により (2)　塩分 が失われ，その後大量に (3)　水分 を摂取することで起こる。熱疲労は細胞外液の浸透圧の増加により，細胞内の (4)　水分増加 が生じることで起こる。熱射病は (5)　体温調節中枢の障害 が生じることで起こる。

【問題　27】湿度・加湿に関する次の記述のうち，最も不適当なものはどれか。
(1)　高湿度では，風邪などの呼吸器疾患に罹患しやすくなる。
(2)　高湿度では，結露しカビやダニが発生する。
(3)　低湿度では，静電気が発生しやすくなる。
(4)　低湿度では，ほこりが飛散しやすくなる。
(5)　水に混入した真菌が，加湿の過程でエアロゾルとして放出されることがある。

【問題　28】酸素欠乏に関する次の文章の　　　　内に入る数値の組合せとして，正しいものはどれか。
　　　労働安全衛生法に基づく酸素欠乏症等防止規則では，空気中の酸素濃度が　ア　% 未満である状態を酸素欠乏と定義している。
　　　また，酸素濃度と人体影響の関係では，空気中の酸素濃度が　イ　% 以下になると意識障害やけいれんが生じる。

$$\begin{array}{ccc} & ア & イ \\ (1) & 20 & 18 \\ (2) & 20 & 16 \\ (3) & 18 & 16 \\ (4) & 18 & 10 \\ (5) & 16 & 10 \end{array}$$

【問題　29】ヒトが不快感を覚えるとされている室内の二酸化炭素濃度として，最も適当なものは次のうちどれか。
(1)　0.5%　　　　　　　　　　(4)　6%
(2)　1〜2%　　　　　　　　　(5)　7〜10%
(3)　3〜4%

【問題　30】 アスベストに関する次の記述のうち，<u>最も不適当な</u>ものはどれか。
(1) 自然界に存在する繊維状の水和化したケイ酸塩鉱物の総称である。
(2) 過去には断熱材として使用された。
(3) 吸引すると肺の線維化を生じさせる。
(4) 健康障害は，アスベスト製品製造工場の従業員に限られる。
(5) 悪性中皮腫の原因となる。

【問題　31】 ホルムアルデヒドに関する次の記述のうち，<u>最も不適当な</u>ものはどれか。
(1) 常温では気体として存在する。
(2) 酸化力が強い。
(3) 水やアルコールに溶けやすい。
(4) たばこ煙中に存在する。
(5) 粘膜に対する刺激が強い。

【問題　32】 室内空気汚染とその健康障害との組合せとして，<u>最も不適当な</u>ものは次のうちどれか。
(1) レジオネラ属菌 ——————— 肺がん
(2) 二酸化窒素 —————————— 慢性気管支炎
(3) オゾン ———————————— 肺気腫
(4) ホルムアルデヒド ——————— 喘息様気管支炎
(5) ハウスダスト ———————— アレルギー性疾患

【問題　33】 聴覚に関する次の記述のうち，<u>最も不適当な</u>ものはどれか。
(1) 加齢に伴い，低い周波数から聴力低下が起きる。
(2) 超低周波空気振動は，低い周波数でヒトが聴き取ることができないものをいう。
(3) 音の感覚の3要素は，音の大きさ，高さ，音色である。
(4) 中耳は，鼓膜，耳小骨，鼓室，耳管等で構成されている。
(5) 最も鋭敏な周波数は，4,000 Hz 付近である。

【問題　34】 振動に関する次の記述のうち，<u>最も不適当な</u>ものはどれか。
(1) 全身振動の知覚は，内耳の前庭器官と三半規管が関係している。
(2) 振動の知覚は，皮膚，内臓，関節等，全身に分布する運動神経末端受容器によりなされる。
(3) 全身振動の大きさの感覚は，振動継続時間によって異なる。
(4) 振動レベルの単位は，dB（デシベル）である。
(5) 白ろう病は，手持ち振動工具による指の血行障害である。

【問題　35】 発光ダイオード（LED）の性質に関する次の記述のうち，<u>最も不適当な</u>ものはどれか。
(1) 小型・軽量である。
(2) 熱に弱い。
(3) 拡散しやすい。
(4) 寿命が長い。
(5) 高効率である。

令和2年度

【問題　36】情報機器作業（VDT作業）と健康に関する次の記述のうち，最も不適当なものはどれか。
(1)　グレア防止用の照明器具を用いる。
(2)　ディスプレイ画面上における照度は，規定されていない。
(3)　キーボード上の照度は，300 lx以上とする。
(4)　デスクトップ型パソコンとノート型パソコンでは，デスクトップ型パソコンの方が疲労の訴えが多い。
(5)　眼と表示画面，眼と書類などとの距離は，同じ程度にすることが望ましい。
　※規則改正により，問題の照度の一部を修正している。

【問題　37】赤外線による生態影響として，最も不適当なものは次のうちどれか。
(1)　熱中症
(2)　皮膚血流促進
(3)　電気性眼炎
(4)　ガラス工白内障
(5)　代謝促進

【問題　38】電離放射線に関する次の記述のうち，最も適当なものはどれか。
(1)　γ線は，鉛，鉄の板を通過する。
(2)　放射線の人体に与える影響の単位は，Bq（ベクレル）である。
(3)　放射線の健康影響のうち，がんに対する影響には閾値が存在する。
(4)　胸のX線検査1回で被曝する線量は，自然放射線からの年間被曝量の世界平均よりも多い。
(5)　感受性が最も高い細胞は，リンパ球である。

【問題　39】放射線障害防止対策に関する次の組合せのうち，最も不適当なものはどれか。
(1)　体内被曝の防護 ――――― 被曝時間の短縮
(2)　個人被曝線量管理 ――――― フィルムバッジの使用
(3)　体外被曝の防護 ――――― 遮蔽
(4)　環境管理 ――――――――― 環境モニタリング
(5)　個人健康管理 ――――――― 健康診断

【問題　40】ヒトの水の収支や欠乏に関する次の記述のうち，最も不適当なものはどれか。
(1)　成人の場合，定常状態では，水の損失は1日2,500 mLである。
(2)　成人の場合，定常状態では，呼吸により失う水分量は水の損失全体の約1/6である。
(3)　水分欠乏が，体重に対して1%を超えると喉の渇きが生じる。
(4)　水分欠乏が，体重に対して5%を超えると筋肉のけいれんが起きる。
(5)　水分欠乏が，体重に対して20%を超えると死亡する。

【問題　41】飲用水汚染事故の発生原因として，最も不適当なものは次のうちどれか。
(1)　ノロウイルス
(2)　アニサキス
(3)　カンピロバクター・ジェジュニ
(4)　病原性大腸菌
(5)　赤痢アメーバ

【問題　42】水道法の水質基準に規定される物質とその疾病との組合せとして，最も不適当なものは次のうちどれか。
(1)　ヒ素 ——————— ボーエン病
(2)　亜硝酸態窒素 ——— メトヘモグロビン血症
(3)　四塩化炭素 ——— 肝がん
(4)　ベンゼン ——————— 再生不良性貧血
(5)　フッ素 ——————— 舌がん

【問題　43】感染症法に基づく感染症の類型のうち，1類，2類，3類全てに実施される措置として，最も不適当なものは次のどれか。
(1)　健康診断受診の勧告
(2)　就業制限
(3)　死体の移動制限
(4)　入院勧告
(5)　積極的疫学調査

【問題　44】クリプトスポリジウム症とその病原体に関する次の記述のうち，最も不適当なものはどれか。
(1)　感染した哺乳類の糞便が感染源となる。
(2)　大きさ $4\sim6\,\mu m$ の原虫である。
(3)　感染すると，2〜5日後に下痢や腹痛等の症状が表れる。
(4)　特定の環境下では，2〜6カ月間感染力を維持する。
(5)　対策として，給水栓末端における遊離残留塩素濃度を，$0.2\,mg/L$ 以上に保つことが重要である。

【問題　45】消毒薬に関する次の記述のうち，最も不適当なものはどれか。
(1)　クレゾールは，食器の消毒には不適である。
(2)　逆性石けんは，緑膿菌や結核菌に対する殺菌力は弱い。
(3)　ホルマリンは，全ての微生物に有効である。
(4)　消毒用エタノールは，一部のウイルスには無効である。
(5)　次亜塩素酸ナトリウムは，芽胞にも有効である。

建築物の環境衛生

【問題 21】 環境基本法で定める環境基準に関する次の条文の ☐ に入る語句の組合せとして、**正しいもの**はどれか。

　「政府は、大気の汚染、水質の汚濁、土壌の汚染及び ☐ ア ☐ に係る環境上の条件について、それぞれ、☐ イ ☐ を保護し、及び ☐ ウ ☐ を保全する上で維持されることが望ましい基準を定めるものとする。」

	ア	イ	ウ
(1)	騒音	生態系	自然環境
(2)	温暖化	人の健康	国土
(3)	騒音	人の健康	生活環境
(4)	海洋の汚染	文化的な生活	生活環境
(5)	海洋の汚染	生態系	国土

【問題 22】 環境衛生に関する次の記述のうち、**最も不適当なもの**はどれか。
(1) 許容限界とは、生物が耐えきれなくなるストレス強度の限界のことである。
(2) 労働者の有害物質による健康障害を予防するために、許容濃度が日本産業衛生学会より勧告されている。
(3) 有害物による特定の反応においては、曝露量が増加すると陽性者の率は増加する。
(4) 集団の反応率と有害物への曝露量との関係を、量—影響関係という。
(5) 学校における環境衛生の基準は、学校保健安全法で定められている。

【問題 23】 体温に関する次の記述のうち、**最も不適当なもの**はどれか。
(1) 発汗反応は、行動性体温調節の一つの反応である。
(2) 平均皮膚温は、各部位の皮膚温をそれぞれの面積で重みづけした平均の値である。
(3) 核心温は、ホメオスタシスによって約 37℃ に保たれている。
(4) 体温調節は、自律性体温調節と行動性体温調節に分類される。
(5) 外気温（22〜25℃）では、手足より顔の皮膚温は高い。

【問題 24】 WBGT 値に関する次の記述のうち、**最も不適当なもの**はどれか。
(1) 熱中症予防のため、スポーツ時のガイドラインとして利用されている。
(2) 職場の暑熱基準として利用する場合、作業強度を考慮する必要がある。
(3) 作業者の熱への順化度に関わらず、作業強度に応じた基準値は同じ値である。
(4) 着用する衣服の種類に応じて補正する必要がある。
(5) 屋外で太陽照射がある場合、気温と自然湿球温度、黒球温度から求められる。

【問題 25】 ヒトの熱収支に関する次の記述のうち、**最も不適当なもの**はどれか。
(1) 日本人（30 歳代）の平均的基礎代謝量は、男子が女子よりも大きい。
(2) 日本人の基礎代謝は、冬が低く夏は高い。
(3) 着衣の保温性を表す量として、クロ値（clo）がある。
(4) 蒸発は、水分が皮膚より気化するときに潜熱で皮膚表面の熱を奪う現象である。
(5) 不感蒸泄により、皮膚表面から常に水分が蒸散している。

【問題 26】 高温障害の種類とその特徴に関する組合せとして，最も不適当なものは次の
うちどれか。
(1) 熱中症 ——————— 暑熱障害による症状の総称
(2) 熱失神 ——————— 血圧の上昇
(3) 熱けいれん ——— 低ナトリウム血症
(4) 熱疲労 ——————— 脱水
(5) 熱射病 ——————— 中枢神経機能の異常

【問題 27】 シックビル症候群に関する次の記述のうち，最も不適当なものはどれか。
(1) そのビルに居住する人の 20% 以上が不快感に基づく症状を認める。
(2) 部屋の気密性が高いことは発症要因となる。
(3) 原因物質は同定されている。
(4) 学校でもみられる。
(5) 職場のストレスは，発症の危険因子となる。

【問題 28】 気管支喘息に関する次の記述のうち，最も不適当なものはどれか。
(1) 有害な免疫反応により引き起こされる。
(2) 症状の発現には，体内の肥満細胞の働きが関係する。
(3) アレルゲンの同定方法の一つに皮内テストがある。
(4) 原因としては，真菌が最も多い。
(5) 患者の素因は，発症・増悪因子の一つである。

【問題 29】 過敏性肺炎に関する次の記述のうち，最も不適当なものはどれか。
(1) アレルギー性疾患である。
(2) 過敏性肺炎の一種である換気装置肺炎は，好熱性放線菌が原因となることが多い。
(3) 大部分の夏型過敏性肺炎は，真菌（トリコスポロン）により発生する。
(4) 予防には，飲料用貯水槽や空調用エアフィルタの清掃が重要である。
(5) たばこ煙も発症の原因となる。

【問題 30】 室内に存在する汚染物質とその健康障害の組合せとして，最も不適当なもの
は次のうちどれか。
(1) 細菌 ——————— 慢性閉塞性肺疾患
(2) たばこ煙 ——————— 喉頭癌
(3) ハウスダスト ——— 慢性鼻炎
(4) 真菌 ——————— アスペルギルス症
(5) ホルムアルデヒド ——— シックハウス症候群

【問題 31】 音に関する次の記述のうち，最も不適当なものはどれか。
(1) マスキング量は，マスクする雑音などが存在するとき，マスクされる音の最小可聴域の音圧レベル上昇量で示される。
(2) ヒトの聴器で聴き取ることのできる周波数帯の範囲は，約10オクターブである。
(3) 聴覚の刺激となる音には，鼓膜を通じた空気の振動による音と，骨を通じて伝わる音がある。
(4) オージオメータを用いた聴力検査で測定されたマイナスの測定値は，聴力が基準よりも良いことを意味する。
(5) ヒトの聴覚が最も敏感な周波数は，8,000 Hz付近である。

【問題 32】 光環境と視覚に関する次の記述のうち，最も適当なものはどれか。
(1) 網膜にある杆体細胞は，明るいときに働きやすい。
(2) 明るい場所から暗い場所への順応を暗順応といい，およそ2分程度で順応が完了する。
(3) 杆体細胞と錐体細胞を比較すると，感光度は錐体細胞の方が高い。
(4) 杆体細胞と錐体細胞を比較すると，数は錐体細胞の方が多い。
(5) 視力は，照度 0.1 lx 付近（輝度では 0.01 cd/m^2）で大きく変化する。

【問題 33】 JIS による安全色の意味とその色の組合せとして，最も不適当なものは次のうちどれか。
(1) 防火 ――――― 赤
(2) 注意警告 ――― 黄赤
(3) 安全状態 ――― 緑
(4) 誘導 ――――― 黄
(5) 放射能 ――― 赤紫

【問題 34】 VDT 作業の光環境に関する次の文章の □ 内に入る数値の組合せとして，正しいものはどれか。
「厚生労働省のガイドラインでは，ディスプレイを用いる場合のディスプレイ画面上における照度は ア lx 以下，書類上及びキーボード上における照度は イ lx 以上とすることが推奨されている。」※現在，規則改正でディスプレイの照度基準がなくなったので，この問題は成立しない。

	ア	イ			ア	イ
(1)	500	200		(4)	1,000	300
(2)	500	300		(5)	1,000	500
(3)	700	300				

※現在，規則改正でディスプレイの照度基準がなくなったので，この問題は成立しない。

【問題 35】 紫外線に関する次の記述のうち，最も不適当なものはどれか。
(1) 波長によって，3領域に分類される。
(2) 慢性曝露で緑内障を発症する。
(3) 皮膚の老化を促進する。
(4) ビタミンDを生成して，くる病を予防する。
(5) 赤外線と比較して皮膚透過性が低い。

【問題　36】 放射線の健康影響のうち，晩発影響として最も不適当なものは次のどれか。
(1) 白血病
(4) 脱毛
(2) 胎児の障害
(5) 甲状腺癌
(3) 白内障

【問題　37】 電場，磁場，電磁波に関する次の記述のうち，最も不適当なものはどれか。
(1) 赤外線は，電離作用を持っている。
(2) 電磁波は，波長の長短により性質が大きく異なる。
(3) 磁場の単位は，T（テスラ）又はG（ガウス）である。
(4) 家庭用電化製品，送電線等から発生する電磁場は変動磁場である。
(5) 冬場には，静電場が生じやすい。

【問題　38】 ヒトと水に関する次の記述のうち，最も不適当なものはどれか。
(1) 一般成人における体内の水分量は，体重の約 60% である。
(2) 体液のうち，細胞内液は，約 2/3 である。
(3) 成人の場合，1日1L以上の尿排泄が必要である。
(4) 一般に体重当たりの体内水分量は，女性より男性の方が多い。
(5) 水分の欠乏率が体重の 2% になると，強い口渇を感じる。

【問題　39】 有機水銀に関する次の記述のうち，最も不適当なものはどれか。
(1) 生物濃縮が起こる。
(2) 水俣病はメチル水銀による。
(3) 小脳性失調を認める。
(4) 水質汚濁防止法に基づく排水基準の項目に含まれる。
(5) 慢性曝露で低分子蛋白尿を認める。

【問題　40】 環境基本法における水質汚濁に係る環境基準において，公共用水域から検出されないこととされているものは次のうちどれか。
(1) カドミウム
(4) ベンゼン
(2) PCB
(5) 鉛
(3) 砒素

【問題　41】 感染症とその病原体との組合せとして，最も適当なものは次のうちどれか。
(1) マラリア ──────────── 原虫
(2) カンジダ症 ──────────── ウイルス
(3) A型肝炎 ──────────── 細菌
(4) クリプトスポリジウム症 ─── 真菌
(5) デング熱 ──────────── 細菌

【問題　42】 次の感染症対策のうち，感染経路対策として，最も不適当なものはどれか。
(1) ネズミの駆除
(4) 水と空気の浄化
(2) 手洗いの徹底
(5) ワクチンの接種
(3) N95マスクの着用

【問題　43】　感染症の予防及び感染症の患者に対する医療に関する法律において，建物の立入り制限が適用されることがある感染症は次のうちどれか。

(1)　エボラ出血熱
(2)　コレラ
(3)　結核
(4)　デング熱
(5)　マラリア

【問題　44】　消毒に関する次の記述のうち，最も不適当なものはどれか。

(1)　波長 254 nm 付近の紫外線は，消毒作用がある。
(2)　消毒用エタノールは，芽胞や一部のウイルスに対して無効である。
(3)　100% エタノールの方が，70% エタノールより消毒に適している。
(4)　酸化エチレンは，ガス滅菌に用いられる。
(5)　ホルマリンは，全ての微生物に有効である。

【問題　45】　6% 次亜塩素酸ナトリウム溶液 100 mL を水 30 L に加えた場合，この濃度の次亜塩素酸ナトリウム濃度に最も近いものは次のうちどれか。

(1)　20 mg/L
(2)　60 mg/L
(3)　100 mg/L
(4)　200 mg/L
(5)　300 mg/L

建築物環境衛生管理技術者試験
ビル管理士
科目別試験問題

第3編

空気環境の調整

項目	設問内容	令和5年度(2023)問題番号	令和4年度(2022)問題番号	令和3年度(2021)問題番号	令和2年度(2020)問題番号	令和元年度(2019)問題番号
空気基礎	単位（用語）	46			46	
	壁内定常温度分布（冬季暖房時）					46
	結露（冬季）			47	47	
	熱放射	50	48			47
	熱貫流（熱通過）：外壁		49			48
	熱貫流（室内 発熱量の算定）	47				
	材料表面の長波長放射率と日射吸収率			48		
	熱移動	49	46	49	48	49
	ドラフト・停滞域：暖冷房時			50		
	気流：(動圧)(速度圧)(ダクト内)(全般)		53		49	
	流体力学	51	52	51		50
	空気力学					
	空気の流動		51	(50)	51	
	室内気流：暖房時の各種吹出方式	53				52
	たばこ（分煙効果判定基準策定検討会報告書）					53
	揮発性有機化合物（VOCs）				55	54
	浮遊粒子：粒径と動力学性質	58		57	54・59	
	空気汚染物質（室内）		55	(79)		
	換気：全般	54	54			
	換気：自然換気	52	50		50	51
	換気：必要換気	55・56		53・56	56	55
	換気：空気浄化	57		52	52	
	汚染物質		56	55		
	ホルムアルデヒド（質量・容積比・濃度）			54	57	56
	アレルゲン（微生物）		58	58	58	57
	エアロゾル粒子（測定粒径）		57・59			58
	オゾン（空気汚染物質の特性）					
	におい物質					
	熱負荷（暖房時の負荷要素）					
	空気線図：比エンタルピーと絶対湿度					60
	温湿度の変化		47			
	湿り空気（と湿度）：混合・状態変化	62	64		53	61
室内空気	空気調和（用語）	61				
	湿り空気線図：相対湿度	48	62	46・62	60	
	湿り空気線図：定風量単一ダクト方式空気調和システムズと空気状態変化	60・63		(62)・63	61	
	空調熱負荷（構成要素）		61			59
	空気調和設備：熱源方式	67		66・68	62	62
	地域冷暖房システム			(66)	63	
	空気調和方式（設備の構成要素）・影響	76	63・65			63
	ヒートポンプ方式			(68)		
	冷凍機：吸収冷凍機の構成機器	64		(65)		64
	冷凍機：蒸気圧縮式冷凍機(圧縮機の種類と特徴)		66	67	67	65
	冷凍機：冷媒		67			
	冷凍機：冷媒とオゾン破壊係数（ODP）	66				66
	冷却塔	69	69	69	69	
	冷却塔と冷却水の維持管理			(80)・(83)	81	
	空気調和設備：構成要素の設置	70	70	60		67

第3編　空気環境の調整

＊項目中，年度が空白のものは過去5年以前に出題された内容である。（参考）

項目	設問内容	令和5年度 (2023) 問題番号	令和4年度 (2022) 問題番号	令和3年度 (2021) 問題番号	令和2年度 (2020) 問題番号	令和元年度 (2019) 問題番号
室内空気	空気調和設備：温熱源			65・(66)		
	空気調和設備：全熱交換器（各種熱源方式）	59・68	68・71	64	70	68
	空気調和設備：機器		60	59・64	71	
	空気調和設備：配管の種類と使用する温度と圧力		76	(59)・(60)・71		
	空気調和設備：湿度調整	71			72	
	空気調和設備：送風機			73	73	
	空気調和設備：吹出口	74	73		75	
	加湿装置		72	70		69
	ダクトと付属品	73		72・74	65・74	70・72
	送風機（運転と送風量の関係）	72	74	(73)		71
	蓄熱槽（蓄熱システム）			61	66	
	ボイラ	65			68	
	バルブ類					
	空気浄化装置		75	75	76	73
	空気調和設備：配管・ポンプ	75	77	76		74
	換気：全般			77	77	75
	換気：必要換気量					
	個別方式空気調和設備の換気設備					76
	空気調和設備：衛生上必要な措置					82
	空気調和設備：維持管理（空気調和・換気）	82	81・82	83		
	空気調和設備：節電対策					
	空気調和設備：全般	90				90
測定法	温熱環境要素測定器				64・78	77
	空気（室内）環境の測定	80			80	78
	空気汚染物質：単位	79				79
	室内浮遊粉じん相対濃度粉じん計：光散乱式	77	79	78		
	環境要素の測定	78	80	80	79	
	空気汚染物質：濃度又は強さの単位		78	79		
	ホルムアルデヒド（測定法）	81		81		80
	揮発性有機化合物（VOCs）測定法			82		81
音・振動	音（音圧レベル）	83・85	85	84・85・86	84	
	騒音と振動環境	84・86			82・85	
	遮音			84	87	83
	床衝撃音			86		83
	振動			(87)		84
	振動騒音対策/音・振動の保守管理/用語		83・87			
	面音源（音圧レベルの伝搬特性）					85
光環境	用語：光	89	88		87	
	照度	88		(90)	88	
	測光量			89		86
	昼光照明と窓			88		
	光・照明	87	89		86・89	87
	光源（相対分光分布・点光源）			90		
	直射日光：法線照度と水平面照度		90			88
	照明施設の保守					89
全般	建築物管理の変化要因と対処方策				90	

・出題は空気基礎「湿り空気（と湿度）：混合・状態変化」，室内空気「冷凍機：蒸気圧縮式冷凍機
（圧縮機の種類と特徴）」「空気調和設備：全熱交換器（各種熱源方式）」「ダクトと付属品」，測定法
「温熱環境要素測定器」「空気（室内）環境の測定」がある。
「換気」に関してはコロナ禍の時事問題として，引き続き出題される可能性がある。

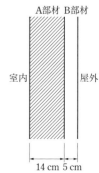

令和5年度
3編
(46～90)
空気環境の調整

【問題 46】次の用語とその単位との組合せとして，<u>誤っている</u>ものはどれか。

(1) 絶対湿度 ─────── kg/kg（DA）
(2) 熱貫流抵抗 ─────── m²・K/W
(3) 輝度 ─────── cd/m²
(4) 音響透過損失 ─── dB
(5) 比熱 ─────── kJ/kg（DA）

【問題 47】下の図のような A 部材と B 部材からなる外壁がある。いま，A 部材と B 部材の厚みと熱伝導率がそれぞれ 14 cm と 1.4 W/(m・K)，5 cm と 0.2 W/(m・K) であり，室内側熱伝達率と屋外側熱伝達率がそれぞれ 10 W/(m²・K)，20 W/(m²・K) であるとする。室内と屋外の温度差が 20℃ であるとき，この外壁の単位面積当たりの熱流量として，<u>正しい</u>ものは次のうちどれか。

(1) 0.7 W/m²
(2) 1.4 W/m²
(3) 10 W/m²
(4) 40 W/m²
(5) 56 W/m²

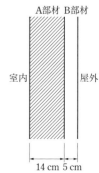

【問題 48】湿り空気に関する次の記述のうち，<u>最も不適当な</u>ものはどれか。

(1) 絶対湿度が一定の状態で，温度が上昇すると相対湿度は低下する。
(2) 相対湿度が同じ湿り空気では，温度が高い方が比エンタルピーは高い。
(3) 乾球温度が同じ湿り空気では，絶対湿度が高い方が水蒸気圧は高い。
(4) 露点温度における湿り空気では，乾球温度と湿球温度は等しい。
(5) 比エンタルピーが同じ湿り空気では，温度が高い方が絶対湿度は高い。

【問題 49】熱移動に関する次の記述のうち，<u>最も不適当な</u>ものはどれか。

(1) 一般に，同一材料でも内部に水分を多く含むほど，熱伝導率は大きくなる。
(2) 固体内を流れる熱流は，局所的な温度勾配に熱伝導抵抗を乗じて求められる。
(3) 一般に，密度が大きい材料ほど，熱伝導率は大きくなる。
(4) 中空層の熱抵抗は，一定の厚さ（2～5 cm）までは厚さが増すにつれて増大するが，それ以上ではほぼ一定となる。
(5) ガラス繊維などの断熱材の熱伝導率が小さいのは，繊維材によって内部の空気の流動が阻害されるためである。

【問題 50】熱放射に関する次の記述のうち，<u>最も不適当な</u>ものはどれか。

(1) 同一温度の物体間での放射に関し，物体の放射率と吸収率は等しい。
(2) 物体表面の太陽放射の吸収率（日射吸収率）は，必ずしも放射率と等しくならない。

(3) 簡略化した放射熱伝達式では，放射熱伝達率が用いられる。
(4) 常温物体から射出される電磁波は，波長が $10\,\mu\mathrm{m}$ 付近の赤外線が主体である。
(5) 温度が0℃の固体表面は，放射率に関わらず熱放射していない。

【問題 51】流体力学に関する次の記述のうち，最も不適当なものはどれか。
(1) 連続の式（質量保存の法則）は，ダクト中の流体の温度，断面積，流速の積が一定となることを意味する。
(2) 無秩序な乱れによる流体塊の混合を伴う流れを乱流という。
(3) ベルヌーイの定理は，流れの力学的エネルギーの保存の仮定から導かれる。
(4) レイノルズ数が小さい流れでは，粘性が強い流れとなる。
(5) ダクトの形状変化に伴う圧力損失は，形状抵抗係数と風速の2乗に比例する。

【問題 52】下の図のように，風上側と風下側にそれぞれ一つの開口部を有する建築物における外部の自然風のみによる自然換気に関する次の記述のうち，最も不適当なものはどれか。

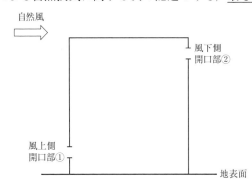

(1) 外部の自然風の風速が2倍になると，換気量は2倍になる。
(2) 換気量は，開口部①と②の風圧係数の差の平方根に比例する。
(3) 開口部①と②の両方の開口面積を2倍にすると，換気量は4倍になる。
(4) 風下側に位置する開口部②の風圧係数は，一般的に負の値となる。
(5) 各開口の流量係数は，開口部の形状に関係する。

【問題 53】室内気流に関する次の記述のうち，最も不適当なものはどれか。
(1) 混合換気（混合方式の換気）は，室温よりやや低温の空調空気を床面付近に低速で供給し，天井面付近で排気する換気方式である。
(2) コールドドラフトは，冷たい壁付近などでの自然対流による下降流が原因で生じることがある。
(3) 壁面上部からの水平吹出しの空気調和方式では，暖房時に居住域に停滞域が生じて上下温度差が大きくなりやすい。
(4) 天井中央付近から下向き吹出しの空気調和方式では，冷房時に冷気が床面付近に拡散し，室上部に停滞域が生じやすい。
(5) ドラフトとは不快な局部気流のことであり，風速，気流変動の大きさ，空気温度の影響を受ける。

【問題 54】通風を行う開口部の通過風量に関する次の式のア～ウに入る用語の組合せとして，正しいものはどれか。

建物の窓などの開口部で通風が行われる場合，通過風量 Q は下記のような式に表すことができる。

$$Q = \text{ア} \sqrt{\frac{2}{\text{イ}}\text{ウ}}$$

	ア	イ	ウ
(1)	相当開口面積	空気の密度	開口部前後の圧力差
(2)	開口部前後の圧力差	相当開口面積	空気の密度
(3)	相当開口面積	開口部前後の圧力差	空気の密度
(4)	開口部前後の圧力差	空気の密度	相当開口面積
(5)	空気の密度	相当開口面積	開口部前後の圧力差

【問題 55】喫煙室において，1時間当たり15本のたばこが喫煙されているとき，喫煙室内の一酸化炭素濃度を建築物環境衛生管理基準値の 6 ppm 以下に維持するために最低限必要な換気量として，最も近いものは次のうちどれか。

ただし，室内は定常状態・完全混合（瞬時一様拡散）とし，外気一酸化炭素濃度は 0 ppm，たばこ1本当たりの一酸化炭素発生量は 0.0004 m³/h とする。

(1) 40 m³/h
(2) 66 m³/h
(3) 600 m³/h
(4) 1,000 m³/h
(5) 4,000 m³/h

【問題 56】換気と必要換気量に関する次の記述のうち，最も不適当なものはどれか。
(1) 必要換気量は，人体への影響，燃焼器具の影響，熱・水蒸気発生の影響等から決定される。
(2) 必要換気量は，人体から発生する二酸化炭素を基準として求めることが多い。
(3) 理論廃ガス量とは，燃料が不完全燃焼した場合の廃ガス量のことである。
(4) 機械換気は，送風機や排風機等の機械力を利用して室内の空気の入れ換えを行う。
(5) ハイブリッド換気は，自然換気の省エネルギー性と機械換気の安定性の両者の長所をいかした換気の方法である。

【問題 57】空気清浄化と換気に関する次の記述のうち，最も不適当なものはどれか。
(1) 単位時間当たりに室内に取り入れる外気量を室容積で除したものを空気交換効率という。
(2) 換気の目的の一つに，室内空気と新鮮空気の入れ換えがある。
(3) 単位時間当たりに室内に取り入れる外気量を（外気による）換気量という。
(4) 室内における粉じんの除去は，空調機に設置されているエアフィルタにより行うことができる。
(5) 室内におけるガス状汚染物質の除去は，ケミカルエアフィルタにより行うことができるが，基本的には換気が重要である。

【問題 58】 浮遊粒子の動力学的性質に関する次の記述のうち，<u>最も不適当な</u>ものはどれか。
(1) 抵抗係数は，ストークス域ではレイノルズ数に反比例する。
(2) 電荷をもつ粒子の電気移動度は，粒子の移動速度と電界強度の積である。
(3) 球形粒子の拡散係数は，粒径に反比例する。
(4) 沈着速度は，単位時間当たりの沈着量を気中濃度で除した値である。
(5) 球形粒子の重力による終末沈降速度は，粒径の二乗に比例する。

【問題 59】 個別方式の空気調和設備に関する次の記述のうち，<u>最も不適当な</u>ものはどれか。
(1) ビル用マルチパッケージには，同一室外機系統でも室内機ごとに冷暖房が選択できる冷暖房同時型というタイプがある。
(2) 圧縮機の駆動力は，電力を用いるものとガスエンジンによるものがある。
(3) 特殊なものを除き，通常は外気処理機能をもたない。
(4) 分散設置空気熱源ヒートポンプ方式では，圧縮機のON—OFF制御が主流である。
(5) 分散設置水熱源ヒートポンプ方式は，冷房と暖房が混在する場合には熱回収運転が可能である。

【問題 60】 定風量単一ダクト方式を図—Aに，冷房最大負荷時の状態変化を図—Bに示す。図—Aの各点に対する図—Bの状態点との組合せとして，<u>最も適当な</u>ものは次のうちどれか。

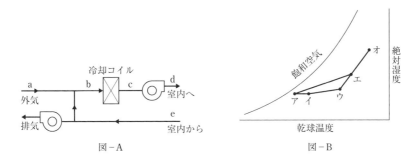

図—A　　　　　　　　　　　　図—B

図—A　　図—B
(1) a ——— ア
(2) b ——— ウ
(3) c ——— エ
(4) d ——— イ
(5) e ——— オ

【問題 61】 空気調和方式と設備の構成との組合せとして，<u>最も不適当な</u>ものは次のうちどれか。
(1) 定風量単一ダクト方式 ——————————————— 混合ユニット
(2) 変風量単一ダクト方式 ——————————————— VAVユニット
(3) ダクト併用ファンコイルユニット方式 ——————————— 還気ダクト
(4) 分散設置空気熱源ヒートポンプ方式 ————————————— 室外機
(5) 外調機併用ターミナルエアハンドリングユニット方式 ——— VAVユニット

【問題 62】湿り空気に関する次の記述のうち，最も不適当なものはどれか。
(1) 顕熱比とは，顕熱の変化量の，全熱の変化量に対する比である。
(2) 露点温度とは，湿り空気を冷却したとき飽和状態になる温度のことである。
(3) 絶対湿度とは，湿り空気中の水蒸気量の，湿り空気の全質量に対する比である。
(4) 相対湿度とは，ある湿り空気の水蒸気分圧の，その湿り空気と同一温度の飽和水蒸気分圧に対する比を，百分率で表したものである。
(5) 熱水分比とは，比エンタルピーの変化量の，絶対湿度の変化量に対する比である。

【問題 63】空気調和における湿り空気線図上での操作に関する次の記述のうち，最も不適当なものはどれか。
(1) 温水コイル通過後の空気は単純加熱となり，通過前後で絶対湿度は変化しない。
(2) 冷房時の室内熱負荷における顕熱比（SHF）が 0.8 の場合，空調機からの吹出し空気の絶対湿度は室内空気より低くなる。
(3) 暖房時に水噴霧加湿を用いる場合，給気温度は加湿前の温水コイルの出口温度と等しくなる。
(4) 還気と外気の混合状態は，湿り空気線図上において還気と外気の状態点を結んだ直線上に求められる。
(5) 冷水コイルによる冷却除湿では，バイパス空気によりコイル出口における空気の相対湿度は 100% とならない。

【問題 64】同出力の蒸気圧縮冷凍機と比較した場合の吸収式冷凍機の特徴に関する次の記述のうち，最も不適当なものはどれか。
(1) 冷凍機内は真空であり，圧力による破裂のおそれがない。
(2) 回転部分が少なく，騒音・振動が小さい。
(3) 特別な運転資格を必要としない。
(4) 消費電力量が少ない。
(5) 排熱回収に適さない。

【問題 65】ボイラに関する次の記述のうち，最も不適当なものはどれか。
(1) 鋳鉄製ボイラは，高温・高圧の蒸気の発生に適している。
(2) 炉筒煙管ボイラは，直径の大きな横型ドラムを本体とし，燃焼室，煙管群で構成される。
(3) 貫流ボイラは，水管壁に囲まれた燃焼室及び水管群からなる対流伝熱面で構成される。
(4) 真空式温水発生器は，容量によらずボイラに関する取扱い資格は不要である。
(5) 真空式温水発生器は，缶体内を真空に保持して水を沸騰させ，熱交換器に伝熱する。

【問題 66】冷凍機に用いられる冷媒とオゾン破壊係数（ODP）との組合せとして，最も不適当なものは次のうちどれか。

〔冷媒〕	〔オゾン破壊係数〕		〔冷媒〕	〔オゾン破壊係数〕
(1) R11（CFC）	1	(4)	R717（NH_3）	0
(2) R32（HFC）	0.055	(5)	R744（CO_2）	0
(3) R123（HCFC）	0.02			

【問題 67】 熱源方式に関する次の記述のうち，最も不適当なものはどれか。
(1) 地域冷暖房システムは，地域内の建築物や施設（需要家）同士が相互に熱を融通し，効率的に熱需要に対応する方式である。
(2) ヒートポンプ方式は，1台の機器で冷水又は温水，あるいは必要に応じて冷水と温水を同時に製造するものがある。
(3) 吸収冷凍機＋蒸気ボイラ方式は，空調以外の給湯・洗浄・消毒等の用途に高圧蒸気を必要とする病院，ホテル，工場等での採用例が多い。
(4) コージェネレーション方式は，エンジンなどを駆動して発電するとともに，排熱を回収して利用する方式である。
(5) 蓄熱システムは，熱源設備により製造された冷熱・温熱を計画的に効率よく蓄熱し，必要な時に必要な量だけ取り出して利用するシステムである。

【問題 68】 全熱交換器に関する次の記述のうち，最も不適当なものはどれか。
(1) 外気負荷の軽減を目的として，空気中の顕熱・潜熱を同時に熱交換する装置である。
(2) 回転型は，ロータの回転に伴って排気の一部が給気側に移行することがある。
(3) 静止型は，回転型よりも目詰まりを起こしにくい。
(4) 静止型の給排気を隔てる仕切り板は，伝熱性と透湿性をもつ材料で構成されている。
(5) 冬期・夏期のいずれも省エネルギー効果が期待できるが，中間期の運転には注意が必要である。

【問題 69】 冷却塔に関する次の記述のうち，最も不適当なものはどれか。
(1) 開放型冷却塔は通風抵抗が大きいため，密閉型冷却塔よりも大きな送風機動力が必要である。
(2) 密閉型冷却塔は，電算室やクリーンルーム系統用に採用されることが多い。
(3) 開放型冷却塔では冷却水の水質管理，密閉型冷却塔では散布水の水質管理が重要である。
(4) 冷却能力が同等の場合，密閉型冷却塔は，開放型冷却塔よりも一般に大型である。
(5) 空調用途における冷却塔は，主として冷凍機の凝縮熱を大気に放出するためにある。

【問題 70】 空気調和機に関する次の記述のうち，最も不適当なものはどれか。
(1) エアハンドリングユニットは，熱源設備から供給される冷水・温水・蒸気等を用いて空調空気を作り，各ゾーン・各室にダクトにより送風する。
(2) ターミナルエアハンドリングユニットは，全熱交換器，制御機器，還気送風機等の必要機器が一体化された空調機である。
(3) ファンコイルユニットは，送風機，熱交換器，エアフィルタ及びケーシングによって構成される室内設置用の小型空調機である。
(4) パッケージ型空調機は，圧縮機，膨張弁，蒸発器，凝縮器等によって構成される。
(5) パッケージ型空調機のうちヒートポンプ型は，採熱源によって水熱源と空気熱源に分類される。

【問題 71】空気調和設備に用いられる加湿装置と除湿装置に関する次の記述のうち，最も不適当なものはどれか。
(1) 冷却除湿機は，空気を冷却して露点温度以下にし，水蒸気を凝縮分離する方式である。
(2) 吸収式除湿機は，塩化リチウムなどの吸収剤を利用した湿式の除湿装置である。
(3) 蒸気式加湿器では，水中に含まれる微生物の放出により空気質が悪化することがある。
(4) 吸着式除湿機は，シリカゲルなどの固体吸着剤に水蒸気を吸着させて除湿する装置である。
(5) 気化式加湿器では，温度降下が生じる。

【問題 72】送風機に関する次の記述のうち，最も不適当なものはどれか。
(1) 送風機は，吐出圧力の大きさに応じてファンとブロワに分類され，空気調和用の送風機はファンに属する。
(2) 遠心式送風機では，空気が軸方向から入り，軸に対して傾斜して通り抜ける。
(3) 送風系の抵抗曲線は，ダクトの形状やダンパの開度が変わると変化する。
(4) 軸流式送風機は，空気が羽根車の中を軸方向から入り，軸方向に通り抜ける。
(5) 横流式送風機は，空気が羽根車の外周の一部から入り，反対側の外周の一部へ通り抜ける。

【問題 73】ダクトとその付属品に関する次の記述のうち，最も不適当なものはどれか。
(1) 低圧ダクトの流速範囲は，15 m/s 以下である。
(2) フレキシブル継手は，ダクトと吹出口や消音ボックス等を接続する際に，位置調整のために設けられる。
(3) 可変風量ユニットの動作形式には，絞り式とバイパス式がある。
(4) 風量調整ダンパは，モータダンパの場合も，ダンパそのものの構造は手動ダンパと同等である。
(5) 丸ダクトは，スパイラルダクトに比べて，はぜにより高い強度が得られる。

【問題 74】吹出口に関する次の記述のうち，最も不適当なものはどれか。
(1) アネモスタット型吹出口は，誘引効果が高く均一度の高い温度分布が得られる。
(2) ノズル型吹出口は，拡散角度が大きく到達距離が短い。
(3) ライン型吹出口は，ペリメータ負荷処理用として窓際に設置されることが多い。
(4) 天井パネル型吹出口は，面状吹出口に分類される。
(5) グリル型吹出口は，軸流吹出口に分類される。

【問題 75】空気調和設備のポンプ，配管及びその付属品に関する次の記述のうち，最も不適当なものはどれか。
(1) バタフライ弁は，軸の回転によって弁体が開閉する構造である。
(2) 軸流ポンプは遠心ポンプと比較して，全揚程は小さいが吐出し量が多いという特徴をもつ。
(3) 伸縮継手は，温度変化による配管軸方向の変位を吸収するためのものである。
(4) 玉形弁は，流体の流量調整用として用いられる。
(5) 蒸気トラップは，機器や配管内で発生した高い蒸気圧力を速やかに外部に排出するための安全装置である。

【問題　76】パッケージ型空調機方式で使用する外気処理ユニットに関する次の記述のうち，最も不適当なものはどれか。
(1) ビル用マルチパッケージと同一の冷媒ラインに接続可能である。
(2) 導入した外気に加熱・冷却を行うことが可能である。
(3) 導入した外気は加湿された後に直膨コイルを通過する。
(4) 全熱交換器を組み込んだユニットである。
(5) 給排気の風量バランスについて注意が必要である。

【問題　77】浮遊粉じんの測定法と測定器に関する次の記述のうち，最も不適当なものはどれか。
(1) 浮遊粉じんの浮遊測定法には，吸光光度法がある。
(2) 浮遊粉じんの捕集測定法には，フィルタ振動法がある。
(3) デジタル粉じん計は，粉じんによる散乱光の波長により相対濃度を測定する。
(4) 建築物環境衛生管理基準に基づき，ローボリウムエアサンプラ法を用いる場合は，分粒装置を装着する必要がある。
(5) デジタル粉じん計は，経年による劣化などが生じることから定期的に較正を行う必要がある。

【問題　78】環境要素の測定に関する次の記述のうち，最も不適当なものはどれか。
(1) グローブ温度は，室内気流速度が小さくなるに伴い，平均放射温度に近づく傾向にある。
(2) 超音波風速計は，超音波の強度と気流との関係を利用している。
(3) 電気抵抗式湿度計は，感湿部の電気抵抗が吸湿や脱湿により変化することを利用している。
(4) バイメタル式温度計は，2種類の金属の膨張率の差を利用している。
(5) アスマン通風乾湿計の乾球温度は，一般に湿球温度より高い値を示す。

【問題　79】次の汚染物質とその濃度又は強さを表す単位の組合せとして，最も不適当なものはどれか。
(1) アセトアルデヒド　―――――　$\mu g/m^3$
(2) オゾン　――――――――――　cfu/m^3
(3) 粉じん　――――――――――　mg/m^3
(4) 硫黄酸化物　――――――――　ppm
(5) アスベスト　――――――――　本/L

【問題　80】室内空気環境の測定に関する次の記述のうち，最も不適当なものはどれか。
(1) 一酸化炭素の測定には，定電位電解法がある。
(2) 二酸化炭素の測定には，非分散型紫外線吸収法がある。
(3) 窒素酸化物の測定には，吸光光度法がある。
(4) イオウ酸化物の測定には，紫外線蛍光法がある。
(5) オゾンの測定には，紫外線吸収法がある。

【問題 81】ホルムアルデヒドの簡易測定法として, 最も不適当なものはどれか。
 (1) 検知管法
 (2) 光電光度法
 (3) 燃料電池法
 (4) 化学発光法
 (5) β 線吸収法

【問題 82】空気調和設備の維持管理に関する次の記述のうち, 最も不適当なものはどれか。
 (1) 冷却水系のレジオネラ属菌の増殖を抑制するには, 化学的洗浄と殺菌剤添加を併用するのが望ましい。
 (2) 空気調和設備の空気搬送系では, 使用年数の経過につれダクト内部の清掃を考慮する必要がある。
 (3) 建築物環境衛生管理基準に基づき, 冷却塔の清掃は, 1年以内ごとに1回, 定期に行うこと。
 (4) 建築物環境衛生管理基準に基づき, 加湿装置は, 使用開始時及び使用期間中の1か月以内ごとに1回, 定期に汚れの状況を点検し, 必要に応じ, 清掃等を行うこと。
 (5) 建築物環境衛生管理基準に基づき, 空気調和設備内に設けられた排水受けは, 6か月以内ごとに1回, 定期にその汚れ及び閉塞の状況を点検し, 必要に応じ, 清掃等を行うこと。

【問題 83】音に関する次の記述のうち, 最も不適当なものはどれか。
 (1) 音圧レベルは, 人間の最小可聴値の音圧を基準として定義された尺度である。
 (2) 騒音レベルとは, 人間の聴覚の周波数特性を考慮した騒音の大きさを表す尺度である。
 (3) 時間によって変動する騒音は, 等価騒音レベルによって評価される。
 (4) 空気調和機から発生した音が隔壁の隙間などを透過してくる音は, 固体伝播音である。
 (5) 遮音とは, 壁などで音を遮断して, 透過する音のエネルギーを小さくすることである。

【問題 84】騒音と振動に関する次の記述のうち, 最も不適当なものはどれか。
 (1) 不規則かつ大幅に変動する振動の表示方法として, 時間率レベルが示されている。
 (2) 回折減衰効果を利用した振動対策として防振溝がある。
 (3) 道路交通振動に対する振動規制は, 昼間より夜間の方が厳しい。
 (4) 低周波数域の騒音に対する人の感度は低い。
 (5) 低周波数の全身振動よりも高周波り全身振動の方が感じやすい。

【問題 85】騒音レベル 80 dB と 86 dB の騒音を合成した場合の騒音レベルとして, 最も近いものは次のうちどれか。
　　ただし, $\log_{10}2 = 0.3010$, $\log_{10}3 = 0.4771$, $\log_{10}5 = 0.6990$ とする。
 (1) 83 dB
 (2) 86 dB
 (3) 87 dB
 (4) 89 dB
 (5) 166 dB

【問題 86】騒音・振動問題の対策に関する次の記述のうち，最も不適当なものはどれか。
(1) 新築の建物の使用開始直後において，騒音・振動について設計目標値を満たしているのにもかかわらず発生するクレームは，保守管理責任の範疇ではない。
(2) 外部騒音が同じ場合，コンサートホール・オペラハウスの方が録音スタジオよりも高い遮音性能が求められる。
(3) 空気伝搬音を低減するためには，窓・壁・床等を遮音する必要がある。
(4) 経年による送風機の音・振動の発生状況に問題がないか確認するため，ベルトの緩み具合などを定期的に検査する。
(5) 寝室における騒音は，骨伝導で感知される固体伝搬音も評価する必要がある。

【問題 87】光と照明に関する次の記述のうち，最も不適当なものはどれか。
(1) 照明器具の不快グレアの程度を表す UGR は，値が大きいほどまぶしさの程度が大きいことを意味する。
(2) 設計用全天空照度は，快晴よりも薄曇りの方が高い。
(3) 色温度が高くなると，光色は青→白→黄→赤と変わる。
(4) 演色評価数が 100 に近い光源ほど，基準光で照らした場合の色に近い色を再現できる。
(5) 事務所における製図作業においては，文書作成作業よりも高い維持照度が求められる。

【問題 88】ある部屋の作業面の必要照度が 750 lx であった。ランプ 1 本当たりの光束が 3,000 lm のランプの必要灯数として，最も近いものは次のうちどれか。
ただし，その部屋の床面積は 100 m²，照明率を 0.6，保守率を 0.75 とする。
(1) 15 灯
(2) 25 灯
(3) 34 灯
(4) 42 灯
(5) 56 灯

【問題 89】照明に関する次の用語のうち，建築化照明に分類されないものはどれか。
(1) システム天井照明
(2) コードペンダント
(3) ルーバー照明
(4) コーニス照明
(5) コーブ照明

【問題 90】空気調和設備におけるコミッショニングに関連する用語として，該当しないものは次のうちどれか。
(1) BEMS
(2) 性能検証
(3) BCP
(4) 運用最適化
(5) FPT

空気環境の調整

【問題 46】熱移動に関する次の記述のうち，最も不適当なものはどれか。
(1) 中空層の熱抵抗は，一定の厚さ（2〜5 cm）までは厚さが増すにつれて増大するが，それ以上ではほぼ一定となる。
(2) 固体内の熱流は，局所的な温度勾配に熱伝導率を乗じて求められる。
(3) 密度が大きい材料ほど，一般に熱伝導率は小さくなる。
(4) 同一材料でも，一般に熱伝導率は温度によって異なる。
(5) 同一材料でも，一般に内部に湿気を多く含むほど熱伝導率は大きくなる。

【問題 47】湿り空気と湿度に関する次の記述のうち，最も不適当なものはどれか。
(1) 湿り空気の温度が一定の状態で絶対湿度を増加させると，比エンタルピーは増加する。
(2) 露点温度のときの湿り空気では，乾球温度と湿球温度は等しい。
(3) 湿り空気において，絶対湿度が上昇すると水蒸気分圧は上昇する。
(4) 絶対湿度が上昇すると，露点温度は低下する。
(5) 絶対湿度が一定の状態で温度が低下すると，相対湿度は上昇する。

【問題 48】熱放射に関する次の記述のうち，最も不適当なものはどれか。
(1) 白色ペイントは，光ったアルミ箔よりも長波長放射率が小さい。
(2) 物体表面から放射される単位面積当たりの放射熱流は，絶対温度の4乗に比例する。
(3) 同一温度の物体間では，長波長放射に関し，放射率と吸収率は等しい。
(4) 一般的なアスファルトの長波長放射率は，約 0.9 である。
(5) 常温物体から射出される電磁波は，波長が $10 \mu m$ 付近の赤外線が主体である。

【問題 49】一辺が3mの正方形の壁材料を組み合わせて立方体の室を作り，日射が当たらない条件で床面が地表面から浮いた状態で固定した。床と天井を含む壁材料の熱貫流抵抗を 0.4 $(m^2 \cdot K)/W$，隙間換気は無視できるとし，外気温度が 10℃ の条件下で内部を 1,620 W で加熱した。

十分に時間が経過した後の室内空気温度として，最も適当なものは次のうちどれか。
(1) 12℃
(2) 22℃
(3) 28℃
(4) 32℃
(5) 40℃

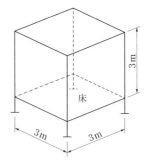

【問題 50】自然換気の換気力に関する次の記述のうち，最も不適当なものはどれか。
(1) 温度差による換気力は，開口部の高さの差に比例して増加する。
(2) 温度差による換気力は，室内外空気の密度差に比例して増加する。
(3) 風力による換気力は，外部風速の2乗に比例して増加する。

(4) 風力による換気力は，開口部での風圧係数の2乗に比例して増加する。
(5) 風力による換気力は，風向きが変わると変化する。

【問題 51】空気の流動に関する次の記述のうち，最も不適当なものはどれか。
(1) 円形ダクトの圧力損失は，ダクト直径に反比例する。
(2) ダクトの形状変化に伴う圧力損失は，風速の2乗に比例する。
(3) 合流，分岐のないダクト中を流れる気流の速度は，断面積に比例する。
(4) 開口部を通過する風量は，開口部前後の圧力差の平方根に比例する。
(5) レイノルズ数は，慣性力の粘性力に対する比を表す無次元数である。

【問題 52】流体の基礎に関する次の文章の[　　　]内に入る語句の組合せとして，正しいものはどれか。

　摩擦のないダクト中を進む流れを考え，流れの上流側にA断面，下流側にB断面をとる。ダクト内の流管の二つの断面A，Bにおける流れの力学的エネルギーの保存を仮定すると次のようなベルヌーイの定理を表す式が得られる。

　　ただし，ρ：密度，a：[　ア　]，b：[　イ　]，g：重力加速度，c：[　ウ　]とする。

$$\frac{1}{2}\rho a^2 + b + \rho g c = 一定$$

	ア	イ	ウ
(1)	速度	静圧	高さ
(2)	速度	動圧	高さ
(3)	高さ	静圧	速度
(4)	静圧	高さ	速度
(5)	動圧	高さ	速度

【問題 53】建築物環境衛生管理基準及びそれに関連する次の記述のうち，最も不適当なものはどれか。
(1) 建築物衛生法による気流の管理基準値は，0.5 m/s以下である。
(2) 空気環境管理項目の中で，気流は不適率が高い項目の一つである。
(3) 極端な低気流状態は好ましくなく，ある程度の気流は確保すべきである。
(4) 冷房期における節電対策などで，居室内に扇風機を設置することで，居所的に気流の基準値を超えることがある。
(5) 気流の改善方法に，間仕切りの設置や吹出口風量のバランス調整がある。

【問題 54】換気に関する次の記述のうち，最も不適当なものはどれか。
(1) 混合方式は，室内に供給する清浄空気と室内空気を十分に混合・希釈する方式である。
(2) 一方向方式は，清浄空気をピストンのように一方向の流れとなるように室内に供給し，排気口へ押し出す方式である。
(3) 第2種換気は，自然給気口と機械排気による換気である。
(4) 局所換気は，汚染物質が発生する場所を局所的に換気する方法である。
(5) 機械換気は，自然換気に比べて適切な換気を計画することが容易である。

【問題　55】室内における空気汚染物質に関する次の記述ののう，最も不適当なものはどれか。
(1) 一酸化炭素の建築物内での発生源は，燃焼器具，たばこ等である。
(2) 二酸化炭素の建築物内での発生源は，人の活動（呼吸），燃焼器具等である。
(3) 浮遊粉じんの建築物内での発生源は，人の活動などである。
(4) ホルムアルデヒドの建築物内での発生源は，これを原料とした接着剤・複合フローリング，合板等である。
(5) オゾンの建築物内での発生源は，洗剤，クリーナ等である。

【問題　56】空気汚染物質の特性を表すア～エの記述のうち，ホルムアルデヒドの特性を表すものの組合せとして，最も適当なものは次のうちどれか。
　　ア　常温で無色の刺激臭を有する気体である。
　　イ　ヒトに対して発がん性がある。
　　ウ　一酸化窒素と結合し，二酸化窒素と酸素を生成する。
　　エ　非水溶性である。
(1) アとイ　　　　　　　　　(4) イとウ
(2) アとウ　　　　　　　　　(5) イとエ
(3) アとエ

【問題　57】次のエアロゾル粒子の相当径のうち，幾何相当径に分類されるものはどれか。
(1) 空気力学径　　　　　　　(4) 光散乱径
(2) ストークス径　　　　　　(5) 電気移動度径
(3) 円等価径

【問題　58】アレルゲンと微生物に関する次の記述のうち，最も不適当なものはどれか。
(1) オフィスビル内のアレルゲンの大部分は細菌類である。
(2) 空気調和機内は，微生物の増殖にとって好環境となる。
(3) アルテルナリアは，一般環境中に生育するカビである。
(4) ダンプネスは，適度の湿気を原因とするカビ臭さや微生物汚染等の問題が確認できるような状態をいう。
(5) 大部分のダニアレルゲンの粒径は，数 μm 以上である。

【問題　59】エアロゾル粒子の一般的な粒径として，最も小さいものは次のうちどれか。
(1) 噴霧液滴　　　　　　　　(4) フライアッシュ
(2) 硫酸ミスト　　　　　　　(5) たばこ煙
(3) セメントダスト

【問題　60】ダクト併用ファンコイルユニット方式に関する次の記述のうち，最も不適当なものはどれか。
(1) ファンコイルユニットを単一ダクト方式と併用することで，個別制御性を高めたシステムである。
(2) ファンコイルユニットは，熱負荷が過大となるペリメータゾーンに配置されることが多い。
(3) 単一ダクト方式に比べ，空調機及び主ダクトの小容量化・小型化が可能である。

（4）ペリメータゾーンとインテリアゾーンにおける熱負荷特性の差異に対応可能である。
（5）新鮮外気量の確保は，ファンコイルユニットで対応する。

【問題 61】建築物の熱負荷に関する組合せとして，最も適当なものは次のうちどれか。
（1）壁体からの通過熱負荷 ―――――― 顕熱負荷
（2）人体による室内発熱負荷 ―――――― 顕熱負荷
（3）ガラス窓からの通過日射熱負荷 ――― 顕熱負荷と潜熱負荷
（4）外気負荷 ―――――――――――― 顕熱負荷
（5）照明による室内発熱負荷 ―――――― 顕熱負荷と潜熱負荷

【問題 62】下に示す湿り空気線図上のア～オは，加湿・除湿操作による状態変化を表している。各状態変化と加湿・除湿操作との組合せとして，最も不適当なものは次のうちどれか。

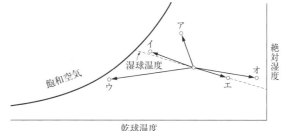

（1）ア ―――― 蒸気加湿
（2）イ ―――― 気化式加湿
（3）ウ ―――― 空気冷却器による冷却除湿
（4）エ ―――― 液体吸収剤による化学的除湿
（5）オ ―――― シリカゲルなどの固体吸着剤による除湿

【問題 63】個別方式の空気調和設備に関する次の記述のうち，最も不適当なものはどれか。
（1）水熱源ヒートポンプ方式のパッケージ型空調機は，圧縮機を内蔵するため騒音源として注意が必要である。
（2）分散設置型空気熱源ヒートポンプ方式には，電動のヒートポンプ（EHP）の他に，ガスエンジン駆動のヒートポンプ（GHP）がある。
（3）ビル用マルチパッケージとは，1台の室外機に複数の室内機を接続するタイプである。
（4）ビル用マルチパッケージには，同一室外機系統でも室内機ごとに冷暖房が選択できる冷暖房同時型というタイプである。
（5）空気熱源ヒートポンプは，冷房時にデフロスト運転（除霜運転）による効率低下が発生することがある。

【問題 64】乾球温度0℃，比エンタルピー4kJ/kg（DA）の外気と，乾球温度22℃，比エンタルピー39kJ/kg（DA）の室内空気を2：3の割合で混合した後の乾球温度と比エンタルピーの組合せとして，最も適当なものは次のうちどれか。
乾球温度［℃］ 比エンタルピー［kJ/kg（DA）］
（1）8.8 ―――――― 18 （3）8.8 ―――――― 21
（2）13.2 ―――――― 25 （4）18.3 ―――――― 21
（5）13.2 ―――――― 18

【問題 65】デシカント空調方式に関する次の記述のうち，最も不適当なものはどれか。
(1) 除湿量は，再生空気の相対湿度の影響が大きい。
(2) 放射冷暖房システムの結露対策としても用いられる。
(3) 除湿において，デシカントロータ通過前後で外気の乾球温度は低下する。
(4) 2ロータ方式において，再生熱交換器は排気側に設置される。
(5) 潜熱と顕熱を分離して制御できる空調システムである。

【問題 66】蒸気圧縮冷凍サイクルに関する次の記述のうち，最も不適当なものはどれか。
(1) 凝縮器により冷媒が液化する。
(2) 圧縮機により冷媒の比エンタルピーが増加する。
(3) 膨張弁により冷媒の圧力が低下する。
(4) 蒸発器により冷媒がガス化する。
(5) 冷凍サイクルでは凝縮器，圧縮機，膨張弁，蒸発器の順に冷媒が循環する。

【問題 67】冷凍機の冷媒に関する次の記述のうち，最も不適当なものは次のうちどれか。
(1) CFC（クロロフルオロカーボン）は，オゾン層破壊の問題から全面的に製造禁止とされた。
(2) HCFC（ハイドロクロロフルオロカーボン）は，オゾン破壊係数（ODP）は小さいが，全廃へ向けて生産量の段階的な削減が行われている。
(3) HFC（ハイドロフルオロカーボン）は，オゾン破壊係数（ODP）が1である。
(4) HFC（ハイドロフルオロカーボン）は，温室効果ガスの一種に指定され，使用量に対する制限が課せられている。
(5) 自然冷媒のアンモニアは，地球温暖化係数（GWP）が1より小さい。

【問題 68】空気調和設備の各種熱源方式の特徴に関する次の記述のうち，最も不適当なものはどれか。
(1) コージェネレーション方式は，電力需要を主として運転することにより最も高いエネルギー利用効率が得られる。
(2) ガスエンジンヒートポンプ方式は，エンジン排熱を有効利用することができるため，寒冷地における暖房熱源に適している。
(3) 蓄熱システムは，電力負荷平準化や熱源装置容量削減に効果がある。
(4) 水熱源方式のヒートポンプは，地下水や下水熱等の未利用エネルギー利用に適している。
(5) 地域冷暖房システムは，地域での熱源集約化や集中管理化のメリットがある。

【問題 69】密閉型冷却塔に関する次の文章の　　　内に入る語句の組合せとして，最も適当なものはどれか。

密閉型冷却塔は，水と空気が　ア　熱交換となるため，通風抵抗と送風機動力が　イ　する。また，冷却水の散布水系統の保有水量は開放型冷却塔と比べて　ウ　。

	ア	イ	ウ
(1)	間接	増加	多い
(2)	間接	減少	少ない
(3)	直接	減少	多い
(4)	直接	増加	少ない
(5)	間接	増加	少ない

【問題 70】空気調和機とその構成機器の組合せとして，最も不適当なものは次のうちどれか。
(1) エアハンドリングユニット ─── 加湿器
(2) ファンコイルユニット ──── 凝縮器
(3) パッケージ型空調機 ───── 圧縮機
(4) エアハンドリングユニット ─── エアフィルタ
(5) ファンコイルユニット ──── 熱交換器

【問題 71】空気調和設備に用いられる熱交換器に関する次の記述のうち，最も不適当なものはどれか。
(1) 回転型全熱交換器は，仕切り板の伝熱性と透湿性により給排気間の全熱交換を行う。
(2) 空気―空気熱交換器は，主に外気負荷の削減に用いられる。
(3) 代表的な空気冷却用熱交換器としては，プレートフィン型冷却コイルがある。
(4) ヒートパイプは，構造・原理が単純で，熱輸送能力の高い熱交換器である。
(5) プレート式水―水熱交換器は，コンパクトで容易に分解洗浄できるという特徴がある。

【問題 72】加湿装置に関する次の記述のうち，最も不適当なものはどれか。
(1) 滴下式は，吹出し空気の温度が低下する。
(2) 蒸気式は，吹出し空気の温度が低下しない。
(3) 超音波式は，給水中の不純物が放出される。
(4) 透湿膜式は，給水中の不純物は放出されない。
(5) 電極式は，純水で加湿する。

【問題 73】吹出口に関する次の記述のうち，最も適当なものはどれか。
(1) ふく流吹出口は，他の吹出口に比べて誘引効果が高く，温度差や風量が大きくても居住域にコールドドラフトが生じにくい。
(2) 軸流吹出口の吹出し気流は，拡散角度が大きく，到達距離が短いのが特徴である。
(3) 線状吹出口は，主にインテリアゾーンの熱負荷処理用として設置されることが多い。
(4) 面状吹出口は，放射冷暖房の効果が期待できない。
(5) 線状吹出口は，吹出し方向を調整できない。

【問題　74】下の図は，送風抵抗と運転点の関係を示している。この図に関連する，次の文章の　　　内に入る語句の組合せとして，最も適当なものはどれか。

　　送風機の特性曲線は，グラフの横軸に　ア　をとり，縦軸に　イ　をとって表すと曲線Pのようになる。一方，送風系の抵抗曲線は，同じグラフ上に，原点を通る二次曲線Rとして示される。ここで，2曲線の交点Aは，運転点を示している。この時，送風系の　ウ　を操作することで，抵抗曲線はR′に変化し，運転点はBとなる。

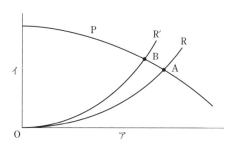

```
       ア          イ           ウ
(1)  圧力 ―――― 回転数 ―――― インバータ
(2)  風量 ―――― 圧力 ―――――― インバータ
(3)  圧力 ―――― 風量 ―――――― インバータ
(4)  風量 ―――― 圧力 ―――――― ダンパ
(5)  圧力 ―――― 風量 ―――――― ダンパ
```

【問題　75】空気浄化装置に関する次の記述のうち，最も不適当なものはどれか。
(1)　自動巻取型エアフィルタは，ろ材の更新が自動的に行えるような構造としたものである。
(2)　ULPAフィルタは，定格風量で粒径が 0.3 μm の粒子に対する粒子捕集率で規定されている。
(3)　ろ過式フィルタの捕集原理には，遮りによる付着，慣性衝突，拡散による付着がある。
(4)　ガス除去用エアフィルタのガス除去容量は，ガス除去率が初期値の 85% に低下するまでに捕集したガス質量で表される。
(5)　パネル型エアフィルタは，外気用又はプレフィルタとして用いられる。

【問題　76】空気調和設備に用いられる配管の種類とそれに使用する温度又は圧力との組合せとして，最も不適当なものは次のうちどれか。
(1)　冷却水配管 ――――― 20〜40℃
(2)　高温水配管 ――――― 80〜90℃
(3)　冷水配管 ――――――― 5〜10℃
(4)　低圧蒸気配管 ――――― 0.01〜0.05 MPa
(5)　高圧蒸気配管 ――――― 0.1〜1 MPa

【問題　77】空気調和設備の配管とポンプに関する語句の組合せとして，最も不適当なものは次のうちどれか。
(1)　伸縮継手 ―――――――― 温度変化による配管応力の吸収
(2)　キャビテーション ――― 吐出量の低下
(3)　サージング ――――――― 有効吸込みヘッド（NPSH）
(4)　配管系の抵抗曲線 ――― 全揚程
(5)　水撃作用 ―――――――― 衝撃音の発生

【問題 78】 汚染物質とその濃度又は強さを表す単位との組合せとして，最も不適当なもの
は次のうちどれか。
(1) 二酸化窒素 ―――――― ppb
(2) ダニアレルゲン ――― ng/m³
(3) 浮遊真菌 ――――― CFU/m³
(4) 臭気 ―――――――― cpm
(5) エチルベンゼン ――― μg/m³

【問題 79】 浮遊粉じんの測定に関する次の文章の［　　］内の語句のうち，最も不適当なも
のはどれか。
　建築物衛生法の測定対象となる浮遊粉じん濃度は，粉じんの ［(1)］ を考慮することなく
［(2)］ がおおむね ［(3)］ を対象として，［(4)］ 以下と規定されている。標準となる測定法
は ［(5)］ である。
(1) 化学的組成
(2) 幾何相当径
(3) 10 μm 以下の粒子状物質
(4) 0.15 mg/m³
(5) 重量法（質量濃度測定法）

【問題 80】 環境要素の測定に関する用語の組合せとして，最も不適当なものは次のうちど
れか。
(1) 温度 ―――― 熱電対
(2) 臭気 ―――― オルファクトメータ法
(3) 熱放射 ――― シンチレーションカウンタ
(4) 酸素 ―――― ガルバニ電池
(5) 気流 ―――― サーミスタ

【問題 81】 空気調和・換気設備の維持管理に関する次の記述のうち，最も不適当なものは
どれか。
(1) 異常の兆候は，それ自体を測定することは難しく，振動などのパラメータから推定す
る。
(2) 予防保全とは，故障発生時に，他の部分への影響を防止するため，当該部分を速やか
に修復する方法である。
(3) 熱源設備は重要機器として，点検レベルを高く設定する。
(4) 点検業務は，法定点検業務及び設備機能維持のために行われる任意点検業務に区分さ
れる。
(5) 空気調和・換気設備のリニューアルまでの使用期間は，20〜30 年となる場合が多い。

【問題 82】 空気調和・換気設備に関する維持管理上の問題と考えられる原因との組合せと
して，最も不適当なものは次のうちどれか。
(1) 冷却水系統のスケール発生 ―――――― 冷却水の過剰な濃縮
(2) 全熱交換器の効率低下 ――――――― 熱交換エレメントの目詰まり
(3) 冬季暖房時の室内相対湿度の低下 ――― 高い室内温度設定
(4) 夏季冷房時の室内温度の上昇 ――――― 外気量の低下
(5) 室内空気質の低下 ――――――――― ダクト内部の汚れ

【問題 83】音と振動に関する用語とその定義との組合せとして，最も不適当なものは次のうちどれか。

(1) 暗騒音 ―――――― ある騒音環境下で，対象とする特定の音以外の音の総称
(2) 吸音 ―――――――― 壁などで音を遮断して，透過する音のエネルギーを小さくすること
(3) 騒音レベル ――――― 人間の聴覚の周波数特性で補正した，騒音の大きさを表す尺度
(4) 音の強さ ――――――― 音の進行方向に対して，垂直な単位面積を単位時間に通過する音のエネルギー
(5) 時間率レベル ―――― あるレベル以上の振動に曝露される時間の，観測時間内に占める割合

【問題 84】振動と遮音に関する次の記述のうち，最も不適当なものはどれか。
(1) 固体伝搬音問題には振動が関与する。
(2) 対象振動が正弦波の場合，振動加速度の実効値は，加速度の最大振幅の$\frac{1}{\sqrt{2}}$で求められる。
(3) コインシデンス効果が生じると，壁体の透過損失は減少する。
(4) 建物内で感じる道路交通による振動は，不規則で変動も大きい。
(5) 空気調和設備による振動は，間欠的かつ非周期的に発生する。

【問題 85】音圧レベル 80 dB の音源室と面積 10 m²，音響透過損失 20 dB の隔壁で仕切られた，等価吸音面積（吸音力）が 20 m² の受音室の平均音圧レベルとして，最も近いものは次のうちどれか。

なお，音源室と受音室の音圧レベルには以下の関係がある。

$$L_1 - L_2 = TL + 10\log_{10}\frac{A_2}{S_w}$$

ただし，L_1，L_2 は音源室，受音室の平均音圧レベル〔dB〕，A_2 は受音室の等価吸音面積〔m²〕，S_w は音の透過する隔壁の面積〔m²〕，TL は隔壁の音響透過損失〔dB〕を表す。
$\log_{10}2 = 0.3010$，$\log_{10}3 = 0.4771$ とする。

(1) 50 dB
(2) 54 dB
(3) 57 dB
(4) 60 dB
(5) 63 dB

【問題 86】床衝撃音に関する次の文章の　　　内に入る語句の組合せとして，最も適当なものはどれか。

軽量床衝撃音は，　ア　ときに発生し，　イ　に主な成分を含む。対策としては　ウ　が効果的である。

	ア	イ	ウ
(1)	人が床上で飛び跳ねたりした	高周波数域	柔らかい床仕上げ材
(2)	人が床上で飛び跳ねたりした	低周波数域	柔らかい床仕上げ材
(3)	食器を落とした	高周波数域	床躯体構造の質量増加
(4)	食器を落とした	高周波数域	柔らかい床仕上げ材
(5)	食器を落とした	低周波数域	床躯体構造の質量増加

【問題　87】 音・振動環境の保守管理に関する次の記述のうち，**最も不適当な**ものはどれか。

(1) 複数の材料を貼り合わせた内装の振動は，部位による振動モードの影響により，測定場所間で異なることがある。

(2) 対象となる騒音・振動を測定するには，暗騒音・暗振動が大きい時間帯に実施することが望ましい。

(3) 経年変化による遮音性能の低下を把握するために，建設時に壁・床・建具等の遮音性能を測定しておくことが望ましい。

(4) 機械室に隣接する居室の床スラブ厚が薄かったため，床振動による固体伝搬音が伝わらないよう，空調機に防振支持を施した。

(5) 高い遮音性能の扉であっても，日常的な開閉により，遮音性能が低下することがある。

【問題　88】 光と照明に関する用語とその定義との組合せとして，**最も不適当な**ものは次のうちどれか。

(1) 照度 ———— 単位立体角当たりに入射する光束

(2) 輝度 ———— 観測方向から見た見かけの面積当たりの光度

(3) 演色性 ——— 基準光で照らした場合の色をどの程度忠実に再現しているかを判定する指標

(4) 保守率 ——— 照明施設をある期間使用した後の作業面上の平均照度と初期平均照度の比

(5) 色温度 ——— 黒体（完全放射体）を熱したときの絶対温度と光色の関係に基づいて数値的に示される光の色

【問題　89】 光と照明に関する次の記述のうち，**最も不適当な**ものはどれか。

(1) 光が当たった物体の境界面が平滑な場合，光は正反射し，光沢となる。

(2) 建築化照明とは，照明器具を建築物の一部として天井，壁等に組み込んだ照明方式である。

(3) 間接昼光率は，室内反射率の影響を受ける。

(4) 点光源から発する光による照度は，光源からの距離に反比例する。

(5) 観測者から見た照明器具の発光部の立体角が大きいほど，照明器具の不快グレアの程度を表す UGR の値は大きくなる。

【問題　90】 地表における直射日光による法線面照度が 100,000 lx のとき，直射日光による水平面照度として，**最も近い**ものは次のうちどれか。

ただし，このときの太陽高度は 60 度とする。

(1) 35,000 lx

(2) 43,000 lx

(3) 50,000 lx

(4) 65,000 lx

(5) 87,000 lx

令和3年度
3編
(46～90)
空気環境の調整

【問題 46】下に示す湿り空気線図に関する次の記述のうち, 最も不適当なものはどれか。

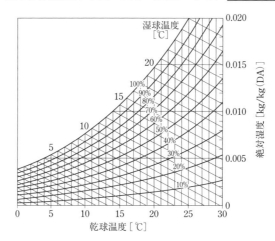

(1) 乾球温度14℃, 相対湿度80% の空気を加熱コイルで25℃ に温めると相対湿度は約40% となる。

(2) 乾球温度10℃, 相対湿度80% の空気は, 乾球温度22℃, 相対湿度30% の空気より絶対湿度が高い。

(3) 乾球温度22℃, 相対湿度60% の空気が表面温度15℃ の窓ガラスに触れると結露する。

(4) 乾球温度19℃ の空気が含むことのできる最大の水蒸気量は, 0.010 kg/kg（DA）より大きい。

(5) 露点温度10℃ の空気は, 乾球温度29℃ において約30% の相対湿度となる。

【問題 47】結露に関する次の文章の □ 内に入る語句の組合せとして, 最も適当なものはどれか。

暖房時の壁体の内部や表面での結露を防止するには, 壁体内において, 水蒸気圧の ア 側に イ の低い ウ を設けることが有効である。

	ア		イ		ウ
(1)	高い	——	熱伝導率	——	断熱材
(2)	高い	——	湿気伝導率	——	防湿層
(3)	低い	——	湿気伝導率	——	防湿層
(4)	低い	——	熱伝導抵抗	——	断熱材
(5)	低い	——	湿気伝導率	——	断熱材

【**問題　48**】建築材料表面（白色プラスター，アスファルト，新しい亜鉛鉄板，光ったアルミ箔）の長波長放射率と日射吸収率の関係を下の図中に示している。最も適当なものはどれか。

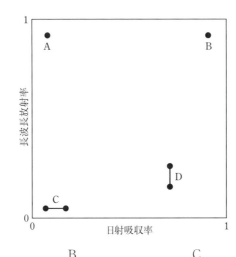

	A	B	C	D
(1)	白色プラスター	アスファルト	光ったアルミ箔	新しい亜鉛鉄板
(2)	光ったアルミ箔	新しい亜鉛鉄板	白色プラスター	アスファルト
(3)	白色プラスター	アスファルト	新しい亜鉛鉄板	光ったアルミ箔
(4)	アスファルト	白色プラスター	新しい亜鉛鉄板	光ったアルミ箔
(5)	新しい亜鉛鉄板	光ったアルミ箔	白色プラスター	アスファルト

【**問題　49**】下の図は，厚さの異なる A，B，C 部材で構成された建築物外壁における定常状態の内部温度分布を示している。この図に関する次の記述のうち，最も不適当なものはどれか。

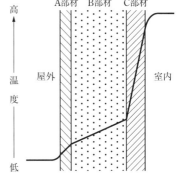

(1) A，B，C 部材のなかで，最も熱伝導率が大きい部材は B 部材である。

(2) 熱伝達率は，屋外側の方が室内側より大きい。

(3) B 部材が主体構造体であるとすれば，この図は内断熱構造を示している。

(4) 壁表面近傍で空気温度が急激に変化する部分を境界層という。

(5) A，B，C 部材のなかで，部材を流れる単位面積当たりの熱流量が最も大きいのは A 部材である。

【**問題　50**】空気の流動に関する次の記述のうち，最も不適当なものはどれか。

(1) 天井面に沿った冷房による吹出し噴流は，速度が小さいと途中で剥離して降下することがある。

(2) コールドドラフトは，冷たい壁付近などで生じる下降冷気流である。

(3) 自由噴流の第3域では，中心軸速度が吹出し口からの距離に反比例して減衰する。

(4) 吹出しの影響は遠方まで及ぶのに対し，吸込みの影響は吸込み口付近に限定される。

(5) 通常の窓の流量係数は，約 1.0 である。

【問題　51】流体力学に関する次の記述のうち，最も不適当なものはどれか。
(1)　直線ダクトの圧力損失は，長さに比例する。
(2)　直線ダクトの圧力損失は，風速に比例する。
(3)　直線の円形ダクトの圧力損失は，直径に反比例する。
(4)　ダクトの形状変化に伴う圧力損失は，形状抵抗係数に比例する。
(5)　開口部を通過する風量は，開口部前後の圧力差の平方根に比例する。

【問題　52】換気に関する次の記述のうち，最も不適当なものはどれか。
(1)　単位時間当たりに室内の入れ替わる新鮮空気（外気）量を換気量という。
(2)　空気交換効率とは，室内にある空気が，いかに効果的に新鮮空気と入れ替わるかを示す尺度をいう。
(3)　1時間に窓を開ける回数を換気回数という。
(4)　外気が給気口から室内の任意の点に移動するのにかかる平均時間を，局所平均空気齢という。
(5)　ある汚染物質の室内濃度を，その基準値に維持するために必要な換気量のことを必要換気量という。

【問題　53】ある居室に16人在室しているとき，室内の二酸化炭素濃度を建築物環境衛生管理基準値以下に維持するために最低限必要な換気量として，正しいものは次のうちどれか。
　　ただし，室内は定常状態・完全混合（瞬時一様拡散）とし，外気二酸化炭素濃度は400 ppm，在室者一人当たりの二酸化炭素発生量は $0.018 \ \mathrm{m^3/h}$ とする。
(1)　$320 \ \mathrm{m^3/h}$　　　　　　　　(4)　$600 \ \mathrm{m^3/h}$
(2)　$400 \ \mathrm{m^3/h}$　　　　　　　　(5)　$720 \ \mathrm{m^3/h}$
(3)　$480 \ \mathrm{m^3/h}$

【問題　54】室内におけるホルムアルデヒドの発生源のうち，最も不適当なものは次のうちどれか。
(1)　ユリア樹脂系接着剤　　　　　　(4)　コンクリート
(2)　パーティクルボード　　　　　　(5)　喫煙
(3)　家具

【問題　55】室内汚染物質とその発生源との組合せとして，最も不適当なものは次のうちどれか。
(1)　アセトアルデヒド ――― 加熱式たばこ
(2)　窒素酸化物 ――――― 開放型燃焼器具
(3)　オゾン ―――――― レーザープリンタ
(4)　ラドン ―――――― 石材
(5)　フェノブカルブ ――― 接着剤

【問題　56】換気に関する次の記述のうち，最も不適当なものはどれか。
(1)　換気の目的の一つには，汚染物質の室内からの除去がある。
(2)　ハイブリッド換気は，自然換気と機械換気を併用する換気方式である。
(3)　第1種換気は，機械給気と機械排気による換気をいう。
(4)　局所換気は，汚染物質が発生する場所を局部的に換気する方法をいう。
(5)　第3種換気は，機械給気と自然排気口による換気をいう。

【問題　57】浮遊粒子の次のア～エの動力学的性質のうち，粒径が大きくなると数値が大きくなるものの組合せとして，最も適当なものはどれか。
　　ア　終末沈降速度
　　イ　拡散係数
　　ウ　気流に平行な垂直面への沈着速度
　　エ　粒子が気体から受ける抵抗力
(1)　アとイ
(2)　アとウ
(3)　アとエ
(4)　イとエ
(5)　ウとエ

【問題　58】アレルゲンと微生物等に関する次の記述のうち，最も不適当なものはどれか。
(1)　ウイルスは建材表面で増殖することがある。
(2)　アスペルギルスは，一般環境中に生息するカビである。
(3)　オフィスビル内の細菌の主な発生源は在室者である。
(4)　酵母は真菌に分類される。
(5)　カビアレルゲンの大部分は，数 μm 以上の粒子である。

【問題　59】パッケージ型空調機に関する次の記述のうち，最も適当なものはどれか。
(1)　中央方式の空気調和設備と同様に，熱源設備が必要となる。
(2)　圧縮機の駆動は，全て電力を用いている。
(3)　通常は，外気処理機能を備えている。
(4)　ビル用マルチパッケージは，ON－OFF 制御により，圧縮機の容量制御を行うのが主流である。
(5)　水熱源ヒートポンプ方式のパッケージ型空調機は，圧縮機を備えているため騒音に注意が必要である。

【問題　60】空気調和設備に関する次の記述のうち，最も不適当なものはどれか。
(1)　HEMS と呼ばれる総合的なビル管理システムの導入が進んでいる。
(2)　空気調和機には，広くはファンコイルユニットも含まれる。
(3)　熱搬送設備は，配管系設備とダクト系設備に大別される。
(4)　冷凍機，ボイラ，ヒートポンプ，チリングユニットは，熱源機器にあたる。
(5)　自動制御設備における中央監視装置は，省エネルギーや室内環境の確保を目的に設備機器を監視，制御する設備である。

令和3年度

【問題 61】躯体蓄熱システムに関する次の文章の□□□内に入る語句の組合せとして，最も適当なものはどれか。

躯体蓄熱システムにより蓄熱槽や熱源機器の容量が低減されるが，氷蓄熱に比べ，熱損失が ア ，蓄熱投入熱量比が イ 。また，放射時の熱量制御は ウ である。

	ア	イ	ウ
(1)	大きく	大きい	容易
(2)	小さく	大きい	容易
(3)	大きく	小さい	容易
(4)	小さく	大きい	困難
(5)	大きく	小さい	困難

【問題 62】空気調和における湿り空気線図上での操作に関する次の記述のうち，最も不適当なものはどれか。
(1) 暖房時に水噴霧加湿を用いる場合，温水コイル出口の温度は設計給気温度より高くする必要がある。
(2) 冷房時の室内熱負荷における顕熱比 SHF＝0.8 の場合，空調機からの吹出し空気の絶対湿度は室内空気より低くする必要がある。
(3) 温水コイル通過後の空気は単純加熱となり，通過前後で絶対湿度は変化しない。
(4) 還気と外気の混合状態は，湿り空気線図上において還気と外気の状態点を結んだ直線上に求められる。
(5) 冷水コイルによる冷却除湿では，コイル出口における空気の相対湿度は 100％ となる。

【問題 63】冷水コイルによる空気冷却に関する次の文章の□□□内に入るものの組合せとして，最も適当なものはどれか。

湿り空気線図上で，冷水コイル入口空気の状態点を A，コイル出口空気の状態点を B とし，乾球温度が A 点と等しく，かつ絶対湿度が B 点と等しい状態点を C とする。

A 点，B 点，C 点の比エンタルピーをそれぞれ h_A，h_B，h_C とし，冷水コイルを通過する空気の質量流量を G〔kg/h〕とすると，冷水コイルによる除去熱量の潜熱分は ア ，顕熱分は イ で表される。

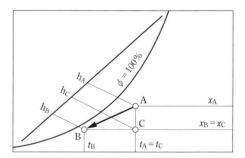

	ア	イ
(1)	$G(h_A - h_B)$	$G(h_A - h_C)$
(2)	$G(h_A - h_C)$	$G(h_A - h_B)$
(3)	$G(h_A - h_C)$	$G(h_C - h_B)$
(4)	$G(h_C - h_B)$	$G(h_A - h_B)$
(5)	$G(h_C - h_B)$	$G(h_A - h_C)$

【問題 64】 空気調和方式に関する次の記述のうち，最も不適当なものはどれか。

(1) 定風量単一ダクト方式は，給気量が一定であり，給気温度を可変することにより熱負荷の変動に対応する方式である。

(2) 変風量単一ダクト方式は，定風量単一ダクト方式と比較して空気質確保に有利である。

(3) ダクト併用ファンコイルユニット方式は，単一ダクト方式とファンコイルユニットを併用することにより，個別制御性を高めたシステムである。

(4) 放射冷暖房は，冷房時の表面結露や空気質確保に配慮が必要である。

(5) マルチゾーン空調方式は，負荷変動特性の異なる複数のゾーンの温湿度調整を1台の空調機で行う方式である。

【問題 65】 冷凍機に関する次の記述のうち，最も不適当なものはどれか。

(1) スクロール圧縮機は，渦巻き状の固定スクロールと渦巻き状の旋回スクロールの旋回により冷媒を圧縮する。

(2) スクリュー圧縮機を用いた冷凍機は，スクロール圧縮機を用いたものより，冷凍容量が大きい。

(3) 吸収冷凍機は，都市ガスを使用するので，特別な運転資格が必要である。

(4) 遠心圧縮機は，容積式圧縮機と比較して，吸込み，圧縮できるガス量が大きい。

(5) シリカゲルやゼオライト等の固体の吸着剤を使用した吸着冷凍機は，高い成績係数を得ることができない。

【問題 66】 空気調和設備の熱源方式に関する次の記述のうち，最も不適当なものはどれか。

(1) 地域冷暖房システムでは，個別熱源システムに比べて，一般に環境負荷は増加する。

(2) 蓄熱システムは，電力負荷平準化，熱源装置容量削減に効果がある。

(3) 電動冷凍機とボイラを組み合わせる方式は，夏期に電力消費量がピークとなる。

(4) 直焚吸収冷温水機は，1台の機器で冷水のみ又は温水のみだけでなく，これらを同時に製造することができる。

(5) 電力需要を主として運転するコージェネレーション方式では，空気調和やその他の熱需要に追従できない場合がある。

【問題 67】 図は，蒸気圧縮冷凍サイクルにおける冷媒の標準的な状態変化をモリエル線図上に表したものである。圧縮機の出口直後に相当する図中の状態点として，最も適当なものは次のうちどれか。

(1) ア
(2) イ
(3) ウ
(4) エ
(5) オ

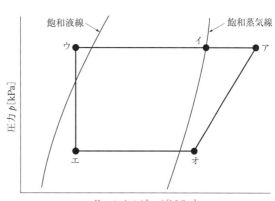

【問題　68】熱源方式に関する次の記述のうち，最も不適当なものはどれか。
　(1)　ヒートポンプ方式は，1台で温熱源と冷熱源を兼ねることができる。
　(2)　蓄熱システムにおける顕熱利用蓄熱体として，氷，無機水和塩類が用いられる。
　(3)　ヒートポンプ方式は，地下水や工場排熱等の未利用エネルギーも活用することができる。
　(4)　太陽熱を利用した空調熱源システムは，安定的なエネルギー供給が難しい。
　(5)　吸収式冷凍機＋蒸気ボイラ方式は，空調以外に高圧蒸気を使用する用途の建物で用いられることが多い。

【問題　69】冷却塔に関する次の記述のうち，最も不適当なものはどれか。
　(1)　開放型冷却塔は，密閉型と比べて小型である。
　(2)　開放型冷却塔内の冷却水は，レジオネラ属菌の繁殖に注意が必要である。
　(3)　開放型冷却塔は，密閉型冷却塔に比べて送風機動力が増加する。
　(4)　密閉型冷却塔は，電算室，クリーンルーム系統の冷却塔として使用される。
　(5)　密閉型冷却塔は，散布水系統の保有水量が少ないため，保有水中の不純物濃度が高くなる。

【問題　70】加湿装置の種類と加湿方式の組合せとして，最も不適当なものは次のうちどれか。
　(1)　滴下式　―――　気化方式
　(2)　電極式　―――　蒸気方式
　(3)　パン型　―――　蒸気方式
　(4)　遠心式　―――　水噴霧方式
　(5)　超音波式　―――　気化方式

【問題　71】空気調和機を構成する機器に関する次の記述のうち，最も不適当なものはどれか。
　(1)　システム型エアハンドリングユニットは，全熱交換器，制御機器，還気送風機等の必要機器が一体化された空調機である。
　(2)　エアハンドリングユニットは，冷却，加熱のための熱源を内蔵している空調機である。
　(3)　ファンコイルユニットは，送風機，熱交換器，エアフィルタ及びケーシングによって構成される。
　(4)　パッケージ型空調機は，蒸発器，圧縮機，凝縮器，膨張弁等によって構成される。
　(5)　パッケージ型空調機のうちヒートポンプ型は，採熱源によって水熱源と空気熱源に分類される。

【問題 72】防火ダンパに関する次の記述の[   ]内に入る値の組合せとして，最も適当なものはどれか。

温度ヒューズ型の溶解温度は，一般換気用 ア ，厨房排気用 イ ，排煙用 ウ である。

	ア		イ		ウ
(1)	60℃	——	120℃	——	280℃
(2)	60℃	——	130℃	——	270℃
(3)	72℃	——	120℃	——	270℃
(4)	72℃	——	120℃	——	280℃
(5)	72℃	——	130℃	——	270℃

【問題 73】送風機に関する次の記述のうち，最も不適当なものはどれか。
(1) 軸流送風機は，空気が羽根車の中を軸方向から入り，軸方向へ抜ける。
(2) シロッコファンは，遠心式に分類される。
(3) ダンパの開度を変えると，送風系の抵抗曲線は変化する。
(4) 送風系の抵抗を大きくして風量を減少させると，空気の脈動により振動，騒音が発生し，不安定な運転状態となることがある。
(5) グラフの横軸に送風機の風量，縦軸に送風機静圧を表した送風機特性曲線は，原点を通る二次曲線となる。

【問題 74】ダクトとその付属品に関する次の記述のうち，最も不適当なものはどれか。
(1) フレキシブル継手は，ダクトと吹出し口を接続する際に，位置を調整するために用いられる。
(2) 防火ダンパの羽根及びケーシングは，一般に板厚が 1.5 mm 以上の鋼板で製作される。
(3) グリル型吹出し口は，誘引効果が高いので，均一度の高い温度分布が得やすい。
(4) 低圧の亜鉛鉄板製長方形ダクトでは，一般に板厚が 0.5〜1.2 mm のものが用いられる。
(5) グラスウールダクトは，消音効果が期待できる。

【問題 75】空気浄化装置に関する次の記述のうち，最も不適当なものはどれか。
(1) 自動巻取型エアフィルタのろ材の更新は，タイマによる方法や圧力損失を検知して行う方法が用いられている。
(2) ろ過式粒子用エアフィルタとは，さえぎり，慣性，拡散，静電気等の作用で，粉じんをろ材繊維に捕集するものをいう。
(3) 空気中の有害ガスを除去するガス除去用エアフィルタとして，イオン交換繊維を使用したものがある。
(4) 一般に HEPA フィルタの圧力損失は，一般空調用フィルタのそれと比較して小さい。
(5) 粒子用エアフィルタの性能は，圧力損失，粉じん捕集率，粉じん保持容量で表示される。

【問題 76】 空気調和設備のポンプ・配管に関する次の記述のうち，最も不適当なものはどれか。
(1) ポンプの損失水頭は，管内流速の2乗に比例する。
(2) 片吸込み渦巻きポンプは，ターボ型ポンプに分類される。
(3) 歯車ポンプは，油輸送などの粘度の高い液体の輸送用途に用いられることが多い。
(4) ポンプの急停止による水撃作用を防止するには，緩閉式逆止め弁を用いる方法がある。
(5) キャビテーションとは，流量と圧力の周期的な変動が続き運転が安定しない現象をいう。

【問題 77】 換気設備に関する次の記述のうち，最も不適当なものはどれか。
(1) 水分の回収を必要としない場合の熱回収には，空気対空気の顕熱交換器が用いられる。
(2) 空気対空気の全熱交換器では，空調システムとして十分な温度処理，湿度処理はできないため，二次空調機が必要となる。
(3) 外気処理ユニットとは，冷媒直膨コイル，全熱交換器，加湿器，フィルタ等を組み込んだユニットである。
(4) ヒートポンプデシカント調湿型外気処理装置では，暖房時において効果的な相対湿度の維持管理が期待できる。
(5) 厨房，倉庫，各種機械室等では，換気設備が単独で設置されることが多い。

【問題 78】 光散乱式の粉じん計を用いて室内の浮遊粉じんの相対濃度を測定したところ，3分間当たり90カウントであった。この粉じん計のバックグランド値は10分間当たり60カウントで，標準粒子に対する感度が1分間当たり1カウント0.001 mg/m^3，室内の浮遊粉じんに対する較正係数が1.3であるとすると，室内の浮遊粉じんの量として，最も近い数値は次のうちどれか。
(1) 0.01 mg/m^3 (4) 0.07 mg/m^3
(2) 0.03 mg/m^3 (5) 0.20 mg/m^3
(3) 0.04 mg/m^3

【問題 79】 汚染物質とその濃度又は強さを表す単位の組合せとして，最も不適当なものは次のうちどれか。
(1) アスベスト ─────── CFU/m^3
(2) 放射能 ─────── Bq
(3) オゾン ─────── μg/m^3
(4) 二酸化イオウ ─────── ppm
(5) トルエン ─────── μg/m^3

【問題 80】 温熱環境要素の測定に関する次の記述のうち，最も不適当なものはどれか。
(1) 熱式風速計は，白金線などから気流に奪われる熱量が風速に関係する原理を利用している。
(2) サーミスタ温度計は，2種類の金属の膨張率の差を利用している。
(3) 自記毛髪湿度計は，振動の多い場所での使用は避ける。
(4) アスマン通風乾湿計は，周囲気流及び熱放射の影響を防ぐ構造となっている。
(5) 電気抵抗式湿度計は，感湿部の電気抵抗が吸湿，脱湿によって変化することを利用している。

【問題 81】ホルムアルデヒド測定法に関する次の記述のうち，最も不適当なものはどれか。
(1) 簡易測定法には，検知管法，定電位電解法がある。
(2) DNPH カートリッジは，オゾンにより正の妨害を受ける。
(3) DNPH カートリッジは，冷蔵で保存する必要がある。
(4) パッシブ法は，試料採取に8時間程度を要する。
(5) パッシブサンプリング法では，ポンプを使用しない。

【問題 82】揮発性有機化合物（VOCs）測定に関する次の記述のうち，最も不適当なものはどれか。
(1) VOCs の採取には，アクティブサンプリング法とパッシブサンプリング法がある。
(2) 固相捕集・加熱脱着－GC/MS 法では，前処理装置により脱着操作を行う。
(3) 固相捕集・溶媒抽出－GC/MS 法では，加熱脱着法に比べ，測定感度は落ちる。
(4) TVOC（Total VOC）を測定する装置では，方式によらず各 VOC に対して同じ感度である。
(5) TVOC は，GC/MS によりヘキサンからヘキサデカンの範囲で検出した VOCs の合計である。

【問題 83】空気調和設備の維持管理に関する次の記述のうち，最も不適当なものはどれか。
(1) 加湿装置は，使用開始時及び使用期間中の1年以内ごとに1回，定期的に汚れの状況を点検し，必要に応じて清掃などを行う。
(2) 空調システムを介して引き起こされる微生物汚染問題として，レジオネラ症がある。
(3) 空気調和設備のダクト内部は，使用年数の経過につれ清掃を考慮する必要がある。
(4) 冷却塔に供給する水は，水道法に規定する水質基準に適合させる必要がある。
(5) 冷却水管を含む冷却塔の清掃は，1年以内ごとに1回，定期に行う。

【問題 84】音に関する次の記述のうち，最も不適当なものはどれか。
(1) 人間の可聴範囲は，音圧レベルでおよそ 0〜130 dB の範囲である。
(2) 対象音と暗騒音のレベル差が 15 dB より大きい場合は，暗騒音による影響の除去が必要である。
(3) 空気中の音速は，気温の上昇と共に増加する。
(4) 低周波数域の騒音に対する人の感度は低い。
(5) 時間によって変動する騒音は，等価騒音レベルによって評価される。

【問題 85】音に関する用語とその説明として，最も不適当なものは次のうちどれか。
(1) 広帯域騒音 ――――― 広い周波数領域の成分を含む騒音
(2) 吸音率 ――――――― 入射音響エネルギーに対する吸収エネルギーの割合
(3) 純音 ―――――――― 一つの周波数からなる音波のこと
(4) 拡散音場 ――――――― 空間に音のエネルギーが一様に分布し，音があらゆる方向に伝搬している状態のこと
(5) パワーレベル ――― 音源の音響出力をデシベル尺度で表記したもの

【問題　86】音に関する次の文章の￤￤￤￤￤内に入る数値の組合せとして，最も適当なものはどれか。

　　点音源の場合，音源からの距離が2倍になると約￤ア￤dB，距離が10倍になると約￤イ￤dB 音圧レベルが減衰する。線音源の場合，音源からの距離が2倍になると約￤ウ￤dB，距離が10倍になると約￤エ￤dB 音圧レベルが減衰する。

	ア	イ	ウ	エ
(1)	3	15	6	30
(2)	3	10	6	20
(3)	6	20	3	10
(4)	6	20	3	15
(5)	6	30	3	15

【問題　87】遮音と振動に関する次の記述のうち，最も不適当なものはどれか。
(1)　道路交通による振動は，不規則に起こり，変動が大きい。
(2)　隔壁を介する2室間の遮音性能は，受音室の吸音力が大きいほど高くなる。
(3)　カーペットや畳等を敷いても，重量床衝撃音はほとんど軽減できない。
(4)　床衝撃音に関する遮音等級の Lr 値は，値が大きい方が，遮音性能が高いことを表す。
(5)　コインシデンス効果により，壁面の透過損失は減少する。

【問題　88】昼光照明と窓に関する次の記述のうち，最も不適当なものはどれか。
(1)　大気透過率が等しければ，太陽高度が高いほど直射日光による地上の水平面照度は大きくなる。
(2)　曇天の空は，白熱電球より色温度が高い。
(3)　設計用全天空照度は，快晴よりも薄曇りの方が高い。
(4)　直接昼光率は，直射日光による照度の影響を受ける。
(5)　同じ面積であれば，側窓よりも天窓の方が多く昼光を採り入れられる。

【問題　89】測光量に関する次の文章の￤￤￤￤￤内に入る語句の組合せとして，最も適当なものはどれか。

　　光度は，単位立体角当たりから放出される￤ア￤である。光度の単位は，通常，￤イ￤と表される。さらに，光度を観測方向から見た，見かけの面積で割った値が￤ウ￤である。

	ア	イ	ウ
(1)	光束	cd	輝度
(2)	光束	cd	光束発散度
(3)	照度	lm	光束発散度
(4)	照度	lm	輝度
(5)	照度	cd	輝度

【問題　90】点光源直下 3.0 m の水平面照度が 450lx である場合，点光源直下 1.0 m の水平面照度として，最も近いものは次のうちどれか。
(1)　450 lx
(2)　900 lx
(3)　1,350 lx
(4)　4,050 lx
(5)　4,500 lx

令和2年度
3編
(46〜90)
空気環境の調整

【問題 46】次の用語とその単位との組合せとして，誤っているものはどれか。
(1) 輝度 ——————— cd/m^3
(2) 熱伝達抵抗 ——— m^2・K/W
(3) 音の強さ ——————— W/m^2
(4) 吸音力 ——————— m^2
(5) 比熱 ——————— kJ/(kg・K)

【問題 47】冬期における結露に関する次のア〜ウの文章の　　　　内の語句のうち，最も不適当なものはどれか。
ア 通常，室内においては，空気中の絶対湿度の空間的な分布は (1) 比較的小さい 。そのため，局所的に温度が低い場所があると，その場所での飽和水蒸気圧が (2) 低下し ，結果として結露が発生する。
イ 窓の (3) アルミサッシ や断熱材が切れている場所等で (4) 熱橋 を生じ，局所的に結露が発生しやすくなる。
ウ 内部結露を防ぐための方策としては，断熱層の (5) 室外側 に防湿層を設ける方法が一般的に採用される。

【問題 48】熱移動の関連用語とその影響要因との組合せとして，最も不適当なものは次のうちどれか。
(1) 放射熱伝達率 ———— 材料の色
(2) 対流熱伝達率 ———— 境界層外部風速
(3) 中空層の熱抵抗 ——— 熱流の方向
(4) 熱伝導率 ———————— 材料の密度
(5) 熱貫流抵抗 ———————— 固体壁の厚さ

【問題 49】流体に関する次の記述のうち，最も不適当なものはどれか。
(1) ダクト内気流の静圧と動圧の和を全圧として扱う。
(2) ダクト内における連続の式は，流体の密度，流速，断面積の積が一定となることを意味する。
(3) 開口部の流量係数は，通常の窓では1.2である。
(4) 摩擦抵抗係数は，ダクト内粗度の他，ダクト内気流のレイノルズ数によって変化する。
(5) 管内流れでは，レイノルズ数が4,000程度以上で乱流になる。

【問題 50】自然換気に関する次の記述のうち，最も不適当なものはどれか。
(1) 温度差による換気量は，給気口と排気口の高さの差の平方根に比例して増加する。
(2) 温度差による換気量は，室内外の空気の密度差に比例して増加する。
(3) 風力による換気量は，外部風速に比例して増加する。
(4) 風力による換気量は，風圧係数の差の平方根に比例して増加する。
(5) 開口部の風圧係数は，正負の値をとる。

【問題 51】空気の流動に関する次の記述のうち，最も不適当なものはどれか。
(1) 吸込気流では，吹出気流と同様に，吸込みの影響が遠方まで及ぶ。
(2) 自由噴流の中心軸速度が一定速度まで低下する距離を，到達距離と呼ぶ。
(3) 自由噴流は，吹出口付近では中心軸速度がそのまま維持される。
(4) 自由噴流では，吹出口から離れた中心軸速度が，距離に反比例して減衰する領域がある。
(5) 吸込気流には，吹出気流のような強い指向性はない。

【問題 52】換気に関する次の記述のうち，最も不適当なものはどれか。
(1) 置換換気は，室温よりやや低温の空気を床面付近に供給し，天井面付近で排気する方式である。
(2) 気流性状から見た換気方式は，混合方式と一方向方式の二つに大別される。
(3) 換気回数〔回/h〕とは，1時間当たりに室内に取り入れる新鮮空気（外気）量を，室容積で除したもののことである。
(4) 燃焼器具の必要換気量は，開放型燃焼器具の場合，理論廃ガス量の40倍と規定されている。
(5) 第2種機械換気は，他に汚染空気を出してはならない汚染室に用いられる。

【問題 53】冬期における室内低湿度の原因に関する次の記述のうち，最も不適当なものはどれか。
(1) 暖房期であっても，パソコンやサーバ等の利用で室内温度が上昇した結果，自動制御により冷房運転を行うことがあり，加湿が困難となる。
(2) 加湿装置の能力不足による。
(3) スプレー式加湿器の場合，そのノズルの詰まりによる。
(4) 加湿器の位置が空調機加熱コイルの後に設置されている。
(5) 設計時に想定した室内温度よりも高い室内温度で運用している。

【問題 54】浮遊粉じんに関する次の文章の ▭ 内の語句のうち，最も不適当なものはどれか。

　建築物衛生法の測定対象となる浮遊粉じん濃度は，(1) 相対沈降径 が (2) 10 μm 以下 の粒子を対象に，(3) 0.15 mg/m³ 以下と規定されており，標準となる測定法は，ローボリウムエアサンプラによる (4) 質量濃度測定法 である。かつては空気環境管理項目の中で不適率の高い項目であったが，大気汚染物質の減少，禁煙及び分煙等の受動喫煙対策，エアフィルタの高性能化により，不適率は (5) 10% 程度となった。

【問題 55】揮発性有機化合物（VOCs）と室内での主な発生源との組合せとして，最も不適当なものは次のうちどれか。
(1) アセトアルデヒド ——————— コンクリート
(2) ホルムアルデヒド ——————— 接着剤
(3) エチルベンゼン ——————— 塗料
(4) クロルピリホス ——————— 防蟻剤
(5) フタル酸ジ-2-エチルヘキシル ——— プラスチックの可塑剤

【問題　56】 室面積 40m^2, 天井高 2.5m の居室に 8 人在室しているとき, 換気によって室内の二酸化炭素濃度が 900ppm に維持されていたとする。この部屋の換気量 [m^3/h] として, 最も近いものは次のうちどれか。

　ただし, 室内は定常状態・完全混合（瞬時一様拡散）とし, 外気二酸化炭素濃度は 400 ppm, 在室者一人当たりの二酸化炭素発生量は 0.025 m^3/h とする。

(1)　50 m^3/h
(2)　100 m^3/h
(3)　200 m^3/h
(4)　400 m^3/h
(5)　1,000 m^3/h

【問題　57】 20℃ の室内において, ホルムアルデヒドの容積比濃度が 0.04 ppm であったとき, 空気 1 m^3 中に含まれているホルムアルデヒドの量として, 最も近い値は次のうちどれか。

　ただし, 濃度換算には以下の式が用いられ, ホルムアルデヒドの分子式は HCHO, 炭素, 水素, 酸素の原子量はそれぞれ 12, 1, 16 とする。

$$C_{mg/m^3} = C_{ppm} \times \frac{M}{22.41} \times \frac{273}{(273+t)}$$

　ただし, C_{mg/m^3}：質量濃度（mg/m^3）
　　　　　　C_{ppm}：容積比濃度（ppm）
　　　　　　　　t：温度（℃）
　　　　　　　M：分子量

(1)　0.15 mg
(2)　0.1 mg
(3)　0.08 mg
(4)　0.05 mg
(5)　0.025 mg

【問題　58】 アレルゲンと微生物に関する次の記述のうち, 最も不適当なものはどれか。
(1)　ウイルスは, 生きている細胞中でしか増殖できない。
(2)　クラドスポリウムは, 一般環境中に生育するカビである。
(3)　空調時の事務所室内では, 浮遊細菌より浮遊真菌の濃度の方が高い場合が多い。
(4)　ダンプネスは, 過度の湿気を原因とする問題が確認できるような状態をいう。
(5)　ダニアレルゲンの大部分は, 2μm 以上の粒子である。

【問題　59】 浮遊粒子の動力学的性質に関する次の記述のうち, 最も不適当なものはどれか。
(1)　抵抗係数は, ストークス域ではレイノルズ数に反比例する。
(2)　球形粒子の拡散係数は, 粒径に比例する。
(3)　球形粒子の重力による終末沈降速度は, 粒径の 2 乗に比例する。
(4)　電界中の電荷をもつ球形粒子の移動速度は, 粒径に反比例する。
(5)　球形粒子が気体から受ける抵抗力は, 粒子の流体に対する相対速度の 2 乗に比例する。

【問題 60】湿り空気線図（h−x 線図）を用いて相対湿度を求める場合に必要となる項目の組合せとして，最も不適当なものは次のうちどれか。

(1) 乾球温度と湿球温度
(2) 湿球温度と絶対湿度
(3) 比エンタルピーと乾球温度
(4) 露点温度と比エンタルピー
(5) 水蒸気分圧と露点温度

【問題 61】暖房時における空気調和システムを図−A に示す。図−B は，図−A の a〜e における空気の状態変化を湿り空気線図上に表したものである。図−A の d に相当する図−B 中の状態点は，次のうちどれか。

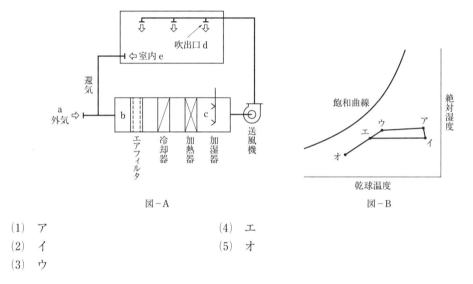

図−A   図−B

(1) ア   (4) エ
(2) イ   (5) オ
(3) ウ

【問題 62】熱源方式に関する次の記述のうち，最も不適当なものはどれか。

(1) 電動冷凍機＋ボイラ方式は，熱源種別でいえば，冷熱源は冷水，温熱源は温水又は蒸気である。
(2) 電動機駆動ヒートポンプの場合，主に水熱源方式が採用されている。
(3) 吸収冷凍機＋蒸気ボイラ方式は，年間を通じて，ガス又は油が使用される。
(4) 直焚吸収冷温水機方式では，冷水と温水を同時に製造できる。
(5) コージェネレーション方式は，発電すると同時に排熱を空気調和や給湯等に利用することができる。

【問題 63】地域冷暖房システムに関する次の記述のうち，最も不適当なものはどれか。

(1) 一定地域内の建築物に対して，熱源プラントで製造した熱媒を供給する方式である。
(2) 欧米では熱供給が中心である。
(3) 大気汚染防止などの公害防止対策となる。
(4) 個別の建築物の機械室スペースが大きくなる。
(5) 熱源装置の大型化・集約化・集中管理化により，安全性や効率性は向上する。

【問題 64】乾球温度 26.0℃，絶対湿度 0.0105 kg/kg（DA）の空気 1,000 kg/h と，乾球温度 34.4℃，絶対湿度 0.0194 kg/kg（DA）の空気 500 kg/h を混合した場合の空気について，乾球温度と絶対湿度との組合せとして，最も適当なものは次のうちどれか。

　　　乾球温度 ［℃］　　　絶対湿度 ［kg/kg（DA）］
(1)　28.8 ——————— 0.0135
(2)　28.8 ——————— 0.0164
(3)　30.2 ——————— 0.0150
(4)　31.6 ——————— 0.0135
(5)　31.6 ——————— 0.0164

【問題 65】変風量単一ダクト方式に関する次の記述のうち，最も不適当なものはどれか。
(1)　定風量単一ダクト方式に対して，省エネルギーと室内温度制御性の改善を目的とした方式である。
(2)　室への給気風量及び室からの還気風量を変えるために，変風量装置が用いられる。
(3)　給気風量を可変としているため，必要となる新鮮外気量の確保に対策が必要である。
(4)　通常，給気温度は一定で運転される。
(5)　潜熱・顕熱を分離して制御できる空気調和システムである。

【問題 66】蓄熱槽を用いた蓄熱システムに関する次の記述のうち，最も不適当なものはどれか。
(1)　負荷の大きな変動に対応できる。
(2)　熱源機器の容量が大きくなる。
(3)　開放式の水槽の場合，より大きなポンプ能力が必要となる。
(4)　熱源を定格で運転できる。
(5)　氷蓄熱では冷凍機の効率が低下する。

【問題　67】下の図は蒸気熱源吸収冷凍機の冷凍サイクルを示したものである。図中の A，B，C に対応する蒸気，冷水，冷却水の組合せとして，最も適当なものは次のうちどれか。

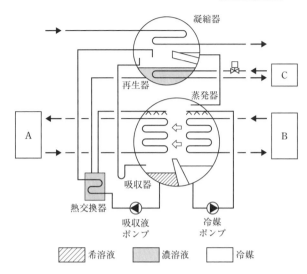

```
　　　蒸気　　　冷水　　　冷却水
(1)　A ——— B ——— C
(2)　B ——— A ——— C
(3)　B ——— C ——— A
(4)　C ——— A ——— B
(5)　C ——— B ——— A
```

【問題　68】ボイラに関する次の記述のうち，最も不適当なものはどれか。
(1)　鋳鉄製ボイラは，スケール防止のため装置系を密閉系で設計・使用する。
(2)　貫流ボイラの取扱いには，容量によらずボイラ技士に関する資格が必要である。
(3)　炉筒煙管式ボイラは，直径の大きな横型ドラムを本体とし，燃焼室と煙管群で構成される。
(4)　真空式温水発生機では，缶体内を真空に保持して水を沸騰させ，熱交換器に伝熱する。
(5)　真空式温水発生機では，容量によらずボイラに関する取扱資格は不要である。

【問題　69】冷却塔に関する次の記述のうち，最も不適当なものはどれか。
(1)　開放型冷却塔の水質管理として，強制的な循環水ブロー及び補給，薬品による水処理等が必要である。
(2)　密閉型冷却塔は，電算室やクリーンルーム系統用に採用されることが多い。
(3)　開放型冷却塔は通風抵抗が大きいため，密閉型冷却塔よりも大きな送風機動力が必要である。
(4)　開放型冷却塔と外気取入口との距離は，10 m 以上とする。
(5)　開放型冷却塔では白煙防止対策として，冷却塔の壁面に熱交換器を設置して外気を加熱する方法がある。

【問題 70】 熱交換器に関する次の記述のうち，<u>多管式熱交換器について述べている</u>ものはどれか。
(1) 構造的にU字管式・全固定式・遊動頭式に分類される。
(2) 内部に封入された作動媒体が，蒸発と凝縮サイクルを形成して熱輸送する。
(3) 熱交換器の中では，設置面積や荷重が小さい。
(4) 伝熱板の増減により伝熱面積の変更が可能である。
(5) 一体成形された構造のブレージング型は，汚れやすい流体の使用には向かない。

【問題 71】 空気調和機に関する次の記述のうち，<u>最も適当な</u>ものはどれか。
(1) パッケージ型空調機は，圧縮機の駆動源は電力のみである。
(2) ファンコイルユニットは，冷媒を利用する。
(3) パッケージ型空調機は，個別制御が難しい。
(4) エアハンドリングユニットは，使用目的に合わせて構成機器を変更することはできない。
(5) エアハンドリングユニットは，冷却・加熱のための熱源をもたない。

【問題 72】 除湿装置に関する次の文章の [　　　] 内に入る語句の組合せとして，<u>最も適当な</u>ものはどれか。
　冷却除湿方式は，空気を冷却し [ア] 温度以下にして水蒸気を凝縮分離する方法で，吸収式除湿方式は，塩化リチウムなど吸湿性の [イ] 液体吸収剤に水蒸気を吸収させて除湿し，吸着式除湿方式は，[ウ] などの固体吸着剤に水蒸気を吸着させて除湿する方式である。

	ア	イ	ウ
(1)	露点	低い	ポリ塩化ビニル
(2)	露点	高い	ポリ塩化ビニル
(3)	露点	高い	シリカゲル
(4)	室内	低い	シリカゲル
(5)	室内	高い	ポリ塩化ビニル

【問題 73】 空気調和に用いられる送風機の特性と送風系に関する次の文章の [　　　] 内に入る語句の組合せとして，<u>最も適当な</u>ものはどれか。
　送風機の特性曲線は，グラフ上の横軸に [ア] をとり，縦軸に [イ]・効率・軸動力・騒音をとって表したものをいう。一方，送風系の抵抗曲線は，特性曲線と同一グラフ上では，原点を通る [ウ] で表される。

	ア	イ	ウ
(1)	風量	圧力	直線
(2)	風量	圧力	二次曲線
(3)	圧力	風量	直線
(4)	圧力	風量	二次曲線
(5)	回転数	圧力	直線

【問題 74】 ダクトとその付属品に関する次の記述のうち，最も不適当なものはどれか。
- (1) 風量調整ダンパには，多翼型，スライド型等がある。
- (2) 防火ダンパの温度ヒューズ溶解温度は，一般換気用，厨房排気用，排煙用で異なる。
- (3) 長方形ダクト同士の接続には，差込み継手が一般に用いられる。
- (4) たわみ継手は，送風機など振動する機器とダクトを接続する場合に設けられる。
- (5) 定風量装置には，ダクト内の圧力により機械的に自力で風量が調整される方式がある。

【問題 75】 吹出口に関する次の記述のうち，最も不適当なものはどれか。
- (1) 面状吹出口には，多孔パネル型，天井パネル型がある。
- (2) 線状吹出口は，主にペリメータ負荷処理用として窓近傍に設置されることが多い。
- (3) ふく流吹出口は，誘引効果が高く，均一度の高い温度分布が得やすい。
- (4) 軸流吹出口の吹出気流は，到達距離が短い。
- (5) 軸流吹出口には，グリル型がある。

【問題 76】 空気浄化装置に関する次の記述のうち，最も不適当なものはどれか。
- (1) 電気集じん器は，高圧電界による荷電及び吸引・吸着によって粉じんを捕集・除去するもので，ろ過式に分類される。
- (2) ガス除去用エアフィルタの使用に伴う圧力損失の変化は，ほとんどない。
- (3) 空気浄化装置を空気が通過するときの抵抗を圧力損失といい，空気浄化装置の上流と下流側の全圧差 [Pa] で表示される。
- (4) ガス除去用エアフィルタには，シリカゲル，活性炭等を用いた吸着剤フィルタがある。
- (5) HEPA フィルタや ULPA フィルタは，極微細な粉じん粒子を高い性能で捕集できる。

【問題 77】 空気調和設備の配管系における配管名称と使用区分との組合せとして，最も不適当なものは次のうちどれか。
- (1) 圧力配管用炭素鋼鋼管 ——————— 蒸気
- (2) 一般配管用ステンレス鋼鋼管 ——————— 冷却水
- (3) 水道用硬質塩化ビニルライニング鋼管 ——— 冷却水
- (4) 架橋ポリエチレン管 ——————— 蒸気
- (5) 配管用ステンレス鋼鋼管 ——————— 冷却水

【問題 78】 温熱環境要素の測定に関する次の記述のうち，最も不適当なものはどれか。
- (1) サーミスタ温度計は，電気抵抗式温度計の一種である。
- (2) 熱線風速計には，定電圧式と定温度式がある。
- (3) 気流の測定法としては，球体部の冷却力と気流との関係を利用する方法がある。
- (4) グローブ温度計の値は，平均放射温度（MRT）の 2 乗に比例する関係にある。
- (5) 相対湿度の測定には，乾湿球温度から水蒸気圧を求める方法がある。

【問題 79】 環境要素の測定に関する次の記述のうち，最も不適当なものはどれか。
- (1) 微生物の間接測定法には，核酸増幅法がある。
- (2) 酸素の測定には，ガルバニ電池方式がある。
- (3) 花粉の測定には，培養法がある。
- (4) オゾンの測定には，吸光光度法がある。
- (5) イオウ酸化物の測定には，溶液導電率法がある。

【問題　80】室内環境とその測定法との組合せとして，最も不適当なものは次のうちどれか。
(1)　アスベスト —————— 紫外線蛍光法
(2)　窒素酸化物 —————— ザルツマン法
(3)　一酸化炭素 —————— 定電位電解法
(4)　臭気 ———————— 官能試験法
(5)　ダニアレルゲン ——— 酵素免疫測定法（ELISA 法）

【問題　81】冷却塔と冷却水の維持管理に関する次の記述のうち，最も不適当なものはどれか。
(1)　連続ブローなどの冷却水濃縮管理は，スケール防止に有効である。
(2)　冷却水系の化学的洗浄には，過酸化水素が用いられる。
(3)　冷却塔及び冷却水の水管は，1 年以内ごとに 1 回清掃する。
(4)　冷却塔及び冷却水は，その使用開始後，1 カ月以内ごとに 1 回，定期にその汚れの状況を点検する。
(5)　スケール防止剤，レジオネラ属菌の殺菌剤等を有するパック剤は，薬注装置を利用し連続的に注入してその効果を発揮する。

【問題　82】騒音・振動に関する次の記述のうち，最も不適当なものはどれか。
(1)　周波数 1 Hz 以下の乗り物などの揺れに対しては，一般に，鉛直方向よりも水平方向の方が敏感である。
(2)　鉛直方向に 5 Hz の振動は，環境振動で対象とする周波数範囲に含まれる。
(3)　道路交通振動に対する振動規制は，昼間より夜間の方が厳しい。
(4)　ある騒音環境下で，対象とする特定の音より周波数が低い音のことを暗騒音という。
(5)　広帯域騒音とは，広い周波数領域の成分を含む騒音のことである。

【問題　83】床衝撃音に関する次の記述のうち，最も不適当なものはどれか。
(1)　軽量床衝撃音の対策として，床仕上げ材の弾性の向上がある。
(2)　重量床衝撃音は，衝撃源自体の衝撃力が高周波数域に主な成分を含む。
(3)　軽量床衝撃音の衝撃源は，重量床衝撃音の衝撃源と比べて硬いことが多い。
(4)　重量床衝撃音の対策として，床躯体構造の曲げ剛性の増加がある。
(5)　床衝撃音に対しては，一般に学校よりもホテルの方が高い遮音性能が求められる。

【問題　84】1 台 73dB (A)の騒音を発する機械を，測定点から等距離に 6 台同時に稼働させた場合の騒音レベルとして，最も近いものは次のうちどれか。
　　ただし，$\log_{10}2 = 0.3010$，$\log_{10}3 = 0.4771$ とする。
(1)　76 dB (A)
(2)　78 dB (A)
(3)　81 dB (A)
(4)　438 dB (A)
(5)　568 dB (A)

【問題　85】 音・振動環境に関する次の記述のうち，最も不適当なものはどれか。
(1)　立位，座位では聞こえなくても，寝た場合に，骨伝導で固体伝搬音が感知されることがある。
(2)　ポンプに接続された管路系で発生する騒音は，空気伝搬音である。
(3)　空気伝搬音を低減するためには，窓，壁，床等の遮音などが必要であるのに対し，固体伝搬音は，振動源の発生振動低減や防振対策が重要である。
(4)　外部騒音が同じ場合，コンサートホール・オペラハウスより，録音スタジオの方が高い遮音性能が求められる。
(5)　床スラブ厚が薄い機械室に隣接する居室の振動対策としては，設備機器などの防振支持が重要である。

【問題　86】 光と照明に関する次の記述のうち，最も不適当なものはどれか。
(1)　光色は，色温度が高くなるにしたがって，赤い色から青っぽい白色に変化する。
(2)　事務所における文書作成作業においては，製図作業よりも高い維持照度が求められる。
(3)　光色が同じであっても，蛍光ランプとLEDとでは分光分布が異なる。
(4)　観測者から見た照明器具の発光部の立体角が大きいほど，照明器具の不快グレアの程度を表すUGRの値は大きくなる。
(5)　基準光で照らした場合の色をどの程度忠実に再現できるかを判定する指標として，演色評価数が用いられる。

【問題　87】 ランプに関する用語の組合せとして，最も不適当なものは次のうちどれか。
(1)　蛍光ランプ ――――――――――― 低圧放電
(2)　エレクトロルミネセンス（EL） ――― 電界発光
(3)　発光ダイオード（LED） ――――――― 放電発光
(4)　白熱電球 ―――――――――――― 温度放射
(5)　水銀ランプ ――――――――――― 高輝度放電

【問題　88】 ある部屋の作業面の必要照度が500lxであった。ランプ1灯当たりの光束が2,000 lmのランプの必要灯数として，最も近いものは次のうちどれか。
　　ただし，その部屋の作業面面積は50 m²，照明率を0.6，保守率を0.7とする。
(1)　12灯
(2)　18灯
(3)　20灯
(4)　30灯
(5)　80灯

【問題　89】 照明方式に関する次の用語のうち，建築化照明に分類されないものはどれか。
(1)　フロアスタンド
(2)　システム天井照明
(3)　コーブ照明
(4)　コーニス照明
(5)　光天井照明

【**問題 90**】近年の建築物管理の変化要因とその対処方策との組合せとして，最も不適当なものは次のうちどれか。

⑴　高齢・要援護者需要増 ―――――― ユニバーサル化
⑵　危機・BCP ――――――――――― 自家発電の導入
⑶　節電・省エネルギー化 ――――― 高効率機器の選択
⑷　降雨集中 ―――――――――――― 排水・水防対策の強化
⑸　空調・換気のパーソナル化 ――― 空間環境の均一化

空気環境の調整

【問題 46】 下の図は，外壁の断面図上に，冬期暖房時の壁内定常温度分布を示している。この図に関する次の記述のうち，最も適当なものはどれか。

(1) 温度分布はAとなり，壁内結露の防止のためにイに防湿層を設けることは有効である。

(2) 温度分布はBとなり，壁内結露の防止のためにウに防湿層を設けることは有効である。

(3) 温度分布はCとなり，壁内結露の防止のためにイに防湿層を設けることは有効である。

(4) 温度分布はAとなり，壁内結露の防止のためにアに防湿層を設けることは有効である。

(5) 温度分布はCとなり，壁内結露の防止のためにウに防湿層を設けることは有効である。

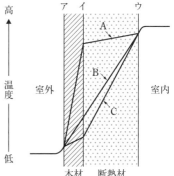

【問題 47】 放射に関する次の記述のうち，最も不適当なものはどれか。

(1) 同一温度の物体間では，物体の放射率と吸収率は等しい。

(2) 白色プラスターの日射吸収率は，0.1 程度である。

(3) 常温物体から射出される電磁波は，波長が 10 μm 付近の赤外線が主体である。

(4) 温度が 0℃ の固体表面も，熱放射している。

(5) 光ったアルミ箔の長波長放射率は，0.9 程度である。

【問題 48】 面積 8 m^2 の外壁の熱貫流（熱通過）抵抗が 2.0 m^2・K/W であったとする。外気温度が −5℃ のときに室温 20℃ とすると，外壁を通過する熱量として，正しいものは次のうちどれか。

(1) 60 W
(2) 80 W
(3) 100 W
(4) 400 W
(5) 800 W

【問題 49】 熱移動に関する次の記述のうち，最も不適当なものはどれか。

(1) 一般に，同一材料でも内部に水分を多く含むほど，熱伝導率は小さくなる。

(2) 一般に，密度が大きい材料ほど，熱伝導率は大きくなる。

(3) 一般に，同一材料でも熱伝導率は，温度によって異なる。

(4) 中空層の熱抵抗は，密閉の程度に関係する。

(5) ガラス繊維などの断熱材の熱伝導率が小さいのは，繊維材によって内部の空気の流動が阻止されることによる。

【問題　50】　流体力学に関する次の記述のうち，最も不適当なものはどれか。
(1)　円形ダクトの圧力損失は，ダクト長さに比例し，ダクト直径に反比例する。
(2)　動圧は，速度の2乗と流体の密度に比例する。
(3)　開口部の通過流量は，開口部の面積と流量係数に比例し，圧力差の平方根に比例する。
(4)　位置圧は，高さの2乗に比例する。
(5)　ダクトの形状変化に伴う圧力損失は，風速の2乗と形状抵抗係数に比例する。

【問題　51】　下の図のように，風上側と風下側にそれぞれ一つの開口部を有する建築物における外部の自然風のみによる自然換気に関する次の記述のうち，最も不適当なものはどれか。

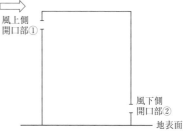

(1)　換気量は，外部の自然風の風速に比例する。
(2)　換気量は，開口部①と②の風圧係数の差に比例する。
(3)　開口部①と②の両方の開口面積を2倍にすると，換気量は2倍になる。
(4)　風下側に位置する開口部②の風圧係数は，一般的に負の値となる。
(5)　流量係数は，開口部の形状に関係する。

【問題　52】　下の図は，暖房時の各種吹出方式による室内気流を示したものである。暖房時に好ましい方式の室内気流の組合せとして，最も適当なものは次のうちどれか。
(1)　AとC
(2)　BとD
(3)　AとD
(4)　BとC
(5)　CとD

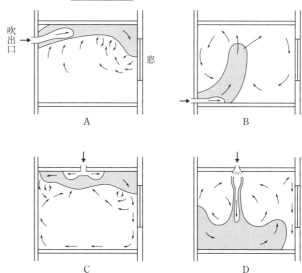

【問題 53】 平成14年に厚生労働省が公表した「分煙効果判定基準策定検討会報告書」による，分煙に関する次の文章の____内の語句のうち，最も不適当なものはどれか。

[(1) 局所換気] により，たばこ煙中の粒子状及びガス状汚染物質の漏れ出しが隣室にないようにするため，非喫煙場所から喫煙場所方向に一定の空気の流れ（[(2) 0.1 m/s 以上]）があることを判定の基準として提案している。また同時に，喫煙場所と非喫煙場所との境界においてデジタル粉じん計を用いて経時的に [(3) 浮遊粉じん濃度] の変化を測定し，漏れ状態を確認する。さらに，喫煙場所内の浮遊粉じん濃度は，[(4) 0.15 mg/m³ 以下] であること，一酸化炭素濃度が，[(5) 10 ppm 以下] であることを確認する。

【問題 54】 揮発性有機化合物（VOCs）に関する次の記述のうち，最も不適当なものはどれか。
(1) VOCsとは，常温常圧で空気中に容易に揮発する有機化合物のことである。
(2) 室内の発生源として，洗剤，防臭剤，塗料，接着剤，ワックス等がある。
(3) トルエンは，建築物衛生法により基準値が定められている。
(4) VOCsは，その物質の沸点を基準に VVOC，VOC，SVOC 等に分類される。
(5) TVOC（総揮発性有機化合物）は，厚生労働省により暫定目標値が定められている。

【問題 55】 ある室において，在室者数6人，在室者1人当たりの CO_2 発生量 0.022 m³/h，室内 CO_2 許容値 1,000 ppm，外気 CO_2 濃度 400 ppm のとき，必要換気量 [m³/h] として最も近いものは次のうちどれか。ただし，室内は，定常状態で完全混合（瞬時一様拡散）とする。
(1) 40 m³/h
(2) 120 m³/h
(3) 180 m³/h
(4) 220 m³/h
(5) 330 m³/h

【問題 56】 室温20℃の室内において，ホルムアルデヒドの質量濃度が 0.08 mg/m³ であったとき，ホルムアルデヒドの容積比濃度として，最も近いものは次のうちどれか。
ただし，濃度換算には以下の式が用いられ，ホルムアルデヒドの分子量 M は 30 とする。
$$Cppm = Cmg/m^3 \times 22.41/M \times (273 + t)/273$$
Cppm：容積比濃度 [ppm]，M：分子量
Cmg/m³：質量濃度 [mg/m³]，t：温度 [℃]
(1) 0.050 ppm
(2) 0.065 ppm
(3) 0.080 ppm
(4) 0.100 ppm
(5) 0.120 ppm

【問題 57】 アレルゲンと微生物に関する次の記述のうち，最も不適当なものはどれか。
(1) 学校保健安全法の学校環境衛生基準には，ダニ又はダニアレルゲンの基準が含まれている。
(2) ウイルスは，平常時の微生物汚染問題の主な原因であり，環境微生物として捉えられる。
(3) クラドスポリウムは，アレルギー症状を引き起こす原因の一つである。
(4) スギ花粉の除去にエアフィルタが有効である。
(5) 日本国民の約半分は，何らかのアレルギーに罹患している。

104

【問題 58】 エアロゾル粒子とその測定粒径との組合せとして，最も適当なものは次のうちどれか。
(1) 雨滴 ――――― 100 μm
(2) 海岸砂 ――――― 10 μm
(3) 胞子 ――――― 1 μm
(4) 噴霧液滴 ――――― 0.1 μm
(5) ウイルス ――――― 0.01 μm

【問題 59】 次の空調熱負荷のうち，室内負荷の構成要素に分類されないものはどれか。
(1) ガラス窓透過日射熱負荷
(2) 透湿熱負荷
(3) 外気負荷
(4) 間欠空調における蓄熱負荷
(5) 隙間風熱負荷

【問題 60】 下の表に示す，空気Aと空気Bを2：1に混合した後の比エンタルピーと絶対湿度の組合せとして，最も適当なものは次のうちどれか。

	比エンタルピー [kJ/kg (DA)]	絶対湿度 [kg/kg (DA)]
空気A	50	0.010
空気B	68	0.016

比エンタルピー [kJ/kg (DA)]　　　絶対湿度 [kg/kg (DA)]
(1) 56 ――――― 0.012
(2) 62 ――――― 0.012
(3) 56 ――――― 0.014
(4) 62 ――――― 0.014
(5) 59 ――――― 0.013

【問題 61】 湿り空気の状態変化に関する次の記述のうち，最も不適当なものはどれか。
(1) 湿り空気を加熱すると，相対湿度は低下する。
(2) 湿り空気を加熱すると，露点温度は低下する。
(3) 湿り空気を冷却すると，比エンタルピーは低下する。
(4) 湿り空気を冷却すると，比容積は小さくなる。
(5) 湿り空気を減湿すると，湿球温度は低下する。

【問題 62】 熱源方式に関する次の記述のうち，最も不適当なものはどれか。
(1) 電動冷凍機＋ボイラ方式は，冷熱源として電動機駆動の冷凍機と，温熱源としてボイラを用いたものである。
(2) 吸着冷凍機は，比較的高温度の温水を加熱源としており，高い成績係数を得ることが可能である。
(3) ヒートポンプ方式には，ガスエンジン駆動のヒートポンプがあり，エンジン排熱を暖房熱源に利用することが可能である。
(4) 吸収冷凍機＋蒸気ボイラ方式は，年間を通じてガス又は油が使用され，冷熱源は冷水，温熱源は蒸気である。
(5) コージェネレーション方式では，高いエネルギー利用効率を得るために，燃焼排熱の有効活用が重要である。

【問題 63】 空気調和方式に関する次の記述のうち，最も不適当なものはどれか。
(1) 全空気方式では，熱負荷を処理するための熱媒として空気のみを用いるため，比較的大型の空気調和機が必要である。
(2) 外調機併用ターミナルエアハンドリングユニット方式は，ダクト併用ファンコイルユニット方式に比べ，高品位な空調空間が達成されやすい。
(3) 定風量単一ダクト方式では，室内空気質の維持に必要な新鮮外気量の確保が難しい。
(4) デシカント空調方式は，潜熱・顕熱を分離して制御できる空調システムである。
(5) 分散設置空気熱源ヒートポンプ方式は，圧縮機のインバータによる比例制御が可能な機種が主流である。

【問題 64】 吸収冷凍機の構成機器として，最も不適当なものは次のうちどれか。
(1) 凝縮器
(2) 蒸発器
(3) 吸収器
(4) 再生器
(5) 膨張弁

【問題 65】 蒸気圧縮式冷凍機における圧縮機の種類と特徴に関する次の記述のうち，最も不適当なものはどれか。
(1) 往復動圧縮機は，シリンダ内のピストンを往復運動することで，冷媒ガスを圧縮する。
(2) スクロール圧縮機は，渦巻き状の固定スクロールと渦巻き状の旋回スクロールの旋回により，冷媒を圧縮する。
(3) スクリュー圧縮機を用いた冷凍機は，スクロール圧縮機を用いたものよりも冷凍容量の大きな範囲で使用される。
(4) 自然冷媒（アンモニア，CO_2 等）を使用する機種では，通常の冷媒を使用する場合よりも低い圧縮比で使用される。
(5) 遠心圧縮機を用いた冷凍機は，羽根車の高速回転が可能であり，大容量としてもコンパクトな機種とすることができる。

【**問題 66**】 冷凍機に用いられる冷媒とオゾン破壊係数（ODP）との組合せとして，<u>最も不適当なもの</u>は次のうちどれか。

   冷媒   オゾン破壊係数（ODP）
(1) R11（CFC）――――――― 1
(2) R22（HCFC）―――――― 0.055
(3) R32（HFC）――――――― 0.02
(4) R717（NH$_3$）―――――― 0
(5) R744（CO$_2$）―――――― 0

【**問題 67**】 空気調和機の構成要素の上流側からの設置順として，<u>最も適当なもの</u>は次のうちどれか。
(1) 加熱コイル ―――― 冷却コイル ―――― 加湿器
(2) 冷却コイル ―――― 加湿器 ――――― 加熱コイル
(3) 冷却コイル ―――― 加熱コイル ―――― 加湿器
(4) 加湿器 ――――― 冷却コイル ―――― 加熱コイル
(5) 加熱コイル ―――― 加湿器 ――――― 冷却コイル

【**問題 68**】 全熱交換器に関する次の記述のうち，<u>最も不適当なもの</u>はどれか。
(1) 回転型は，静止型よりも目詰まりを起こしやすい。
(2) 回転型は，ロータの回転に伴って排気の一部が給気側に移行することがある。
(3) 外気負荷の軽減を目的として，空気中の顕熱・潜熱を同時に熱交換する装置である。
(4) 静止型の給排気を隔てる仕切り板は，伝熱性と透湿性をもつ材料である。
(5) 冬期・夏期のいずれも省エネルギー効果が期待できるが，中間期の運転には注意が必要である。

【**問題 69**】 加湿装置の方式に関する次の記述のうち，<u>最も不適当なもの</u>はどれか。
(1) 気化方式は，吹出し空気の温度が降下する。
(2) 気化方式は，結露する可能性が低い。
(3) 水噴霧方式は，給水中の不純物を放出しない。
(4) 水噴霧方式は，吹出し空気の温度が降下する。
(5) 蒸気方式は，吹出し空気の温度が降下しない。

【**問題 70**】 ダクト及びその付属品に関する次の記述のうち，<u>最も不適当なもの</u>はどれか。
(1) 低圧ダクトの流速範囲は，15 m/s 以下である。
(2) 厨房フードなどには，ステンレス鋼板が利用される。
(3) グラスウールダクトには，ダクト系の騒音に対する消音効果が期待できる。
(4) 防火ダンパの羽根及びケーシングは，一般に 1.5 mm 以上の鋼板で作成される。
(5) 厨房排気ダクト用防火ダンパの温度ヒューズ溶解温度は，280℃ である。

【問題 71】 送風機に関する次の記述のうち，最も不適当なものはどれか。
(1) 斜流式送風機は，空気が羽根車の外周の一部から入り，反対側の外周の一部に通り抜ける。
(2) 遠心式送風機は，空気が羽根車の中を軸方向から入り，径方向に通り抜ける。
(3) 軸流送風機は，空気が羽根車の中を軸方向から入り，軸方向に通り抜ける。
(4) 送風機系の抵抗曲線は，風量に関する2次曲線で表される。
(5) 送風機の特性について，グラフ上の横軸に風量をとり，縦軸に各風量における圧力・効率・軸動力等をとって表したものを送風機の特性曲線という。

【問題 72】 ダクトとその付属品に関する次の記述のうち，最も不適当なものはどれか。
(1) ピッツバーグはぜは，鋼板ダクトの組立てに用いられる。
(2) 鋼板製長方形ダクト同士を接合する継手には，アングルフランジ工法継手がある。
(3) 耐食性を必要とするダクトには，ステンレス鋼板が用いられる。
(4) 風量調整ダンパには，バタフライ型がある。
(5) 丸ダクトはスパイラルダクトに比べて，はぜにより高い強度が得られる。

【問題 73】 空気浄化装置に関する次の記述のうち，最も不適当なものはどれか。
(1) 静電式は，高圧電界により粉じんを荷電し，吸引吸着することによって捕集・除去するもので，電気集じん機が代表的な装置である。
(2) ろ過式は，慣性，拡散，さえぎりなどの作用で粉じんをろ材繊維に捕集するものをいう。
(3) HEPA フィルタや ULPA フィルタは，圧力損失が大きい傾向にある。
(4) ろ過式は各種フィルタがあるが，粒子捕集率の値の範囲は狭い。
(5) 空気浄化装置は，排気系統に設置される場合もある。

【問題 74】 空気調和設備の配管・ポンプに関する語句の組合せとして，最も不適当なものは次のうちどれか。
(1) 伸縮継手 ——————— 振動防止対策
(2) 容積型ポンプ ————— 歯車ポンプ
(3) ポンプの特性曲線 ——— 全揚程
(4) 蒸気トラップ ————— 凝縮水の分離
(5) キャビテーション ——— 吐出量の低下，揚水不能

【問題 75】 換気に関する次の記述のうち，最も不適当なものはどれか。
(1) 局所換気は，汚染物質を発生源の近くで捕集するため捕集効率が高く，換気量も比較的少ない。
(2) 温度差による換気力は，室内外の空気の密度差に比例する。
(3) 住宅等の居室のシックハウス対策として機械換気設備を用いる場合の必要換気量は，換気回数で 0.5 回/h 以上と規定されている。
(4) 第2種機械換気方式は，給気口及び排風機により構成される。
(5) ハイブリッド換気は，自然換気に機械換気や空調設備を組み合わせたものである。

【問題　76】　個別方式空気調和設備で使用する換気設備に関する次の記述のうち，最も不適当なものはどれか。
⑴　パッケージ型空調機は，通常は外気処理機能を持たないため，室内空気質確保のための対策が必要である。
⑵　中央方式の外調機の導入が困難な場合には，室単位もしくはゾーン単位の外気導入が一般的である。
⑶　暖房時に加湿不足になりやすいことから，加湿器を付加するなどの対策が取られることもある。
⑷　外気処理ユニットは，直膨コイルや全熱交換器等を組み込んだユニットである。
⑸　外気処理専用パッケージ型空調機は，給排気のバランスが取りにくい。

【問題　77】　温熱環境要素の測定器に関する次の記述のうち，最も不適当なものはどれか。
⑴　熱式風速計は，長時間使用していると指示値に誤差が生じることがあるので，定期的に較正する必要がある。
⑵　サーミスタ温度計は，電気抵抗の変化を利用するものである。
⑶　アスマン通風乾湿計の乾球温度は，一般に湿球温度より高い値を示す。
⑷　グローブ温度計は，気流変動の大きいところでの測定に適している。
⑸　相対湿度の測定には，毛髪などの伸縮を利用する方法がある。

【問題　78】　空気環境の測定に関する次の記述のうち，最も不適当なものはどれか。
⑴　酸素の測定には，紫外線吸収法がある。
⑵　微生物の測定には，免疫クロマトグラフ法がある。
⑶　イオウ酸化物の測定には，溶液導電率法がある。
⑷　オゾンの測定には，半導体法がある。
⑸　花粉アレルゲンの測定には，エアロアレルゲン・イムノブロット法がある。

【問題　79】　汚染物質とその単位の組合せとして，最も不適当なものは次のうちどれか。
⑴　キシレン濃度　————　$\mu g/m^3$
⑵　浮遊細菌濃度　————　CFU/m^3
⑶　オゾン濃度　————　Sv
⑷　アスベスト濃度　————　本/L
⑸　イオウ酸化物濃度　———　ppm

【問題　80】　ホルムアルデヒド測定法として，最も不適当なものは次のうちどれか。
⑴　DNPH カートリッジ捕集—HPLC 法
⑵　検知管法
⑶　定電位電解法
⑷　電気化学的燃料電池法
⑸　光散乱法

【問題 81】 揮発性有機化合物（VOCs）測定法に関する次の記述のうち，最も不適当なものはどれか。
(1) 固相捕集・加熱脱着—GC/MS法は，空気中のVOCsを捕集した吸着剤を加熱脱着装置によりGC/MSへ導入する方法である。
(2) 固相捕集・溶媒抽出—GC/MS法は，空気中のVOCsを捕集した吸着剤を二硫化炭素で抽出した後，GC/MSへ導入する方法である。
(3) TVOC（Total VOC）の測定には，パッシブ法を使用することができる。
(4) トルエン，パラジクロロベンゼンは，検知管法により測定することができる。
(5) 半導体センサを用いたモニタ装置により，トルエン，キシレンを測定することができる。

【問題 82】 建築物環境衛生管理基準に基づく空気調和設備に関する衛生上必要な措置に関する次の記述のうち，最も不適当なものはどれか。
(1) 冷却塔及び冷却水の水管は，6カ月以内ごとに1回，定期に清掃を行うことが求められる。
(2) 冷却塔及び冷却水は，使用開始時及び使用期間中の1カ月以内ごとに1回，定期に汚れの状況を点検することが求められる。
(3) 冷却塔に供給する水は，水道法第4条に規定する水質基準に適合していることが求められる。
(4) 加湿装置は，使用開始時及び使用を開始した後，1カ月以内ごとに1回，定期に汚れの状況を点検することが求められる。
(5) 空気調和設備内に設けられた排水受けは，使用開始時及び使用期間中の1カ月以内ごとに1回，定期に汚れの状況を点検することが求められる。

【問題 83】 遮音に関する次の記述のうち，最も不適当なものはどれか。
(1) 床衝撃音に対する遮音等級は，値が小さいほど遮音性能が優れている。
(2) 複層壁の場合，共鳴によって音が透過することがある。
(3) 軽量床衝撃音は，床仕上げ材を柔らかくすることで軽減できる。
(4) 複数の断面仕様の異なる部材で構成される壁の透過損失は，最も透過損失の大きい構成部材の値を用いる。
(5) 重量床衝撃音は，床躯体構造の質量や曲げ剛性を増加させることで軽減できる。

【問題 84】 振動に関する次の記述のうち，最も不適当なものはどれか。
(1) 空気調和機による振動は，定常的で変動が小さい。
(2) 風による建物の振動は，不規則である。
(3) 環境振動で対象とする周波数の範囲は，鉛直方向の場合，1〜80 Hzである。
(4) 不規則かつ大幅に変動する振動のレベルは，時間率レベルで表示する。
(5) 防振溝は，溝が深いほど，また，溝が振動源に近いほど効果が大きい。

【問題　85】 面音源からの音圧レベルの伝搬特性に関する次の文章の　　　内に入る語句の組合せとして，最も適当なものはどれか。

「下の図に示す寸法 $a×b$（$a<b$）の長方形の面音源について，面音源中心から面に対して垂直方向への距離を d とした場合，音源付近 $d<\frac{a}{\pi}$ では　ア　としての伝搬特性を示し，$\frac{a}{\pi}<d<\frac{b}{\pi}$ では線音源に対応する減衰特性を，$d>\frac{b}{\pi}$ の範囲では　イ　に対応する減衰特性を示す。よって $d>\frac{b}{\pi}$ の範囲で音源からの距離が 2 倍になると　ウ　dB 減衰する。」

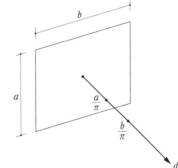

	ア		イ		ウ
(1)	点音源	—	面音源	—	3
(2)	点音源	—	面音源	—	6
(3)	面音源	—	点音源	—	3
(4)	面音源	—	点音源	—	6
(5)	面音源	—	点音源	—	10

【問題　86】 測光量に関する次の文章の　　　内に入る語句の組合せとして，最も適当なものはどれか。

「照度は　ア　当たりに入射する光束であり，単位は通常　イ　と表される。光度は　ウ　当たりから放出される光束であり，単位は通常　エ　と表される。」

	ア		イ		ウ		エ
(1)	単位面積	—	lx	—	単位立体角	—	cd/m^2
(2)	単位面積	—	lx	—	単位立体角	—	cd
(3)	単位面積	—	lm	—	単位立体角	—	cd
(4)	単位立体角	—	cd	—	単位面積	—	cd/m^2
(5)	単位立体角	—	lm	—	単位面積	—	cd

【問題　87】 光・照明に関する次の記述のうち，最も不適当なものはどれか。

(1)　太陽高度が等しければ，大気透過率が高いほど地表に到達する直射日光による水平面照度は大きくなる。

(2)　演色評価数は，100 に近いほど基準光で照らした場合の色に近い色に再現できる。

(3)　室内表面の輝度分布が大きすぎると視覚的疲労感を生じる。

(4)　電球色の蛍光ランプと昼白色の蛍光ランプとでは，昼白色の方が相関色温度が高い。

(5)　同じ面積の窓から天空光を取り入れる場合，側窓と天窓とで取り入れられる光の量は等しい。

【問題 88】 地表における直射日光による法線面照度が 80,000 lx のとき，直射日光による水平面照度として，最も近いものは次のうちどれか。ただし，このときの太陽高度は 60 度とする。

(1) 35,000 lx
(2) 40,000 lx
(3) 55,000 lx
(4) 70,000 lx
(5) 80,000 lx

【問題 89】 照明施設の保守に関する次の記述のうち，最も不適当なものはどれか。
(1) 照明器具の保守率は，照明施設の管理状況によらず，光源，照明器具の性能のみで決まる。
(2) LED 照明器具の場合，周辺環境の清浄度が同じであれば，露出形と完全密閉形の設計光束維持率は同等である。
(3) 既設の蛍光ランプ用照明器具のランプを直管形 LED ランプで代替する場合，適切なランプと照明器具の組合せでないと，照明器具の焼損や火災を招くおそれがある。
(4) 光源の交換と清掃の時期を合理的に組み合わせることが，所要照度の維持にとって望ましい。
(5) JIS C 8105-1 によれば，照明器具の適正交換の目安は，累積点灯時間 30,000 時間としている。

【問題 90】 空気調和設備に関する次の記述のうち，最も適当なものはどれか。
(1) ふく流吹出口は，他の吹出口と比べて，均一度の高い温度分布が得やすい。
(2) 吸収冷凍機は，容積冷凍機や遠心冷凍機と比較して騒音・振動が大きい。
(3) 躯体蓄熱方式を採用すると，一般に熱源機器容量は大きくなる。
(4) 放射冷暖房設備は，他の空調方式と併用せず設置するのが一般的である。
(5) 吸込み気流は，吸込み中心からの距離に反比例して減衰する。

建築物環境衛生管理技術者試験
ビル管理士
科目別試験問題

第4編

建築物の構造概論

最新 5 年間の出題傾向分析

項目	設問内容	令和 5 年度 (2023) 問題番号	令和 4 年度 (2022) 問題番号	令和 3 年度 (2021) 問題番号	令和 2 年度 (2020) 問題番号	令和元年度 (2019) 問題番号
環境	環境（郊外と**都市**の比較）					
	環境（**都市**と建築）	91・92	91・92			
	環境（**都市及び**建築の熱環境）					91
計画設計	日射・日照（晴天における）			91	91	92
	日射の受熱（晴天における）					
	建物の管理					
	日射・日照の調整手法					93
	意匠設計図面および空気調和設備設計図平面記号					
	意匠設計図面および建具の表示記号					
	設計図書（定義/建築士法）		93	92		94
	計画と設計					
	建築計画および建築士法				92	
構造	基礎構造と地盤				93	95
	建築物の構造		95	96	96	
	鉄筋コンクリート構造とその材料	93		93		
	鉄骨構造とその鋼材	94	96	94		
	構造計画と構造設計					
	建築構造とその材料				94	
	構造力学と建築物の荷重	95	94	95	95	96
材料	**建築材料**の密度					97
	建築材料の熱伝導率					
	建築材料の特徴					
	建築材料と部材の性質	96	97	97	97	98
	建築材料：全般					
建築生産	建築生産		98	98	98	
設備概論	建築物の運用と建築設備		105	105	105	
	電気設備	97・98		99		100
	建築設備（用語）	99	100		99	
	ガスの供給と取扱い					99
	LP ガスとその設備					
	都市ガス（13A) と LP ガスの性質			101		
	エレベーター設備		99		100	
防災防犯	地震	101	102			
	防火・防災：全般	103			101	
	避難計画・避難施設				102	
	火災性状	100				
	火災時の避難および消火（排煙）			102		
	防犯・防災の管理				103	
	防災対策					101

項目	設問内容	令和5年度(2023)問題番号	令和4年度(2022)問題番号	令和3年度(2021)問題番号	令和2年度(2020)問題番号	令和元年度(2019)問題番号
消火・消防設備	消火設備：全般	102	101			
	消防用設備					102
関係法令	消防法施行令：消防の用の設備					
	建築基準法：全般	104	104	104		103・105
	建築基準法の行政手続き等					
	建築基準法および建築士法					
	建築基準法およびその施行令			103		
	建築基準法：建築設備					104
	建築基準法：工作物					
	建築基準法：建築物の制限		103			
	建築物に関する法令			100	104	
	建築物の維持管理法令の略語	105	105		105	

第4編　建築物の構造概論

・分析表を見るとほぼ出題傾向は変わっていない。各項目から均等に出題されている。（各項目のボリュームが比較的均等であることから）

・環境に関して近年出題されなかった。

・計画設計に関して「意匠設計図面及び建具の表示記号」は（2015）に出題されている。

・構造について近年は出題数が多い。

・材料施工の項目では「建築材料と部材の性質」が毎年出題されている。
「建築生産」は出題頻度が高くなっている内容。

・設備概論については「建築設備（用語）の出題が多い。「建築物の運用と建築設備」は（2023/2022/2021）の内容。「LPガスとその設備」は（2015）の内容。

・防災防犯については，多く出題された。

・関係法令については例年「建築基準法」関連は必ず出題されていたが近年は周辺の法令に関してのものが多く出題されている。

＊項目中，年度が空白のものは過去5年以前に出題された内容である。（参考）
要点テキスト等で項目内容を確認しておくとよい。

令和5年度
4編
(91〜105)
建築物の構造概論

【問題 91】CASBEE（建築環境総合性能評価システム）の評価対象の分野に，含まれていないものは次のうちどれか。
(1) エネルギー消費
(2) 火災安全
(3) 資源循環
(4) 地域環境
(5) 室内環境

【問題 92】建築物と都市環境に関する次の記述のうち，最も不適当なものはどれか。
(1) 半密閉の空間のようになる，両側を高い建築物で連続的に囲まれた道路空間は，ストリートキャニオンと呼ばれる。
(2) 熱容量が大きい材料は，日射熱を蓄熱しやすい。
(3) 内水氾濫による都市型洪水は，現環基本法で定義される公害の一つである。
(4) 都市化により，都市の中心部の気温が郊外と比較して高くなる現象をヒートアイランド現象という。
(5) 乱開発などによって市街地が広がることをスプロール現象という。

【問題 93】鉄筋コンクリート構造とその材料に関する次の記述のうち，最も不適当なものはどれか。
(1) セメントペーストは，砂，セメント，水を練り混ぜたものである。
(2) 梁に設けられた設備配管のための開孔部の径は，一般に梁せいの1/3以下とする。
(3) コンクリートと鉄筋の線膨張係数は，ほぼ等しい。
(4) 柱の帯筋比は，0.2%以上とする。
(5) 中性化している部分のコンクリート表面からの距離を中性化深さという。

【問題 94】鉄骨構造とその材料に関する次の記述のうち，最も不適当なものはどれか。
(1) 梁部材には，形鋼や鋼板の組立て材などが用いられる。
(2) 鋼材の強度は温度上昇とともに低下し，1,000℃でほとんど零となる。
(3) 鉄骨構造は耐食性に乏しいため，防錆処理が必要である。
(4) 骨組の耐火被覆の厚さは，耐火時間に応じて設定する。
(5) 鋼材の炭素量が増すと，一般に溶接性が向上する。

【問題 95】建築物の荷重と構造力学に関する次の記述のうち，最も不適当なものはどれか。
(1) 教室の床の構造計算をする場合の積載荷重は，一般に事務室より大きく設定されている。
(2) 地震力は，地震により建築物が振動することで生じる慣性力である。
(3) 片持ち梁に分布荷重が作用する場合，その先端にはせん断力は生じない。
(4) 支点には，固定端，回転端（ピン），移動端（ローラ）の3種類がある。
(5) 風圧力は，時間とともに変化する動的な荷重である。

【問題　96】建築材料と部材の性質に関する次の記述のうち，最も不適当なものはどれか。
(1)　コンクリートの混和材には，フライアッシュ，高炉スラグ，シリカヒューム等がある。
(2)　単板積層材（LVL）は，主に柱や梁に用いられる。
(3)　一般に，コンクリートのひび割れ幅が 0.1～0.2 mm 以上になると鉄筋の腐食が著しくなる。
(4)　鋼材は等方性材料である。
(5)　木材の含水率は，水分を含んでいる木材の質量の，絶乾質量に対する割合をいう。

【問題　97】建築物の電気設備に関する次の記述のうち，最も不適当なものはどれか。
(1)　実効値 100 V の交流電圧は，ピーク時の電圧が約 140 V である。
(2)　受変電設備の変圧器容量は，建築物内部の電気設備の負荷の合計値以上とするのが一般的である。
(3)　電線の配電距離が長くなると，電圧の低下を招く。
(4)　磁束密度は，電流の強さとコイルの巻き数との積に比例する。
(5)　建築物の設備機械の動力は，三相誘導電動機を多く利用している。

【問題　98】建築設備に関する次の記述のうち，最も不適当なものはどれか。
(1)　LP ガス容器は一般的に鋼板製のものが多く，高圧ガス保安法に基づく検査合格刻印がされたもの等でなければ使用できない。
(2)　エスカレーターの公称輸送能力は，定格速度と踏段幅により決定される。
(3)　受変電設備とは，電力会社から送電された高圧電力を受電し，所定の電圧に下げて建物内で安全に利用できるようにする設備である。
(4)　非常用エレベーターを複数設置する場合は，まとまった位置に設けるのがよい。
(5)　エレベーターの安全装置は，建築基準法により定められている。

【問題　99】建築設備に関する次の記述のうち，最も不適当なものはどれか。
(1)　自動火災報知設備は，主に感知器，受信機，非常ベルなどで構成される。
(2)　避雷設備は，高さ 18 m を超える建築物に設置が義務付けられている。
(3)　建築基準法により，高さ 31 m を超える建築物（政令で定めるものを除く。）には，非常用の昇降機を設けなければならない。
(4)　勾配が 30 度を超え 35 度以下のエスカレーターの定格速度は，30 m/min 以下とされている。
(5)　非常用照明装置は，停電を伴った災害発生時に居住者や利用者を安全に避難させるための設備である。

【問題　100】火災性状に関する次の記述のうち，最も不適当なものはどれか。
(1)　フラッシュオーバーは，着火源から部屋全体に急速に燃焼拡大する現象である。
(2)　火災時に階段等の竪穴区画に煙が入った場合，煙突効果によって上階へ急速な煙の伝播を招くおそれがある。
(3)　減光係数は，煙の有毒性の定量的評価に用いられる指標である。
(4)　火災時に室内の上部に形成される高温度の煙層は，火勢の拡大を促進させる要因の一つである。
(5)　プルームは，火源の上方に形成される燃焼反応を伴わない熱気流のことである。

【問題　101】地震とその防災対策に関する次の記述のうち，最も不適当なものはどれか。
(1)　耐震診断は，建築物の耐震改修の促進に関する法律に定められている。
(2)　Jアラートは，緊急の気象関係情報，有無関係情報を国から住民等に伝達するシステムである。
(3)　マグニチュードの値が1大きくなると，エネルギーは約30倍大きくなる。
(4)　気象庁震度階級は，地震の揺れの強さを示す指標であり7階級に分類される。
(5)　耐震診断が義務付けられている「要安全確認計画記載建築物」には，都道府県又は市町村が指定する緊急輸送道路等の避難路沿道建築物が含まれる。

【問題　102】消火設備に関する次の記述のうち，最も適当なものはどれか。
(1)　地球環境の問題から，現在はトリフルオロメタン（HFC-23）などがハロン代替薬剤として用いられている。
(2)　連結散水設備は，一般の人が操作しやすい消火設備である。
(3)　連結送水管設備では，高置水槽が置かれる場合，建築物の高さが70 mを超える場合においてもブースターポンプは不要である。
(4)　屋内消火栓設備には1号消火栓と2号消火栓があり，工場・倉庫では2号消火栓が設置される。
(5)　各種消火器の消火能力を表す能力単位は，家庭用消火器の消火能力を「1」とした相対値で算定される。

【問題　103】法令で定められている建物の防火防災に関わる管理体制に関する次の記述のうち，最も不適当なものはどれか。
(1)　複数の管理権原者からなる防火対象物においては，共同防火管理体制を構築する必要がある。
(2)　一定の規模の建築物では，事業所単位や建築物単位で有資格の防火管理者を選任し，消防計画を作成する必要がある。
(3)　指定数量以上の危険物がある防火対象物では，防火管理者として危険物取扱者を選任する必要がある。
(4)　建築基準法令で定める特定建築物は，建築物調査・防火設備検査・建築設備検査の定期報告対象となる。
(5)　大規模事業所においては，従来の防火管理者，自衛消防組織に加えて，大地震などに備えた防火管理者を置くことが必要である。

【問題　104】建築基準法の用語に関する次の記述のうち，最も不適当なものはどれか。
(1)　床面積とは，建築物の各階又はその一部で，壁その他区画の屋外側（外壁）境界線で囲まれた部分の水平投影面積のことである。
(2)　容積率（延べ面積/敷地面積）の制限に関して，一定割合の自動車車庫，駐車場等の面積は，延べ面積から差し引くことができる。
(3)　居室とは，人がある程度長い時間使用し続ける室空間で，階段，廊下，洗面所等，一時的な使用に供するものは含まれない。
(4)　主要構造部には，建物の基礎及び土台は含まれない。
(5)　耐火性能とは，通常の火災が終了するまでの間，当該火災による建築物の倒壊及び延焼を防止するために当該建築物の部分に必要とされる性能をいう。

【問題　105】建築物の維持管理に関する略語とその内容との組合せとして，最も不適当なものは次のうちどれか。

(1) PFI ———— 民間主導の公共サービス事業
(2) BIM ———— ビルエネルギー管理システム
(3) POE ———— 建築物使用者の観点による性能評価システム
(4) LCCM ———— 建物の生涯にわたって必要なすべての費用の管理
(5) ESCO ———— 省エネルギー診断からシステム設計，効果の検証まで提供するエネルギー総合サービス事業

建築物の構造概論

【問題 91】建築物と環境に関する用語の組合せとして，最も関係が少ないものは次のうちどれか。
(1) フレキシビリティ ───────── 間仕切り変更
(2) サスティナブル・ディベロップメント ─── 持続可能な開発
(3) 屋上緑化 ─────────────── 市街地風
(4) メタン ─────────────── 温室効果ガス
(5) コージェネレーション ─────── 排熱の有効利用

【問題 92】建築物と都市環境に関する次の記述のうち，最も不適当なものはどれか。
(1) 高層建築物の周辺では，局地的に強風が生じることがある。
(2) 一般的なアスファルト舗装面は，土壌面に比べて熱容量が大きく日射熱を蓄熱しやすい。
(3) 地盤沈下は，環境基本法で公害と定義している典型7公害の一つである。
(4) 都市化により，都市の中心部の気温が郊外と比較して高くなる現象をダウンドラフトという。
(5) 乱開発などによって市街地が広がることをスプロール現象という。

【問題 93】建築物の設計図書（意匠図面）に関する次の記述のうち，最も不適当なものはどれか。
(1) 配置図は，建築物と敷地の関係を示した図で，外構計画などを併せて示すことがある。
(2) 平面図は，部屋の配置を平面的に示した図で，家具や棚等も記入することがある。
(3) 立面図は，建築物の外観を示すものである。
(4) 展開図は，建物内の雰囲気や空間構成を立体的に示すものである。
(5) 詳細図は，出入口，窓，階段，便所，その他の主要部分の平面，断面等の収まりを示すものである。

【問題 94】建築物の荷重又は構造力学に関する次の記述のうち，最も不適当なものはどれか。
(1) 基礎の構造計算をする場合の積載荷重は，床の構造計算をする場合の積載荷重より大きく設定されている。
(2) 家具・物品等の重量は，積載荷重に含まれる。
(3) 片持ち梁のスパンの中央に集中荷重が作用する場合，その先端には曲げモーメントは生じない。
(4) トラス構造の部材に生じる応力は，主に軸方向力である。
(5) 水平荷重には，風圧力，地震力等がある。

【問題 95】建築物とその構造に関する次の記述のうち，最も不適当なものはどれか。
(1) 木造住宅の法定耐用年数は，22年である。
(2) 剛性率は，骨組の立面的なバランスを表す指標である。
(3) 制振構造は，建築物の長寿命化と耐久性の向上に寄与する。

(4) 耐震改修には，地震に対する安全性の向上のための模様替が含まれる。
(5) 層間変形角は，各階の層の高さをその層間変位で除した値である。

【問題　96】鉄骨構造とその材料に関する次の記述のうち，最も不適当なものはどれか。
(1) 鋼材の降伏比は，引張強さの降伏強さに対する割合をいう。
(2) 柱脚部と基礎は，支持条件により，ピン，半固定，固定等を選択して設計する。
(3) スタッドボルトは，鉄骨梁とコンクリートスラブを緊結するために使用する。
(4) 鉄骨構造の解体は，一般の鉄筋コンクリート構造より容易である。
(5) 高力ボルトの締付け長さは，接合される鋼板の板厚の総和をいう。

【問題　97】仕上げ材料に関する次の記述のうち，最も不適当なものはどれか。
(1) 合成高分子材料は，合成樹脂，合成ゴム，合成繊維に大別される。
(2) 断熱材料として用いるグラスウールは，熱伝導率の高い空気の特性を利用している。
(3) しっくいは，消石灰にのり，すさ，水を加えて練った左官材料である。
(4) アスファルトルーフィングは，合成繊維などの原板にアスファルトを含浸，被覆した材料である。
(5) せっこうボードは，耐火性に優れるが，水分や湿気に弱い。

【問題　98】建築生産に関する次の記述のうち，最も不適当なものはどれか。
(1) プレハブ工法は，工場で製作された部材を現場に搬入して組み立てる工法である。
(2) 建築基準法に基づく設計図書には，設計図，仕様書が含まれる。
(3) 軸組式構法は，木材や鋼材等の軸材で柱，梁等を組み，そこに面材を取り付けたものをいう。
(4) 施工管理は，設計図書のとおり工事が施工されているかを設計者が確認することであり，建築士法に定義されている。
(5) 型枠工事は，躯体工事に含まれる。

【問題　99】エレベーター設備に関する次の記述のうち，最も不適当なものはどれか。
(1) 小荷物専用昇降機設備は，荷物運搬専用の小規模リフトの総称である。
(2) ロープ式エレベーターは汎用性が高く，中高層，超高層建築物に多用されている。
(3) 非常用エレベーターの設置義務は，消防法により定められている。
(4) 新築の建物では，機械室なしエレベーターが普及している。
(5) エレベーターの安全装置には，制動装置がある。

【問題　100】空気調和設備に関する用語とその図示記号との組合せとして，最も不適当なものは次のうちどれか。
(1) VAVユニット ─────▶
(2) 排気ガラリ ─────▨
(3) 風量調節ダンパ ───⊘ VD
(4) 還気ダクト ──── ─ RA ─
(5) 吸込口 ─────□

【問題 101】消火設備と設置場所との組合せとして，最も不適当なものは次のうちどれか。
(1) 不活性ガス消火設備 ―――――――― 事務室
(2) 連結散水設備 ―――――――――― 地下街
(3) 泡消火設備 ――――――――――― 地下駐車場
(4) 水道連結型スプリンクラ設備 ――― 小規模社会福祉施設
(5) ハロゲン化物消火設備 ―――――― 通信機器室

【問題 102】地震対策に関する次の記述のうち，最も不適当なものはどれか。
(1) ガス用マイコンメータは，地震発生時に自動的にガスを遮断するガスメータである。
(2) 気象庁震度階級は，地震の揺れの強さを示す指標である。
(3) 大規模事業所では，地震被害の軽減のため，防火管理者の選任が義務付けられている。
(4) 感震ブレーカは，地震時に自動的に電気を遮断するブレーカである。
(5) Jアラートは，緊急の気象関係情報，有事関係情報を国から住民などへ伝達するシステムである。

【問題 103】建築基準法において建築物の高さ制限に関する規定として，定められていないものは次のうちどれか。
(1) 道路からの高さ制限
(2) 隣地境界からの高さ制限
(3) 北側からの高さ制限
(4) 日影による中高層建築物の高さ制限
(5) 相対高さ制限

【問題 104】建築基準法及びその施行令に関する用語に該当する内容の組合せとして，正しいものは次のうちどれか。

	「建築物」に該当	「特殊建築物」に該当	「構造耐力上主要な部分」に該当
(1)	建築物に付属する門	事務所	柱
(2)	鉄道線路敷地内の跨線橋	病院	屋根
(3)	屋根のない観覧場	学校	基礎
(4)	駅舎のプラットホーム上家	倉庫	壁
(5)	地下工作物内の施設	共同住宅	床

【問題 105】建築物の管理に関する次の記述のうち，最も不適当なものはどれか。
(1) エネルギー管理において日報・月報などによる使用状態の「見える化」は，PDCAサイクルを実現するために必要な機能である。
(2) ファシリティマネージメントとは，企業・団体等が組織活動のために施設とその環境を総合的に企画，管理，活用する経営活動のことである。
(3) 設備ライフサイクルとは，JISの生産管理用語によると「設備の製作，運用，保全」と定義されている。
(4) COP（成績係数）は，入力エネルギーに対して出力された熱量の割合を示し，1を超え得る。
(5) インターロックとは，誤操作や確認不足により不適正な手順による操作を防止する機能のことである。

令和3年度
4編 **建築物の構造概論**
(91〜105)

【問題 91】建築物と日射に関する次の記述のうち，最も不適当なものはどれか。
(1) 夏期における建築物の日射受熱量を減少させるには，東西の壁面・窓面はなるべく小さくする方が有利である。
(2) 直射日光は天気によって大きく変動するため，昼光を照明として利用する場合は，天空光のみを利用する。
(3) 内付けブラインドの日射遮蔽効果は，50% 程度しか望めない。
(4) 夏至の日の南壁面の日積算日射量は，低緯度に位置する那覇の方が東京より大きい。
(5) ライトシェルフとは，部屋の奥まで光を導くよう直射日光を反射させる庇のことである。

【問題 92】建築士法で定義している設計図書に含まれないものは，次のうちどれか。
(1) 仕様書
(2) 平面図
(3) 断面図
(4) 施工図
(5) 設備図

【問題 93】鉄筋コンクリート構造とその材料に関する次の記述のうち，最も不適当なものはどれか。
(1) モルタルは，砂，セメント，水を練り混ぜたものである。
(2) 梁のあばら筋は，一般に 135° 以上に曲げて主筋に定着させる。
(3) 柱の帯筋は，主にせん断力に対して配筋される。
(4) 柱の小径は，構造耐力上主要な支点間の 1/15 以上とする。
(5) 直接土に接する床において，鉄筋に対するコンクリートのかぶり厚さは，3 cm 以上としなければならない。

【問題 94】鉄骨構造とその材料に関する次の記述のうち，最も不適当なものはどれか。
(1) 降伏比の大きい鋼材は，靭性に優れる。
(2) 建築構造用鋼材は，降伏点又は耐力の上限と下限が規定されている。
(3) 鋼材の強度は温度上昇とともに低下し，1,000℃ ではほとんど零となる。
(4) 軟鋼の炭素量は 0.12〜0.30% である。
(5) 高力ボルト接合の締め付け時の余長は，ねじ山 3 以上とする。

【問題 95】建築物の荷重又は構造力学に関する次の記述のうち，最も不適当なものはどれか。
(1) 地震力を計算する場合，住宅の居室の積載荷重は，事務室よりも小さく設定されている。
(2) 曲げモーメントは，部材のある点において部材を湾曲させようとする応力である。
(3) 片持ち梁の先端に集中荷重の作用する梁のせん断力は，梁の固定端部で最も大きい。
(4) ラーメン構造の部材に生じる応力には，曲げモーメント，せん断力，軸方向力がある。
(5) 建築物に作用する土圧は，常時荷重として分類されている。

【問題 96】建築物とその構造に関する次の記述のうち，最も不適当なものはどれか。
(1) 免震構造では，アイソレータを用いて振動エネルギーを吸収し，振動を小さくする。
(2) 耐震補強には，強度や変形能力を高める方法がある。
(3) 制振構造において，建物の揺れを制御・低減するためのダンパに座屈拘束ブレースなどが用いられる。
(4) コンクリートの打設時間の間隔が長くなると，コールドジョイントが生じやすくなる。
(5) 構造設計に用いる計算法には，保有水平耐力計算，限界耐力計算，許容応力度等計算がある。

【問題 97】建築材料と部材の性質に関する次の記述のうち，最も不適当なものはどれか。
(1) スランプ試験によるスランプ値が大きいほど，コンクリートの流動性が高いと評価できる。
(2) CLT は，挽板を繊維方向が直交するように積層した板材である。
(3) AE 剤は，モルタルやコンクリートの中に多数の微小な空気泡を均一に分布させるために用いる。
(4) 鋼材の引張試験において，破断したときのひずみ度を伸びという。
(5) 木材の強度は，幹の半径方向（放射軸），年輪の接線方向，繊維方向（幹軸）の順に大きくなる。

【問題 98】建築生産に関する次の記述のうち，最も不適当なものはどれか。
(1) 工事監理は，一般に設計者が，建築主の依頼を受けて代行する。
(2) 一般競争入札は，工事内容や入札条件等を公示して行われる。
(3) 金属工事は，躯体工事に分類される。
(4) 建設業法では，発注者の書面による承諾のない限り，一括下請負は禁止されている。
(5) 設備工事は，建築工事と別枠で契約される場合が多い。

【問題 99】電気及び電気設備に関する次の記述のうち，最も不適当なものはどれか。
(1) 同一定格の電力では，同一電流値であれば交流のピーク電圧値は，直流に比べて高い。
(2) 建築設備に電力を送るケーブルの許容電流値は，配線用遮断器の定格電流値より小さくする。
(3) 電動機の起動時に過電流が流れて異常を起こさないために，スターデルタ起動方式が用いられる。
(4) 電力は，電圧と電流の積に比例する。
(5) 地域マイクログリッドとは，自然エネルギー発電を組み合わせ，地域の電力需要を満足する電力システムである。

【問題 100】駐車場法に規定される，駐車場・駐車施設に該当しないものは次のうちどれか。
(1) 路上駐車場
(2) 附置義務駐車施設
(3) 専用駐車場
(4) 都市計画駐車場
(5) 届出駐車場

令和3年度

【問題 101】都市ガスとLPガスに関する次の記述のうち, 最も不適当なものはどれか。
(1) 都市ガスの低位発熱量とは, 水蒸気の潜熱を含む場合の発熱量のことである。
(2) LPガスは常温・常圧では気体であるが, 加圧や冷却により液化して貯蔵・運搬される。
(3) 都市ガスの大半は, 天然ガスを主原料にしている。
(4) 都市ガス及びLPガスは, いずれも臭いがほとんどないガスであるため付臭剤が添加されている。
(5) ガスの比重については, 13Aの都市ガスは空気より軽く, LPガスは空気より重い。

【問題 102】火災時の排煙対策に関する次の記述のうち, 最も不適当なものはどれか。
(1) 自然排煙方式では排煙窓の他に, 当該室の下部に給気経路を確保することが望ましい。
(2) 排煙設備の給気機の外気取入口は, 新鮮な空気を取り入れるため屋上に設置するのが望ましい。
(3) 機械排煙方式では, 火災室が負圧になり廊下への漏煙を防止できるが, 避難扉の開閉障害が生じるおそれがある。
(4) 加圧防煙は, 階段室への煙の侵入を防止するため階段室付室や廊下に用いられることが多い。
(5) 第2種排煙の煙排出量は, 排煙窓位置での内外圧力差と排煙窓の有効面積で定まる。

【問題 103】建築基準法及びその施行令の用語に関する次の記述のうち, 誤っているものはどれか。
(1) 延床面積とは, 地階, 屋階（屋根裏部屋）を含む各階の床面積の合計である。
(2) 直通階段とは, 建築物の避難階以外の階の居室から, 避難階又は地上に直通する階段のことをいう。
(3) 延焼のおそれのある部分とは, 可燃性の材料が使われている建築物の外壁部分である。
(4) 耐火性能とは, 通常の火災が終了するまでの間, 建築物の倒壊・延焼を防止するために必要な性能のことである。
(5) 居室とは, 居住, 執務等の目的のために継続的に使用する室のことで, 廊下, 階段は該当しない。

【問題 104】建築基準法の用語に関する次の記述のうち, 誤っているものはどれか。
(1) 建築とは, 建築物を新築し, 増築し, 改築し, 又は移転することである。
(2) 移転とは, 既存の建築物を別の敷地へ移動することである。
(3) 増築とは, 既存の建築物の床面積を増加させることである。
(4) 改築とは, 既存の建築物の全部あるいは一部を除去して, 構造, 規模, 用途が著しく異ならない建物をつくることである。
(5) 新築とは, 建築物の存しない土地の部分に建築物をつくることである。

【問題 105】空調技術に関する次の記述のうち，最も不適当なものはどれか。

(1) 事務所建築におけるパーソナル空調では，冷房用に天井，床，デスク等の吹出しが採用されている。

(2) ナイトパージとは，夜間の外気を取り入れることで，空調機の冷房負荷を削減するものである。

(3) 自然換気を併用するハイブリッド空調とは，穏やかな気候時の外気を積極的に室内に導入して冷房に利用するものである。

(4) タスク・アンビエント空調とは，タスク域の温熱条件を緩和することで省エネルギー性の向上を図るものである。

(5) 細霧空調とは，ミストの蒸発潜熱で周りの空気温度が下がる現象を利用した空調システムである。

建築物の構造概論

【問題 91】太陽放射に関する次の記述のうち，最も不適当なものはどれか。
(1) 太陽位置は，太陽の方位角と，高度から求めることができる。
(2) 直達日射と天空日射は，短波長放射と呼ばれる。
(3) UV-A，UV-B，UV-C と称される紫外線のうち，波長が最も短いのは UV-A である。
(4) 太陽定数とは，大気圏外において太陽に正対するときの単位面積当たりに入射する放射エネルギーのことをいう。
(5) 紫外線（ドルノ線）は，体内でビタミン D を生成する作用がある。

【問題 92】建築士法に関する次の記述のうち，最も適当なものはどれか。
(1) 決められた年限以上の構造設計の実務者には，構造設計1級建築士が付与される。
(2) 木造建築士は，木造建築物であれば延べ面積にかかわらず新築の設計をすることができる。
(3) 1級建築士でなければ設計できない建築物が，定められている。
(4) 建築設備士は，建築基準法の適合チェックが義務付けられている建築物に関与しなければならない。
(5) 工事監理とは，その者の責任において，工事を施工図と照合し確認することである。

【問題 93】建築物の基礎構造と地盤に関する次の記述のうち，最も不適当なものはどれか。
(1) 液状化現象は，埋立地や砂質地盤等で生じやすい。
(2) 砂質地盤の長期に生じる力に対する許容応力度は，粘土質地盤より小さい。
(3) べた基礎は，地耐力が弱いところに用いられることが多い。
(4) 地盤のうち，第3紀層は土丹層とも呼ばれる。
(5) 地業は，基礎スラブより下に設けた割ぐり石，捨てコンクリート等の部分をいう。

【問題 94】建築構造とその材料に関する次の記述のうち，最も不適当なものはどれか。
(1) 溶接断面の形式には，突合せ溶接，すみ肉溶接，部分溶込み溶接等がある。
(2) 梁に使用される H 形鋼のフランジは，主にせん断力に対して抵抗する。
(3) 鉄骨構造は，じん性に富み，耐震的に有利な構造にしやすい。
(4) ボルト接合には，高力ボルトが多く用いられる。
(5) 合成梁は，鉄骨梁とコンクリート床板をスタッドボルトなどにより緊結したものである。

【問題 95】建築物の荷重あるいは構造力学に関する次の記述のうち，最も不適当なものはどれか。
(1) 等分布荷重の作用する単純梁のせん断力は，梁中央で最も大きい。
(2) 積載荷重には，物品の重量が含まれる。
(3) 柱を構造計算する場合の積載荷重は，地震力を計算する場合の積載荷重より大きく設定されている。
(4) トラス構造の部材に生じる応力は，主に軸力である。
(5) 一般区域における積雪荷重は，積雪量 1 cm ごと 1 m^2 につき 20 N 以上として計算される。

【問題 96】建築物とその構造に関する次の記述のうち，最も不適当なものはどれか。
(1) 鉄筋コンクリート構造の店舗建築の法定耐用年数は，39 年である。
(2) 既存不適格建築物とは，法が適用された時点で既に存在していた建築物のうち，その後の改正規定に適合していない建築物をいう。
(3) 免震構造には，アイソレータを用いて地盤から建築物を絶縁する方法がある。
(4) 鉄筋コンクリート構造における鉄筋の腐食は，主にコンクリートのひび割れや中性化に起因する。
(5) 構造設計に用いる鋼材の許容応力度は，引張強さを基準にして算出される。

【問題 97】建築材料と部材の性質に関する次の記述のうち，最も不適当なものはどれか。
(1) 鉄鋼の線膨張係数は，コンクリートとほぼ等しい。
(2) アルミニウムは，他の金属やコンクリート等と接触すると腐食する。
(3) コンクリートを構成する砂と砂利の容積は，全体の約 70 % を占める。
(4) トタンは，鋼板にすずめっきをしたものである。
(5) 網入板ガラスは，フロート板ガラスに比べて，火災時に破片の飛散防止効果がある。

【問題 98】建築生産に関する次の記述のうち，最も不適当なものはどれか。
(1) 木工事は，仕上げ工事に分類される。
(2) 施工管理の業務には，関係官庁などへの諸手続きも含まれる。
(3) 環境負荷を削減するために，リユース，リサイクル等が重要である。
(4) 工事のための電力や上下水道設備の計画は，仮設計画に含まれる。
(5) 建築主は，建設工事の発注者である。

【問題 99】建築設備に関する次の記述のうち，最も適当なものはどれか。
(1) 常時遠隔監視・管理が行われているエレベータは，所有者による特定行政庁への定期点検報告は不要である。
(2) 都市ガスの保守管理において，配管，ガス栓，ガス漏れ警報器の日常点検は，ガス設備の所有者又は使用者が行う必要がある。
(3) 分散電源システムとは，商用電源が止まった場合においても給電できる自家発電設備や蓄電池で構成されるシステムのことである。
(4) 建築物の不動産価値を評価するためのデューディリジェンスにおいては，建物の躯体・設備の現況が重要で，維持管理状態や稼働状況の記録は不要である。
(5) ESCO（Energy Service Company）事業のシェアード・セービング方式とは，顧客が自己投資により設備機器を導入し，ESCO 事業者が削減効果を保証する方式である。

【問題 100】 建築物内の昇降設備に関する次の記述のうち，最も不適当なものはどれか。
(1) 非常用エレベータは，緊急時には消防隊員の活動が優先される。
(2) 小荷物専用昇降機は，かごの床面積及び天井高の上限が定められている。
(3) 動く歩道の定格速度は，勾配に応じて定められている。
(4) 乗用エレベータには，火災時に最寄り階まで自動運転する管制運転装置を備える必要がある。
(5) エスカレータには，当該竪穴区画の防火シャッタ閉鎖時に連動して停止する制動装置が設けられている。

【問題 101】 建築物の防火に関する次の記述のうち，最も不適当なものはどれか。
(1) 避難安全検証法や耐火性能検証法は，建築基準法令に定められている性能規定である。
(2) 火災荷重とは，建物内の可燃物量を木材換算した単位床面積当たりの重量のことである。
(3) 火勢は，窓などの開口条件によらず，建物内部の可燃物量が多いほど激しくなる。
(4) 避難経路となる廊下や階段に煙が侵入しないよう，防排煙対策が必要である。
(5) 特定防火設備とは，シャッタや防火扉等，火災を閉じ込めることができる設備のことである。

【問題 102】 建築物の避難計画，避難施設等に関する次の記述のうち，最も不適当なものはどれか。
(1) 高層ビルなどに設けられる特別避難階段とは，防排煙対策が講じられた安全性の高い直通階段のことである。
(2) すべり台や避難ロープは，消防法で定められている避難器具に含まれる。
(3) 非常用の照明装置における避難上有効な照度は，光源がLEDランプの場合，白熱電灯の倍の2 1x以上としなくてはならない。
(4) 高層ビルでは避難の完了に時間を要するため，誘導灯の点灯継続時間は60分と定められている。
(5) 高層ビルの避難計画では，効率的な避難が行えるよう，2以上の避難階段は，できるだけ近接して配置するのが望ましい。

【問題 103】 防犯・防災の管理に関する次の記述のうち，最も不適当なものはどれか。
(1) 防犯用ネットワークカメラは，撮影した高解像度の映像を伝送でき，高画質なシステムを構築できる。
(2) アクティブセンサとは，人などの発熱体を赤外線で検知し，その発熱体が移動する場合に動作する防犯センサである。
(3) 夜間無人となる建物の機械警備業務では，異常発生時には25分以内に警備員が駆け付けなくてはならない。
(4) 大規模事業所においては，従来の防火管理者，自衛消防組織に加えて，大地震などに備えた防災管理者を置くことが必要である。
(5) 入退室管理システムには，緊急避難時において，電気錠の一斉開錠機能をもたせることが必要である。

【問題 104】建築物に関連する法令に関する次の記述のうち,最も不適当なものはどれか。

(1) 消防法における特定防火対象物にあっては,消防用設備等の設置及び維持に関する規定は,新規に建築される建築物に限られる。

(2) 高さ31 mを超える高層建築物の管理者は,消防法における防火管理者を定め,消防計画を作成する。

(3) 高齢者,障害者等の移動等の円滑化の促進に関する法律(以下「バリアフリー法」という。)でいう建築物特定施設には,出入口,階段,便所がある。

(4) 建築主は,バリアフリー法における2,000 m² 以上の特別特定建築物を建築しようとするときは,建築物移動等円滑化基準に適合させなければならない。

(5) 建築物の耐震改修の促進に関する法律における耐震改修とは,地震に対する安全性の向上を目的として,増築,改築,修繕,模様替若しくは一部の除却又は敷地の整備をすることをいう。

【問題 105】建築物の維持管理に関する略語とその内容の組合せとして,最も不適当なものは次のうちどれか。

(1) BCP ―――― 事業継続計画
(2) BEMS ――― ビルエネルギー管理システム
(3) POE ―――― 建築物使用者の観点による性能評価システム
(4) LCC ―――― 建物の生涯にわたって必要なすべての費用
(5) CASBEE ――― 発注者の要求品質を実現するための管理プロセス

令和元年度
4編
(91〜105)

建築物の構造概論

【問題 91】 都市の熱環境に関する次の記述のうち，最も不適当なものはどれか。
(1) COP21 において，温室効果ガス削減の枠組みとなるパリ協定が採択された。
(2) CASBEE（建築環境総合性能評価システム）の評価対象は，エネルギー消費，資源循環，地域環境，室内環境の 4 分野である。
(3) 熱帯夜とは，夕方から翌朝までの最低気温が 25℃ 以上の日をいう。
(4) ストリートキャニオンは，風の弱い日にも熱や汚染物質の拡散能力が高い。
(5) 都市化により，都市の中心部の気温が郊外と比較して高くなる現象をヒートアイランド現象という。

【問題 92】 日射・日照に関する次の記述のうち，最も不適当なものはどれか。
(1) 太陽から放射される可視光線，紫外線，近赤外線のうち，紫外線の波長が最も短い。
(2) 遮熱性塗料や遮熱性舗装の特徴は，近赤外線の反射率が大きいことである。
(3) 天空日射とは，太陽光が大気中で散乱して，地上に降りそそいだものである。
(4) 夏至の晴天日において，南向き鉛直壁面の日積算日射受熱量は，札幌の方が那覇より多い。
(5) 日影曲線とは，冬至の日において，地面に垂直な単位長さの棒が水平面に落とす影を時間別に描いたものである。

【問題 93】 日射・日照及びその調整手法に関する次の記述のうち，最も不適当なものはどれか。
(1) 樹木の緑葉の日射反射率は，コンクリートに比べて大きい。
(2) ライトシェルフとは，部屋の奥まで光を導くよう直射日光を反射させる庇である。
(3) オーニングとは，窓に取り付ける日除けの一種である。
(4) 照返しの熱量は，照返し面での日射反射量と，その面での熱放射量とに分けられる。
(5) 内付けブラインドの日射遮蔽効果は，外付けブラインドに比べて小さい。

【問題 94】 建築士法で定義している設計図書に含まれないものは，次のうちどれか。
(1) 建具表
(2) 仕上表
(3) 配置図
(4) 面積表
(5) 現寸図

【問題 95】 建築物の基礎構造と地盤に関する次の記述のうち，最も不適当なものはどれか。

(1) 異種の基礎構法の併用は，原則として禁止されている。

(2) 沖積層の地耐力は，第三紀層に比べて大きい。

(3) 液状化は，埋立地や砂質地盤などで生じやすい。

(4) フーチングは，柱又は壁を支える鉄筋コンクリートの基礎の広がり部分をいう。

(5) 地盤の短期に生ずる力に対する許容応力度は，長期に生ずる力に対する許容応力度の2倍とする。

【問題 96】 建築物の荷重又は構造力学に関する次の記述のうち，最も不適当なものはどれか。

(1) 床の構造計算をする場合の積載荷重は，地震力を計算する場合の積載荷重より大きく設定されている。

(2) 土圧や水圧は，常時荷重に分類されている。

(3) 反力は，建築物に荷重が作用した場合，作用荷重に対応して支点に生じる力である。

(4) せん断力は，部材内の任意の面に作用して，面をずれさせるように作用する力である。

(5) 等分布荷重の作用する片持支持梁のせん断力は，梁中央で最も大きい。

【問題 97】 建築材料の密度が，大きい順に並んでいるものは次のうちどれか。

(1) 鋼材 ＞ コンクリート ＞ アルミニウム ＞ 合板

(2) 鋼材 ＞ アルミニウム ＞ コンクリート ＞ 合板

(3) コンクリート ＞ 鋼材 ＞ アルミニウム ＞ 合板

(4) コンクリート ＞ アルミニウム ＞ 鋼材 ＞ 合板

(5) コンクリート ＞ 鋼材 ＞ 合板 ＞ アルミニウム

【問題 98】 建築材料の性質に関する次の記述のうち，最も不適当なものはどれか。

(1) 木材の気乾状態の含水率は，25～30％ である。

(2) 木材の引火点は，240～270℃ 程度である。

(3) 高強度鋼は，軟鋼より伸びが小さい。

(4) 鋼材のヤング係数は，鋼材の種類にかかわらずほぼ一定である。

(5) 強化ガラスは，一般板ガラスに特殊な熱処理を施し，表面に圧縮応力を生じさせたものである。

【問題 99】 ガスの供給と取扱いに関する次の記述のうち，最も適当なものはどれか。

(1) 厨房がガス臭いので，ガスを排出するため直ちに換気扇を起動した。

(2) 都市ガス及び LP ガスは，1,000 倍に希釈しても臭いを感知できる付臭剤の添加が，法令で義務付けられている。

(3) 地震後，ガスのマイコンメータの復帰ボタンを押したら赤いランプが点滅したが，ガス機器に異常がなさそうなので使用開始した。

(4) 土中から建築物にガス管を引き込む際，耐震のため絶縁継手を設置することが必要である。

(5) LP ガス容器は，常時 50℃ 以下の直射日光の当たらない場所に設置する。

【問題 100】 電気設備に関する次の記述のうち，最も不適当なものはどれか。
(1) 「非常用の照明装置」は，停電を伴った災害発生時に安全に避難するための設備で，消防法により設置場所・構造が定められている。
(2) インバータ制御は，交流電動機の回転速度調整や出力トルク調整が容易で，効率の大幅改善が期待できる。
(3) 電動機は，起動時に定格を超える電流が流れ異常振動等を起こすことがあるため，スターデルタ起動方式により運転するのが望ましい。
(4) 契約電力 50 kW 以上の建築物の場合，高圧（6.6 kV）で受電し，自家用変電設備で低圧（200 V・100 V）に変圧して給電する。
(5) 地階を除く階数が，11 階以上の階に，非常コンセント設備の設置が義務付けられている。

【問題 101】 建築物の防災対策等に関する次の記述のうち，最も不適当なものはどれか。
(1) 高層ビルの回転式の扉は，内外気温差で生じる出入口での強風を減じる効果がある。
(2) 超高層ビルの足元にあるサンクンガーデンは，ビル風対策としても効果がある。
(3) Ｊアラートは，緊急の気象関係情報，有事関係情報を国から住民等に伝達するシステムである。
(4) エレベータには，地震時に直ちに避難階へ直行させる地震管制モードが備わっている。
(5) 集中豪雨時に浸水しやすい地下街，地下階への浸水対策として，止水板，土嚢が用いられる。

【問題 102】 建築物の消防用設備に関する次の記述のうち，最も適当なものはどれか。
(1) 煙感知器は，熱感知器に比べ火災の検知が早く，アトリウムや大型ドームのような大空間での火災感知に適している。
(2) 差動式熱感知器は，定められた温度を一定時間以上超え続けた場合に作動する。
(3) 小規模社会福祉施設では，上水道の給水管に連結したスプリンクラ設備の使用が認められている。
(4) ハロゲン化物消火設備は，負触媒作用による優れた消火効果があり，コンピュータルーム，図書館など水損被害が懸念される用途の空間で普及している。
(5) 排煙設備は，消防法施行令に定めるところの消防の用に供する設備に含まれる。

【問題 103】 建築基準法に関する次の記述のうち，誤っているものはどれか。
(1) 建築物とは，土地に定着する工作物であることが前提である。
(2) 鉄道及び軌道の線路敷地内の運転保安に関する施設は，建築物から除かれる。
(3) 建築物の構造上重要でない間仕切壁の過半の模様替えは，大規模の模様替えである。
(4) 敷地とは，一の建築物又は用途上不可分の関係にある二以上の建築物のある一団の土地である。
(5) 集団規定による建築物の制限として，用途地域による建築物の用途制限がある。

【問題　104】　建築基準法に規定される建築設備に該当しないものは，次のうちどれか。
(1)　汚物処理の設備
(2)　煙突
(3)　共同アンテナ
(4)　昇降機
(5)　避雷針

【問題　105】　建築基準法に関する次の記述のうち，誤っているものはどれか。
(1)　劇場における客席からの出口の戸は，内開きとしてはならない。
(2)　床面積とは，建築物の各階又はその一部で，壁その他の区画の中心線で囲まれた部分の水平投影面積である。
(3)　耐火性能とは，通常の火災が終了するまでの間，建築物の倒壊・延焼を防止するために，建築物の部分に必要な性能のことをいう。
(4)　建築主事は，建築基準法の規定に違反した建築物に関する工事の請負人に対して，当該工事の施工の停止を命じることができる。
(5)　直通階段とは，建築物の避難階以外の階の居室から，避難階又は地上に直通する階段のことをいう。

建築物環境衛生管理技術者試験
ビル管理士
科目別試験問題

第5編

給水及び排水の管理

最新 5 年間の出題傾向分析

項目	設問内容	令和 5 年度 (2023) 問題番号	令和 4 年度 (2022) 問題番号	令和 3 年度 (2021) 問題番号	令和 2 年度 (2020) 問題番号	令和元年度 (2019) 問題番号
用語	給水及び排水管理（用語）（全般）	106・107	106・107・108	106・107	106・107	106・107
水道	塩素消毒の効果/特徴・消毒力		110	110	109	
	水道法：全般		109	108		
	厚生労働省令（水質質基準）				108	
給水設備	給水方式：全般		112			
	水道施設	108		109		110
	取水設備					
	給水設備：管理				110	
	給水設備の水質劣化の原因					108
	給水設備：全般	109・111・112		112・113	112・115	109・111・114
	給水設備：語句と数値					
	給水設備：配管	113		114・115		112
	給水設備：バルブ類		115		111	
	給水設備：機器					
	給水設備：機器・配管材料				113	
	給水設備：汚染		111	111		
	給水設備の保守管理	115	116・117	116		115・117
	受水槽（飲料水用）		114			113
	貯水槽全般	110	113		114	
	貯水槽の清掃後の水質検査項目の基準	114		117	116	
	高置水槽の水位制御（電極）					
	ポンプ：点検項目					116
給湯設備	ウォータハンマの発生場所と影響					
	循環配管の熱損失			121		
	給湯設備：全般	118・119	118・120	118・122	117・118・119・120	118・119
	給湯設備：水の性質			119		
	給湯設備：配管	116	123			
	給湯設備：機器					
	給湯設備：加熱装置		119		121	120
	給湯設備：材料		122	120		121
	給湯設備：循環ポンプ	120				
	給湯設備の省エネルギー	117	121			
	給湯設備の保守管理（内容と実施頻度）	121・122		123	122・123	122・123
雑用水	**雑用水**設備：全般	123	124	124	125	124
	雑用水：膜分離活性汚泥処理装置					
	雑用水の水質検査項目・基準：散水・修景・清掃用（建築物衛生法施行規則）	125		125	126	126
	排水再利用施設の排水処理フローシート		125			
	排水再利用設備装置：膜分離活性汚泥処理		126			
	排水再利用設備の維持管理	124				
	雨水処理施設					125
	雨水利用設備の単位装置と維持管理項目			126	124	
	雨水設備					
	下水道：全般					127

＊項目中，年度が空白の項目は過去 5 年以前に出題された内容である。（参考）
要点テキスト等で項目内容を確認しておくとよい。

項目	設問内容	令和5年度 （2023） 問題番号	令和4年度 （2022） 問題番号	令和3年度 （2021） 問題番号	令和2年度 （2020） 問題番号	令和元年度 （2019） 問題番号
排水通気設備	排水通気方式・通気配管：全般	128		128		
	排水配管及び通気配管	129	128			
	排水の水質項目	126		127	127	
	阻集器			134		129
	トラップと阻集器	127				
	排水トラップの記述		131	129	128	
	排水通気設備：全般	132	127・130		129・130・132	128・130
	排水通気設備（語句の組合せ）		129			
	排水通気設備の保守管理				133・134	133・134
	排水通気設備の維持管理				135	
	排水通気配管方式				131	131
	排水槽及び排水ポンプ	131		131		132
	排水管へ設置する掃除口及び排水ます	130	132	130・132		
	排水設備の清掃・診断（用語）	133	133			
	排水設備の保守管理と実施頻度	134	134	133		
衛生器具	小便器	136				135
	大・小便器：全般			135		
	大便器回りの故障の現象と原因			136	137	
	衛生器具設備：全般	135	135	136	136	136
特殊設備	厨房排水除害施設					137
	特殊設備：全般	139	139	140		
	特殊装置の維持管理					
浄化槽	浄化槽法の規定（浄化槽管理者）	137		138	138	138
	浄化槽法：浄化槽の定義		137			
	浄化槽法：放流水の水質の技術					
	汚泥の含水率		138			
	汚泥の濃縮後の容積					
	浄化槽：除去対象とする物質と除去法			137		
	浄化槽の単位装置と点検内容			139	139	
	浄化槽の単位装置と点検内容（組合せ）					
	浄化槽：ばっ気槽BOD容積負荷と有効容積					
	浄化槽：BOD除去率					139
	浄化槽：ばっ気槽の点検項目	138				
消防	消火設備（語句と説明）	140				140
	消防用設備の保守管理		140		140	

第5編　給水及び排水の管理

・出題傾向はほぼ変わらず。例年出題されている問題はそれぞれの項目の「全般」について設問が多いので一覧表でヨコ（年度をまたがって）の問題で内容を理解しておくことが「新問題」に対応できる。

・給水設備に関しては「給水設備：（ゴシック文字）」として問題内容を詳細に分けているが全体類似課題であることを意識して学習してほしい。
中でも保守管理については近年出題傾向が高い。

・給湯設備に関しては「給湯設備：（ゴシック文字）」として問題内容を詳細に分けているが全体類似課題であることを意識して学習してほしい。
ここでも全般についてと保守管理の出題傾向が高い。

・「雑用水」「排水通気設備」「衛生器具設備」については全般的に出題されることが多い。

令和5年度 5編 (106～140) 給水及び排水の管理

【問題 106】給水及び排水の管理に関する用語とその説明との組合せとして，最も不適当なものは次のうちどれか。
(1) バルキング —— 排水槽の底部に沈殿した固形物や油脂等が集まったもの
(2) 自己サイホン作用 —— 排水が器具排水管内を満流で流れるときに，サイホンの原理によってトラップ内の封水が引かれ，残留封水が少なくなる現象
(3) クロスコネクション —— 上水（飲料水）系統と他の配管系統を配管や装置により直接接続すること
(4) オフセット —— 排水立て管の配管経路を平行移動するために，エルボ又はベンド継手で構成されている移行部分のこと
(5) ポンプのインバータ制御 —— 周波数を変えることでモータの回転数を変化させる，送水量の制御方法

【問題 107】給水及び排水の管理に関する用語の組合せとして，最も不適当なものは次のうちどれか。
(1) トリハロメタン —— 有機物質と消毒用塩素が反応して生成される物質
(2) バイオフィルム —— 微生物により形成された粘液性物質
(3) 白濁水 —— 銅イオンの浸出
(4) 水質汚濁 —— 富栄養化
(5) スケール —— 炭酸カルシウム，炭酸マグネシウム等の析出物

【問題 108】水道施設に関する次の記述のうち，最も不適当なものはどれか。
(1) 取水施設を設ける場所の選定に当たっては，水量及び水質に対する配慮が必要である。
(2) 浄水処理は，一般に沈殿，ろ過，消毒の3段階からなる。
(3) 緩速ろ過法は，沈殿池で水中の土砂などを沈殿させた後に，緩速ろ過池で4～5 m/日の速度でろ過する方法である。
(4) 送水施設は，浄水施設から配水施設まで浄水を送るための施設である。
(5) 配水池の必要容量は，計画1日最大給水量の8時間分を標準とする。

【問題 109】給水設備に関する次の記述のうち，最も不適当なものはどれか。
(1) 配水管から給水管に分岐する箇所での配水管の最小動水圧は，150 kPa以上を確保する。
(2) 水道法に基づく水質基準における一般細菌の基準値は，1 mLの検水で形成される集落数が100以下である。
(3) 水道法に基づく水質基準における総トリハロメタンの基準値は，0.1 mg/L以下である。
(4) 水道法に基づく水質基準における鉛及びその化合物の基準値は，0.05 mg/L以下である。
(5) 一般水栓における必要水圧は，30 kPaである。

【問題 110】給水設備で使用される貯水槽に関する次の記述のうち，最も不適当なものはどれか。
(1) 鋼板製貯水槽は，防錆処理被膜の劣化状況の定期的な点検が必要である。
(2) FRP 製貯水槽は，耐食性に優れている。
(3) FRP 製貯水槽は，耐震などの機械的強度が高い。
(4) ステンレス鋼板製貯水槽は，表面がきれいで汚れも付きにくい。
(5) 木製貯水槽は，断熱性に優れている。

【問題 111】給水設備に関する次の記述のうち，最も不適当なものはどれか。
(1) 飲料用の貯水槽の上部には，原則として飲料水の配管以外の機器・配管を設けてはならない。
(2) ウォータハンマ防止器は，防止器の破壊を避けるため急閉止弁などから十分離れた箇所に設ける。
(3) 貯水槽の流入管は，ボールタップや電極棒の液面制御に支障がないように，波立ち防止策を講じる。
(4) 厨房の給水配管では，防水層の貫通を避ける。
(5) 水の使用量が極端に減少する期間がある建築物の貯水槽では，少量貯水用の水位制御電極を併設し，使用水量の状態に合わせて水位設定を切り替えて使用する。

【問題 112】給水設備に関する次の記述のうち，最も不適当なものはどれか。
(1) 高層ホテルのゾーニングにおける給水の上限水圧は，0.3 MPa である。
(2) 小便器洗浄弁の必要水圧は，70 kPa である。
(3) 事務所における1日当たりの設計給水量は，節水器具を使用する場合 70〜100 L/人である。
(4) 給水配管の管径は，管内の流速が 2.0 m/s 以下となるように選定する。
(5) 高置水槽の有効容量は，一般に1日最大使用水量の 1/10 である。

【問題 113】給水設備に用いられる配管とその接合方法との組合せとして，最も不適当なものは次のうちどれか。
(1) 合成樹脂ライニング鋼管 ——— ねじ接合（管端防食継手の場合）
(2) 銅鋼管 ——————————— 差込みろう接合
(3) ステンレス鋼管 ————— メカニカル形接合
(4) 硬質ポリ塩化ビニル管 ——— 融着接合
(5) 架橋ポリエチレン管 ——— メカニカル形接合

【問題 114】飲料用貯水槽の清掃に関する次の記述のうち，最も不適当なものはどれか。
(1) 清掃時は，必要に応じてガード付き作業灯を取り付け，作業時の貯水槽内の安全な照明を確保する。
(2) 高置水槽と受水槽の清掃は，原則として同じ日に行い，受水槽の清掃を行った後に高置水槽の清掃を行う。
(3) 清掃終了後は，2回以上貯水槽内の消毒を行う。
(4) 消毒後の水洗い及び水張りは，消毒終了後少なくとも 30 分以上経過してから行う。
(5) 清掃終了後の水質検査における濁度の基準値は，5 度以下である。

【問題 115】給水設備の保守管理に関する次の記述のうち，最も不適当なものはどれか。
(1) 貯水槽における定水位弁・電極棒等の付属装置の動作不良により，断水・溢水事故を起こすことがある。
(2) 給水ポンプの軸受部がグランドパッキンの場合は，水滴が滴下していないことを確認する。
(3) 管更生工法の一つに合成樹脂ライニングによる工法がある。
(4) 給水ポンプの電流値が変動している場合は，異物のかみ込みなどの可能性がある。
(5) 受水槽の水位制御の作動点検は，槽内のボールタップを手動で操作して行う。

【問題 116】給湯設備に使用される配管に関する次の記述のうち，最も不適当なものはどれか。
(1) 循環式給湯設備の下向き配管方式における給湯横主管は，下り勾配とする。
(2) 耐熱性硬質ポリ塩化ビニル管の線膨張係数は，ポリブテン管の線膨張係数より大きい。
(3) 自然循環方式は，配管形状が複雑な中央式給湯設備には適さない。
(4) 返湯管の管径は，給湯循環ポンプの循環量から決定するが，一般には給湯管の管径の半分程度である。
(5) 局所給湯方式において，加熱装置から給湯箇所までの距離が短い場合は，単管式で配管する。

【問題 117】給湯設備の省エネルギーに関する次の記述のうち，最も不適当なものはどれか。
(1) 部分負荷を考慮し，エネルギー利用効率の高い熱源機器を採用する。
(2) エネルギーと水の節約を図るため，湯と水を別々の水栓から出さずに混合水栓を使用する。
(3) 配管経路を短縮する。
(4) 中央式給湯方式の循環ポンプは，連続運転とせず，給湯管（往き管）の温度が低下した場合に作動させる。
(5) 排水からの熱回収をする場合，熱交換器の腐食などによる湯の汚染を防止するために間接熱交換方式とする。

【問題 118】給湯設備に関する次の記述のうち，最も不適当なものはどれか。
(1) スリーブ形伸縮管継手は，伸縮の吸収量が最大 200 mm 程度である。
(2) 中央式給湯設備の末端給湯温度は，ピーク使用時においても 55℃ 以上とする。
(3) 事務所用途の建築物における 1 日当たりの設計給湯量は，30 L/人程度である。
(4) 耐熱性硬質塩化ビニルライニング鋼管の使用温度は，85℃ 以下とする。
(5) ガス瞬間湯沸器の能力表示で 1 号とは，流量 1 L/min の水の温度を 25℃ 上昇させる能力である。

【問題　119】給湯設備に関する次の記述のうち，最も不適当なものはどれか。
(1)　密閉式膨張水槽を設ける場合には，逃し弁も設ける。
(2)　加熱装置から逃し管を立ち上げる場合は，水を供給する高置水槽の水面よりも高く立ち上げる。
(3)　給湯量を均等に循環させるため，返湯管に定流量弁を設ける。
(4)　SUS444製の貯湯槽は，腐食を防止するために電気防食を施す。
(5)　配管内の空気や水が容易に抜けるように，凹凸配管とはしない。

【問題　120】給湯設備の循環ポンプに関する次の記述のうち，最も不適当なものはどれか。
(1)　ポンプは，背圧に耐えるものを選定する。
(2)　ポンプの循環流量は，加熱装置における給湯温度と返湯温度との温度差に比例する。
(3)　ポンプの揚程は，循環管路系で最も大きくなる管路における摩擦抵抗・局部抵抗による圧力損失から決定する。
(4)　ポンプには，接液部をステンレス鋼製としたものが多く使用されている。
(5)　ポンプで脈動による騒音・振動が発生した場合の対応として，ポンプの吐出し側にサイレンサなどを設置する。

【問題　121】給湯設備の保守管理内容とその実施頻度との組合せとして，最も不適当なものは次のうちどれか。
(1)　第一種圧力容器の定期自主検査 ――― 6か月以内ごとに1回
(2)　第二種圧力容器の定期自主検査 ――― 1年以内ごとに1回
(3)　小型圧力容器の定期自主検査 ――― 1年以内ごとに1回
(4)　シャワーヘッドの定期点検 ――― 6か月に1回以上
(5)　給湯配管類の管洗浄 ――――――― 1年に1回以上

【問題　122】給湯設備の保守管理に関する次の記述のうち，最も不適当なものはどれか。
(1)　中央式給湯方式においては，加熱により残留塩素が消滅する場合があるため，その水質には留意する。
(2)　開放式の貯湯槽においては，外部からの汚染の経路となりやすいマンホールの気密性，オーバフロー管の防虫網の完全性等を点検する。
(3)　給湯水の流量を調節するためには，仕切弁を使用する。
(4)　使用頻度の少ない給湯栓は，定期的に滞留水の排出を行い，給湯温度の測定を行う。
(5)　給湯循環ポンプは，作動確認を兼ねて定期的に分解・清掃を実施する。

【問題　123】雑用水設備に関する次の記述のうち，最も不適当なものはどれか。
(1)　雑用水とは，人の飲用，その他それに準じる用途以外の用途に供される水の総称である。
(2)　散水，修景又は清掃の用に供する雑用水は，し尿を含む水を原水として用いない。
(3)　広域循環方式は，個別循環方式に比べて下水道への排水量が減少する。
(4)　雑用水受水槽に上水を補給する場合は，吐水口空間を設けて給水する。
(5)　雑用水は，災害時における非常用水の原水として利用することができる。

【問題 124】排水再利用設備の維持管理に関する次の記述のうち，最も不適当なものはどれか。
(1) スクリーンにおいては，汚物が堆積しないように適時除去する。
(2) 流量調整槽においては，ポンプが正常に作動し，所定流量を保つよう調整する。
(3) 活性炭処理装置においては，通水速度を適正に保持する。
(4) ろ過装置においては，ろ材の洗浄が適切に行われていることを点検する。
(5) 消毒槽においては，フロック形成状態が最良であることを確認する。

【問題 125】建築物衛生法施行規則に規定されている雑用水の水質基準項目と基準のうち，誤っているものはどれか。
　　　　〔水質基準項目〕　　　　　〔基準〕
(1) 臭気 ——————— 異常でないこと。
(2) pH 値 ——————— 5.8 以上 8.6 以下であること。
(3) 大腸菌 ——————— 検出されないこと。
(4) 塩化物イオン ——— 200 mg/L 以下であること。
(5) 濁度 ——————— 2 度以下であること。

【問題 126】排水の水質に関する次の記述のうち，最も不適当なものはどれか。
(1) 全窒素は，アンモニア性窒素，亜硝酸性窒素及び硝酸性窒素の総和である。
(2) 浮遊物質（SS）は，試料を孔径 1 μm のガラスファイバろ紙でろ過し，蒸発乾固したろ紙上の残留物の重量で表す。
(3) 溶存酸素（DO）は，水中に溶解している分子状の酸素である。
(4) 生物化学的酸素要求量（BOD）は，主として水中の有機物質が好気性微生物によって分解される際に消費される酸素量を表す。
(5) 流入するリン化合物は，生活排水，畜産排水，工場排水等に由来する。

【問題 127】排水トラップと阻集器に関する語句の組合せとして，最も不適当なものは次のうちどれか。
(1) ドラムトラップ ——— 非サイホントラップに分類
(2) 雨水トラップ ——— ルーフドレンからの悪臭の防止
(3) オイル阻集器 ——— ガソリン及び油類の流出阻止，分離，収集
(4) わんトラップ ——— サイホントラップに分類
(5) 砂阻集器 ——————— 土砂・石紛・セメント等の流出阻止，分離，収集

【問題 128】排水通気設備に関する次の記述のうち，最も不適当なものはどれか。
(1) 排水管への掃除口の設置間隔は，管径 100 mm 以下の場合は，15 m 以内とする。
(2) 排水トラップの脚断面積比（流出脚断面積/流入脚断面積）が大きくなると，封水強度は大きくなる。
(3) 飲料用水槽において，管径 75 mm の間接排水管に設ける排水口空間は，最小 150 mm とする。
(4) ドーム状のルーフドレンのストレーナ部分の開口面積は，それに接続する排水管の管断面積の 2 倍程度が必要である。
(5) 管径 125 mm の排水横管の最小勾配は，1/200 である。

【問題 129】 排水通気配管に関する次の記述のうち，**最も不適当な**ものはどれか。
(1) 排水横管から通気管を取り出す場合，通気管は排水管断面の垂直中心線上部から 45° 以内の角度で取り出す。
(2) ループ通気管は，最上流の器具排水管が排水横枝管に接続される位置のすぐ下流側から立ち上げて，通気立て管に接続する。
(3) 結合通気管は，通気立て管と排水横枝管の間に設ける通気管で，排水立て管内の圧力を緩和する。
(4) 通気立て管の下部は，排水立て管に接続されている最低位の排水横枝管より低い位置で，排水立て管から取り出す。
(5) 排水立て管と排水横主管の接続部には，大曲がりベンドなどを用いる。

【問題 130】 排水管に設置する掃除口と排水ますに関する次の記述のうち，**最も不適当な**ものはどれか。
(1) 雨水ますの底部には 150 mm 程度の泥だめを設け，土砂などが下水道へ流出することを防止する。
(2) 掃除口の口径は，排水管の管径が 125 mm の場合は 75 mm とする。
(3) 雨水ますの流出管は，流入管よりも管底を 20 mm 程度下げて設置する。
(4) 敷地排水管の直管が長い場合，排水ますは管内径の 120 倍を超えない範囲に設置する。
(5) 排水管が 45° を超える角度で方向を変える箇所には，掃除口を設置する。

【問題 131】 排水槽と排水ポンプに関する次の記述のうち，**最も不適当な**ものはどれか。
(1) 排水水中ポンプは，吸込みピットの壁面から 200 mm 以上離して設置する。
(2) 排水槽のマンホールは，排水水中ポンプ又はフート弁の直上に設置する。
(3) 即時排水型ビルピット設備は，排水槽の悪臭防止に有効である。
(4) 排水槽の底の勾配は，吸込みピットに向かって 1/15 以上 1/10 以下とする。
(5) 汚物ポンプの最小口径は，40 mm とする。

【問題 132】 排水通気設備に関する次の記述のうち，**最も不適当な**ものはどれか。
(1) 自然流下式の排水横管の勾配は，管内流速が 0.6～1.5 m/s になるように設ける。
(2) 排水立て管のオフセット部の上下 600 mm 以内には，排水横枝管を設けてはならない。
(3) 排水槽のマンホールの大きさは，直径が 60 cm 以上の円が内接することができるものとする。
(4) トラップが組み込まれていない阻集器には，その入口側にトラップを設ける。
(5) 伸頂通気方式の排水横主管の水平曲がりは，排水立て管の底部より 3 m 以内に設けてはならない。

【問題 133】排水設備の清掃と診断に関する次の記述のうち，最も不適当なものはどれか。
(1) スネークワイヤ法は，排水管内のグリースなどの固い付着物の除去に使用する方法である。
(2) 酸性洗浄剤は，小便器配管の尿石の除去に使用する。
(3) ウォータラム法は，洗浄ノズルから高圧の水を噴射し，噴射力を利用して排水管内を洗浄する方法である。
(4) ロッド法は，1〜1.8 m のロッドをつなぎ合わせ，手動で排水管内に挿入し清掃する方法である。
(5) 排水管内部の腐食状況の診断には，内視鏡以外に超音波厚さ計などが用いられる。

【問題 134】排水設備の保守管理に関する次の記述のうち，最も不適当なものはどれか。
(1) 排水水中ポンプのメカニカルシールの交換は，1〜2年に1回程度行う。
(2) グリース阻集器では，2か月に1回程度，槽内の底部，壁面等に付着したグリースや沈殿物を除去する。
(3) 排水槽の清掃は，6か月以内ごとに1回行う。
(4) 高圧洗浄による排水管の清掃では，5〜30 MPa の圧力の水を噴射させて洗浄する。
(5) 排水ポンプは，1か月に1回絶縁抵抗の測定を行い，1 MΩ以上であることを確認する。

【問題 135】衛生器具設備に関する次の記述のうち，最も不適当なものはどれか。
(1) 大便器洗浄弁の必要水圧は，50 kPa である。
(2) 温水洗浄式便座への給水は，上水を用いる。
(3) 衛生器具は，給水器具，水受け容器，排水器具及び付属品の四つに分類される。
(4) 洗面器の取り付け状態は，2か月に1回，定期に点検する。
(5) 大便器の洗浄水量は，JIS A 5207 において，I形は 8.5 L 以下と区分されている。

【問題 136】小便器に関する次の記述のうち，最も不適当なものはどれか。
(1) 壁掛型は，駅やホテルの共用部などにおいて床清掃のしやすさから選定されている。
(2) 床置型は，洗浄面が広いため，その洗浄に注意しないと臭気が発散する。
(3) 小便器のリップの高さとは，床面からあふれ縁までの垂直距離をいう。
(4) 自動感知洗浄弁には，便器分離型と便器一体型がある。
(5) 使用頻度の高い公衆便所用小便器の排水トラップは，小便器一体のものが適している。

【問題 137】環境省関係浄化槽法施行規則第1条の2（放流水の水質の技術上の基準）に規定されている BOD の値として，正しいものは次のうちどれか。
(1) 20 mg/L 以下
(2) 30 mg/L 以下
(3) 60 mg/L 以下
(4) 90 mg/L 以下
(5) 120 mg/L 以下

【問題 138】浄化槽の単位装置として採用されている接触ばっ気槽の点検項目として，最も不適当なものは次のうちどれか。
(1) 水温
(2) pH
(3) ばっ気部分の発泡状況
(4) MLSS 濃度
(5) 生物膜の付着状況

【問題 139】特殊設備に関する次の記述のうち，最も不適当なものはどれか。
(1) 入浴設備の打たせ湯には，循環している浴槽水を用いる。
(2) HACCP 方式は，食品製造に関して原材料の受入れから最終製品の出荷までの各段階におけるリスク分析に基づき，重要管理点を定めて連続的に監視する安全性確保のための衛生管理手法である。
(3) プール水の消毒設備には，塩素剤に加えてオゾン消毒や紫外線消毒を併用する例がある。
(4) 文部科学省は学校給食施設に対し，厨房の床面にドライシステム（ドライフロア）を導入するよう求めている。
(5) 水景設備は，水のもつ親水機能や環境調整機能によって空間を演出するものである。

【問題 140】消火設備に関する次の記述のうち，最も不適当なものはどれか。
(1) 消火器は，火災の初期発見段階での消火を目的としたものである。
(2) 泡消火設備は，消火薬剤による負触媒作用を主とした消火方法である。
(3) 不活性ガス消火設備は，不活性ガスの放出による酸素濃度の低下を主とした消火方法である。
(4) 閉鎖型スプリンクラ設備は，火災が発生した際に，スプリンクラヘッドが熱感知し，散水して初期消火するものである。
(5) 屋外消火栓には，消火栓弁，ホース，ノズルを内蔵した屋外消火栓箱型と，地下ピット格納型，地上スタンド型がある。

令和 4 年度
5 編
(106〜140)

給水及び排水の管理

【問題 106】 給水及び排水の管理に関する用語と単位の組合せとして，<u>最も不適当なもの</u>は次のうちどれか。

(1) 水の比体積 ——————— kg/m^3
(2) 給湯器の加熱能力 ——— kW
(3) BOD 容積負荷 ——————— $kg/(m^3 \cdot 日)$
(4) 腐食速度 ——————— mm/年
(5) 病院の単位給水量 ——— $L/(床 \cdot 日)$

【問題 107】 給水及び排水の管理に関する用語とその説明との組合せとして，<u>最も不適当</u>なものは次のうちどれか。

(1) ボールタップ ——————— 受水槽の水位調節
(2) 専用洗浄弁式 ——————— 小便器の給水方式
(3) 酸化保護被膜 ——————— 酸化によってできる金属表面の薄い被膜
(4) スクリーン ——————— 夾雑物の除去
(5) フロートスイッチ ——— 汚水槽の水位センサ

【問題 108】 給水及び排水の管理に関する用語とその説明との組合せとして，<u>最も不適当</u>なものは次のうちどれか。

(1) メカニカル形接合 ——— ねじ込み，溶接，接着等によらない機械的な配管接合方法
(2) スライム障害 ——————— 貯水槽や配管内で細菌類が繁殖し，バイオフィルムが形成されることによる水質劣化の現象
(3) 逆サイホン作用 ——— 排水管内の正圧により，器具側に排水が吹き出す現象
(4) ウォータハンマ ——— 弁などを急激に閉止すると著しい圧力上昇が生じ，これが圧力波となって管路内を伝わる現象
(5) クリープ劣化 ——————— 合成樹脂に応力が長時間継続してかかる場合，材料変形が時間とともに進んでいく状態

【問題 109】 水道法に基づく水質基準に関する省令に定める基準として，<u>誤っているもの</u>は次のうちどれか。

(1) 大腸菌は，検出されないこと。
(2) 銅及びその化合物は，銅の量に関して，1.0 mg/L 以下であること。
(3) 総トリハロメタンは，0.5 mg/L 以下であること。
(4) ホルムアルデヒドは，0.08 mg/L 以下であること。
(5) pH 値は，5.8 以上 8.6 以下であること。

【問題 110】 水道水の塩素消毒に関する次の記述のうち，<u>最も不適当なもの</u>はどれか。

(1) CT 値とは，塩素濃度と接触時間の積である。
(2) 反応速度は，温度が高くなるほど速くなる。
(3) 消毒効果は，懸濁物質の種類，大きさ，濃度，微生物の種類等によって，低下の程度が変わる。
(4) 刺激臭を有するため，異臭味が生じる。
(5) アルカリ側で消毒効果が高まる。

【問題　111】給水設備の汚染に関する次の記述のうち，最も不適当なものはどれか。
⑴　飲料水用貯水槽は，六面点検ができるように設置する。
⑵　貯水槽の水抜き管は，貯水槽の最も低い部分から取り出す。
⑶　給水配管から消火設備配管系統へ給水する場合は，吐水口空間を確保した消火用水槽を設置する。
⑷　大気圧式バキュームブレーカは，常時圧力がかかる配管部分に設置する。
⑸　大容量の貯水槽の場合は，槽内に迂回壁を設置して滞留水の発生を防止する。

【問題　112】給水方式に関する次の記述のうち，最も不適当なものはどれか。
⑴　高置水槽方式は，受水槽の水位によって揚水ポンプの起動・停止が行われる。
⑵　直結増圧方式における吸排気弁は，給水管内の空気の排出と給水管内が負圧になった場合の逆流防止のために設置する。
⑶　ポンプ直送方式で採用されるインバータ制御は，周波数を変えることでポンプの回転数を変化させている。
⑷　給水方式は，水道直結方式と受水槽方式に大別される。
⑸　直結直圧方式では，配水管の圧力によって，直接給水各所に給水する。

【問題　113】給水設備の貯水槽に関する次の記述のうち，最も不適当なものはどれか。
⑴　FRP製高置水槽は，槽内照度が100 lx以上になると，光合成により藻類が繁殖しやすい。
⑵　木製貯水槽は，断熱性に優れているため結露対策が不要である。
⑶　ステンレス鋼板製貯水槽は，気相部よりも液相部の腐食対策が必要である。
⑷　FRP製貯水槽は，機械的強度が低いため耐震補強が必要である。
⑸　鋼板製貯水槽には，一体成型構造にエポキシ樹脂を焼き付けコーティングしたものがある。

【問題　114】受水槽の構造に関する次の記述のうち，最も不適当なものはどれか。
⑴　流入管は，受水槽内部で水没させず吐水口空間を確保する。
⑵　オーバフロー管に設置する防虫網の有効開口面積は，オーバフロー管の断面積以上とする。
⑶　水抜き管は，オーバフロー管に接続させずに単独の配管とする。
⑷　オーバフロー水を受ける排水管の管径は，オーバフロー管より大きくする。
⑸　水抜き管の管末には，防虫網を設置する。

【問題　115】給水設備に用いる弁類の説明として，最も不適当なものは次のうちどれか。
⑴　仕切弁 ───────── 弁体が管路を垂直に仕切るように開閉する構造である。
⑵　バタフライ弁 ─── 円板状の弁体を回転させることで管路を開閉する構造である。
⑶　減圧弁 ───────── ダイヤフラムと調節ばねのバランスにより弁体の開度を調整する機構である。
⑷　定水位弁 ────── 副弁の開閉と連動して弁体を開閉させて水槽の水位を保持する機構である。
⑸　玉形弁 ───────── 通路を開けた弁体を回転させて開閉する構造である。

令和4年度

【問題 116】給水設備の保守管理に関する次の記述のうち，最も不適当なものはどれか。
(1) 貯水槽の清掃によって生じた汚泥などの廃棄物は，廃棄物の処理及び清掃に関する法律（以下「廃棄物処理法」という。），下水道法等の規定に基づき，適切に処理する。
(2) 防錆剤の注入及び管理に関する業務は，建築物衛生法に基づく建築物飲料水水質検査業の登録を受けた者が行わなければならない。
(3) 管更生工法で管内に合成樹脂ライニングを施す場合には，技術評価・審査証明を受けた工法を採用するのがよい。
(4) 残留塩素の測定は，一般にDPDを発色試薬とした測定法により行う。
(5) 配管は，管の損傷，錆，腐食及び水漏れの有無を点検して，必要に応じて補修を行う。

【問題 117】給水設備の保守管理に関する次の記述のうち，最も不適当なものはどれか。
(1) 飲料用貯水槽の点検は，1か月に1回程度，定期に行う。
(2) 第2種圧力容器に該当する圧力水槽は，2年以内ごとに1回，定期自主検査を行う。
(3) 飲料用貯水槽の清掃の作業に従事する者は，おおむね6か月ごとに健康診断を受ける必要がある。
(4) 防錆剤を使用する場合は，定常時においては2か月以内ごとに1回，防錆剤の濃度の検査を行う。
(5) 給水栓における残留塩素の測定は，7日以内ごとに1回，定期に行う。

【問題 118】給湯設備に関する次の記述のうち，最も不適当なものはどれか。
(1) 貯湯槽の容量は，ピーク時の必要容量の1～2時間分を目安とする。
(2) 集合住宅の設計用給湯量は，100 L/（戸・日）程度である。
(3) 壁掛けシャワーの使用温度は，42℃程度である。
(4) 中央式給湯設備の給湯栓の給湯温度は，ピーク使用時においても55℃以上とする。
(5) ステンレス鋼管において単式の伸縮継手を用いる場合，その設置間隔は20 m程度である。

【問題 119】給湯設備における加熱装置とその説明との組合せとして，最も不適当なものは次のうちどれか。
(1) ガスマルチ式給湯機 ——— 小型のガス瞬間湯沸器を複数台連結したもので，主に業務用に利用される。
(2) 汽水混合装置 ——— タンク内に挿入し，蒸気を直接，水に吹き込むことで温水を得るための装置。
(3) 貯蔵式湯沸器 ——— 貯蔵部が大気に開放されており，本体に取り付けられた給湯栓から飲用に適した高温湯が得られる。
(4) ヒートポンプ給湯機 ——— 一体型の集熱器と貯湯槽で構成され，その間で水を自然循環させ加温する。
(5) 給湯用貫流ボイラ ——— 温水を取り出す小型ボイラで，水管群により構成され耐圧性に優れている。

【問題 120】給湯設備に関する次の記述のうち，最も不適当なものはどれか。
⑴ 配管中の湯に含まれている溶存空気を抜くためには，圧力の低いところに自動空気抜き弁を設置する。
⑵ 加熱装置に逃し管を設置する場合は，水を供給する高置水槽の水面よりも高く立ち上げる。
⑶ 密閉式膨張水槽を設ける場合は，逃し弁の設定圧力を膨張水槽にかかる給水圧力よりも低くする。
⑷ 逃し管には，弁を設けてはならない。
⑸ 循環ポンプの揚程は，循環回路系で最も長くなる配管系統の摩擦損失から決定する。

【問題 121】給湯設備における省エネルギーに関する次の記述のうち，最も不適当なものはどれか。
⑴ 中央式給湯設備の循環ポンプは，省エネルギーのため，返湯管の温度が低下した場合に運転する。
⑵ 器具ごとに定流量弁を設置する。
⑶ 適切な給湯設備の制御方式を採用する。
⑷ 混合水栓の使用を避け，湯と水は別々の水栓とする。
⑸ 配管経路の短縮，配管の断熱等を行うことで，放熱損失を低減した配管とする。

【問題 122】給湯設備に使用される材料に関する次の記述のうち，最も不適当なものはどれか。
⑴ ステンレス鋼管の隙間腐食は，不動態化によるものである。
⑵ 金属材料の曲げ加工を行った場合には，応力腐食の原因となる。
⑶ 銅管は，管内の流速が速いと潰食が生じる。
⑷ 耐熱性硬質ポリ塩化ビニルライニング鋼管には，管端防食継手を使用する。
⑸ 樹脂管は，使用温度が高くなると許容使用圧力は低くなる。

【問題 123】給湯設備の配管に関する次の記述のうち，最も不適当なものはどれか。
⑴ 業務用厨房など，連続的に湯を使用する給湯枝管には返湯管を設けない。
⑵ ベローズ形伸縮管継手は，スリーブ形伸縮管継手と比較して伸縮吸収量が大きい。
⑶ 給湯量を均等に循環させるため，返湯量を調節する必要がある。
⑷ 給湯管の管径は，ピーク時の湯の流量に基づき決定する。
⑸ 逃し弁には，加熱時に膨張した湯を逃がすための排水管を設ける。

【問題 124】雑用水設備に関する次の記述のうち，最も不適当なものはどれか。
⑴ 広域循環方式は，公共下水処理場の処理水を排水再利用設備で処理し，一般に，大規模な地区に送水して利用するものである。
⑵ 排水再利用水及び雨水等を原水とする雑用水受水槽は，上水の補給装置を設ける。
⑶ 竣工時に雑用水を着色して通水試験を行い，上水系の器具に着色水が出ないことを確認する。
⑷ 配管にスライムが発生した場合は，雑用水の残留塩素濃度を高めて洗浄する。
⑸ 雨水利用設備における雨水利用率とは，使用水量に対する雨水利用量の割合である。

【問題 125】排水再利用施設における次のフローシート □ 内に入る単位装置の組合せとして，最も適当なものは次のうちどれか。

集水→ スクリーン → ア → イ → 沈殿槽 → ウ → 消毒槽 → 排水処理水槽 → 配水

	ア	イ	ウ
(1)	沈砂槽	流量調整槽	生物処理槽
(2)	流量調整槽	生物処理槽	ろ過装置
(3)	ろ過装置	生物処理槽	流量調整槽
(4)	流量調整槽	沈砂層	ろ過装置
(5)	沈砂槽	ろ過装置	生物処理槽

【問題 126】排水再利用設備として用いられる膜分離活性汚泥処理装置に関する次の記述のうち，最も不適当なものはどれか。
(1) 分離膜としては，主に精密ろ過膜（MF）が用いられる。
(2) 膜モジュールを生物処理槽内に浸漬した，槽内浸漬型が一般的である。
(3) 膜分離活性汚泥処理装置の後段に沈殿槽を設ける。
(4) 処理水は消毒が必要である。
(5) 透過水量の低下を防止するため，定期的に膜の洗浄を行う。

【問題 127】排水通気設備の機器と配管に関する次の記述のうち，最も不適当なものはどれか。
(1) 雑排水ポンプは，厨房排水以外の雑排水を排除するのに用いる。
(2) 排水用硬質塩化ビニルライニング鋼管は，その接続に可とう継手を用いる。
(3) 防水床用の排水トラップには，水抜き孔が設置されている。
(4) 排水用耐火二層管は，繊維モルタルによる外管と架橋ポリエチレン管による内管の組合せからなる。
(5) 排水トラップが組み込まれていない阻集器には，その出口側に排水トラップを設ける。

【問題 128】排水通気配管に関する次の記述のうち，最も不適当なものはどれか。
(1) 排水横枝管から通気管を取り出す場合，通気管を取り出す方向は，排水横枝管の断面の真上方向中心より 45° 以内とする。
(2) 器具排水管から各個通気管を取り出す場合，各個通気管は，トラップのウェアから管径の2倍以上離れた位置からとする。
(3) 排水横枝管からループ通気管を取り出す場合，ループ通気管は，最下流の器具排水管を排水横枝管に接続した位置のすぐ上流からとする。
(4) 排水立て管から通気立て管を取り出す場合，通気立て管は，排水立て管に接続されている最低位の排水横枝管より低い位置からとする。
(5) 通気管の末端を窓・換気口等の付近で大気に開放する場合，その上端は，窓・換気口の上端から 600 mm 以上立ち上げて開口する。

【問題　129】排水通気設備に関する用語とその説明との組合せとして，最も不適当なものは次のうちどれか。

(1)　オフセット ──────── 排水立て管の配管経路を水平移動するため，エルボ又はベンド継手で構成されている移行部分をいう。

(2)　ブランチ間隔 ──────── 排水立て管に接続している各階の排水横枝管又は排水横主管の間の垂直距離が，2.5 m を超える排水立て管の区間をいう。

(3)　排水口開放 ──────── 間接排水管を一般の排水系統へ直結している水受け容器又は排水器具のあふれ縁より低い位置で開放することをいう。

(4)　結合通気管 ──────── 排水立て管内の圧力変動を緩和するため，排水立て管から分岐して立ち上げ，通気立て管に接続する逃し通気管をいう。

(5)　インバートます ─────── 底部に 150 mm 程度の泥だまりを有し，土砂を堆積させ，下水道へそれが流出するのを防ぐ排水ますをいう。

【問題　130】排水通気設備に関する次の記述のうち，最も不適当なものはどれか。

(1)　管径 75 mm の排水横管の最小勾配は，1/100 である。

(2)　排水ポンプは，排水槽の吸込みピットの壁面から 200 mm 以上離して設置する。

(3)　排水槽の底の勾配は，吸込みピットに向かって 1/15 以上 1/10 以下とする。

(4)　排水立て管のオフセット部の上下 600 mm 以内には，排水横枝管を設けてはならない。

(5)　厨房用の口径 100 mm の排水管に設置する掃除口の口径は，75 mm とする。

【問題　131】排水トラップと間接排水に関する次の記述のうち，最も不適当なものはどれか。

(1)　間接排水管の配管長が，1,500 mm を超える場合は，悪臭防止のために機器・装置に近接してトラップを設ける。

(2)　飲料用水槽において，管径 100 mm の間接排水管に設ける排水口空間は，最小 150 mm とする。

(3)　洗濯機の間接排水管の端部は，排水口空間を確保，あるいは排水口開放とする。

(4)　排水トラップの脚断面積比（流出脚断面積/流入脚断面積）が小さくなると，封水強度は大きくなる。

(5)　使用頻度の少ない衛生器具に設置するトラップには，封水の蒸発による破封を防ぐため，トラップ補給水装置を設置する。

【問題　132】敷地内排水設備に関する次の記述のうち，最も不適当なものはどれか。

(1)　排水の直管が長い場合，排水ますは管内径の 120 倍を超えない範囲内に設置する。

(2)　合流式排水方式は，汚水，雑排水，雨水を同じ系統で排水する。

(3)　雨水ますの流入管と流出管との管底差は，20 mm 程度とする。

(4)　雨水浸透施設は，透水性舗装，浸透ます，浸透地下トレンチ等により構成される。

(5)　排水ますの大きさは，配管の埋設深度，接続する配管の管径及び本数等を考慮して決定する。

【問題 133】排水設備の清掃・診断に関する次の記述のうち，最も不適当なものはどれか。
(1) 排水立て管の清掃に用いる高圧洗浄法は，5～30 MPa の高圧の水を噴射し，排水管内を洗浄する方法である。
(2) 排水管の有機性付着物は，酸性洗浄剤を用いて除去する。
(3) 排水管の内部の腐食状況は，超音波厚さ計や X 線を使用した方法等により確認する。
(4) ウォータラム法は，圧縮空気を一気に放出してその衝撃で閉塞物を除去する方法である。
(5) ワイヤを通す方法は，一般に長さ 25 m までの排水横管の清掃に使用する。

【問題 134】排水設備に関する次の記述のうち，最も不適当なものはどれか。
(1) 汚水槽の清掃は，酸素濃度が 18% 以上，かつ，硫化水素濃度が 10 ppm 以下であることを確認してから作業を行う。
(2) 逆流防止弁は，排水通気管からの臭気の逆流を防止するために設置する。
(3) 飲食店などのグリース阻集器内で発生する油分の廃棄物は，産業廃棄物として処理する。
(4) 排水槽内で汚物などの腐敗が進行し，悪臭が発生する場合の対策として，排水ポンプのタイマ制御により 1～2 時間ごとに強制的に排水する。
(5) 排水管に設置する床下式の掃除口の蓋には，砲金製プラグを用いる。

【問題 135】衛生器具設備に関する次の記述のうち，最も不適当なものはどれか。
(1) 衛生器具は危険な突起がない形状のものを選定し，利用者に対する安全性を考慮する。
(2) 節水機器を導入する場合，排水管内の汚物などの搬送性能にも配慮する。
(3) 洗面器の取り付け状態は，2 か月に 1 回，定期に点検する。
(4) 水受け容器には，便器・洗面器類，流し類の他にトラップも含まれる。
(5) 小便器の排水状態は，6 か月に 1 回，定期に点検する。

【問題 136】大便器回りの故障の現象とその原因との組合せとして，最も不適当なものは次のうちどれか。
(1) 便器と床面の間が濡れる ———— フランジ部シール材の取り付けが不良である。
(2) 洗浄力が弱く，汚物が流れない ——— タンク内の止水位が高くなっている。
(3) 洗浄弁のハンドル部から漏水する —— ハンドル部パッキン又は押し棒が摩耗してゆるんでいる。
(4) 吐水時間が長い ———————— 洗浄弁のピストンバルブのストレーナが詰まりかけている。
(5) 洗出し便器で，封水位が低い ——— 便器に接続される汚水管の勾配の異常により，サイホン現象を起こしている。

【問題 137】浄化槽に採用されている処理法のうち，生物膜法に分類されないものは次のうちどれか。
(1) 長時間ばっ気法
(2) 回転板接触法
(3) 接触ばっ気法
(4) 散水ろ床法
(5) 担体流動法

【問題　138】水分 98.0 % の汚泥 15.0 m³ を水分 97.0 % に濃縮した場合，濃縮後の汚泥の容積として，最も適当なものは次のうちどれか。
(1)　3.0 m³
(2)　5.0 m³
(3)　7.5 m³
(4)　10.0 m³
(5)　12.5 m³

【問題　139】特殊設備に関連する次の記述のうち，最も不適当なものはどれか。
(1)　厨房機器が具備すべき要件として，食品に接する部分は，衛生的で，容易に洗浄・殺菌ができる構造とする。
(2)　入浴設備の打たせ湯には，循環している浴槽水を用いない。
(3)　水景施設への上水系統からの補給水は，必ず吐水口空間を設けて間接的に給水する。
(4)　プールの循環ろ過にオーバフロー方式を採用する場合には，オーバフローに床の洗浄水が入らない構造とする。
(5)　入浴設備で浴槽からの循環水を消毒する場合は，消毒に用いる塩素系薬剤の投入口をろ過器から出た直後に設置する。

【問題　140】消防用設備の保守管理に関する次の記述のうち，最も不適当なものはどれか。
(1)　特定防火対象物で一定規模以上のものは，消防設備士又は消防設備点検資格者が点検する。
(2)　一定規模以上の建築物における定期点検の結果は，特定防火対象物で 1 年に 1 回，非特定防火対象物で 3 年に 1 回報告する。
(3)　消防用設備等に附置される自家発電設備は，1 年に 1 回機器点検を行う。
(4)　外観点検は，損傷の有無等の外観から判断できる事項を，消防用設備等の種類等に応じ，点検基準に従い確認する。
(5)　防火管理者は日常の点検項目として，消防用設備の異常信号などについて確認し，異常が認められたら直ちに修理し，機能回復を図る。

給水及び排水の管理

【問題 106】給水及び排水の管理に関する用語と単位の組合せとして，最も不適当なものは次のうちどれか。

(1) 水の比熱 ——————— kJ/(kg・℃)
(2) 腐食速度 ——————— mm/年
(3) 塩化物イオン ————— mg/L
(4) 揚水ポンプの揚程 ——— m
(5) 水槽照度率 ——————— lm/m^2

【問題 107】給水及び排水の管理に関する用語の組合せとして，最も不適当なものは次のうちどれか。

(1) スライム障害 ——— バイオフィルムの形成
(2) 異臭味 ————— 藻類や放線菌の産生物質
(3) スカム ————— 排水槽内の浮上物質
(4) スケール障害 ——— トリハロメタンの生成
(5) 赤水 ————— 鉄錆の溶出

【問題 108】水道法に関する次の記述のうち，最も不適当なものはどれか。

(1) 水道とは，導管及びその他の工作物により，水を人の飲用に適する水として供給する施設の総体をいう。
(2) 水道事業とは，一般の需要に応じて水道によって水を供給する事業であって，計画上の給水人口が101人以上のものをいう。
(3) 上水道事業とは，計画給水人口が4,001人以上である水道事業をいう。
(4) 専用水道には，寄宿舎等の自家用水道等で，100人を超えるものにその居住に必要な水を供給するものが含まれる。
(5) 簡易専用水道とは，水道事業の用に供する水道から供給を受ける水のみを水源とするもので，水槽の有効容量の合計が10 m^{3}を超えるものをいう。

【問題 109】水道施設等に関する次の記述のうち，最も不適当なものはどれか。

(1) 市又は特別区の専用水道及び簡易専用水道は，当該市長又は特別区長が指導監督を行う。
(2) 地表水は，伏流水と比較して，水量及び水質の変化が大きい。
(3) 深層地下水は，地表からの汚染を受けにくく，水質は安定しているが，管の腐食を生ずることがある。
(4) 導水施設とは，浄水施設で処理された水を配水施設まで送る施設のことである。
(5) 水道法で規定する給水装置とは，需要者に水を供給するために，水道事業者の施設した配水管から分岐して設けられた給水管及びこれに直結する給水用具のことである。

【問題 110】水道水の塩素消毒に関する次の記述のうち，最も不適当なものはどれか。
(1) 塩素消毒の効果は，懸濁物質が存在すると低下する。
(2) 塩素消毒の反応速度は，温度が高くなるほど速くなる。
(3) 水道水中の窒素化合物と反応することで，塩素消毒の効果が高まる。
(4) 塩素消毒の効果は，アルカリ側で急減する。
(5) 塩素消毒は，多種類の微生物に効果がある。

【問題 111】給水設備の汚染に関する次の記述のうち，最も不適当なものはどれか。
(1) 逆サイホン作用とは，給水管内に生じた負圧により，水受け容器にいったん吐水された水が給水管内に逆流することである。
(2) クロスコネクションとは，飲料水系統と他の配管系統を配管などで直接接続することである。
(3) 洗面器における吐水口空間は，給水栓の吐水口と洗面器のあふれ縁との垂直距離である。
(4) 大便器の洗浄弁の下流側には，一般に圧力式バキュームブレーカを設置する。
(5) 逆サイホン作用の防止対策の基本は，吐水口空間を設けることである。

【問題 112】給水設備に関する次の記述のうち，最も不適当なものはどれか。
(1) 小学校における1日当たりの設計給水量は，70～100 L/人である。
(2) 受水槽の有効容量は，一般に1日使用水量の1/2程度である。
(3) 一般水栓の最低必要水圧は，30 kPaである。
(4) 給水配管の管径は，管内の流速が2.0 m/s以下となるように選定する。
(5) 高層ホテルの上限給水圧力は，0.7 MPaである。

【問題 113】給水設備における現象とその原因の組合せとして，最も不適当なものは次のうちどれか。
(1) ウォータハンマ ――― シングルレバー水栓による急閉
(2) 貯水槽水面の波立ち ――― 迂回壁の設置
(3) クリープ劣化 ――― 長時間継続する応力
(4) 青水 ――― 銅イオンの浸出
(5) 孔食 ――― ステンレス鋼管内の異物の付着

【問題 114】給水設備の配管に関する次の記述のうち，最も不適当なものはどれか。
(1) 給水管と排水管が平行して埋設される場合には，給水管は排水管の上方に埋設する。
(2) 止水弁は，主管からの分岐，各系統の起点，機器との接続部等に設置する。
(3) ポンプに弁及び配管を取り付ける場合には，その荷重が直接ポンプにかからないように支持する。
(4) 建物の揺れ，配管の振動等による変位を吸収するため，貯水槽と配管との接続には伸縮継手を使用する。
(5) 機器との接続配管は，機器の交換の際に容易に機器が外せるフランジ接合などとする。

令和3年度

【問題　115】給水設備の配管に関する語句の組合せとして，最も不適当なものは次のうちどれか。

(1) 合成樹脂ライニング鋼管（ねじ接合）――― 管端防食継手
(2) ステンレス鋼管（溶接接合）――――――― TIG 溶接
(3) 架橋ポリエチレン管 ―――――――――― 接着接合
(4) ポリブテン管 ―――――――――――― メカニカル形接合
(5) 銅管 ――――――――――――――― 差込みろう接合

【問題　116】給水設備の維持管理に関する次の記述のうち，最も不適当なものはどれか。

(1) 防錆剤を使用している場合は，3カ月以内ごとに1回，防錆剤の濃度の検査を行う。
(2) 受水槽と高置水槽の清掃は，原則として同じ日に行い，受水槽清掃後に高置水槽の清掃を行う。
(3) 飲料用貯水槽の清掃業務に従事する者は，6カ月に1回程度，健康診断を受ける。
(4) 飲料用貯水槽の点検は，定期に実施し，必要に応じて補修などを行う。
(5) 受水槽の水位制御の作動点検は，槽内のボールタップを手動で操作して行う。

【問題　117】建築物衛生法に基づく貯水槽の清掃に関する次の記述のうち，誤っているものはどれか。

(1) 清掃終了後の消毒は，有効塩素濃度 50〜100 mg/L の次亜塩素酸ナトリウム溶液などの塩素剤を用いる。
(2) 清掃終了後は，2回以上貯水槽内の消毒を行う。
(3) 消毒終了後の水洗いと水張りは，少なくとも 30 分以上経過してから行う。
(4) 清掃終了後の水質検査における遊離残留塩素濃度の基準値は，0.1 mg/L 以上である。
(5) 清掃終了後の水質検査における濁度の基準値は，2 度以下である。

【問題　118】給湯設備に関する次の記述のうち，最も不適当なものはどれか。

(1) 壁掛けシャワーの使用温度は，42℃ 程度である。
(2) 自然冷媒ヒートポンプ給湯機による湯の最高沸き上げ温度は，60℃ である。
(3) 総合病院における使用湯量は，100〜200 L/（床・日）程度である。
(4) 架橋ポリエチレン管の使用温度は，95℃ 以下とする。
(5) ガス瞬間湯沸器の能力表示で1号とは，約 1.74 kW の加熱能力である。

【問題　119】給湯設備における水の性質に関する次の記述のうち，最も不適当なものはどれか。

(1) 4℃ 以上の水は，温度が高くなると密度は小さくなる。
(2) 配管内の水中における気体の溶解度は，水温の上昇により増加する。
(3) 給湯設備で扱う範囲の水は，ほとんど非圧縮性である。
(4) 水中に溶存している空気は，配管内の圧力が高いと分離されにくい。
(5) 水温が高いほど，金属腐食速度が速くなる。

【問題　120】給湯設備に使用される材料に関する次の記述のうち，最も不適当なものはどれか。
(1) 金属材料の曲げ加工を行うと，応力腐食が生じることがある。
(2) 耐熱性硬質ポリ塩化ビニル管の最高使用許容圧力は，使用温度が高くなると低下する。
(3) 樹脂管を温度の高い湯に使用すると，塩素による劣化が生じやすい。
(4) ステンレス鋼管は，酸化被膜による母材の不動態化によって耐食性が保持される。
(5) ポリブテン管の線膨張係数は，銅管と比較して小さい。

【問題　121】循環配管の管長が100 m の給湯設備で給湯循環流量を 10 L/min とした場合，循環配管からの単位長さ当たりの熱損失の値として，最も近いものは次のうちどれか。
　　ただし，加熱装置における給湯温度と返湯温度の差を5℃とする。算定方式は次式を使う。
　　　$Q = 0.0143 \times H_L \div \Delta t$
　　ここで，　Q：循環流量［L/min］
　　　　　　　H_L：循環配管からの熱損失［W］
　　　　　　　Δt：加熱装置における給湯温度と返湯温度との差［℃］
(1) 0.5 W/m
(2) 7.0 W/m
(3) 35 W/m
(4) 140 W/m
(5) 3,500 W/m

【問題　122】給湯設備に関する次の記述のうち，最も不適当なものはどれか。
(1) 貫流ボイラは，煙道を備えている。
(2) 貯蔵式湯沸器は，減圧弁を備えている。
(3) 真空式温水発生機は，減圧蒸気室を備えている。
(4) 太陽熱利用温水器には，集熱器と貯湯槽が一体で構成されているものがある。
(5) 潜熱回収型給湯器は，排気ガスの潜熱を回収し，給水の予熱として利用する。

【問題　123】給湯設備の保守管理に関する次の記述のうち，最も不適当なものはどれか。
(1) 給湯水にレジオネラ属菌汚染が認められた場合は，高濃度塩素により系統内を消毒する対策がある。
(2) 無圧式温水発生機の定期検査は，労働安全衛生法に規定されている。
(3) 給湯設備は，給水設備に準じた保守管理が必要である。
(4) 給湯水を均等に循環させるため，返湯管に定流量弁を設置する。
(5) ベローズ形伸縮管継手は，ベローズが疲労破壊により漏水することがある。

【問題　124】雑用水に関する次の記述のうち，最も不適当なものはどれか。
(1) 地区循環方式は，複数の建物間で排水再利用設備を共同利用するものである。
(2) 雑用水の原水は，年間を通じて安定して確保できる排水を優先する。
(3) 雑用水は，洗面器，手洗器等に連結しない。
(4) 雑用水受水槽は，耐食性及び耐久性のある材質のものを用いる。
(5) 原水にし尿を含む雑用水を，散水，水景用に使用する場合は，規定された水質基準に適合する必要がある。

令和3年度

【問題 125】建築物衛生法に基づく雑用水の水質検査において，7日以内ごとに1回，定期に行う項目に該当しないものは次のうちどれか。

(1) pH
(2) 臭気
(3) 外観
(4) 濁度
(5) 遊離残留塩素

【問題 126】雨水利用設備の単位装置と点検項目の組合せとして，最も不適当なものは次のうちどれか。

(1) スクリーン —————— ばっ気状況
(2) 降雨水集水装置 ——— 屋根面の汚れ
(3) 雨水貯留槽 —————— 沈殿物の有無
(4) ストレーナ —————— 網の破損状態
(5) ろ過装置 —————— ろ層の閉塞状況

【問題 127】排水の水質に関する次の記述のうち，最も不適当なものはどれか。

(1) pH値は，汚水の処理工程において変化するため，処理の進行状況を推定する際に用いられる。
(2) (BOD/COD) 比が高い排水は，生物処理法より物理化学処理法が適している。
(3) 窒素化合物は，閉鎖性水域の富栄養化の原因物質の一つである。
(4) 総アルカリ度は，硝化・脱窒反応における指標として用いられる。
(5) ヘキサン抽出物質は，比較的揮発しにくい油脂類などである。

【問題 128】排水通気配管に関する次の記述のうち，最も不適当なものはどれか。

(1) 通気管の末端を，窓・換気口等の付近に設ける場合は，その上端から600 mm以上立ち上げて大気に開放する。
(2) 特殊継手排水システムは，排水横枝管への接続器具数が比較的少ない集合住宅やホテルの客室系統に多く採用されている。
(3) 間接排水管の管径が30 mmの場合の排水口空間は，最小50 mmである。
(4) 結合通気管は，高層建物のブランチ間隔10以上の排水立て管において，最上階から数えてブランチ間隔10以内ごとに設置する。
(5) ループ通気管は，最上流の器具排水管が排水横枝管に接続される位置のすぐ下流から立ち上げて，通気立て管に接続する。

【問題 129】排水トラップと阻集器に関する次の記述のうち，最も不適当なものはどれか。

(1) ドラムトラップは，サイホントラップに分類される。
(2) トラップの封水強度とは，排水管内に正圧又は負圧が生じたときのトラップの封水保持能力をいう。
(3) 砂阻集器に設ける泥だめの深さは，150 mm以上とする。
(4) 開放式のオイル阻集器を屋内に設置する場合は，換気を十分に行う。
(5) 繊維くず阻集器には，金網の目の大きさが13 mm程度のバスケットストレーナを設置する。

【問題　130】排水配管に関する次の記述のうち，最も不適当なものはどれか。
(1)　間接排水管の配管長が，1,500 mm を超える場合は，悪臭防止のために機器・装置に近接してトラップを設ける。
(2)　管径 65 mm の排水横管の最小勾配は，1/50 である。
(3)　雨水排水ますの流出管は，流入管よりも管底を 10 mm 程度下げて設置する。
(4)　排水立て管のオフセット部の上下 600 mm 以内に，排水横枝管を設けてはならない。
(5)　伸頂通気方式の排水横主管の水平曲がりは，排水立て管の底部より 3 m 以内に設けてはならない。

【問題　131】排水槽と排水ポンプに関する次の記述のうち，最も不適当なものはどれか。
(1)　排水槽の底部の勾配は，吸込みピットに向かって 1/15 以上 1/10 以下とする。
(2)　排水槽内は，ブロワによってばっ気すると正圧になるので排気を行う。
(3)　排水槽のマンホールは，排水水中ポンプ又はフート弁の直上に設置する。
(4)　排水ポンプは，排水槽の吸込みピットの壁面から 100 mm 程度離して設置する。
(5)　厨房用の排水槽には，汚物ポンプを用いる。

【問題　132】排水管に設置する掃除口と排水ますに関する次の記述のうち，最も不適当なものはどれか。
(1)　掃除口の設置間隔は，排水管の管径が 75 mm の場合には，25 m 程度とする。
(2)　排水ますは，敷地排水管の直管が長い場合，管内径の 120 倍を超えない範囲内に設置する。
(3)　掃除口の口径は，排水管の管径が 125 mm の場合には，100 mm とする。
(4)　掃除口は，建物内の排水横主管と敷地排水管との接続箇所の近くに設置する。
(5)　排水ますの大きさは，配管の埋設深度，接続する配管の大きさと本数，及び点検等を考慮して決定する。

【問題　133】排水槽と排水ポンプの保守管理に関する次の記述のうち，最も不適当なものはどれか。
(1)　排水槽内の悪臭防止対策としては，1～2 時間を超えて排水を貯留しないように，タイマ制御による強制排水を行う。
(2)　排水槽の清掃作業は，酸素濃度を確認した後，硫化水素濃度が 10 ppm 以下であることを測定・確認して行う。
(3)　排水ポンプは，3 カ月に 1 回絶縁抵抗の測定を行い，1 MΩ 以上であることを確認する。
(4)　排水槽の清掃は，6 カ月以内に 1 回行うことが建築物環境衛生管理基準で規定されている。
(5)　排水ポンプは，1～2 年に 1 回程度，メカニカルシールの交換を行う。

【問題 134】排水設備とグリース阻集器の保守管理に関する次の記述のうち，最も不適当なものはどれか。
(1) 通気管は，1年に1回程度，定期的に，系統ごとに異常がないか点検・確認をする。
(2) グリース阻集器のグリースは，7〜10日に1回の間隔で除去する。
(3) ロッド法による排水管の清掃には，最大30mの長さにつなぎ合わせたロッドが用いられる。
(4) スネークワイヤ法は，排水立て管の清掃に使用する場合では，長さ20m程度が限界である。
(5) 高圧洗浄による排水管の清掃では，0.5〜3MPaの圧力の水を噴射させて洗浄する。

【問題 135】大便器に関する次の記述のうち，最も不適当なものはどれか。
(1) 大便器の給水方式には，タンク式，洗浄弁式，専用洗浄弁式がある。
(2) 大便器の洗浄水量は，JIS A 5207において，I形は8.5L以下と区分されている。
(3) 大便器洗浄弁が接続する給水管の管径は13mmとする。
(4) 大便器の取り付け状態は，6カ月に1回，定期に点検する。
(5) 大便器の節水型洗浄弁は，ハンドルを押し続けても，標準吐出量しか吐水しない機能を有している。

【問題 136】衛生器具等の清掃に関する次の記述のうち，最も不適当なものはどれか。
(1) 陶器製の衛生器具に湯を使用する場合，熱湯を直接注ぐと割れることがある。
(2) プラスチック製の衛生器具は，水やぬるま湯に浸した柔らかい布を絞って拭く。
(3) ステンレス製の衛生器具に付いた脂汚れは，中性洗剤を付けたスポンジなどで洗い，洗剤分を完全に洗い落とす。
(4) ほうろう鉄器製の衛生器具に付いた水あかや鉄錆等の汚れは，金属タワシでこすりとる。
(5) 洗面所の鏡に付いた水分をそのままにしておくと表面に白い汚れが付きやすいので，乾いた布でこまめに拭き取る。

【問題 137】浄化槽における高度処理で除去対象とする物質とその除去法との組合せとして，最も不適当なものは次のうちどれか。
(1) 浮遊性の有機物質 ——— 急速ろ過法
(2) リン化合物 ——— 活性炭吸着法
(3) 溶解性の有機物質 ——— 接触ばっ気法
(4) 窒素化合物 ——— 生物学的硝化脱窒法
(5) アンモニア ——— イオン交換法

【問題 138】浄化槽法に規定する浄化槽管理者に関する次の記述のうち，誤っているものはどれか。
(1) 最初の保守点検は，浄化槽の使用開始直後に実施する。
(2) 指定検査機関の行う法定検査を受検する。
(3) 保守点検及び清掃を実施し，その記録を保存する。
(4) 保守点検及び清掃は，法令で定められた技術上の基準に従って行う。
(5) 保守点検は，登録を受けた浄化槽保守点検業者に委託することができる。

【問題 139】浄化槽の単位装置として採用されているばっ気槽の点検項目として，<u>最も不適当な</u>ものは次のうちどれか。
(1) ばっ気槽混合液浮遊物質濃度
(2) 溶存酸素濃度
(3) 空気供給量
(4) 30 分間汚泥沈殿率
(5) 透視度

【問題 140】特殊設備に関する次の記述のうち，<u>最も不適当な</u>ものはどれか。
(1) プールの循環ろ過の取水口には，吸い込み事故を未然に防止するための安全対策を施す。
(2) 厨房機器の材質は，吸水性がなく，耐水性・耐食性を持つものとする。
(3) 水景施設への上水系統からの補給水は，必ず吐水口空間を設けて間接的に給水する。
(4) 水景施設における維持管理としては，貯水部や流水部の底部や側壁に沈殿・付着した汚泥等の除去も必要である。
(5) オーバフロー方式による浴槽循環ろ過設備の循環水は，浴槽水面より高い位置から浴槽に供給する。

給水及び排水の管理

【問題　106】給水及び排水の管理に関する用語とその単位との組合せとして，最も不適当なものは次のうちどれか。
- (1)　総アルカリ度 ――――― mg/L
- (2)　BOD 容積負荷 ――――― g/(人・日)
- (3)　色度 ――――――――― 度
- (4)　水槽照度率 ――――――― ％
- (5)　腐食速度 ――――――――― mm/年

【問題　107】給水及び排水の管理に関する用語の説明として，最も不適当なものは次のうちどれか。
- (1)　逃し通気管 ――――――― 排水系統内の下水ガスによる臭気除去のための管
- (2)　FRP ――――――――― ガラス繊維で補強したプラスチック
- (3)　スクリーン ――――――― 原水中の夾雑物除去のための装置
- (4)　バルキング ――――――― 活性汚泥が沈降しにくくなる現象
- (5)　バキュームブレーカ ――― 管内が負圧になったときに空気を取り入れる装置

【問題　108】水質基準に関する省令に定める基準として，誤っているものは次のうちどれか。
- (1)　一般細菌は，1 mL の検水で形成される集落数が 100 以下であること。
- (2)　総トリハロメタンは，0.1 mg/L 以下であること。
- (3)　カルシウム，マグネシウム等（硬度）は，500 mg/L 以下であること。
- (4)　鉛及びその化合物は，鉛の量に関して，0.01 mg/L 以下であること。
- (5)　塩化物イオンは，200 mg/L 以下であること。

【問題　109】水道水の塩素消毒に関する次の記述のうち，最も不適当なものはどれか。
- (1)　CT 値は，塩素濃度を接触時間で除したものである。
- (2)　塩素消毒の効果は，懸濁物質が存在すると低下する。
- (3)　原虫シストは，塩素消毒に対する抵抗性が強い。
- (4)　塩素消毒は，多種類の微生物に対して消毒効果が期待できる。
- (5)　塩素消毒の反応速度は，温度が高くなるほど速くなる。

【問題　110】給水管理に関する次の記述のうち，最も不適当なものはどれか。
- (1)　残留塩素濃度の定期検査は，最もその濃度が低いと考えられる末端給水栓で行う。
- (2)　飲料水系統の給水管における赤水などの恒久対策として，防錆剤を使用する。
- (3)　飲料水系統配管の維持管理においては，管の損傷，錆，腐食及び水漏れの有無を定期に点検することが重要である。
- (4)　給水設備の老朽化に伴って，水量・水圧が減少することがある。
- (5)　水質検査の結果，病原生物などが水質基準を超えて水に含まれ，人の健康を害するおそれがある場合は，直ちに給水停止措置をとる。

【問題　111】給水用止水弁の取付けに関する次の記述のうち，最も不適当なものはどれか。
⑴　天井内に止水弁を設置する場合は，その近傍に点検口を設ける。
⑵　給水立て主管からの各階への分岐管には，止水弁を設ける。
⑶　取外しが必要な機器の前後に止水弁を設置する場合は，ねじ込み型とする。
⑷　止水弁には，系統の名称札を設ける。
⑸　止水弁として，仕切弁が多く使用される。

【問題　112】給水設備に関する次の記述のうち，最も適当なものはどれか。
⑴　総合病院における1日当たりの設計給水量は，150～350L/床とする。
⑵　受水槽の有効容量は，一般に1日最大使用量の1/10とする。
⑶　高層ホテルの給水系統でのゾーニングは，上限水圧を0.5MPaとなるようにする。
⑷　直結増圧方式は，引込み管に増圧ポンプユニットを設けて水圧を高くし，中層建築物に適用できるようにした方式である。
⑸　高置水槽方式は，他の給水方式に比べて水質汚染の可能性が低い方式である。

【問題　113】給水設備に関する配管材料とその接合方法との組合せとして，最も不適当なものは次のうちどれか。
⑴　水道用硬質塩化ビニルライニング鋼管 ——— フランジ接合
⑵　銅管 ——————————————— 差込みろう接合
⑶　ステンレス鋼管 ——————————— フランジ接合
⑷　ポリブテン管 ———————————— 接着接合
⑸　硬質ポリ塩化ビニル管 ———————— 接着接合

【問題　114】給水設備の貯水槽の汚染防止に関する次の記述のうち，最も不適当なものはどれか。
⑴　受水槽を屋外に設置する場合は，防護フェンスをめぐらせ出入口に施錠する。
⑵　貯水槽の下部，周囲には60cm以上，上部には100cm以上の点検スペースを確保する。
⑶　流入管は，吐水時の波立ちを防止するため，吐水部を水面下に水没させる。
⑷　大容量の貯水槽の場合は，槽内に迂回壁を設置して滞留水の発生を抑制する。
⑸　有効容量が2m³以上の貯水槽は，水槽本体との取付部に水密性をもたせた通気管を設ける。

【問題　115】給水設備に関する次の記述のうち，最も不適当なものはどれか。
⑴　建築物の揺れ，地盤の不等（不同）沈下，配管の振動等による変位の吸収のために，可とう継手を配管に取り付ける。
⑵　高置水槽方式の揚水管は，水柱分離によるウォータハンマ防止のため，屋上での横引きを長くする。
⑶　合成樹脂管のクリープ劣化とは，合成樹脂に熱応力が長時間継続してかかる場合，材料変形が時間とともに進んでいく状態をいう。
⑷　吸排気弁は，給水管内の空気の排出のためと，給水管内が負圧になった場合の逆流防止のために設置する。
⑸　さや管ヘッダ工法とは，集合住宅の住戸内などで，ヘッダから各器具にそれぞれ単独に配管する工法である。

【問題 116】貯水槽の清掃に関する次の記述のうち，最も不適当なものはどれか。
(1) 清掃時は，貯水槽のマンホールの蓋を開け，換気用のファンやダクトを設置し，槽内の換気を図るなどの事故防止対策を行う。
(2) 受水槽と高置水槽の清掃は，原則同じ日に行い，受水槽の清掃後に高置水槽の清掃を行う。
(3) 清掃終了後は，塩素剤を用いて2回以上，貯水槽内の消毒を行う。
(4) 消毒後の水洗いと水張りは，消毒終了後，15分程度経過してから行う。
(5) 清掃終了後の消毒は，有効塩素濃度50～100 mg/L の次亜塩素酸ナトリウム溶液などの塩素剤を使用する。

【問題 117】給湯設備に関する次の記述のうち，最も不適当なものはどれか。
(1) ホテル宿泊部の設計給湯量は，50 L/(人・日) 程度である。
(2) ガス瞬間湯沸器の能力は一般に号数で表され，1号の加熱能力は1.74 kW に相当する。
(3) 厨房における業務用皿洗い機のすすぎ温度は，80℃ 程度である。
(4) 中央式給湯設備の給湯栓の給湯温度は，ピーク使用時においても55℃ 以上とする。
(5) 貯蔵式湯沸器は，90℃ 以上の高温湯が得られ，飲用として利用される。

【問題 118】給湯設備に関する次の記述のうち，最も不適当なものはどれか。
(1) 循環式給湯設備の下向き配管方式における給湯横主管は，1/200 以上の下り勾配とする。
(2) 返湯管に銅管を用いる場合は，潰食を考慮して管内流速を1.2 m/s 以下とする。
(3) ライニング鋼管における単式の伸縮管継手の設置間隔は，50 m 程度とする。
(4) 貯湯槽の容量は，ピーク時の必要容量の1～2時間分を目安とする。
(5) 耐熱性硬質ポリ塩化ビニル管は，90℃ 以下で使用する。

【問題 119】給湯設備に関する次の記述のうち，最も不適当なものはどれか。
(1) 強制循環方式において湯を均等に循環させるため，リバースリターン方式とする。
(2) 密閉式膨張水槽を設ける場合は，逃し弁を設ける。
(3) 給湯循環ポンプの循環流量は，循環配管系などからの熱損失及び加熱装置における給湯温度と返湯温度の温度差より算定する。
(4) 加熱装置から逃し管（膨張管）を立ち上げる場合は，補給水槽の水面よりも高く立ち上げる。
(5) 給湯循環ポンプは，背圧に耐えることのできるものを選定する。

【問題 120】給湯設備に関する次の記述のうち，最も不適当なものはどれか。
(1) 樹脂管の許容使用圧力は，使用温度が高くなると低下する。
(2) ステンレス鋼管は隙間腐食が生じる可能性があるので，入念な施工が要求される。
(3) 耐熱性硬質塩化ビニルライニング鋼管の接続には，管端防食継手を使用する。
(4) 返湯管のない単管式の給湯配管に銅管を用いる場合は，給湯循環配管に用いる場合より腐食の発生する可能性が高い。
(5) ステンレス鋼管と銅管の線膨張係数は，ほぼ等しい。

令和2年度

【問題　121】給湯設備の加熱装置に関する次の記述のうち，最も不適当なものはどれか。
⑴　ガス瞬間湯沸器には，給湯の他にセントラルヒーティング用の回路を内蔵したものがある。
⑵　給湯用貫流ボイラは，水管群により構成され耐圧性に優れている。
⑶　無圧式温水発生機は，缶体内を大気圧以下とし，熱媒を蒸発させて内部の熱交換器で熱交換を行い，湯を供給する。
⑷　加熱コイル付き貯湯槽は，蒸気などの熱源が得られる場合に使用される。
⑸　ガスマルチ式給湯機は，小型の瞬間湯沸器を複数台連結してユニット化したものである。

【問題　122】給湯設備の保守管理に関する次の記述のうち，最も不適当なものはどれか。
⑴　第2種圧力容器は，1年以内ごとに1回，定期自主検査を行う。
⑵　各種の弁は，1年に1回以上，分解清掃を行う。
⑶　中央式給湯方式の循環ポンプは，1年に1回以上，分解清掃を行う。
⑷　給湯配管は，1年に1回以上，管洗浄を行う。
⑸　シャワーヘッドは，1年に1回以上，定期的に点検を行う。

【問題　123】給湯設備の保守管理に関する次の記述のうち，最も不適当なものはどれか。
⑴　器具のワッシャには，天然ゴム製のものを使用する。
⑵　使用頻度の少ない給湯栓は，定期的に停滞水の排出を行い，給湯温度の測定を行う。
⑶　貯湯槽は，定期的に底部の滞留水の排出を行う。
⑷　SUS444製の貯湯槽には，電気防食を施してはならない。
⑸　給湯栓から出る湯が分離気体によって白濁する場合は，自動空気抜き弁の空気排出口が詰まっている可能性がある。

【問題　124】雨水利用設備に関する次の記述のうち，最も不適当なものはどれか。
⑴　雨水の集水場所は，原則として建築物の屋根面とする。
⑵　雨水処理において，生物処理法が用いられる。
⑶　雨水利用率とは，雨水集水量に対する雨水利用量の割合である。
⑷　雨水処理において，消毒装置は雨水貯留槽の下流側に設置する。
⑸　雨水貯留槽に流入する立て管には，豪雨時の満水対策として，緊急停止弁などを設ける。

【問題　125】次の雑用水処理設備のうち，色度及び臭気の除去に最も適したものはどれか。
⑴　沈砂槽　　　　　　　　　⑷　活性炭処理装置
⑵　回転板接触槽　　　　　　⑸　ろ過装置
⑶　ばっ気槽

【問題　126】建築物衛生法施行規則に規定されている雑用水の水質基準項目とその基準との組合せとして，誤っているものは次のうちどれか。
⑴　大腸菌 ── 検出されないこと　　　⑷　濁度 ── 2度以下であること
⑵　臭気 ── 異常でないこと　　　　　⑸　外観 ── 浮遊物質を含まないこと
⑶　pH値 ── 5.8以上8.6以下であること

【問題　127】 排出の水質に関する次の記述のうち，最も不適当なものはどれか。
(1)　透視度は，BOD と相関を示すことが多く，汚水処理の進行状況を推定する指標として用いられる。
(2)　COD は，主として水中の有機物質が好気性微生物によって分解される際に消費される酸素量を表したものである。
(3)　MLSS は，ばっ気槽混合液浮遊物質のことで，活性汚泥中の微生物量の指標の一つである。
(4)　残留塩素は，水中に存在する遊離型及び結合型の有効塩素をいい，消毒効果の指標として用いられる。
(5)　リン化合物は，閉鎖性水域における富栄養化の原因物質の一つである。

【問題　128】 排水トラップに関する次の記述のうち，最も不適当なものはどれか。
(1)　トラップにかかる圧力変動の周期と封水の固有振動周期が近いと共振現象を起こし，封水の水の損失が大きくなる。
(2)　脚断面積比とは，トラップの流出脚断面積を流入脚断面積で除した値をいう。
(3)　封水強度とは，トラップの蒸発現象発生時の封水保持能力をいう。
(4)　トラップのウェア（あふれ縁）に糸くずや毛髪が引っ掛かると，毛細管現象で封水が減少する。
(5)　自掃作用とは，排水の流下水勢によって，トラップの封水部に沈積又は付着するおそれのある夾雑物を押し流す作用をいう。

【問題　129】 排水通気設備に関する語句の組合せとして，最も不適当なものは次のうちどれか。
(1)　各個通気方式 ———————— トラップの自己サイホンの防止
(2)　排水口空間 ———————— 飲料水槽の汚染防止
(3)　即時排水型ビルピット ——— 排水槽の悪臭防止
(4)　インバートます ———————— 固形物の滞留防止
(5)　通気弁 ———————— 通気管内の正圧防止

【問題　130】 排水設備に関する次の記述のうち，最も不適当なものはどれか。
(1)　排水ポンプは，吸込みピットの壁面から 200 mm 以上離して設置する。
(2)　排水用耐火二層管は，繊維モルタルによる外管と硬質ポリ塩化ビニル管による内管の組合せからなる。
(3)　トラップが直接組み込まれていない阻集器には，その出口側にトラップを設ける。
(4)　排水槽の底の勾配は，吸込みピットに向かって 1/20 とする。
(5)　通気管の大気開口部に設置する通気口の通気率（開口面積/管内断面積）は，100% 以上必要である。

【問題 131】排水通気配管に関する次の記述のうち，最も不適当なものはどれか。
(1) ループ通気方式は，通気管を最上流の器具排水管が排水横枝管に接続される位置のすぐ下流から立ち上げて，通気立て管に接続する方式である。
(2) 通気管の大気開口部を窓や換気口の付近に設ける場合は，その上端から 600 mm 以上立ち上げる。
(3) 特殊継手排水システムは，排水横枝管への接続器具数が多いビルに採用されている。
(4) 管径 150 mm の排水横管の最小勾配は，1/200 である。
(5) 伸頂通気方式では，排水立て管と排水横主管の接続には，大曲がりベンドなどを用いる。

【問題 132】排水通気設備に関する次の記述のうち，最も不適当なものはどれか。
(1) 排水管の掃除口の設置間隔は，管径 100 mm を超える場合，通常 30 m 以内とする。
(2) 雨水ますの流出管は，流入管よりも管底を 20 mm 程度下げて設置する。
(3) 排水ますは，敷地排水管の直管が長い場合，敷地排水管の管内径の 150 倍程度に設置する。
(4) 飲料用貯水槽の間接排水管の排水口空間は，最小 150 mm とする。
(5) 自然流下式の排水横管の勾配は，管内流速が 0.6〜1.5 m/s になるように設ける。

【問題 133】排水設備の保守管理に関する用語の組合せとして，最も不適当なものは次のうちどれか。
(1) 逆流防止弁 ———————————— 排水の逆流防止
(2) 床下式の掃除口 ———————————— 砲金製プラグの使用
(3) ウォーターラム法 ———————————— 圧縮空気の放出による管内閉塞物の除去
(4) 排水槽の開口部への防虫網の設置 ——— チカイエカの発生防止
(5) 汚水槽のフロートスイッチ ————— 絶縁抵抗の定期的な測定

【問題 134】排水設備の保守管理に関する次の記述のうち，最も不適当なものはどれか。
(1) 排水槽の底部勾配面には，点検歩行を容易にするため階段を設ける。
(2) 排水槽の清掃は，酸素濃度と硫化水素濃度を確認してから行う。
(3) 排水槽の悪臭防止対策としては，タイマによる強制排水を行うことが望ましい。
(4) グリース阻集器のトラップの清掃は，2 カ月に 1 回程度行う。
(5) 水中用排水ポンプのメカニカルシール部のオイル交換は，3〜5 年に 1 回程度行う。

【問題 135】排水通気設備の維持管理に関する次の記述のうち，最も不適当なものはどれか。
(1) 小便器の排水管内に付着した尿石は，アルカリ性洗剤を用いて除去する。
(2) 排水管内部の詰まり具合や腐食状況は，内視鏡や超音波厚さ計により確認できる。
(3) ロッド法は，1〜1.8 m のロッドをつなぎ合わせ，手動で排水管内に挿入し清掃する方法である。
(4) 排水横管の清掃に用いるスネークワイヤ法は，一般に長さ 25 m 以内で用いられる。
(5) 排水立て管の清掃に用いる高圧洗浄法は，5〜30 MPa の圧力の水を噴射し，排水管内を洗浄する方法である。

【問題 136】衛生器具に関する次の記述のうち，最も不適当なものはどれか。
(1) 衛生器具の材質は，平滑な表面をもち，吸水・吸湿性がなく，衛生的であることが求められる。
(2) 給水器具には，給水栓，洗浄弁，ボールタップ等がある。
(3) 衛生器具の分類において，水受け容器の排水口と排水管とを接続するトラップは，付属品に分類される。
(4) 飲料水に接する部分の材質は，人体に有害な成分が溶出しないことが求められる。
(5) 洋風大便器の便座には，プラスチックや木材等が使用される。

【問題 137】衛生器具の故障の現象とその原因との組合せとして，最も不適当なものは次のうちどれか。
(1) 小便器内が十分に洗浄されていない ――― 水出口穴に異物が詰まっている
(2) 小便器の排水の流れが悪い ――― 排水管内にスケールが付着している
(3) 混合水洗の適温が得られない ――― 水圧と湯圧の差が大きすぎる
(4) 大便器へ少量の水が流れ続ける ――― 洗浄弁のシートとシートパッキンの間に異物が付着している
(5) サイホン式大便器の留水面が正常より小さい ――― タンク内の補助水管がオーバフロー管内に差し込まれている

【問題 138】浄化槽法に規定されている浄化槽の定義に関する次の文章の　　内の語句のうち，誤っているものはどれか。
　(1) 便所と連結してし尿及びこれと併せて(2) 雨水を処理し，(3) 下水道法に規定する終末処理場を有する公共下水道以外に放流するための設備又は施設であって，同法に規定する公共下水道及び(4) 流域下水道並びに廃棄物の処理及び清掃に関する法律の規定により定められた計画に従って(5) 市町村が設置したし尿処理施設以外のものをいう。

【問題 139】浄化槽の単位装置とその点検内容との組合せとして，最も不適当なものは次のうちどれか。
(1) 沈殿分離槽 ――― 溶存酸素濃度
(2) 汚泥貯留槽 ――― スカムの貯留状況
(3) 流量調整槽 ――― ポンプの作動水位
(4) 接触ばっ気槽 ――― 生物膜の生成状況
(5) 消毒槽 ――― 沈殿物の堆積状況

【問題 140】消防用設備の保守管理に関する次の記述のうち，最も不適当なものはどれか。
(1) 防火設備定期検査制度により，特定行政庁が定める特定建築物の防火設備は，一級建築士，二級建築士又は防火設備検査員が，1年に1回作動状況などを確認する。
(2) 特定防火対象物における法定定期点検の結果とその不備に関する是正措置の報告は，3年に1回行う。
(3) 消防用設備等に附置される動力消防ポンプは，6カ月に1回作動点検を行う。
(4) 法定定期点検の内容は，作動点検，外観点検，機能点検，総合点検である。
(5) 消防法で規定する消防用設備等について，特定防火対象物で一定規模以上のものは，消防設備士又は消防設備点検資格者が点検する。

168

令和元年度 5編 (106~140) 給水及び排水の管理

【問題 106】 給水及び排水の管理に関する用語とその単位との組合せとして，最も不適当なものは次のうちどれか。
(1) 給湯配管からの熱損失 ——————————— W
(2) ばっ気槽混合液浮遊物質濃度（MLSS）——— %
(3) 水の密度 ———————————————————— kg/m^3
(4) 溶存酸素濃度 —————————————————— mg/L
(5) BOD 負荷量 —————————————————— g/(人・日)

【問題 107】 給水及び排水の管理に関する次の記述のうち，最も不適当なものはどれか。
(1) 膨張管とは，給湯配管系統の安全装置の一つである。
(2) ゲージ圧力とは，真空を基準とする圧力のことである。
(3) 富栄養化とは，栄養塩類を含んだ汚水の流入により，湖沼などの水質汚濁が進むことである。
(4) 金属の不動態化とは，酸化保護被膜の生成をいう。
(5) バルキングとは，活性汚泥が沈降しにくくなる現象である。

【問題 108】 給水設備における水質劣化の原因に関する次の記述のうち，最も不適当なものはどれか。
(1) 異臭味は，藻類や放線菌が産生する臭気物質によって生じる。
(2) スケールは，水の硬度成分によって生じ，配管の詰まりの原因となる。
(3) 白濁現象は，脂肪酸と銅イオンが化合物を形成することによって生じる。
(4) スライム障害は，細菌類や藻類の増殖によって生じ，消毒効果の低下の原因となる。
(5) トリハロメタンは，水槽内の水温の上昇によって，その生成量が増加する傾向にある。

【問題 109】 給水設備に関する次の記述のうち，最も不適当なものはどれか。
(1) 簡易専用水道とは，水道事業の用に供する水道から受ける水のみを水源とするもので，水槽の有効容量の合計が 10 m^3 を超えるものをいう。
(2) 配水管から給水管に分岐する箇所での配水管の最小動水圧は，150 kPa である。
(3) 開放型冷却塔の補給水は，冷却水循環量の 2% 程度を見込む。
(4) 一般水栓における必要水圧は，30 kPa である。
(5) 水道法に基づく水質基準では，大腸菌は 1 mL の検水で形成される集落数が 100 以下である。

【問題 110】 水道施設に関する次の記述のうち，最も不適当なものはどれか。
(1) 送水施設は，浄水施設で処理された水を配水施設まで送る施設のことである。
(2) 取水施設の位置の選定に当たっては，水量及び水質に対する配慮が必要である。
(3) 清澄な地下水を水源とする場合，浄水処理は消毒のみで水道水として供給することがある。
(4) 配水池の必要容量は，計画1日最大給水量の8時間分を標準とする。
(5) 緩速ろ過法は，沈殿池で水中の土砂などを沈殿させた後に，緩速ろ過池で4〜5 m/日の速度でろ過する方法である。

【問題 111】 給水設備に関する次の記述のうち，最も不適当なものはどれか。
(1) ウォータハンマとは，給水管路において，弁を急激に閉止するときに弁の下流に生じる著しい圧力上昇が，圧力変動の波として管路に伝わる現象である。
(2) 逆サイホン作用とは，給水管内が負圧になったときに生ずる吸引作用で，汚れた水が吐水口を通じて給水管内に逆流することをいう。
(3) メカニカル形接合とは，ステンレス鋼管などで採用されている接合方法で，ねじ込み，溶接，接着等によらない機械的な接合方法をいう。
(4) さや管ヘッダ工法とは，集合住宅などで，ヘッダから各器具にそれぞれ単独に配管する工法である。
(5) クリープ劣化とは，合成樹脂管などで発生する劣化で，応力が長時間継続してかかり，材料変形が時間とともに進んでいく状態をいう。

【問題 112】 給水設備の配管に関する次の記述のうち，最も不適当なものはどれか。
(1) 給水管を上向き配管方式とする場合は，先上り配管とする。
(2) 給水配管の枝管の分岐は，下方に給水する場合には下取出しとする。
(3) 飲料水用配管は，他の配管系統と識別できるようにしなければならない。
(4) 銅管やステンレス鋼管は，異物の付着による孔食のおそれがあるので，管内清掃を十分に行う。
(5) 不等（不同）沈下の変位吸収のために，ショックアブソーバを配管に取り付ける。

【問題 113】 受水槽に関する次の記述のうち，最も不適当なものはどれか。
(1) 水の使用量が極端に減少する期間がある建築物では，受水槽の水位を通常使用時と少量使用時で切り替える方法を取る。
(2) 流入管からの吐水による水面の波立ち防止策として，防波板を設置する。
(3) 受水槽を独立した室に設置する場合は，出入口に施錠するなどの措置を講ずる。
(4) 受水槽の上部には，他設備の機器や配管が設置されないようにする。
(5) 受水槽の流入口と流出口の位置は，滞留時間を短くするため近接させる。

【問題 114】 給水設備に関する次の記述のうち，最も不適当なものはどれか。
(1) 受水槽の有効容量は，一般に1日最大使用水量の1/2程度である。
(2) 給水管と排水管が水平に並行して埋設される場合は，一般に両配管の水平間隔を300 mm以内とする。
(3) 高層ホテルにおいてゾーニングする場合の圧力の上限値は，一般に0.3 MPaである。
(4) 給水配管内の適正流速は，一般に0.9〜1.2 m/sである。
(5) 高置水槽の有効容量は，一般に1日最大使用水量の1/10程度である。

【問題 115】 給水設備の保守管理に関する次の記述のうち，最も不適当なものはどれか。
(1) 貯水槽の付属装置である定水位弁や電極棒等の動作不良により，断水，溢水事故を起こすことがある。
(2) 地震など，貯水槽の構造や水質に影響を与えるような事態が発生した場合には，速やかにその影響を点検する。
(3) 給水ポンプの吐出側の圧力が変動している場合は，ポンプ内あるいは吐出配管に詰まりがある。
(4) 高置水槽と受水槽の清掃は，原則として同じ日に行い，受水槽の清掃前に高置水槽の清掃を行う。
(5) 給水栓において規定値の残留塩素が保持できない場合は，塩素剤の注入装置を設置して，その適正な管理を行う。

【問題 116】 次のポンプの点検項目のうち，点検頻度を一般に6カ月に1回程度としているものはどれか。
(1) 吐出側の圧力
(2) ポンプと電動機の芯狂い
(3) 電動機の絶縁抵抗
(4) 電流値
(5) 軸受温度

【問題 117】 給水設備の保守管理に関する次の記述のうち，最も不適当なものはどれか。
(1) 飲料用貯水槽の清掃は，1年以内ごとに1回，定期に行う。
(2) 飲料用貯水槽の清掃作業に従事する者は，6カ月に1回程度，健康診断を受ける。
(3) 飲料用貯水槽の点検は，6カ月に1回程度，定期に行う。
(4) 給水栓における残留塩素の測定は，7日以内ごとに1回，定期に行う。
(5) 第2種圧力容器に該当する圧力水槽は，1年以内ごとに1回，定期自主検査を行う。

【問題 118】 給湯設備に関する次の記述のうち，最も不適当なものはどれか。
(1) 壁掛けシャワーの使用温度は，42℃程度である。
(2) 総合病院における使用湯量は，40〜80 L/(床・日) 程度である。
(3) 電気温水器の貯湯量は，60〜480 L 程度である。
(4) 強制循環式給湯系統の横管は，1/200 以上の勾配で配管する。
(5) 貯湯槽の容量は，ピーク時の必要量の1〜2時間分を目安に加熱能力とのバランスから決定する。

【問題 119】 給湯設備に関する次の記述のうち，最も不適当なものはどれか。
(1) 中央式給湯方式の循環ポンプは，省エネルギーのため連続運転とする。
(2) 貯湯槽の容量が小さいと，加熱装置の発停が多くなる。
(3) エネルギーと水の節約を図るため，湯と水を別々の水栓から出さずに混合水栓を使用する。
(4) 部分負荷を考慮し，エネルギー利用効率の高い熱源機器を採用する。
(5) 加熱装置から逃し管を立ち上げる場合は，水を供給する高置水槽の水面よりも高く立ち上げる。

【問題 120】 給湯設備に使用される加熱装置に関する次の記述のうち, 最も不適当なもの
はどれか。
 (1) ガスマルチ式給湯機は, 小型のガス瞬間湯沸器を複数台連結してユニット化したもの
    である。
 (2) ヒートポンプは, 排熱を利用した給湯熱源機器として使用される。
 (3) 間接加熱方式は, 蒸気や高温の温水を熱源として, 加熱コイルで給湯用の水を加熱す
    るものである。
 (4) ボイラは, 伝熱面積とゲージ圧力により, ボイラ, 小型ボイラ, 簡易ボイラに分類さ
    れる。
 (5) 給湯用貫流ボイラは, 出湯温度が安定しているので, 大規模のシャワー設備の給湯に
    適している。

【問題 121】 給湯設備に使用される材料に関する次の記述のうち, 最も不適当なものはど
れか。
 (1) ステンレス鋼管の線膨張係数は, 架橋ポリエチレン管の線膨張係数より小さい。
 (2) 金属材料の曲げ加工を行った場合には, 応力腐食の原因になる。
 (3) 樹脂管を温度の高い湯に使用すると, 塩素による劣化が生じやすい。
 (4) 返湯管に銅管を用いた場合は, 他の配管材料を用いた場合と比較して, 流速を速く設
    定できる。
 (5) ステンレス鋼管は, 隙間腐食, もらい錆等による腐食が生じる可能性がある。

【問題 122】 給湯設備の保守管理に関する次の記述のうち, 最も不適当なものはどれか。
 (1) 器具のワッシャには, 細菌の繁殖を防止するために合成ゴムを使用する。
 (2) 中央式給湯方式においては, 加熱により残留塩素が消滅する場合があるので, その水
    質には留意する。
 (3) 貯湯槽が複数ある場合は, 停滞水の防止のため, 使用しない貯湯槽の水は抜いておく。
 (4) 貯湯槽に流電陽極式電気防食を施す場合は, 外部電源が必要である。
 (5) 給湯設備に防錆剤を使用する場合は, 飲料水と同じ管理方法による。

【問題 123】 給湯設備の保守管理に関する次の記述のうち, 最も不適当なものはどれか。
 (1) 給湯循環ポンプは, 作動確認を兼ねて分解・清掃を実施する。
 (2) 自動空気抜き弁は, 弁からの水漏れがある場合には分解・清掃を実施する。
 (3) 真空式温水発生機の定期検査は, 労働安全衛生法の規定に基づいて行う。
 (4) 逃し弁は, レバーハンドルを操作して作動を確認する。
 (5) 配管系統の末端において, 定期的に停滞水の排出を行い, 温度測定を実施する。

【問題　124】　雑用水設備に関する次の記述のうち，最も不適当なものはどれか。
(1)　広域循環方式は，複数の建築物間で排水再利用設備を共同利用し，処理水を各建築物に送水して利用するものである。
(2)　雑用水は，災害時における非常用水の原水として利用することができる。
(3)　雨水利用設備における上水代替率とは，使用水量に対する雨水利用量の割合である。
(4)　散水，修景，清掃用水として利用する場合，雑用水受水槽は，6面点検ができるように設置することが望ましい。
(5)　上水管，雑用水管，給湯管等が並行して配管される場合，配管の配列を変えてはならない。

【問題　125】　雑用水として使用する場合の標準的な雨水処理施設における次のフローシートの　　　内に入る単位装置の組合せとして，最も適当なものはどれか。
集水→ スクリーン → ア → イ →雨水貯留槽 → 消毒装置 → 雑用水槽 →給水
　　　　　　　　　　ア　　　　　　イ
(1)　沈砂槽 ——————— 沈殿槽
(2)　流量調整槽 ————— 活性炭吸着装置
(3)　活性炭吸着装置 ——— 沈殿槽
(4)　流量調整槽 ————— 生物処理槽
(5)　沈砂槽 ——————— 生物処理槽

【問題　126】　建築物衛生法による雑用水の基準に関する次の記述のうち，誤っているものはどれか。
(1)　散水，修景又は清掃の用に供する雑用水は，し尿を含む水を原水として用いない。
(2)　水洗便所の用に供する雑用水のpHの基準値は，散水，修景又は清掃の用に供する雑用水の場合と同じ値である。
(3)　外観の検査は，7日以内ごとに1回，定期に行う。
(4)　水洗便所の用に供する雑用水の水質基準項目として，濁度が規定されている。
(5)　大腸菌の検査は，2カ月以内ごとに1回，定期に行う。

【問題　127】　下水道に関する次の記述のうち，最も不適当なものはどれか。
(1)　下水道は，流域下水道，公共下水道，都市下水路に分けられる。
(2)　下水道施設は，排水管渠，処理施設及びポンプ施設等から構成されている。
(3)　合流式とは，汚水と雨水を同一の管渠系統で排除する方式をいう。
(4)　下水の温度が基準値以上の場合には，除害施設を設置する必要がある。
(5)　流域下水道の事業主体は，原則として市町村である。

【問題 128】 排水通気設備に関する次の記述のうち，最も不適当なものはどれか。
(1) 管径 50 mm の排水横管の最小勾配は，1/50 である。
(2) 厨房排水用の排水管に設置する掃除口の口径は，排水管径と同径とする。
(3) 飲料用貯水槽の間接排水管の口径が 65 mm の場合，排水口空間は，最小 125 mm である。
(4) 排水横主管以降が満流となるおそれのある場合，伸頂通気方式を採用してはならない。
(5) 通気管の末端を，窓・換気口等の付近に設ける場合，その上端から 600 mm 以上立ち上げて大気に開放する。

【問題 129】 阻集器に関する次の記述のうち，最も不適当なものはどれか。
(1) 阻集器を兼ねる排水トラップの深さは，下限値を 50 mm とし，上限値を定めない。
(2) グリース阻集器は，器内への排水の流入部へバスケットを設けて，排水中に含まれる厨芥を阻止・分離する。
(3) 排水トラップが組み込まれていない阻集器には，その入口側に排水トラップを設ける。
(4) 砂阻集器は，建築現場等から多量に排出される土砂・石粉・セメント等を阻止・分離・収集するために設ける。
(5) 開放式のオイル阻集器を屋内に設置する場合，屋内換気を十分に行う。

【問題 130】 排水通気設備に関する次の記述のうち，最も不適当なものはどれか。
(1) 排水管への掃除口の設置間隔は，管径 100 mm を超える場合は，通常 30 m 以内とする。
(2) 排水トラップの脚断面積比（流出脚断面積/流入脚断面積）が大きくなると，封水強度は大きくなる。
(3) 敷地排水管の直管が長い場合には，管内径の 120 倍を超えない範囲内に排水ますを設置する。
(4) ドーム状のルーフドレンでは，ストレーナの開口面積は，接続する排水管径の 2 倍以上が必要である。
(5) 雑排水ポンプは，厨房排水を含む雑排水を排除する。

【問題 131】 排水通気配管方式に関する次の記述のうち，最も不適当なものはどれか。
(1) ループ通気管は，最上流の器具排水管が排水横枝管に接続する点のすぐ下流から立ち上げ，通気立て管に接続する。
(2) 結合通気管は，高層建築物でブランチ間隔 10 以上の排水立て管において，最上階から数えてブランチ間隔 10 以内ごとに設ける。
(3) ループ通気方式において，大便器及びこれと類似の器具が 8 個以上接続される排水横枝管には，逃し通気管を設ける。
(4) 伸頂通気方式において，排水横主管の水平曲がりは，排水立て管の底部より 3 m 以内に設けてはならない。
(5) 排水横管から通気管を取り出す場合，通気管は，排水管断面の水平中心線から 30° 以内の角度で取り出す。

【問題 132】 排水槽及び排水ポンプに関する次の記述のうち，最も不適当なものはどれか。
(1) 排水槽内は，ブロワによってばっ気をすると負圧になるので給気を行う。
(2) 排水槽の底部の勾配は，吸込みピットに向かって 1/15 以上 1/10 以下とする。
(3) 排水槽内の排水ポンプは，吸込みピットの壁などから 200 mm 以上離して設置する。
(4) 排水槽のマンホールは，排水水中ポンプ又はフート弁の直上に設置する。
(5) 即時排水型ビルピット設備は，排水槽の悪臭防止に有効である。

【問題 133】 排水通気設備の保守管理に関する用語の組合せとして，最も不適当なものは次のうちどれか。
(1) 敷地内排水管内の清掃 ―――――――― ロッド法
(2) 敷地外からの建築物内への雨水の浸入 ――― 可動式の堤防装置
(3) 床下式の掃除口 ――――――――――― 鋼製プラグ
(4) 排水槽の清掃 ―――――――――――― 空気呼吸器
(5) 厨房排水槽の水位感知 ―――――――― フロートスイッチ

【問題 134】 排水通気設備の保守管理に関する次の記述のうち，最も不適当なものはどれか。
(1) 排水管内部の詰まり具合や腐食状況は，内視鏡や超音波厚さ計等により確認できる。
(2) 排水槽の清掃では，最初に酸素濃度が 15% 以上，硫化水素濃度が 25 ppm 以下であることを確認してから作業を行う。
(3) 排水横管の清掃にワイヤ法を使用する場合，一般に長さ 25 m 程度が限界とされている。
(4) 水中ポンプのメカニカルシール部のオイルは，6 カ月～1 年に 1 回，交換する。
(5) 排水管の清掃に用いるウォータラム法は，閉塞した管内に水を送り，圧縮空気を一気に放出してその衝撃で閉塞物を除去する。

【問題 135】 小便器に関する次の記述のうち，最も不適当なものはどれか。
(1) 壁掛型は，駅やホテルの共用部などにおいて床清掃のしやすさから選定されている。
(2) 床置型は乾燥面が広いため，洗浄に注意しないと臭気が発散する。
(3) 手動式洗浄弁は，使用後，人為的な操作により洗浄でき，公衆用に適している。
(4) 洗浄方法は，一般に洗浄水栓方式，洗浄弁方式及び自動洗浄方式の三つに分けられる。
(5) 節水を目的として，個別感知洗浄方式や照明スイッチ等との連動による洗浄方式が用いられている。

【問題 136】 衛生器具設備に関する次の記述のうち，最も不適当なものはどれか。
(1) 大便器洗浄弁の必要水圧は，70 kPa である。
(2) 小便器の排水状態は，6 カ月に 1 回，定期に点検する。
(3) 洗面器のトラップの接合部における緩みの有無は，2 カ月に 1 回，定期に点検する。
(4) 大便器の洗浄タンク内の汚れ状態は，1 年に 1 回，定期に点検する。
(5) JIS A 5207 では，節水 II 形の大便器の洗浄水量は，6.5 L 以下としている。

【問題　137】　厨房排水除害施設に関する次の記述のうち，最も不適当なものはどれか。

(1)　生物処理法は，浮上分離法に比べて発生汚泥量が多い傾向にある。

(2)　動植物油の除去が主な目的である。

(3)　浮上分離法としては，一般的に加圧浮上法が用いられる。

(4)　施設のコンクリート壁面などは，腐食対策が必要となる。

(5)　施設から発生する汚泥は，産業廃棄物として処理する。

【問題　138】　浄化槽法で規定されている事項として，誤っているものは次のうちどれか。

(1)　浄化槽製造業の登録制度

(2)　浄化槽工事業の登録制度

(3)　浄化槽保守点検業の登録制度

(4)　浄化槽清掃業の許可制度

(5)　浄化槽設備士及び浄化槽管理士の国家資格

【問題　139】　下図のように，一次処理装置，二次処理装置からなる浄化槽において，一次処理装置の BOD 除去率が 30%，二次処理装置の BOD 除去率が 50% であった場合，浄化槽全体の BOD 除去率として，最も適当な値は次のうちどれか。

流入 → 一次処理装置 → 二次処理装置 → 放流

(1)　35%

(2)　40%

(3)　50%

(4)　65%

(5)　80%

【問題　140】　消火設備に関する次の記述のうち，最も不適当なものはどれか。

(1)　連結散水設備は，消火活動が困難な地下街に設置される。

(2)　閉鎖型予作動式スプリンクラ設備は，アトリウムなどの大空間に設置される。

(3)　屋内消火栓設備は，建築物の関係者や自衛消防隊が初期消火を目的として使用するものである。

(4)　粉末消火設備は，消火薬剤として炭酸水素ナトリウムなどの粉末を使用する。

(5)　泡消火設備は，駐車場や飛行機の格納庫等に設置される。

建築物環境衛生管理技術者試験
ビル管理士
科目別試験問題

第6編

清　掃

最新5年間の出題傾向分析

項目	設問内容	令和5年度(2023)問題番号	令和4年度(2022)問題番号	令和3年度(2021)問題番号	令和2年度(2020)問題番号	令和元年度(2019)問題番号
総論	建築物環境衛生維持管理要領：維持管理	141	141		141	141
	厚生労働省告示：清掃、技術基準					
	自治体指導（事業用大規模建築物及び大量排出者への市町村が出来る指示）					
計画管理	空気調和設備等の維持管理及び清掃の技術基準			143		
	建築物清掃業：登録基準	142				
	建築物清掃：作業計画	143・144	142			142・143
	建築物清掃：資機材倉庫	145				
	建築物清掃：安全衛生					144
	建築物清掃：日常清掃			141	142	
	建築物清掃：作業における転倒事故の防止対策				143	
	建築物清掃：作業場所（管理区域）					
	建築物清掃：品質評価	146	143	144	144	145
	建築物清掃：管理の評価と作業改善		144	142		146
基礎知識	ビルクリーニング5原則（汚れやしみを除去）					
	建材の予防清掃					147
	ほこり：予防・汚れの除去	147	145	145		
	粒子物質と粒子の大きさ				145	
	環境対策				146	
	環境対策：床洗浄作業					
	（建材の）予防清掃					
	建材の特徴					
	床みがき					
	清掃作業用洗剤	150	148		149・150	150
	床維持剤	151	149	147		
	ビルクリーニング作業（床材の特性）				151	
	弾性床材の特徴と管理	152		148		151
	剝離剤の性質及び使用法					
技法	床みがき機					
	ビルクリーニング用機械・器具	149	147		147	148
	カーペットクリーニング					
	カーペット清掃とカーペット用繊維					
	カーペット清掃（洗浄）用機械	148		146	148	149
	硬性床材の耐薬品性					152
	床材の特徴		146	149		
	硬性床材の特徴	155	152			
	繊維床材の特徴	153	151	151		
	繊維床材の清掃方法				153	153
	木質床の維持管理	154	153			
	弾性床材の特徴と維持管理		150		152	
	清掃におけるドライメンテナンス			150	154	154
	清掃におけるウェットメンテナンス					155
	清掃全般	164			155	
	清掃作業：床以外			152		156
	清掃作業：外装	156	154	153		157
	清掃・消毒			154		

第6編　清掃　清掃については一般に「建築系」のテキストが少ないこともあり，過去の問題から（テキスト的）内容を学べることを意識して取り組んでほしい。
・例年平均的な出題傾向である計算問題（ゴミの量）は出題される傾向が強い。近年は出題傾向が低かった清掃器具（技法）の問題が出題されている。

項目	設問内容	令和 5 年度 (2023) 問題番号	令和 4 年度 (2022) 問題番号	令和 3 年度 (2021) 問題番号	令和 2 年度 (2020) 問題番号	令和元年度 (2019) 問題番号
処理概論	廃棄物処理政策の変遷				156	
	廃棄物の処理：清掃に関する法律	160・162		157		
	廃棄物処理法：産業・事務系一般・特殊廃棄物		158	158・159		
	個別法：(3R リデュース・リユース・リサイクル促進)					
	循環型社会形成	159・165				158
	建築物内からの廃棄物の処理	157		155		
	ゴミの焼却処理				157	
	ごみ処理（質・課程と環境保全対策）	158	155	156		159
	廃棄物：全般（区分・排出）		156	160	158	160
	産業廃棄物：全般	161			160	162
	建築物内廃棄物					163
	産業廃棄物委託：処理				159	164
	小型家電のリサイクル		165	165		
	産業廃棄物管理票制度（マニフェスト制度）	163	162			
管理	ゴミの量（容器への収容）		159・161			
	全廃棄物量と雑芥・厨芥				161	
	建築物内廃棄物の保管場所					
	建築物内廃棄物処理の基本		157	161	162	
	建築物内廃棄物処理の各関係者基本役割		160		163	
	建築物内廃棄物の種類と中間処理		163	163	165	
	廃棄物の処理と保管（組合せ）					
	建築物内廃棄物の適正処理					
	建築物内廃棄物の保管場所			164		161
	建築物内廃棄物の運搬方式					
	建築物内廃棄物の貯留・搬出方式		164	162	164	165
	建築物内廃棄物の処理・保管設備					

・総論の「維持管理」については出題頻度が高い。
　「自治体指導」はほとんど出題されない内容であった。(2014)
・計画管理の「建築物清掃の品質評価」と「建築物清掃の管理の評価と作業改善」の出題頻度が高い。
・基礎知識については「清掃作業用洗剤」が出題頻度が高い。
　過去に「建材の特徴」(2015)(2014)「床みがき」(2013) が出題されている。
・技法については「ビルクリーニング用機械・器具」「清掃作業：外装」などの出題頻度が高い。
　「カーペット清掃とカーペット用繊維」(2015)(2013)「木質床の維持管理」(2023)(2022)(2014)
　は出題されている。
・処理概論については「廃棄物：全般（区分・排出）」は毎年出題されている。
　「小型家電のリサイクル」は 2015 年にも出題された内容である。
・管理では「建築物内破棄物の適正処理」(2014)(2013) に出題された内容である。「建築物内破棄
　物の運搬方式」(2015)「建築物内破棄物の処理・保管設備」(2015) に出題された内容である。
＊項目中，年度が空白の項目は過去 5 年以前に出題された内容である。(参考)
　要点テキスト等で項目内容を確認しておくとよい。

令和5年度
6編　清掃
(141〜165)

【問題 141】建築物における衛生的環境の維持管理について（平成20年1月25日健発第0125001号）に示された，建築物環境衛生維持管理要領に関する次の記述のうち，最も不適当なものはどれか。

(1) 建築物の当該清掃において，建築物の用途，使用状況並びに劣化状況，建築資材等を考慮した年間作業計画及び作業手順書を作成し，それに基づき実施すること。

(2) 清掃に用いる洗剤や床維持剤は，利用者や清掃従事者等の健康及び環境に配慮したもの，並びに建築資材に適合したものを用い，使用及び管理を適切に行うこと。

(3) 建築物内で発生する廃棄物の分別，収集，運搬及び貯留については，安全で衛生的かつ効率的な方法により，速やかに処理すること。

(4) 清掃用資機材の保管庫内は，整頓され，清潔で，ねずみ・昆虫等が生息あるいは出入りしていないこと。

(5) 建築物衛生法施行規則第20条の帳簿書類には，清掃，点検及び整備の予定表，作業内容，実施者の名簿等を記載すること。

【問題 142】建築物衛生法施行規則に定められた建築物清掃業の登録基準の内容として，最も不適当なものは次のうちどれか。

(1) 清掃用機械器具として，真空掃除機，噴霧器を有すること。

(2) 清掃作業に従事するすべての者が，規則に規定する研修を修了したものであること。

(3) 清掃作業に従事する者の研修内容は，清掃用機械器具，資材の使用方法，清掃作業の安全・衛生に関するものであること。

(4) 清掃作業の監督を行う者は，厚生労働大臣の登録を受けた者が行う清掃作業監督者講習又は再講習の課程を修了して6年を経過していないこと。

(5) 清掃作業及び清掃用機械器具等の維持管理の方法が，厚生労働大臣が別に定める基準に適合していること。

【問題 143】建築物清掃の作業計画に関する次の記述のうち，最も不適当なものはどれか。

(1) 廊下壁面のスポット洗浄は，一般に定期清掃で実施する。

(2) 廊下壁面のスイッチ回りの洗剤拭きは，一般に定期清掃として実施する。

(3) ELVカゴ内部の除じんは，一般に定期清掃として実施する。

(4) 階段の手すり拭きは，一般に日常清掃として実施する。

(5) トイレ・洗面所の換気口の除じんは，一般に定期清掃で実施する。

【問題 144】建築物清掃の作業計画を作成することによる利点に関する次の記述のうち，最も不適当なものはどれか。

(1) 日常清掃で除去する汚れと，定期的に除去する汚れを区別して計画することにより，作業効率と作業成果の向上が得られる。

(2) 清掃現場の状況に応じて作業者が計画を変更して作業を実施することで，限られた時間に一定の成果を得られる。

(3) 作業内容が明確化されているため，統一的な指導ができる。

(4) 作業者及び作業内容の計画的な管理と記録の保存により，責任所在が明確になる。

(5) 実施内容をデータとして蓄積して作業を改善することで，効率化のための作業改善が得られる。

【問題 145】建築物清掃の資機材保管庫に関する次の記述のうち，最も不適当なものはどれか。
(1) 照明設備，空気調和設備等を設けるとともに，衛生面にも配慮して手洗場などを設ける。
(2) 清掃作業を効率的に進めるには，建築物の規模に見合った専用の資機材保管庫が必要である。
(3) 設置位置は，エレベーターなどに近く，資機材の移動が容易に行える場所とする。
(4) 資機材の保管のしやすさを考慮し，建築物の規模・形態に関わらず，資機材保管庫は１箇所に集約する。
(5) 床や壁面を不浸透性材料にする。

【問題 146】建築物清掃の品質評価に関する次の記述のうち，最も不適当なものはどれか。
(1) 品質評価は，利用者の立場に立って実施する。
(2) 建築物清掃の実施結果を点検し，建築物利用者の要求品質と実際の品質とのギャップを修正する。
(3) 仕様書に基づき，適正な作業計画に従って業務が適切に遂行されているか点検する。
(4) 清掃の品質は，組織品質と作業品質から構成される。
(5) 品質評価項目のうち資機材管理は，組織品質の事業所管理品質に含まれる。

【問題 147】ほこりや汚れの除去に関する次の記述のうち，最も不適当なものはどれか。
(1) 綿布やモップに含ませる水分は，ほこりに対する付着を高める程度で十分で，過剰の水分はむしろ弊害を与える。
(2) おがくずを用いる方法は，ほこりを付着させる効果が大きい。
(3) ダストコントロール法は，粘度の低い，乾性の鉱油などを布に含ませ，ほこりを除去する方法である。
(4) ダストクロス法は，油分による床面への弊害が少ない。
(5) バキュームクリーニングは，カーペットの織り目に入り込んだほこり・土砂等の除去に用いられる。

【問題 148】カーペット清掃用機械に関する次の記述のうち，最も不適当なものはどれか。
(1) カーペットスイーパは，パイル表面の粗ごみを除去するのに適している。
(2) 洗剤供給式床磨き機は，ウィルトンカーペットの洗浄に適している。
(3) スチーム洗浄機は，カーペットのしみ取りにも使われる。
(4) アップライト型真空掃除機は，床を回転ブラシで掃きながら，ごみやほこりを掃除機内に吸い込む構造を有する。
(5) エクストラクタは，ノズルから洗浄液を噴射して，直ちに吸引する構造になっている。

【問題 149】ビルクリーニング用機械・器具に関する次の記述のうち，最も適当なものはどれか。
(1) 超高速バフ機の回転数は，毎分 150～300 回転である。
(2) 自動床洗浄機は，洗剤供給式床磨き機と吸水式真空掃除機とを結合した構造を有する。
(3) 三つ手ちり取りは，移動する際にごみがこぼれない構造となっている。
(4) 凹凸のある床面は，研磨粒子が付着したパッドを床磨き機に装着して洗浄する。
(5) 床磨き機に用いるブラシは，直径 60 cm 以上のものが多く使われる。

【問題 150】清掃作業に使用する洗剤に関する次の記述のうち，最も不適当なものはどれか。
(1) 助剤（ビルダ）の働きとして，界面活性剤の表面張力を高め，洗浄力を向上させることが挙げられる。
(2) 水道水で希釈して使用する洗剤には，水中のカルシウムやマグネシウムを封鎖する作用をもつ助剤が含まれる。
(3) 洗剤を水道水で希釈する場合には，最適な希釈濃度がある。
(4) 界面活性剤には，汚れを対象物から離脱させる働きがある。
(5) 洗剤には酸性やアルカリ性があり，水素イオン濃度指数で確認することができる。

【問題 151】洗剤と床維持剤に関する語句の組合せとして，最も不適当なものは次のうちどれか。
(1) フロアシーラ ――――――― 物理的・化学的方法により，容易に除去できない
(2) フロアポリッシュ ――――― ろう状物質
(3) 酸性洗剤 ――――――――― 油汚れ
(4) 表面洗剤 ――――――――― 中性又はアルカリ性
(5) アルカリ性の剝離剤 ――― アミン

【問題 152】弾性床材の特徴と維持管理に関する次の記述のうち，最も不適当なものはどれか。
(1) ゴム系床材は，剝離剤によって変色やひび割れ等を生じることがある。
(2) 床維持剤の塗布によって，汚れが付きにくく，除去しやすくなる。
(3) 塩化ビニル系床材は，タイルもシートも可塑剤を含む。
(4) リノリウム床材のフロアポリッシュは，アルカリ性の剝離剤で除去する。
(5) 日常清掃で，ダストモップを用いて土砂やほこりを除去する。

【問題 153】繊維床材の特徴と維持管理に関する次の記述のうち，最も不適当なものはどれか。
(1) ポリプロピレン素材は，復元力に乏しい。
(2) ウール素材に付着した汚れはしみになりやすいので，できるだけ早めに対応する。
(3) カーペットのほつれは，施工初期にカットすればよい。
(4) 建築物内で使用されているカーペット全体の調和を保つため，どの場所も真空掃除機により同じ頻度で作業を行う。
(5) パイル奥の汚れを除去するために，シャンプークリーニングを行う。

【問題 154】木質床材の特徴と維持管理に関する次の記述のうち，**最も不適当な**ものはどれか。
(1) 木質床材は，無垢の単層フローリングと，合板を台板とした複合フローリングに分けられる。
(2) 体育館の床板の剥離による負傷事故防止として，日常清掃の水拭きの禁止が文部科学省から通知された。
(3) 体育館のシール加工には，ポリウレタン樹脂が多く使われている。
(4) シールされていない杉材は，多孔質の特徴を有することから，油性の保護剤でシールする。
(5) 一般的に針葉樹の床材は，広葉樹の床材に比べ，木質が硬い。

【問題 155】硬性床材の特徴に関する次の記述のうち，**最も適当な**ものはどれか。
(1) 大理石は，耐アルカリ性に優れる。
(2) テラゾは，耐酸性に優れる。
(3) セラミックタイルは，低吸水性に優れる。
(4) 花崗岩は，耐熱性に優れる。
(5) コンクリートは，耐酸性に優れる。

【問題 156】外装の清掃に関する次の記述のうち，**最も不適当な**ものはどれか。
(1) 自動窓拭き機は，人が作業するのに比べ天候状況に左右されにくく計画的に作業を実施しやすい。
(2) 石材や陶磁器タイルの壁面は，数年に1回の頻度で洗浄を行う。
(3) ロープ高所作業を行う場合，ライフラインの設置が努力義務となっている。
(4) 金属材の洗浄は，汚れが比較的軽微で固着が進まないうちに，中性洗剤や専用洗剤を用いてスポンジ又はウエスで拭き取る。
(5) 窓ガラスの洗浄は，水やガラス専用洗剤を用いて洗い，スクイジーでかき取る。

【問題 157】平成27年度の廃棄物の排出及び処理状況等に関する次の記述のうち，**最も不適当な**ものはどれか。
(1) ごみの中間処理量は約4,000万トンで，そのうち，約85%が直接焼却処理されている。
(2) ごみの総排出量は約4,400万トンで，そのうち，70%が事業系ごみ，30%が家庭系ごみである。
(3) ごみの総資源化量は約900万トンであり，この中には住民団体による集団回収量が含まれている。
(4) 産業廃棄物の排出量を業種別に見ると，電気・ガス・熱供給・水道業からの排出量が最も多い。
(5) 産業廃棄物の総排出量は約4億トンで，その約53%が再生利用されている。

【問題 158】ごみの処理に関する次の記述のうち，**最も不適当な**ものはどれか。
(1) 一般廃棄物の埋立処分は，安定型最終処分場で行われる。
(2) 焼却処理では，容積は5〜10%に減容化される。
(3) ごみ燃料化施設は，選別・乾燥技術を用いている。
(4) 粗大ごみ処理施設は，破砕・選別技術を用いている。
(5) 中間処理の目的として，無害化，資源化，減量化，減容化，安定化が挙げられる。

【問題 159】循環型社会形成推進基本法に関する次の文章の　　　内に入る語句の組合せとして，正しいものはどれか。

　循環型社会形成推進基本法の第2条で「循環型社会」とは，製品等が廃棄物等となることが抑制され，並びに製品等が循環資源となった場合においてはこれについて適正に循環的な利用が行われることが促進され，及び循環的な利用が行われない循環資源については適正な処分が確保され，もって　ア　の消費を抑制し，　イ　ができる限り低減される社会をいうとされている。

　　　　　　　　ア　　　　　　　　イ
(1)　循環資源 ─── 経済への負担
(2)　環境資源 ─── 健康への被害
(3)　循環資源 ─── 環境への負荷
(4)　天然資源 ─── 健康への被害
(5)　天然資源 ─── 環境への負荷

【問題 160】廃棄物の処理及び清掃に関する法律（以下「廃棄物処理法」という。）第1条の目的に規定されている項目として，該当しないものは次のうちどれか。
(1)　生活環境の保全
(2)　廃棄物の排出抑制
(3)　廃棄物の適正処理
(4)　公衆衛生の向上
(5)　地球環境の保全

【問題 161】廃棄物処理法における産業廃棄物に関する次の記述のうち，最も不適当なものはどれか。
(1)　建築物内の医療機関から感染のおそれのある産業廃棄物が排出される場合は，当該建築物の所有者が，特別管理産業廃棄物管理責任者を設置しなければならない。
(2)　爆発性，毒性，感染性その他の人の健康又は生活環境に被害を生ずるおそれのある性状を有するものとして政令で定める産業廃棄物を，特別管理産業廃棄物としている。
(3)　産業廃棄物の処理は，排出事業者が，その責任において，自ら又は許可業者への委託により行う。
(4)　産業廃棄物の輸出には環境大臣の確認が必要である。
(5)　事業活動に伴って生じた廃棄物のうち，燃えがら，汚泥，廃油等，20種類が産業廃棄物として定められている。

【問題 162】廃棄物処理法に基づく廃棄物の定義に関する次の記述のうち，最も不適当なものはどれか。
(1)　事務所建築物から廃棄されたスチール机は，産業廃棄物である。
(2)　スーパーマーケットから排出された紙くずは，一般廃棄物である。
(3)　事務所建築物から廃棄された木製の机は，一般廃棄物である。
(4)　店舗から廃棄された発泡スチロールは，一般廃棄物である。
(5)　レストランから排出された廃天ぷら油は，産業廃棄物である。

【問題 163】産業廃棄物管理票制度（マニフェスト制度）に関する次の記述のうち，最も不適当なものはどれか。

(1) 紙マニフェストの場合，運搬作業が終了すると中間処理業者よりマニフェスト B2 票が排出事業者に返却される。

(2) 紙マニフェストの場合，排出事業者はマニフェスト A 票を控えとして保存する。

(3) 収集運搬業者の選定に当たっては，排出場所と運搬先の両方の自治体の許可を取得していることを確認する。

(4) 返却されたマニフェストの伝票を 5 年間保存する。

(5) 電子マニフェストは，A 票，B2 票，D 票，E 票の保存が不要である。

【問題 164】建築物内の清掃作業等に必要な人員算定として，正しいものは次のうちどれか。

作業場所は，専用区域の「役員室及び会議室」と「事務室」であり，1 日の作業回数は 1 回として必要作業人員を求める。

作業面積を標準作業量で除した値が 1 時間当たりの必要作業人員であり，1 回の作業時間は 2.5 時間である。

標準作業量には，準備，移動，清掃・ごみ収集，後始末の作業が含まれる。

清掃作業等の概要

	作業面積 m^2	標準作業量 $m^2/(人・h)$	1 日の作業回数
役員室及び会議室 （タイルカーペット）	380	95	1 回
事務室 （タイルカーペット）	5200	200	1 回

(1) 5 人
(2) 8 人
(3) 10 人
(4) 12 人
(5) 15 人

【問題 165】循環型社会づくりを目指した個別リサイクル法とその対象物との組合せとして，最も不適当なものは次のうちどれか。

(1) 容器包装リサイクル法 ——————————————— 空き缶
    （容器包装に係る分別収集及び再商品化の促進等に関する法律）

(2) 食品リサイクル法 ——————————————— 食品残渣
    （食品循環資源の再生利用等の促進に関する法律）

(3) 家電リサイクル法 ——————————————— 電子レンジ
    （特定家庭用機器再商品化法）

(4) 小型家電リサイクル法 ——————————————— デジタルカメラ
    （使用済小型電子機器等の再資源化の促進に関する法律）

(5) 建設リサイクル法 ——————————————— 木材
    （建設工事に係る資材の再資源化等に関する法律）

令和4年度
6編　清掃
(141~165)

【問題 141】建築物における衛生的環境の維持管理について（平成20年1月25日健発第0125001号）に示された，建築物環境衛生維持管理要領に関する次の記述のうち，<u>最も不適当な</u>ものはどれか。
(1) 建築物の清掃は当該建築物の用途，使用状況並びに劣化状況，建築資材等を考慮した年間作業計画及び作業手順書を作成し，その計画及び手順書に基づき実施する。
(2) 天井等日常の清掃の及びにくい箇所及び照明器具，給排気口について，6か月以内ごとに1回，定期に汚れの状況を点検し，必要に応じ，除じん，洗浄を行う。
(3) 廃棄物の収集・運搬設備，貯留設備その他の廃棄物処理設備については，1年以内ごとに1回，定期に点検し，必要に応じ，補修，消毒等の措置を講じる。
(4) 清掃用機械等について，6か月以内ごとに1回，定期に点検し，必要に応じ，整備，取替え等を行う。
(5) 帳簿書類には，清掃，点検及び整備を実施した年月日，作業内容，実施者名等を記載する。

【問題 142】清掃作業管理における作業実施の流れと現場責任者業務との組合せとして，<u>最も不適当な</u>ものは次のうちどれか。
(1) 予定された作業 ——————————— 作業予定表の作成
(2) 従事者に対する作業の指示・指導 ——— 管理仕様書の作成
(3) 資機材の準備 ——————————— 作業手順書/作業ごとの使用資機材一覧表の作成
(4) 作業の実施 ——————————— 指示・指導
(5) 作業の終了（手直し） ——————— 点検確認（手直し指示・指導）

【問題 143】清掃品質の評価に関する次の記述のうち，<u>最も不適当な</u>ものはどれか。
(1) 品質評価は，自らがセルフインスペクションを行い，要求品質とのギャップを確認することである。
(2) 組織品質は，事業所管理品質と作業品質によって構成される。
(3) 評価者は，業務に精通していることが望ましい。
(4) 評価方法には，測定機器（光沢度計等）を使用する検査と，目視等による官能検査がある。
(5) 作業の改善点は，仕様書や作業基準表に限定せず，建物全体の衛生性に着目して見出す必要がある。

【問題 144】清掃品質の評価者がインスペクションの実施にあたって行う事項に関する次の記述のうち，<u>最も不適当な</u>ものはどれか。
(1) 準備において，具体的に評価範囲を決め，インスペクションを行うための実施計画を立案する。
(2) 評価において，品質の良否に限定せず，どの程度の改善が必要であるか分析，判断する。
(3) 改善において，改善内容や具体的な対策を示して，清掃従事者に指示をする。
(4) 再点検において，改善されていない場合は，その理由を明らかにして，事後処理をする。
(5) 再点検の結果をもとに，改善について再評価を実施する。

【問題　145】ほこりや汚れの除去に関する次の記述のうち，最も適当なものはどれか。
(1)　水溶性のかさ高固着物であれば，物理的な力を加えなくても水洗いで除去できる。
(2)　アルミニウム建材は，耐アルカリ性に乏しい。
(3)　おがくずに水分を含ませて掃き取る方法では，ほこりを付着させる効果は小さい。
(4)　バキュームクリーニングでは，カーペットの織り目に入り込んだほこりや土砂は除去できない。
(5)　ダストコントロール作業法を用いれば，ほこり以外の汚れも除去できる。

【問題　146】清掃対象となる床材に関する次の記述のうち，最も不適当なものはどれか。
(1)　疎水性の床材には，油溶性物質が付着しやすい。
(2)　汚れは平滑緻密な表面には付着しにくく，付着しても除去しやすいが，凹凸が多くて粗い表面には付着しやすく，付着すると除去しにくい。
(3)　汚れが内部にしみ込みやすい吸水性の床材や，汚れの付着によって錆やカビ等の変質を生じやすいものは後の処理が困難である。
(4)　カーペットに洗剤分を残すことにより，汚れの予防効果が得られる。
(5)　汚れの除去には水を使用することが多いため，水に耐える材質のものは清掃しやすいことが多い。

【問題　147】ビルクリーニング用の器具に関する次の記述のうち，最も不適当なものはどれか。
(1)　床磨き機に用いるブラシは，シダの茎，又はナイロン繊維を植えたものが一般的である。
(2)　自在ぼうきは，馬毛などを植えた薄いブラシに長柄を付けた構造である。
(3)　三つ手ちり取りは，本体を下に置けば蓋が開き，移動する際にごみがこぼれない構造である。
(4)　床維持剤塗布用のフラット型モップは，房が短いため，壁面や幅木を汚しにくい。
(5)　床磨き機に用いるブラシは，凹凸のある床面の洗浄に使用する。

【問題　148】清掃作業に使用する洗剤に関する次の記述のうち，最も適当なものはどれか。
(1)　樹脂床維持剤の皮膜手入れ用の表面洗剤は，泡立ちやすいように作られている。
(2)　洗剤に使用する界面活性剤は，陰イオン系と陽イオン系に大別される。
(3)　アルカリ性の強い洗剤は，トイレの尿石の除去に有効である。
(4)　アルカリ性の強い洗剤は，清掃作業者の皮膚を侵し危険である。
(5)　アルカリ性の強い洗剤は，リノリウムに付着した油汚れの除去に使用する。

【問題　149】洗剤と床維持剤に関する語句の組合せとして，最も不適当なものは次のうちどれか。
(1)　フロアフィニッシュ ――― 床材の保護　　(4)　ビルダ ――― 汚れの再付着防止
(2)　フロアポリッシュ ――― 床油　　(5)　リン酸塩 ――― 富栄養化
(3)　シール剤 ――――――― ポリウレタン

【問題 150】弾性床材の特徴と維持管理に関する次の記述のうち，最も不適当なものはどれか。
(1) 塩化ビニル系床材には，床維持剤の塗布が不要の製品が販売されている。
(2) 塩化ビニル系床材は，耐薬品性や耐水性が高い。
(3) 塩化ビニルシートは，床維持剤が密着しにくいものがある。
(4) ウェットメンテナンス法は，ドライメンテナンス法と比較して，作業の標準化・システム化がしやすい。
(5) ドライバフ法は，床磨き機の回転数が高いほど，光沢度回復が容易になる。

【問題 151】繊維床材の特徴と維持管理に関する次の記述のうち，最も不適当なものはどれか。
(1) 事務所建築物の繊維床材のしみは，約60%が親水性である。
(2) ウール素材の含水率は約15%であるので，洗浄後は乾きにくい。
(3) スチーム洗浄機は，エクストラクタより，洗浄後，カーペットに残留する水分量が多い。
(4) 繊維床材は，パイルに空隙があることから土砂・ほこりが堆積しやすい。
(5) ナイロンに付着した親水性の汚れは，ポリエステルより取りにくい。

【問題 152】硬性床材の特徴と維持管理に関する次の記述のうち，最も不適当なものはどれか。
(1) 硬性床材は，一般に多孔質で細かい凹凸があるため，洗浄後の汚水や洗剤分を可能な限り除去する。
(2) テラゾには酸性洗剤を使用しない。
(3) セラミックタイルは，アルカリ性洗剤を使用しない。
(4) 花崗岩は，アルカリ性洗剤を使用する。
(5) 目地のセメントモルタルは酸性洗剤で傷みやすい。

【問題 153】木質系床材の特徴と維持管理に関する次の記述のうち，最も不適当なものはどれか。
(1) 水分により膨潤と収縮を繰り返し，割れや隙間を生じやすい。
(2) アルカリ性洗剤の使用は，床材を変色させやすい。
(3) ならやけやき等の広葉樹は，木質が硬い。
(4) ポリウレタン樹脂でシールされた体育館の床材は，水拭きによる日常清掃により管理する。
(5) シールされていない床材は，油性の保護剤で管理する。

【問題 154】外装の清掃に関する次の記述のうち，最も不適当なものはどれか。
(1) ゴンドラによる清掃作業では，労働安全衛生法の規定に基づき，ゴンドラ安全規則を厳守しなければならない。
(2) 自動窓拭き設備の窓ガラスクリーニングは，人の作業に比べて仕上がりが良い。
(3) ロープ高所作業では，労働安全衛生規則の定めにより，作業計画の策定などが義務付けられている。
(4) 金属材の清掃は，汚れが軽微で固着が進まないうちに行う。
(5) 石材や磁器タイルの壁面は汚れが目立ちにくいが，数年に1回は洗浄を行う。

【問題　155】ごみの処理に関する語句の組合せとして，最も不適当なものは次のうちどれか。
(1)　排出抑制 ———— 収集袋の有料化
(2)　収集・運搬 ——— 余熱利用
(3)　再生 ———————— 集団回収
(4)　中間処理 ——— 破砕・圧縮
(5)　最終処分 ——— 残余容量

【問題　156】平成25年以降の廃棄物の排出傾向に関する次の記述のうち，最も不適当なものはどれか。
(1)　ごみの総排出量のうち，事業系のごみの排出割合は約30%となっている。
(2)　ごみの総資源化（再生）量は，ごみの総排出量の約20%となっている。
(3)　し尿及び浄化槽汚泥の年間処理計画量のうち，約90%が，し尿処理施設で処理されている。
(4)　産業廃棄物の総排出量のうち，種類別では，がれき類が約40%で最も多い。
(5)　産業廃棄物の総排出量のうち，約50%が再生利用されている。

【問題　157】「建築物における衛生的環境の維持管理について（平成20年1月25日健発第0125001号）」における建築物環境衛生維持管理要領で示されている次の文章の　　　内に入る語句として，正しいものはどれか。
　　建築物内で発生する廃棄物の分別，収集，運搬及び貯留について，安全で衛生的かつ　ア　な方法により，速やかに処理すること。　イ　は，分別ができるような環境を整備し，　ウ　へ分別を促すこと。また，収集・運搬用具は安全で衛生的に管理すること。
　　　　　　　　　ア　　　　　　イ　　　　　　　ウ
(1)　効率的 ——— 所有者等 ——— 利用者
(2)　効率的 ——— 占有者等 ——— 事業者
(3)　効率的 ——— 占有者等 ——— 利用者
(4)　計画的 ——— 占有者等 ——— 事業者
(5)　計画的 ——— 所有者等 ——— 利用者

【問題　158】廃棄物処理法に関する次の記述のうち，最も不適当なものはどれか。
(1)　事業系一般廃棄物の排出事業者が処理を委託する場合，市町村長の許可を受けた処理業者に委託しなければならない。
(2)　事業系一般廃棄物の排出事業者が，その処理を委託した廃棄物の移動及び処理の状況を自ら把握するため，廃棄物処理法に基づく一般廃棄物管理票制度が設けられている。
(3)　事業系一般廃棄物の排出事業者が，市町村の施設へ自己搬入するなど自ら処理する場合，処理基準に従わなければならない。
(4)　特別管理廃棄物とは，爆発性，毒性，感染性その他の人の健康又は生活環境に係る被害を生ずるおそれがある性状を有する廃棄物である。
(5)　産業廃棄物の処理を業とする者は，専ら再生利用の目的となる産業廃棄物の場合等を除き，都道府県知事の許可を受けなければならない。

令和4年度

【問題 159】建築物内廃棄物の発生量に関する次の文章の___内に入る原単位として，最も不適当なものはどれか。

建築物における廃棄物の発生量を把握する際に使用される一般的な原単位は，__(1)__が用いられる。

なお，発生量が多い場合は，__(2)__又は，重量の代わりに容量で示す__(3)__が用いられる。

その他，人の利用者数で廃棄物発生量が左右される図書館は__(4)__が使用される。

また，廃棄物の質を表す単位は，「単位容積質量値」であり__(5)__が用いられる。

(1) $kg/(m^2 \cdot 年)$
(2) $kg/(m^2 \cdot 日)$
(3) $L/(m^2 \cdot 日)$
(4) $kg/(人 \cdot 年)$
(5) m^3/kg

【問題 160】建築物内廃棄物の各関係者の基本的役割に関する次の記述のうち，最も不適当なものはどれか。
(1) ビル入居者は，廃棄物処理のルールを徹底させるため責任者を選任する。
(2) ビル入居者は，廃棄物の減量化・減容化に努める。
(3) 廃棄物処理業者は，分別可能廃棄物を明確化する。
(4) ビルメンテナンス事業者は，建築物内廃棄物の処理に必要な容器，集積場所，保管場所等を適切に準備する。
(5) ビルメンテナンス事業者は，必要な場合に建築物内廃棄物の事後分別を行う。

【問題 161】ごみ$2\,m^3$当たりの質量を$300\,kg$とするとき，$60L$のごみ容器に収容できるごみの量として，正しいものは次のうちどれか。
(1) $6\,kg$
(2) $9\,kg$
(3) $12\,kg$
(4) $18\,kg$
(5) $36\,kg$

【問題 162】産業廃棄物管理票制度（マニフェスト制度）に関する次の記述のうち，最も不適当なものはどれか。
(1) 電子マニフェストは，紙マニフェストに比べ，A票，B2票，D票，E票の保存が不要である。
(2) 処理業者の選定には，都道府県などのホームページから選ぶ方法がある。
(3) 排出事業者は，廃棄物が最終処分まで適正に処分されたことを確認する義務がある。
(4) 紙マニフェストの場合，収集運搬業者は，作業が終了すると排出事業者にB2票を返却する。
(5) 紙マニフェストの場合，最終処分場での処分が完了すると，収集運搬業者にE票が返却される。

【問題 163】建築物内廃棄物の中間処理に関する次の記述のうち，最も不適当なものはどれか。
⑴ 厨芥類を処理する生ごみ処理機には，減量を目的とした乾燥機や，リサイクルを目的とした堆肥化装置がある。
⑵ 缶類の処理として，自動的にスチール缶とアルミ缶を分けて圧縮し，ブロック状にする方式がある。
⑶ 廃棄紙類の処理には，保管スペースを確保するための圧縮・梱包機が用いられる。
⑷ 発泡スチロールの処理として用いられる溶融固化装置は，薬液を加え溶融し固化する方式である。
⑸ 段ボールの処理には梱包機が用いられる。

【問題 164】建築物内廃棄物の貯留・排出方式に関する次の記述のうち，最も不適当なものはどれか。
⑴ 真空収集方式は，容器方式より所要人数が少ない。
⑵ コンパクタ・コンテナ方式は，貯留・排出機方式より作業性が優れている。
⑶ 容器方式は，他の方式と比較して設置スペースが少ない点で優れている。
⑷ コンパクタ・コンテナ方式は，他の方式と比較してランニングコストが優れている。
⑸ 容器方式は，他の方式と比較して初期コストが優れている。

【問題 165】リサイクル推進のための個別物品に応じた法律とその内容との組合せとして，最も不適当なものは次のうちどれか。
⑴ 容器包装リサイクル法（容器包装に係る分別収集及び再商品化の促進等に関する法律） ─── 市町村による容器包装の分別収集
⑵ 家電リサイクル法（特定家庭用機器再商品化法） ─── 市町村による消費者からの廃家電の引き取り
⑶ 食品リサイクル法（食品循環資源の再生利用等の促進に関する法律） ─── 食品の製造・加工・販売業者による食品廃棄物の再生利用
⑷ 自動車リサイクル法（使用済自動車の再資源化等に関する法律） ─── 製造事業者によるシュレッダーダスト等の再資源化
⑸ 建設リサイクル法（建設工事に係る資材の再資源化等に関する法律） ─── 工事の受注者による分別解体等の実施

【問題　141】 建築物清掃において一般的に行う日常清掃として，<u>最も不適当な</u>ものはどれか。
(1)　ドアノブなどの金属類の除じん
(2)　エスカレーターのランディングプレートの除じん
(3)　駐車場の除じん
(4)　玄関ホールのフロアマットの除じん
(5)　事務室窓台の除じん

【問題　142】 建築物清掃管理仕様書に関する次の文章の　　　　内に入る語句として，<u>最も適当な</u>ものはどれか。
　　建築物清掃管理仕様書は，基本管理方針や作業範囲，作業環境，作業時間帯等を記載した総括的なものと作業内容を詳細に図表などで表した　　　　からなる。
(1)　清掃作業基準表　　　　　　(4)　清掃作業予定表
(2)　清掃品質管理表　　　　　　(5)　清掃点検評価表
(3)　清掃作業計画表

【問題　143】 建築物清掃業の登録基準に関する次の文章の　　　　内に入る語句として，<u>正しい</u>ものはどれか。
　　作業計画及び作業手順書の内容並びにこれらに基づく清掃作業の実施状況について，
　　　　以内ごとに1回，定期に点検し，必要に応じ，適切な措置を講ずること。
(1)　3カ月　　　　　　　　　　(4)　1年
(2)　4カ月　　　　　　　　　　(5)　2年
(3)　6カ月

【問題　144】 建築物清掃の品質評価に関する次の記述のうち，<u>最も不適当な</u>ものはどれか。
(1)　きれいさの評価は，主として測定機器（光沢度計など）を用いて行う。
(2)　改善内容や具体的な対策を示して，清掃責任者に指示する。
(3)　点検は，インスペクション実施計画に従って実施する。
(4)　同一の仕様であってもできばえに相当の違いが出てくるので，品質評価が重要である。
(5)　評価は，利用者の立場になって行う。

【問題　145】 ほこりや汚れの除去に関する次の記述のうち，<u>最も適当な</u>ものはどれか。
(1)　アクリル板のほこりは，載っているだけの状態である。
(2)　湿ったタオルでしみの部分を軽くこすり，タオルに汚れが付着すれば水溶性のしみである。
(3)　ほこりは，長期間放置しても除去のしやすさは変わらない。
(4)　ダストコントロール法は，水溶性の汚れも除去できる。
(5)　ダストクロス法は，油分による床面への弊害が多い。

【問題 146】カーペット清掃用機械に関する次の記述のうち，最も不適当なものはどれか。
(1) ドライフォーム方式の洗浄機は，洗剤液を泡にし，縦回転ブラシで洗浄する。
(2) カーペットスイーパは，パイル内部のほこりを除去する。
(3) スチーム洗浄機は，カーペットのしみ取りに使われる。
(4) 真空掃除機は，電動ファンによって機械内部に空気の低圧域を作り，ほこりを吸引する構造である。
(5) エクストラクタは，カーペットのシャンプークリーニング後のすすぎ洗いに使用される。

【問題 147】床維持剤に関する次の記述のうち，最も適当なものはどれか。
(1) 剥離剤は，酸の作用で，樹脂床維持剤の皮膜を溶解する。
(2) フロアポリッシュは，物理的・化学的方法により，容易に除去できない。
(3) 剥離剤の使用後は，すすぎ拭きを十分に行ってから，樹脂床維持剤を再塗布する。
(4) フロアオイルは，主に表面加工された木質系床材の保護のために用いられる。
(5) 床維持剤には，乳化性フロアポリッシュが多く使われている。

【問題 148】弾性床材の特徴と維持管理に関する次の記述のうち，最も不適当なものはどれか。
(1) 床維持剤の黒ずみが生じてきたら，床維持剤の剥離作業をし，再塗布する。
(2) 塩化ビニルシートは，床維持剤の密着性に優れる。
(3) 日常清掃では，ダストモップを用いて，土砂やほこりを除去する。
(4) 塩化ビニルタイルは，可塑剤を含む。
(5) ゴム系床材は，剥離剤によって変色やひび割れ等を生じることがある。

【問題 149】床材の耐性に関する次の記述のうち，最も適当なものはどれか。
(1) 木質系床材は，耐水性に優れる。
(2) テラゾは，耐酸性に優れる。
(3) リノリウムは，耐アルカリ性に優れる。
(4) セラミックタイルは，耐摩耗性に優れる。
(5) コンクリートは，耐酸性に優れる。

【問題 150】床維持剤のドライメンテナンス法に関する次の記述のうち，最も適当なものはどれか。
(1) ウェットメンテナンス法に比べて部分補修がしにくい。
(2) ドライバフ法で用いる床磨き機は，回転数が高いとフロアポリッシュの皮膜を傷めるので，低速で使用する。
(3) ドライバフ法は，つや出し作用を持つスプレー液をかけながらパッドで磨き，光沢を回復させる。
(4) スプレークリーニング法は，毎分1,000回転以上の超高速床磨き機を用いる。
(5) ウェットメンテナンス法に比べて作業の安全性が高い。

【問題 151】繊維床材の特徴と清掃に関する次の記述のうち，最も不適当なものはどれか。
(1) 事務所建築物の繊維床材のしみの多くは，親水性である。
(2) アクリル素材は，耐久性に優れている。
(3) スポットクリーニングは，汚れがパイルの上部にあるうちに行う。
(4) ナイロン素材は，耐久性に優れている。
(5) しみ取り作業は，日常清掃で行う。

【問題 152】床以外の清掃作業に関する次の記述のうち，最も不適当なものはどれか。
(1) トイレは，清掃作業により全面的に使用禁止とならないよう，工程を工夫する必要がある。
(2) 湯沸室に使用する資機材は，湯沸室専用として他の場所と区別する配慮が必要である。
(3) 玄関ホールの清掃品質は，視線の方向や高さを変えて確認する。
(4) 階段の壁面は，廊下の壁面と比較して，ほこりの付着度合が低い。
(5) 玄関ホールは，季節や天候の影響を受けるため，清掃の品質が変動しやすい。

【問題 153】外装のガラスクリーニングに関する次の記述のうち，最も不適当なものはどれか。
(1) 自動窓拭き設備は，洗剤又は水をガラス面に噴射してブラシ洗いし，真空吸引装置で回収する。
(2) ロープ高所作業を行う場合，ライフラインの設置が義務付けられている。
(3) 美観の維持のため，1～2カ月に1回の頻度で洗浄を行うことが望ましい。
(4) スクイジー法は，微細な研磨剤をガラスに塗布しスクイジーでかき取る方法である。
(5) 事前に傷の有無，傷の大きさや数等を調査し，業務発注者に報告する。

【問題 154】建築物の清掃・消毒に関する次の記述のうち，最も不適当なものはどれか。
(1) 感染症発生時の消毒のために，衛生管理の担当者は，消毒剤の種類や使用方法，対象物件等についての理解を深めておく必要がある。
(2) 清掃により，ほこり，汚れ，廃棄物，汚物等を除去することは，消毒の前処理として重要な作業である。
(3) 清掃における衛生管理の基本は，ゾーニング管理である。
(4) 平常時から，作業者に衛生管理訓練を行う。
(5) 逆性石けんは，ノロウイルスに対して消毒効果が高い。

【問題 155】廃棄物の中間処理施設とその主な効果に関する語句の組合せとして，最も不適当なものは次のうちどれか。
(1) 焼却施設 ——————— 減量化
(2) 焼却残渣溶融施設 ——— 安定化
(3) ごみ燃料化施設 ——— 安定化
(4) 粗大ごみ処理施設 ——— 減容化
(5) 高速堆肥化施設 ——— 資源化

【問題 156】 ごみの処理過程に関する次の記述のうち，最も不適当なものはどれか。

(1) 分別は，発生・排出元で，あらかじめ区分することであり，再生（リサイクル）を進める上で重要となる。

(2) 保管は，次の処理過程に移るまでの間，一時的に保管することであり，衛生害虫の発生防止などに留意する。

(3) 収集・運搬では，飛散防止，悪臭防止等に留意する。

(4) 再生（リサイクル）は，主にごみを再び製品の原料などの有用物として資源化することである。

(5) 最終処分には，焼却を行ってごみを減量化することが含まれる。

【問題 157】 廃棄物の処理及び清掃に関する法律（以下「廃棄物処理法」という。）に関する次の文章の　　内に入る語句の組合せとして，最も適当なものはどれか。

1970年に制定された廃棄物処理法では，| ア |から規定していた汚物に加えて，新たに不要物の概念を導入して廃棄物を定義し産業廃棄物と一般廃棄物に分類するとともに，| イ |が新たに法の目的に追加された。

```
         ア              イ
```
(1) 環境面 ——— 生活環境の保全
(2) 衛生面 ——— 適正処理
(3) 衛生面 ——— 排出の抑制
(4) 衛生面 ——— 生活環境の保全
(5) 環境面 ——— 排出の抑制

【問題 158】 廃棄物処理法に関する次の記述のうち，最も不適当なものはどれか。

(1) 排出事業者が，産業廃棄物の処理を委託する場合，その移動及び処理の状況を自ら把握するため，特別管理産業廃棄物の制度が設けられている。

(2) 都道府県知事は，産業廃棄物処理業の許可申請があった場合，施設及び申請者の能力が基準に適合していることを審査し，許可する。

(3) 市町村は，自ら作成した一般廃棄物処理計画に従ってその処理を行う。

(4) 一般廃棄物の処理業者は，専ら再生利用の目的となる一般廃棄物を扱う者を除き，市町村長の許可を受けなければならない。

(5) 市町村が一般廃棄物の収集，運搬，処分等を業者に委託する場合は，委託基準に従わなければならない。

令和3年度

【問題　159】廃棄物処理法における一般廃棄物の処理に関する次の条文の＿＿＿内に入る語句の組合せとして，<u>正しいもの</u>はどれか。

　　　　＿ア＿は，その区域内において事業活動に伴い多量の一般廃棄物を生ずる土地又は建物の＿イ＿に対し，当該一般廃棄物の＿ウ＿に関する計画の作成，当該一般廃棄物を運搬すべき場所及びその運搬の方法その他必要な事項を指示することができる。

	ア	イ	ウ
(1)	都道府県知事	占有者	減量
(2)	都道府県知事	所有者	適正処理
(3)	市町村長	占有者	減量
(4)	市町村長	所有者	適正処理
(5)	市町村長	所有者	減量

【問題　160】廃棄物の区分に関する次の記述のうち，<u>最も不適当なもの</u>はどれか。
(1)　事業活動に伴って生じた廃棄物のうち，燃え殻，汚泥など20種類が産業廃棄物として定められている。
(2)　木くずのうち，建設業など特定の業者から排出されたものは，産業廃棄物に該当する。
(3)　事業活動に伴い発生する油分で，グリース阻集器で阻集されるものは，産業廃棄物に該当する。
(4)　事業系一般廃棄物とは，事業活動に伴い発生する廃棄物のうち，産業廃棄物に該当しないものである。
(5)　事業活動に伴い発生する廃棄物のうち，ばいじん類は，安定型品目の産業廃棄物に該当する。

【問題　161】建築物内の廃棄物等に関する次の記述のうち，<u>最も不適当なもの</u>はどれか。
(1)　し尿を含まないビルピットの汚泥は，産業廃棄物である。
(2)　事業活動に伴って生じたプラスチック類は，産業廃棄物である。
(3)　水銀が使用されている蛍光管は，廃棄に関して取扱いが規制されている。
(4)　再利用される古紙は，登録された資源回収業者などによって取り扱われる。
(5)　特定建築物の清掃作業に伴う廃液の排水基準値は，建築物衛生法により定められている。

【問題　162】建築物内廃棄物の貯留・搬出方式に関する次の記述のうち，<u>最も不適当なもの</u>はどれか。
(1)　真空収集方式は，広域大規模開発地域に導入されている。
(2)　容器方式は，コンパクタ・コンテナ方式より作業性に優れている。
(3)　貯留・排出機方式は，廃棄物を圧縮・貯留し，パッカー車に自動的に積み替えて搬出する。
(4)　コンパクタ・コンテナ方式は，圧縮機により圧縮・貯留し，コンテナごとトラックで搬出する。
(5)　容器方式は，他の方式と比較して広い設置スペースが必要になる。

【問題 163】建築物内廃棄物の中間処理に関する次の記述のうち，最も不適当なものはどれか。
(1) 雑誌の処理方法として，切断がある。
(2) 厨芥類の処理方法として，脱水がある。
(3) 生ごみの処理方法として，乾燥がある。
(4) OA 紙の処理方法として，梱包がある。
(5) 缶類の処理方法として，圧縮がある。

【問題 164】建築物内の廃棄物保管場所の算定面積として，正しいものは次のうちどれか。ただし，作業場の必要面積及び粗大ごみ・再利用物の管理面積は考えないものとする。延べ床面積：10,000 m²，廃棄物発生量：0.04 kg/(m²・日)，保管容器：10 kg/個，保管容器 1 個は 0.25 m² を占め，保管日数は 2 日とする。なお，保管容器は平積みとする。
(1) 10 m²
(2) 20 m²
(3) 80 m²
(4) 200 m²
(5) 500 m²

【問題 165】リサイクルに関する法律とその対象品目の組合せとして，最も不適当なものは次のうちどれか。
(1) 容器包装に係る分別収集及び再商品化の促進等に関する法律 ——— ペットボトル
（容器包装リサイクル法）
(2) 食品循環資源の再生利用等の促進に関する法律——————— 食品残渣
（食品リサイクル法）
(3) 建設工事に係る資材の再資源化等に関する法律——————— 木材
（建設リサイクル法）
(4) 特定家庭用機器再商品化法（家電リサイクル法）————— 食器洗い乾燥機
(5) 使用済小型電子機器等の再資源化の促進に関する法律————— 携帯電話
（小型家電リサイクル法）

清　掃

【問題　141】建築物における衛生的環境の維持管理について（平成 20 年 1 月 25 日健発第 125001 号）により示された，建築物環境衛生維持管理要領に関する次の記述のうち，最も不適当なものはどれか。

(1) 清掃用器具は，汚染度を考慮して区域ごとに使い分ける。
(2) 洗剤や床維持材は，利用者や清掃従事者等の健康及び環境に配慮したものを用いる。
(3) 清掃用機械器具などの保管庫は，1 年以内ごとに 1 回，定期に点検する。
(4) 収集・運搬設備，貯留設備等の廃棄物処理設備は，6 カ月以内ごとに 1 回，定期に点検する。
(5) 所有者等は，建築物内で発生する廃棄物について分別ができる環境を整備する。

【問題　142】次の建築物清掃のうち，一般的に日常清掃で行うものとして，最も不適当なものはどれか。

(1) 玄関ホールのフロアマットの除じん
(2) エスカレータのランディングプレートの除じん
(3) 廊下壁面の除じん
(4) 駐車場床面の除じん
(5) 玄関ホールの金属部の除じん

【問題　143】清掃作業における転倒事故の防止対策に関する次の記述のうち，最も不適当なものはどれか。

(1) 出入口やコーナーでは，指差し呼称を行う。
(2) 走ったり，ポケットに手を入れない。
(3) 滑りにくい作業靴や滑り止めカバーを使用する。
(4) 使用する機械・器具は乱雑に置かない。
(5) 通路確保のため周辺を整理整頓して作業に当たる。

【問題　144】建築物清掃の点検評価に関する次の記述のうち，最も適当なものはどれか。

(1) 評価は 4 カ月に 1 回行う。
(2) 改善が必要と判断した場合は，評価者が清掃責任者に指示を行う。
(3) 評価は清掃作業者の視点で行う。
(4) 点検は，主として測定機器（光沢度計など）を用いて行う。
(5) 評価範囲は，汚染度の平均的な箇所に重点を置く。

【問題　145】粒子状物質とその粒子の大きさとの組合せとして，最も適当なものは次のうちどれか。

(1) 沈降性大気じん ——————— 0.1 μm〜0.5 μm
(2) たばこ煙 ——————— 1 μm〜10 μm
(3) 花粉 ——————— 10 μm〜100 μm
(4) 掃除機の排気中の粒子 ——————— 50 μm〜500 μm
(5) ダストクロス清掃による発じん ——— 100 μm〜1,000 μm

【問題 146】建築物清掃における環境対策に関する次の記述のうち，最も不適当なものはどれか。
(1) パッドやブラシに使用されている研磨剤の種類や量を考慮して選定する。
(2) 作業時間の短縮を図る。
(3) 酸・アルカリ性の洗剤は中和して排出する。
(4) 洗剤を使用するときの温度は，なるべく高く設定する。
(5) 作業に伴う洗剤容器などの廃棄物を減量する。

【問題 147】ビルクリーニング用機械・器具に関する次の記述のうち，最も適当なものはどれか。
(1) 三つ手ちり取りは，移動する際にごみがこぼれないので，拾い掃き用として広く使われる。
(2) 自在ほうきは，馬毛などを植えた薄いブラシであり，ほこりを舞い上げることが少ない。
(3) 自動床洗浄機は，洗剤供給式床磨き機とドライ式真空掃除機とを結合したものである。
(4) 樹脂床維持剤皮膜の剥離は，床材を傷めないようにするため，床用パッドの赤又は白が使われる。
(5) 凹凸のある床面には，研磨粒子が付着したパッドが使われる。

【問題 148】カーペット清掃用機械に関する次の記述のうち，最も不適当なものはどれか。
(1) アップライト型真空掃除機は，カーペットのほこりを取るのに適した構造である。
(2) 真空掃除機は，電動ファンによって機械内部に空気の低圧域を作り，ホースを通じてほこりを吸引する構造である。
(3) スチーム洗浄機は，高温の水蒸気で汚れを取るため，洗浄後に残る水分が少なく仕上がりも柔らかい。
(4) 洗剤供給式床磨き機は，化学繊維のタフテッドカーペットの洗浄に適している。
(5) エクストラクタは，機械内部で作られた泡で洗浄し，直ちに吸引する構造である。

【問題 149】清掃作業に使用する洗剤に関する次の記述のうち，最も適当なものはどれか。
(1) 表面洗剤は，界面活性剤を配合して，泡立ちやすいようにしてある。
(2) 洗剤に使用する界面活性剤は，陰イオン系と非イオン系に大別される。
(3) 界面活性剤は，液体の表面張力を高くする働きをもつ。
(4) 洗剤の効果を高める助剤（ビルダ）には，汚れの再付着を防止するものがある。
(5) 洗剤は，使用する濃度が低ければ低いほどよい。

【問題 150】清掃作業と使用する洗剤との組合せとして，最も不適当なものは次のうちどれか。
(1) 真ちゅう金物の洗浄 ——————— 研磨剤入り洗剤
(2) 厨房床の洗浄 ——————— アルカリ性洗剤
(3) 樹脂床維持剤塗布床面の剥離洗浄 ——— アルカリ性洗剤
(4) 大理石床の洗浄 ——————— 中性洗剤
(5) リノリウム床の洗浄 ——————— アルカリ性洗剤

【問題　151】ビルクリーニング作業を行うに当たって把握しなければならない床材の特性として，最も不適当なものは次のうちどれか。
(1)　耐洗剤性
(2)　防音性
(3)　吸水性
(4)　表面の粗さ
(5)　工法・仕上げ

【問題　152】床材の特徴と維持管理に関する次の記述のうち，最も不適当なものはどれか。
(1)　木質系床材は，水分に弱い。
(2)　塩化ビニル系床材は，耐薬品性や耐水性に富む。
(3)　床維持剤を塗布することで，ほこり除去の作業頻度を減らすことができる。
(4)　セラミックタイルは，耐酸性，耐アルカリ性がある。
(5)　コンクリートは，耐酸性に乏しい。

【問題　153】繊維床材の清掃に関する次の記述のうち、最も適当なものはどれか。
(1)　事務所建築物の繊維床材の汚れは、約60％が油性のしみである。
(2)　スポットクリーニングは、除じんで除去できない汚れがパイルの上部にあるうちに行う。
(3)　ポリプロピレン素材は、親水性の汚れが取れにくい。
(4)　カーペットのほつれは、年に1～2回まとめてカットする。
(5)　アクリル素材は、親水性の汚れが取れにくい。

【問題　154】床維持剤のドライメンテナンス法に関する次の記述のうち、最も不適当なものはどれか。
(1)　部分補修がしやすい。
(2)　前方に進む作業が主体となり、作業の安全性が高い。
(3)　汚水がほとんど発生しないので、環境汚染が少ない。
(4)　作業の工程数が少ない。
(5)　ドライバフ法の床磨き機は、床面の土砂やほこりの除去に使用される。

【問題　155】清掃に関する次の記述のうち、最も不適当なものはどれか。
(1)　エレベータホールにある繊維床のスポットクリーニングは、6カ月に1～2回行う。
(2)　照明器具の定期清掃は、6カ月に1回行う。
(3)　エレベータ内壁、手すり、ドア等では、毎日の水拭きや洗剤拭きが重要である。
(4)　トイレは、清掃作業により全面的に使用禁止とならないようにする。
(5)　階段の壁面は、他の場所より、ほこりの付着度合いが高い。

令和2年度

【問題 156】 我が国の廃棄物処理政策の変遷に関する次の記述のうち、最も不適当なものはどれか。

(1) 1950 年代に、汚物を衛生的に処理し、生活環境を清潔にすることを目的に清掃法が制定された。

(2) 1970 年代の廃棄物の処理及び清掃に関する法律（以下「廃棄物処理法」という。）の制定により、「汚物」に加えて、新たに「不要物」の概念が導入された。

(3) 1980 年代に、最終処分場の確保難等に対処するため、廃棄物処理施設整備の推進が図られた。

(4) 1990 年代に、「廃棄物」を「一般廃棄物」と「産業廃棄物」に分類し、廃棄物の適正処理が図られた。

(5) 2000 年代に、廃棄物等の発生を抑制（リデュース）するとともに、再利用（リユース）及び再生利用（リサイクル）が図られた。

【問題 157】 ごみの焼却処理に関する次の記述のうち、最も不適当なものはどれか。

(1) 800℃ 以上の高温で焼却されることによって、ごみに含まれる悪臭物質は熱分解される。

(2) ごみの容積は、焼却処理により、5〜10% に減容化される。

(3) ごみの重量は、焼却処理により、約 15% に減量化される。

(4) 約 70% のごみ焼却処理施設で、余熱を利用した発電が行われている。

(5) ごみの焼却処理は、ごみの総処理量の約 80% を占めている。

【問題 158】 廃棄物の処理に関する次の記述のうち、最も不適当なものはどれか。

(1) 一般廃棄物について市町村は、一般廃棄物処理計画に従い清掃事業として処理を行う。

(2) 産業廃棄物を含めた事業系廃棄物は、事業者が処理する。

(3) 廃棄物の中間処理に当たっては、大気汚染、水質汚濁、悪臭等が生じないよう排ガスや排水の処理を行わなければならない。

(4) 一般廃棄物の埋立処分は、管理型最終処分場に埋め立てなければならない。

(5) 産業廃棄物のうち、有害物質を含まない汚泥は、安定型最終処分場に埋め立てられる。

【問題 159】 廃棄物処理法に関する次の記述のうち、最も不適当なものはどれか。

(1) 都道府県知事は、多量の一般廃棄物を生じる建物の占有者に対し、減量に関する計画の策定等を指示することができる。

(2) 排出事業者が産業廃棄物の処理を委託する場合には、その移動及び処理の状況を自ら把握するため、マニフェストの使用が義務付けられている。

(3) 一般廃棄物の収集、運搬、処分等が適正に行われるよう、処理基準が定められている。

(4) 都道府県知事は、産業廃棄物処理業の許可申請があった場合には、適合していることを審査し、許可する。

(5) 排出事業者が産業廃棄物の処理を委託する場合には、委託基準に従わなければならない。

【問題 160】廃棄物処理法の一般廃棄物及び産業廃棄物に関する次の記述のうち、最も不適当なものはどれか。

(1) 医療機関などから排出される感染性のおそれのある産業廃棄物は、特別管理産業廃棄物に該当する。

(2) 飲食店から排出された木くずは、産業廃棄物に該当する。

(3) 特別管理一般廃棄物には、都市ごみ焼却施設から生じるばいじん、医療機関などから排出される血液の付着したガーゼ・脱脂綿が該当する。

(4) 事業活動に伴って排出される廃棄物は、事業系一般廃棄物と産業廃棄物とに大別される。

(5) 紙くずのうち、紙製造業などの特定の業種から排出されたものは、産業廃棄物に該当する。

【問題 161】事務所建築物から厨芥が1日当たり 0.25 m³ 排出されており、その質量は全廃棄物質量の 5% を占めている。いま、全廃棄物質量を1日当たり 2.4t とすると、厨芥の単位容積質量値（kg/m³）として、正しいものは次のうちどれか。

(1) 30 kg/m³
(2) 120 kg/m³
(3) 300 kg/m³
(4) 480 kg/m³
(5) 600 kg/m³

【問題 162】建築物内廃棄物に関する次の記述のうち、最も適当なものはどれか。

(1) 家庭から排出される廃棄物より、事務所建築物から排出される廃棄物の方が、単位容積質量値は大きい。

(2) 厨芥とは、紙くずと雑芥を混合したものである。

(3) 感染性廃棄物は、長期間の保管を考慮して保管場所を決める。

(4) 建築物内に診療所がある場合は、建築物所有者が特別管理産業廃棄物管理責任者を置かなければならない。

(5) 紙くず類の収集は、一般にカンバス製のコレクタが用いられる。

【問題 163】建築物内廃棄物の各関係者の基本的役割に関する次の記述のうち、最も不適当なものはどれか。

(1) 国・地方公共団体は、廃棄物に関する教育・啓蒙を行う。

(2) ビルメンテナンス事業者は、建築物内廃棄物の管理責任者を選任する。

(3) 建築物内廃棄物処理事業者は、廃棄物の減容化に努める。

(4) 建築物維持管理権原者は、建築物内廃棄物の処理に必要な容器、集積場所、保管場所等を適切に準備する。

(5) ビルメンテナンス事業者は、建築物内廃棄物の収集・運搬・処理・保管を実施する。

【問題　164】建築物内廃棄物の貯留・搬出方式に関する次の記述のうち、最も不適当なものはどれか。

(1) 容器方式は、コンパクタ・コンテナ方式より貯留・搬出の作業性に優れている。

(2) 真空輸送方式は、輸送管によって空気搬送する方式である。

(3) コンパクタ・コンテナ方式は、大規模建築物に適している。

(4) 貯留・搬出方式は、真空収集方式より初期コストがかからない。

(5) コンパクタ・コンテナ方式は、容器方式よりランニングコストが少ない。

【問題　165】建築物内廃棄物の中間処理に関する次の記述のうち、最も適当なものはどれか。

(1) 破砕機は、プラスチック類の粉砕に用いられる。

(2) シュレッダは、新聞紙の切断に用いられる。

(3) 冷蔵庫は、厨芥類の保管に用いられる。

(4) 梱包機は、缶類の圧縮に用いられる。

(5) 圧縮装置は、段ボールの保管場所の確保のために用いられる。

【問題　141】　建築物における衛生的環境の維持管理について（平成20年1月25日健発第0125001号）に示された，建築物環境衛生維持管理要領に関する次の記述のうち，最も不適当なものはどれか。
(1)　帳簿書類には，清掃，点検及び整備を実施した年月日，作業内容等を記載する。
(2)　清掃用機械及び器具は，清潔なものを用い，汚染度を考慮して区域ごとに使い分ける。
(3)　大掃除においては，1年以内ごとに1回，日常清掃の及びにくい箇所等の汚れ状況を点検し，必要に応じ除じん，洗浄を行う。
(4)　清掃用機械及び器具類，清掃用資材の保管庫は，6カ月以内ごとに1回，定期に点検する。
(5)　収集・運搬設備，貯留設備等の廃棄物処理設備は，6カ月以内ごとに1回，定期に点検する。

【問題　142】　建築物清掃の標準的な作業計画に関する次の記述のうち，最も適当なものはどれか。
(1)　エレベータかご内部の除じんは，定期清掃として実施する。
(2)　廊下壁面のスイッチ回りの洗剤拭きは，日常清掃として実施する。
(3)　トイレ・洗面所の換気口の除じんは，定期清掃として実施する。
(4)　一般の人が立ち入らない管理用区域の清掃は，年2回程度実施する。
(5)　エスカレータパネル類の洗剤拭きは，日常清掃として実施する。

【問題　143】　建築物清掃の作業計画に関する次の記述のうち，最も不適当なものはどれか。
(1)　記憶や経験を基にした個人的な管理手法のため，作業指示が円滑になる。
(2)　作業内容が明確化されているため，統一的な指導ができる。
(3)　計画的な作業管理により，記録の保存によって責任の所在が明確になる。
(4)　計画的に作業を実施できることから，限られた時間内に一定の成果が得られる。
(5)　日常清掃で除去する汚れと定期的に除去する汚れを区別することによって，作業効率と作業成果の向上が得られる。

【問題　144】　建築物清掃作業の安全衛生に関する次の記述のうち，最も不適当なものはどれか。
(1)　清掃作業に関わる転倒事故防止は，清掃作業従事者と第三者の安全確保のために必要である。
(2)　清掃作業に関わる事故の多くは，転倒や墜落・転落事故である。
(3)　ノロウィルス感染によると思われる嘔吐物があった場合は，その物をぬぐい取り，その部分を含む広い範囲をクレゾール石けん液で消毒する。
(4)　洗剤などは使用説明書に従って使用し，保護手袋などの保護具を適切に用いる。
(5)　吸殻処理は，清掃業務における防火対策として重要である。

【問題　145】　建築物清掃の作業管理に関する次の記述のうち，<u>最も不適当な</u>ものはどれか。
⑴　作業計画に基づき，日常清掃と定期清掃の予定表を作成し，適正な人員配置を行う。
⑵　定期的に点検を行い，現場実態を把握しておく。
⑶　正しい作業方法を従事者に教育・指導し，作業能率と作業成果の向上，安全衛生に努める。
⑷　作業実態分析を行い，ムリ，ムダ，ムラがないようにし，作業方法を変えずに常に同じ作業を実施する。
⑸　建材，汚れ等に適した清掃機械・器具やケミカル類を選定する。

【問題　146】　建築物清掃の点検評価に関する次の記述のうち，<u>最も不適当な</u>ものはどれか。
⑴　清掃作業の実施状況の点検については，四半期ごとに実施する。
⑵　清掃作業の評価は，利用者の立場に立って実施する。
⑶　評価範囲は，汚染度合いの高い箇所などに重点を絞る。
⑷　作業の改善は，作業仕様書や作業基準書に限定しないで行う。
⑸　清掃作業の点検評価は，主として測定機器（光沢度計など）を用いて行う。

【問題　147】　建材の予防清掃に関する次の記述のうち，<u>最も不適当な</u>ものはどれか。
⑴　ほこり以外の汚れ物質は，人間の活動に伴って付着することが多い。
⑵　高気密化している建築物では，窓や隙間がほこりの侵入路として重要視されている。
⑶　汚れは，凹凸が多くて粗い表面には付着しやすく，付着すると除去しにくい。
⑷　建材が親水性か疎水性かによって，付着する汚れの種類は異なる。
⑸　シール剤や床維持剤の塗布により，汚れの予防効果が得られる。

【問題　148】　ビルクリーニング用機械・器具に関する次の記述のうち，<u>最も不適当な</u>ものはどれか。
⑴　床みがき機に用いるブラシは，直径 50 cm 以上のものが多く使われている。
⑵　凹凸のある床面は，研磨粒子入りブラシを付けて洗浄する。
⑶　床みがき機に用いるブラシは，シダの茎，又はナイロン繊維を植えたものが一般的である。
⑷　自在ほうきは，馬毛などを植えた薄いブラシであり，ほこりを舞い上げることが少ない。
⑸　超高速バフ機の回転数は，毎分 1,000〜3,000 回転である。

【問題　149】　カーペット清掃用機械に関する次の記述のうち，<u>最も不適当な</u>ものはどれか。
⑴　ローラブラシ方式の洗浄機は，パイルに対する当たりが柔らかで，パイルを傷めることが少ない。
⑵　スチーム洗浄機は，カーペットのしみ取りにも使われる。
⑶　アップライト型真空掃除機は，カーペットのほこりを取るのに適している。
⑷　洗剤供給式床みがき機は，ウールのウィルトンカーペットの洗浄に適している。
⑸　エクストラクタは，水分に耐えるカーペットの洗浄に適している。

【問題 150】 清掃作業に使用する洗剤に関する次の記述のうち，最も不適当なものはどれか。
 (1) 酸性洗剤は，小便器に付着した尿石や，鉄分を含んだ水垢等の除去に有効である。
 (2) アルカリ性洗剤は，幅広い用途に使用されるが，床材や作業方法に注意して使う必要がある。
 (3) 研磨剤入り洗剤は，固着した汚れの除去に有効である。
 (4) 洗剤は，最適な濃度に希釈して用いるのが効果的である。
 (5) 表面洗剤には，界面活性剤や助剤が配合されているので，泡立ちやすいものが多い。

【問題 151】 弾性床材の特徴と管理に関する次の記述のうち，最も適当なものはどれか。
 (1) 塩化ビニルシートは，床維持剤の密着不良が起きにくい。
 (2) 塩化ビニル系床材は，耐薬品性や耐水性に富む。
 (3) リノリウムは，耐アルカリ性に富む。
 (4) 床維持剤を塗布することで，土砂・ほこりの除去頻度を減らすことができる。
 (5) 塩化ビニルタイルは，可塑剤を含まない。

【問題 152】 硬性床材の耐薬品性に関する次の記述のうち，最も適当なものはどれか。
 (1) 花崗岩は，耐アルカリ性に乏しい。
 (2) セラミックタイルは，耐酸性，耐アルカリ性に乏しい。
 (3) テラゾは，耐酸性に優れる。
 (4) コンクリートは，耐酸性に優れる。
 (5) 大理石は，耐酸性，耐アルカリ性に乏しい。

【問題 153】 繊維床材の清掃方法に関する次の記述のうち，最も適当なものはどれか。
 (1) 玄関や共用部は汚れやすいので，その日のうちに真空掃除機で土砂を除去する。
 (2) パイル内部のほこりの除去には，カーペットスイーパを用いる。
 (3) アクリル素材は，親水性の汚れが取れにくい。
 (4) しみ取り作業は定期清掃時に行う。
 (5) スポットクリーニングは，パイル奥の汚れまで徹底的に除去する作業である。

【問題 154】 清掃におけるドライメンテナンスに関する次の記述のうち，最も不適当なものはどれか。
 (1) 床材への熱影響に注意が必要である。
 (2) スプレークリーニング法の仕上げには，フロアポリッシュを塗布する。
 (3) ウェットメンテナンス法に比べ，滑りや転倒が多いので注意が必要である。
 (4) 床材への水の浸透による劣化を防ぐ。
 (5) ドライバフ法で用いる床みがき機は，回転数が高いほど，光沢度の回復が容易である。

【問題 155】 清掃におけるウェットメンテナンスに関する次の記述のうち，最も不適当なものはどれか。
(1) 汚れが激しい箇所を洗剤で洗浄し，床維持剤を塗布する。
(2) 樹脂床維持剤の皮膜を除去するには，酸性の剥離剤で皮膜を溶解させる。
(3) ドライメンテナンス法に比べ，部分補修がしにくい。
(4) シールされた木質床は，水性フロアポリッシュを使用できるが，水の使用を最小限にして管理する必要がある。
(5) ドライメンテナンス法に比べ，使用する資機材の種類が多い。

【問題 156】 床以外の清掃作業に関する次の記述のうち，最も適当なものはどれか。
(1) 廊下の壁面は，階段の壁面と比較して，ほこりの付着量が多い。
(2) ドア・エレベータスイッチは，冬期は夏期に比べ手垢が付きやすくなる。
(3) エレベータの壁は，手垢で汚れやすいので表面に保護膜を塗布しておくとよい。
(4) トイレの清掃は，衛生上の観点から利用者の使用を全面的に禁止して作業を行う。
(5) 照明器具は静電気でほこりがたまりやすく，照度低下があるため，毎日清掃する必要がある。

【問題 157】 外装の清掃に関する次の記述のうち，最も不適当なものはどれか。
(1) 石材や磁器タイルの壁面は，3～5年に1回洗浄を行う。
(2) 自動窓拭き設備には，スチーム洗浄機が組み込まれている。
(3) 臨海工業地帯の金属製の外壁は，1年に4～6回洗浄を行う。
(4) アルミニウム板は，通常，表面に保護膜が施されているが，徐々に汚れが付着する。
(5) 金属製の外壁は，中性洗剤か専用洗剤を用いて，スポンジ又はウエスで拭き取る。

【問題 158】 循環型社会形成に関する次の記述のうち，最も不適当なものはどれか。
(1) 生産において，マテリアルリサイクルを進める。
(2) 消費・使用において，リデュースを進める。
(3) 廃棄において，リユースを進める。
(4) 処理において，サーマルリサイクルを進める。
(5) 最終処分において，天然資源の投入を進める。

【問題 159】 ごみの処理に関する次の記述のうち，最も不適当なものはどれか。
(1) 一般廃棄物の埋立処分は，遮断型最終処分場に埋め立てなければならない。
(2) 焼却処理では，容積は5～10%に減容化される。
(3) ごみ燃料化施設は，選別・乾燥技術を用いている。
(4) 粗大ごみ処理施設は，破砕・選別技術を用いている。
(5) 分別とは，収集や運搬，リサイクルや中間処理，最終処分が適正に行われるように，発生・排出元であらかじめ区分することである。

【問題 160】 廃棄物の区分に関する次の記述のうち，最も不適当なものはどれか。
(1) 事業系一般廃棄物とは，事業活動に伴い発生する廃棄物のうち，産業廃棄物に該当しないものである。
(2) 粗大ごみのうち，スプリングマットレスは，適正処理困難物に該当する。
(3) 一般廃棄物のびんは，容器包装リサイクル法の対象物に該当する。
(4) 事業活動に伴い発生する廃棄物のうち，ゴムくずは，安定型品目の産業廃棄物の一つに該当する。
(5) 事業活動に伴い発生する廃棄物のうち，廃プラスチック類は，業種指定のある産業廃棄物に該当する。

【問題 161】 建築物内廃棄物の適正処理に関する次の記述のうち，最も不適当なものはどれか。
(1) 清掃作業に伴って生じる廃液は，廃棄物の処理及び清掃に関する法律に加えて下水道法，水質汚濁防止法の規定を遵守し適正に処理する。
(2) 建築物から発生する事業系一般廃棄物は，古紙と生ごみがほとんどを占める。
(3) 蛍光管は，取扱いが規制されている。
(4) グリース阻集器で阻集される油分は，一般廃棄物の廃油に該当する。
(5) し尿を含まないビルピット汚泥は，産業廃棄物に該当する。

【問題 162】 産業廃棄物に関する次の記述のうち，最も不適当なものはどれか。
(1) 適正な処理を確保するため，処理基準や委託基準が定められている。
(2) 特別管理産業廃棄物は，爆発性，毒性，感染性等，人の健康又は生活環境に被害を生ずるおそれのある産業廃棄物のことである。
(3) 事業活動に伴い発生する廃棄物であって，燃え殻，汚泥等 20 種類をいう。
(4) 収集・運搬業者は，事業者から受託した産業廃棄物を処分業者に引き渡す際に産業廃棄物管理票を交付する。
(5) 施設及び申請者の能力等が基準に適合する場合，都道府県知事は産業廃棄物処理業者として許可する。

【問題 163】 建築物内廃棄物に関する次の記述のうち，最も不適当なものはどれか。
(1) ごみの質を表すには，水分，灰分，可燃分の比率（%）で示す方法がある。
(2) 厨芥とは，紙くずと雑芥を混合したものである。
(3) 廃棄物発生場所からコレクタ等で集め，廃棄物保管場所に運ぶまでのプロセスが，収集運搬の計画である。
(4) 吸殻の収集をするときは，金属製の蓋付き容器を使用する。
(5) 新築の建築物では，使用開始後一定期間が経過した時機に，廃棄物処理計画を見直す。

【問題 164】 産業廃棄物の委託処理に関する次の記述のうち，最も不適当なものはどれか。
⑴ 排出事業者は，電子マニフェストでも，A票，B2票，D票，E票の保存が必要である。
⑵ 収集運搬業者の選定に当たっては，排出場所と運搬先の両方の自治体の許可を取得していることを確認する。
⑶ 処理業者との契約に当たっては，収集運搬業者と処分業者とそれぞれ契約を締結しなければならない。
⑷ 処理業者の選定には，都道府県や環境省のホームページ等から選ぶ方法がある。
⑸ 排出事業者は，廃棄物が最終処分まで適正に処理されたことを確認する義務がある。

【問題 165】 建築物内廃棄物の貯留・搬出方法に関する次の記述のうち，最も不適当なものはどれか。
⑴ コンパクタ・コンテナ方式は，容器方式より防災性に優れている。
⑵ 真空収集方式は，容器方式より衛生的に優れている。
⑶ 貯留・排出機方式は，真空収集方式より初期コストが少ない。
⑷ 貯留・排出機方式は，コンパクタ・コンテナ方式より大規模建築物に適用される。
⑸ コンパクタ・コンテナ方式は，容器方式よりランニングコストが少ない。

建築物環境衛生管理技術者試験
ビル管理士
科目別試験問題

第7編

ねずみ・昆虫等の防除

最新 5 年間の出題傾向分析

項目	設問内容		令和5年度(2023)問題番号	令和4年度(2022)問題番号	令和3年度(2021)問題番号	令和2年度(2020)問題番号	令和元年度(2019)問題番号
防除概論	蚊の生態		166	167	167		166
	ねずみの生態			175	173		173
	ゴキブリ	ゴキブリの生態	167	168	168		168
		チャバネゴキブリ	168				
防御法	蚊の防除			166	166	166	167
	ゴキブリの防除			169	169	167	
	ダニ	ダニ：全般	169	170	170	168	169
		ダニ：防御					
	ハエ：全般		170			169	
	害虫	害虫：全般	171	171・172	175・176	170	170
		害虫：吸血					
	ねずみ	ねずみ：防除	174		174	173	
		ねずみの建物侵入防止のための防鼠構造					180
		特殊建築物のねずみ防除（建築物衛生法）					178
	ねずみ・昆虫等及び鳥類の防除			179・180	178・179	179	179
	衛生動物と感染症		177				
	疾病と衛生害虫（組合わせ）					175	176
防除機器	防虫・防鼠構造や防除用機器		179	178	177	177	
防除薬剤	**殺虫剤**：特徴（薬剤の特徴や製剤）		172	173・180	171(177)		171
	殺虫剤と剤型			174			
	殺虫剤の有効成分と効力		173		172	171・172	172
	殺虫剤の処理と保管					178	
	殺虫剤・殺鼠剤の剤型・毒性と安全性		178	177		176	177
	ねずみ用の薬剤		175・176	176		174	174・175
	害虫・薬剤に関して		180			180	
	衛生害虫や殺虫剤				180		

第7編　ねずみ・昆虫等の防除

- 「ねずみ・昆虫等の防除」に関しての一般テキストは少ないが学習内容の的が絞れる市ヶ谷出版社の「ビル管理士要点テキスト」を参考にすると学習の成果は得やすい。基本的に過去の問題から設問内容の概要を把握することで取り組み易くなる。
- 防除概論では過去「蚊」「ねずみ」「ゴキブリ」について令和2年度は出題されなかったが, 出題頻度の高い重要項目である。
- 防御法については「蚊の防除」「ダニ全般」「害虫：全般」は出題頻度が高い。「ゴキブリの防御」「ねずみ・昆虫等・鳥類の防除」についての頻度も高い。「疾病と衛生害虫（組合せ）」については過去は頻繁に出題されていた。
- 防除機器については頻度高く出題される内容。
- 防除薬剤については「ねずみ用の薬剤」,「殺虫剤・殺鼠剤の剤型・毒性と安全性」は高い出題頻度である。「殺虫剤：特徴（薬剤の特徴や製剤）」と「殺虫剤の有効成分と効力」は内容が類似し, 高い頻度で出題されている。
- ＊項目中, 年度が空白の項目は過去5年以前に出題された内容である。（参考）
  要点テキスト等で項目内容を確認しておくとよい。

令和5年度
7編
(166〜180)

ねずみ・昆虫等の防除

【問題　166】蚊の生態に関する次の記述のうち，最も適当なものはどれか。
 (1)　日本のヒトスジシマカは，冬季は成虫のステージで越冬する。
 (2)　アカイエカは，主に建築物内の浄化槽，汚水槽，湧水槽等で発生する。
 (3)　ヒトスジシマカは，ヒト以外にも多種多様な動物を吸血源としている。
 (4)　コガタアカイエカの発生源は小さな水域であり，空き缶や古タイヤ等によく発生する。
 (5)　同一期間におけるアカイエカとヒトスジシマカの移動距離は，ほぼ同程度である。

【問題　167】ゴキブリに関する次の記述のうち，最も適当なものはどれか。
 (1)　ゴキブリは，集団よりも単独で生活するほうが発育は早い。
 (2)　8か所に5日間設置した粘着トラップに捕獲されたゴキブリの総数が200匹であった場合のゴキブリ指数は，25である。
 (3)　ゴキブリは食べ物に対する好みがあり，特定のものだけを喫食する。
 (4)　ゴキブリは，危険が迫ると警戒フェロモンを分泌する。
 (5)　屋内に生息するゴキブリでも，東北地方や関東地方の屋外で越冬できる種類が知られている。

【問題　168】チャバネゴキブリに関する次の記述のうち，最も不適当なものはどれか。
 (1)　雌成虫は，卵鞘を孵化直前まで尾端に付着させている。
 (2)　雌成虫の産卵回数は，一生の間に約5回である。
 (3)　他の屋内生息性のゴキブリ類と比較して，野外生活性が強い。
 (4)　幼虫，成虫とも，同じ場所で活動する。
 (5)　幼虫から成虫となり，蛹の時期がない。

【問題　169】ダニに関する下記の文章に該当する種類として，最も適当なものは次のうちどれか。
　　梅雨時などの高温・多湿時に，畳や保存食品から大発生する場合がある。ヒトを刺したり吸血することはなく，アレルゲンとしての重要性も比較的低いが，大量発生により不快感や恐怖感を与えることがある。
 (1)　フトツメダニ
 (2)　カベアナタカラダニ
 (3)　ワクモ
 (4)　ケナガコナダニ
 (5)　コナヒョウヒダニ

【問題　170】ハエ類に関する次の記述のうち，最も不適当なものはどれか。
 (1)　ヒメイエバエは，主に鶏舎での発生が問題となる。
 (2)　ニクバエ類は，卵ではなく幼虫を生む卵胎生のハエである。
 (3)　イエバエは，各地でピレスロイド剤に対する抵抗性を獲得している。
 (4)　ノミバエ類などのコバエでは，走光性を示す種類が多い。
 (5)　建築物内で発生するチョウバエ類は，ヒトから吸血することがある。

【問題　171】害虫やその防除に関する次の記述のうち，最も不適当なものはどれか。
⑴　イエヒメアリの防除には，食毒剤が有効である。
⑵　トコジラミは，ピレスロイド剤に対する抵抗性を示す集団が報告されている。
⑶　ツマアカスズメバチは，特定外来生物に指定されている。
⑷　ユスリカ類の建築物への侵入を抑制するために，電撃殺虫機を窓や出入口の近くに設置する。
⑸　ヤケヒョウヒダニは，自由生活性のダニである。

【問題　172】殺虫剤に関する次の記述のうち，最も不適当なものはどれか。
⑴　ブロフラニリドは，既存の各種薬剤に抵抗性を示すゴキブリ集団に対しても有効性を示す。
⑵　プロペタンホスには，マイクロカプセル剤がある。
⑶　ピレスロイド剤は，有機リン剤に比べて魚毒性が高い薬剤が多い。
⑷　昆虫成長制御剤（IGR）の50%羽化阻害濃度は，IC_{50}値で示される。
⑸　有機リン剤の薬量や濃度の増加に伴う致死率の上昇は，ピレスロイド剤に比べてなだらかである。

【問題　173】薬剤とその薬剤を有効成分とする製剤との組合せとして，最も不適当なものは次のうちどれか。
　　　　　　　〔薬剤名〕　　　　　　　〔製剤の種類〕
⑴　イミプロトリン ──────── ゴキブリ用食毒剤
⑵　イカリジン ──────────── 吸血害虫用忌避剤
⑶　フェノトリン ──────────── 炭酸ガス製剤
⑷　ジクロルボス ──────────── 樹脂蒸散剤
⑸　トランスフルトリン ─────── 常温揮散製剤

【問題　174】ネズミの生態や防除に関する次の記述のうち，最も適当なものはどれか。
⑴　建築物内のIPMによるネズミ防除は，餌を断つこと，殺鼠剤を適切に使用すること，通路を遮断すること，の3点を基本として進める。
⑵　建築物における維持管理マニュアルでは，生きているネズミが確認されないことをもって「許容水準に該当する」としている。
⑶　ネズミが活動した際に残す証跡のうち，糞，尿，毛，足跡，かじり跡をラブサインと呼ぶ。
⑷　家住性ネズミの警戒心は，クマネズミが最も強く，次いでドブネズミで，ハツカネズミは最も弱い。
⑸　生け捕りかごなどのトラップを用いたドブネズミの駆除を行う場合，「鳥獣の保護及び管理並びに狩猟の適正化に関する法律」の規制を受ける。

【問題 175】殺鼠剤とそれに関連する事項との組合せとして，最も不適当なものは次のうちどれか。

〔薬剤名〕 〔関連事項〕
(1) ブロマジオロン ——— 建築物衛生法に基づく特定建築物内では使用不可
(2) シリロシド ——— 第2世代の抗凝血性殺鼠剤
(3) リン化亜鉛 ——— 1回の経口摂取で致死
(4) クマテトラリル ——— 第1世代の抗凝血性殺鼠剤
(5) ジフェチアロール ——— 建築物衛生法に基づく特定建築物内で使用可能

【問題 176】殺鼠剤に関連する次の記述のうち，最も不適当なものはどれか。
(1) 粉剤の鼠穴内部への散粉処理は，殺鼠剤を経皮的に取り込ませることを狙った処理法である。
(2) 第1世代の抗凝血性殺鼠剤は，少量ずつ連日摂取させるように配置する。
(3) クマネズミは，ドブネズミに比べて抗凝血性殺鼠剤に対する感受性が低い。
(4) ネズミの殺鼠剤抵抗性は，昆虫の殺虫剤に対する抵抗性と同様の原理により発達する。
(5) 有効成分と餌をパラフィンに混ぜて固め，水に濡れるような場所でも使用できる製剤がある。

【問題 177】媒介動物と感染症に関する次の記述のうち，最も不適当なものはどれか。
(1) 国内では，アカイエカやヒトスジシマカを含む複数の種類がウエストナイルウイルスを媒介する可能性がある。
(2) 重症熱性血小板減少症候群（SFTS）の原因となるウイルスが媒介されるのは，主として建築物内である。
(3) マダニ類は，リケッチアやウイルスを媒介する。
(4) イエバエは，腸管出血性大腸菌感染症の伝播に関与している。
(5) 動物由来感染症の対策を進める上では，ペットに対する外部寄生虫などへの対応も重要となる。

【問題 178】ねずみ・昆虫等の防除における安全管理に関する次の記述のうち，最も適当なものはどれか。
(1) N95マスクは，薬剤を空間散布する場合や狭い場所で，気化したガスの吸引防止のために着用する。
(2) 薬剤散布時には，どのような薬剤を使用しているかが分かるように，薬剤は人目に触れる場所に置いておく必要がある。
(3) 2m以上の高所作業では，墜落防止用器具等の装着は必要ないが，必ず補助者を付けなければならない。
(4) 殺虫剤散布の3日前までにその内容を通知し，当該区域の入口に散布3日前後の間，掲示する。
(5) 建築物衛生法に基づく特定建築物内における，ねずみ・昆虫等の防除では，医薬部外品として承認されている薬剤は使用できない。

【問題　179】建築物とねずみ・害虫に関する次の記述のうち，最も不適当なものはどれか。
(1)　防虫・防鼠構造については，建築物の新築時の構造設計段階で取り入れておく必要がある。
(2)　通常，20メッシュより細かい網目であれば，多くの昆虫の侵入を防止できる。
(3)　環境的対策は，特定建築物維持管理権原者のもとで，当該区域の管理者が日常的に行う必要がある。
(4)　建築物衛生法に基づく特定建築物では，生息密度がいずれの維持管理水準値に該当していても，1年以内に1回の防除作業を実施することになっている。
(5)　室内で換気扇を使用した場合，窓や扉の隙間からの害虫の侵入が増加する。

【問題　180】害虫や薬剤に関する次の記述のうち，最も不適当なものはどれか。
(1)　喫食抵抗性は，毒餌の基剤に対する喫食忌避によって発達する。
(2)　ペストコントロールのペストとは，ネズミや害虫等の有害な生物を指す。
(3)　定期的で頻繁な薬剤処理は，チャバネゴキブリやチカイエカ等の薬剤抵抗性の急激な発達要因となる。
(4)　選択毒性とは，単位体重当たりで比較したとき，ある化合物の毒性が生物種によって異なることをいう。
(5)　人獣共通感染症とは，ヒトから動物ではなく，動物からヒトに病原体が伝播される感染症を指す。

令和4年度
7編
(166～180)

ねずみ・昆虫等の防除

【問題　166】蚊の防除に関する次の記述のうち，最も不適当なものはどれか。
 (1) ULV 処理は，一般に成虫に対する速効性は低い。
 (2) チカイエカ対策として，浄化槽の通気管に防虫網を設置する。
 (3) 浄化槽内の防除効果は，柄杓によりすくい取られた幼虫数によって判定可能である。
 (4) ライトトラップや粘着トラップで捕獲した蚊の数は，維持管理水準を判断するのに有用である。
 (5) クレゾールなどを含む殺虫製剤は，浄化槽内の微生物に影響を与える。

【問題　167】蚊の生態に関する次の記述のうち，最も不適当なものはどれか。
 (1) コガタアカイエカは，水田や湿地等の大きな水域に発生する。
 (2) 温帯に分布するヒトスジシマカは，卵のステージで越冬する。
 (3) アカイエカは，有機物の多い排水溝や雨水ますに発生する。
 (4) チカイエカは，最初の産卵を無吸血で行うことができる。
 (5) アカイエカとチカイエカは，雌成虫の外部形態で容易に区別が可能である。

【問題　168】ゴキブリの生態に関する次の記述のうち，最も不適当なものはどれか。
 (1) ワモンゴキブリは，卵鞘を唾液などでくぼみ，隙間等に貼り付ける。
 (2) ゴキブリ類は，成虫と幼虫の生息場所が同じである。
 (3) 孵化したばかりのゴキブリ類の幼虫は，0.5 mm の隙間でも潜ることができる。
 (4) チャバネゴキブリは，休眠性をもたない。
 (5) ゴキブリ類の集団形成は，気門から分泌される集合フェロモンにより促進される。

【問題　169】ゴキブリの防除に関する次の記述のうち，最も不適当なものはどれか。
 (1) 空間処理とは，ゴキブリ類の気門から成分を取り込ませ，主に呼吸毒として作用させる処理法である。
 (2) 乳剤とマイクロカプセル剤の残効性を同条件で比較すると，乳剤の方が長い。
 (3) チャバネゴキブリでは，殺虫剤抵抗性と喫食抵抗性の両方が報告されている。
 (4) 残留処理では，散布面の素材により散布量を調整する必要がある。
 (5) ゴキブリ指数とは，調査期間中における1日1トラップ当たりの捕獲数をいう。

【問題　170】ダニに関する次の記述のうち，最も不適当なものはどれか。
 (1) マダニ類は，第1脚の先端部分に温度や炭酸ガスを感知する器官がある。
 (2) マダニ類は，幼虫，若虫，成虫の全ての発育段階で吸血する。
 (3) タカラダニ類は，他のダニやチャタテムシ等を捕食する。
 (4) ヒゼンダニは，ヒトの皮下に内部寄生する。
 (5) イエダニは，家住性のネズミ類に寄生する。

【問題　171】害虫に関する次の記述のうち，最も不適当なものはどれか。
(1)　ヒメマルカツオブシムシの成虫は，乾燥食品や羊毛製品等を食害する。
(2)　シバンムシ類の幼虫は，乾燥した麺類や菓子類を加害する。
(3)　ヒラタキクイムシ類の幼虫は，穀物を加害することもある。
(4)　一部のメイガ類は，貯穀害虫である。
(5)　イガは，繊維や衣類の害虫である。

【問題　172】害虫に関する次の記述のうち，最も不適当なものはどれか。
(1)　コナチャタテ類の防除では，餌となるカビの発生を抑えることが必要である。
(2)　ヒメマルカツオブシムシは，フェロモンによって誘引される。
(3)　マルカメムシの防除では，食草となるクズなどの除去が有効である。
(4)　チョウバエ類の幼虫に対する殺虫剤の効力は，一般に蚊と比較して高い。
(5)　イエバエは，薬剤抵抗性を獲得している集団が報告されている。

【問題　173】次の対象害虫の防除を目的とする殺虫剤のうち，医薬品，医療機器等の品質，有効性及び安全性の確保等に関する法律による承認を必要とするものはどれか。
(1)　アリ類　　　　　　　　　　　(4)　トコジラミ類
(2)　シロアリ類　　　　　　　　　(5)　ドクガ類
(3)　スズメバチ類

【問題　174】殺虫剤の効力や剤形（剤型）に関する次の記述のうち，最も不適当なものはどれか。
(1)　殺虫剤の速効性は，KT_{50} 値から判断できる。
(2)　ピレスロイド剤は，ゴキブリなどに対しフラッシング効果を示す。
(3)　フィプロニルは，ゴキブリ用の食毒剤の有効成分である。
(4)　プロペタンホスには，マイクロカプセル（MC）剤がある。
(5)　有機リン剤を有効成分とした，ULV 処理専用の乳剤がある。

【問題　175】ネズミに関する次の記述のうち，最も不適当なものはどれか。
(1)　ネズミの糞から，食中毒の原因となる病原体が検出されることがある。
(2)　ハツカネズミは，クマネズミと比較してトラップにかかりにくく，殺鼠剤に弱い。
(3)　クマネズミはドブネズミと比較して，穀類などの植物性の餌を好む傾向が強い。
(4)　クマネズミは，垂直な壁を登ったり，電線を伝わって室内に侵入する。
(5)　ネズミの移動経路は，ほぼ一定しているため，体の汚れが通路となる壁やパイプシャフト周辺に付着する。

【問題　176】殺鼠剤に関する次の記述のうち，最も適当なものはどれか。
(1)　粉剤は，ネズミの嗜好に合わせた毒餌作製に使用することができる。
(2)　殺鼠剤に対するネズミ類の抵抗性発達の原理は，昆虫とは異なる。
(3)　殺鼠剤を食べて死んだネズミから，ハエなどが発生することはない。
(4)　殺鼠剤の有効成分は選択毒性が高く，単位体重当たりのヒトに対する毒性は，ネズミに比べて低い。
(5)　ワルファリンは，1 回の摂取によってネズミを失血死させる。

【問題 177】下記の①〜④の記述全てに当てはまる殺鼠剤の有効成分は，次のうちどれか。
　①　1回の摂取でも効果が得られる。
　②　第2世代の抗凝血性殺鼠剤である。
　③　ワルファリンに抵抗性を示すネズミ対策用に開発された。
　④　建築物衛生法に基づく特定建築物内での使用が認められている。
　(1)　リン化亜鉛　　　　　　　　(4)　ジフェチアロール
　(2)　ブロマジオロン　　　　　　(5)　シリロシド
　(3)　クマテトラリル

【問題 178】防虫・防鼠構造と防除に用いる機器に関する次の記述のうち，最も適当なものはどれか。
　(1)　ライトトラップは，長波長誘引ランプに誘引された昆虫を捕獲する器具である。
　(2)　ネズミの侵入防止のため，建物の外壁に樹木の枝が接触することを避ける。
　(3)　噴射できる薬剤の粒径は，ミスト機，ULV機，噴霧器の中で，ULV機が最も大きい。
　(4)　昆虫の室内侵入防止のため設置する網戸は，10メッシュ程度とする。
　(5)　ULV機は，高濃度の薬剤を多量散布する薬剤散布機である。

【問題 179】建築物衛生法に基づく特定建築物内のねずみ・昆虫等の防除に関する次の記述のうち，最も不適当なものはどれか。
　(1)　トラップによる生息状況調査により複数の害虫種が捕集された場合，それぞれの種類の生息密度が「許容水準」に該当する場合でも「警戒水準」にあると判断する。
　(2)　ねずみ・昆虫等に対する不快感も，健康被害の一つである。
　(3)　調査では，発生状況や被害状況に関する聞き取り調査を重点的に実施する。
　(4)　防除は，ベクターコントロールとニューサンスコントロールという二つの異なる側面をもつ。
　(5)　建築物における維持管理マニュアルのIPM実施モデルに示す水準値は，現場の使用用途などの状況に応じた個別水準値を設定することも可能である。

【問題 180】ねずみ・昆虫等及び鳥類の防除と殺虫剤に関する次の記述のうち，最も不適当なものはどれか。
　(1)　蚊の幼虫に対する基礎的な殺虫力は，LD_{50}値により判断できる。
　(2)　カラスの巣を卵ごと撤去する場合には，自治体の長などの許可が必要となる。
　(3)　「発生予防対策」は，ねずみ・昆虫等の対策の基本である。
　(4)　水性乳剤は，水で希釈した際に白濁（乳濁化）しない。
　(5)　IGRは，成虫に対する致死効力がない。

ねずみ・昆虫等の防除

【問題　166】 蚊の防除に関する次の記述のうち，**最も不適当な**ものはどれか。
- (1) 昆虫成長制御剤（IGR）は，幼虫，蛹，成虫の全てのステージにおいて効果が認められる。
- (2) ULV処理は，短期間の効果しか期待できない。
- (3) 浄化槽内の防除効果は，柄杓によりすくい取られた幼虫数によって判定する。
- (4) 浄化槽内の防除効果は，粘着トラップによる成虫の捕獲数によって判定する。
- (5) 樹脂蒸散剤は，密閉性が保たれている浄化槽などで効果を発揮する。

【問題　167】 蚊の主要な発生源や生態に関する次の記述のうち，**最も不適当な**ものはどれか。
- (1) コガタアカイエカは，水田や湿地等の水域に発生する。
- (2) ヒトスジシマカは，小型の人工容器や雨水ますに発生する。
- (3) アカイエカは，地下の浄化槽や湧水槽に発生する。
- (4) チカイエカは，最初の産卵を無吸血で行うことができる。
- (5) アカイエカは，夜間吸血性を示す。

【問題　168】 ゴキブリの生態に関する次の記述のうち，**最も不適当な**ものはどれか。
- (1) ゴキブリの活動場所における排泄物による汚れのことを，ローチスポットという。
- (2) 日本に生息するゴキブリの多くの種類は，屋外で生活している。
- (3) ゴキブリには一定の潜み場所があり，日中はほとんどその場所に潜伏している。
- (4) 日本に生息するゴキブリには，卵から成虫までに１年以上を要する種がいる。
- (5) ゴキブリの食性は，発育段階によって変化する。

【問題　169】 ゴキブリの防除に関する次の記述のうち，**最も不適当な**ものはどれか。
- (1) 薬剤は，生息場所を中心に，ある程度広範囲に処理することが望ましい。
- (2) 防除作業後には，効果判定調査を行うことが重要である。
- (3) 毒餌処理に用いられる薬剤には，ディートやイカリジンを有効成分とした製剤がある。
- (4) よく徘徊する通路などに，残効性の高い有機リン剤やピレスロイド剤を処理する。
- (5) ペルメトリンを有効成分とする水性乳剤をULV機で散布すると，追い出し効果が期待できる。

【問題　170】 ダニに関する次の記述のうち，**最も不適当な**ものはどれか。
- (1) ツメダニの被害対策には，ヒョウヒダニ類やチャタテムシ類の防除が重要である。
- (2) 家屋周辺のマダニ類対策では，ペットの衛生管理が重要である。
- (3) ヒゼンダニは皮膚内に侵入し，吸血する。
- (4) コナダニ類の対策では，畳表面の掃除機による吸引及び通風乾燥が基本となる。
- (5) スズメサシダニが発見された場合には，野鳥の巣が家屋の天井や壁に存在する可能性が高い。

【問題 171】 殺虫剤に関する次の記述のうち，最も適当なものはどれか。
 (1) 有機リン剤を液化炭酸ガスに溶解し，ボンベに封入した製剤がある。
 (2) ピレスロイド剤によりノックダウンした昆虫は，蘇生せずに死亡することが多い。
 (3) 油剤は，有効成分をケロシンに溶かし，乳化剤を加えた製剤である。
 (4) プロペタンホスは，カーバメート系殺虫剤である。
 (5) トランスフルトリンは，常温揮散性を示す薬剤である。

【問題 172】 殺虫剤の有効成分やその効力に関する次の記述のうち，最も不適当なものはどれか。
 (1) ピレスロイド剤は，蚊などに対する忌避効果がある。
 (2) 殺虫剤に対する抵抗性は，どのような有効成分であっても獲得されてしまう可能性がある。
 (3) 防虫菊に含まれる殺虫成分や，合成された類似物質を総称して，ピレスロイドと呼ぶ。
 (4) 幼若ホルモン様化合物は，昆虫の幼虫脱皮時にその表皮形成を阻害する作用を示す。
 (5) LD_{50} 値が小さいほど，殺虫力が強い薬剤であるといえる。

【問題 173】 クマネズミに関する次の記述のうち，最も不適当なものはどれか。
 (1) 警戒心が強く，粘着トラップによる防除が難しい。
 (2) 都心のビル内では，優占種となっている。
 (3) 運動能力に優れており，電線やロープを渡ることができる。
 (4) ドブネズミと比べて雑食の傾向が強い。
 (5) 尾は体長より長く，耳は大きくて折り返すと目をおおう。

【問題 174】 建築物内のネズミの防除に関する次の記述のうち，最も不適当なものはどれか。
 (1) ジフェチアロール以外の抗凝血性殺鼠剤は，連続して喫食させることが必要である。
 (2) 外部からの侵入を防ぐために，通風口や換気口の金属格子の目の幅は 1 cm 以下にする。
 (3) カプサイシンのスプレーやパテは，ケーブルなどのかじり防止やネズミによってかじられた穴の修理に使用される。
 (4) 防除は，餌を断つこと，巣を作らせないこと及び通路を遮断することが基本である。
 (5) 殺鼠剤には，経口的な取り込み以外に，経皮的な取り込みによって効果を示す薬剤がある。

【問題 175】 衛生害虫と健康被害に関する次の記述のうち，最も不適当なものはどれか。
 (1) イエバエは，消化器感染症の病原体を運ぶことが知られている。
 (2) 微小なダニや昆虫類の死骸の破片は，喘息の原因の一つである。
 (3) ハチ毒中には，アミン類以外に，アレルギー反応を起こす酵素類が含まれている。
 (4) ヒアリが各地の港湾地区で発見されており，皮膚炎の被害が懸念されている。
 (5) トコジラミは，高齢者の入院患者が多い病院での吸血被害が問題となっている。

【問題　176】衛生害虫等が媒介する感染症とその媒介者の組合せとして，最も不適当なものは次のうちどれか。
(1)　チクングニア熱 ——— ヒトスジシマカ
(2)　日本紅斑熱 ——— コロモジラミ
(3)　ウエストナイル熱 ——— アカイエカ
(4)　レプトスピラ症 ——— ネズミ
(5)　マラリア ——— ハマダラカ

【問題　177】防除に用いる機器類と薬剤に関する次の記述のうち，最も不適当なものはどれか。
(1)　隙間や割れ目等の細かな部分に粉剤を処理する場合には，電動散粉機を使用する。
(2)　噴霧器のノズルから噴射される薬液の噴射パターンの一つとして，扇型がある。
(3)　ミスト機は，汚水槽の蚊やチョウバエの防除に使用される。
(4)　液化炭酸ガス製剤には，有機溶媒や水は使用されていない。
(5)　粘着式殺虫機は，昆虫の死骸が周囲に落ちることが少ない。

【問題　178】建築物衛生法に基づくねずみ・昆虫等の防除に関する次の文章の　　　内に入る語句の組合せとして，最も適当なものはどれか。
　ねずみ等の防除においては，IPM（総合的有害生物管理）の理念に基づく防除を実施しなければならない。この防除においては，　ア　や　イ　，防除法の選定，　ウ　等が重要視され，防除法の選定においては，　エ　や侵入防止対策を優先的に検討する必要がある。
　　　　　　　　　ア　　　　　　　　イ　　　　　　　　　　ウ　　　　　　　　　　エ
(1)　使用薬剤の選定 —— 防除目標の設定 —— 利用者の感覚的評価 —— 発生時対策
(2)　生息密度調査 —— 防除目標の設定 —— 生息指数による評価 —— 発生時対策
(3)　使用薬剤の選定 —— 化学的対策 —— 使用薬剤の種類 —— 発生時対策
(4)　生息密度調査 —— 防除目標の設定 —— 生息指数による評価 —— 発生予防対策
(5)　発生時対策 —— 化学的対策 —— 利用者の感覚的評価 —— 発生予防対策

【問題　179】ねずみ・昆虫等の防除に関する次の記述のうち，最も適当なものはどれか。
(1)　ネズミや害虫に対しては，薬剤処理とトラップによる対策を優先的に実施する。
(2)　IPMにおける警戒水準とは，すぐに防除作業が必要な状況をいう。
(3)　生息密度調査の結果が許容水準に該当した場合，原則として6カ月以内に一度，又は発生の多い場所では，2カ月以内に一度の定期的な調査を継続する。
(4)　チャバネゴキブリが発生している厨房内の5箇所に3日間配置した粘着トラップでの捕獲数が，成虫30匹と幼虫120匹であった場合のゴキブリ指数は30である。
(5)　ゴキブリ防除用として，医薬品や医薬部外品として承認された殺虫剤の代わりに使用できる農薬がある。

【問題 180】衛生害虫の防除等に関する次の記述のうち，最も不適当なものはどれか。

(1) 作用機構の異なる殺虫剤のローテーション処理を行うことによって，殺虫剤抵抗性の発達を抑えることができる。

(2) ニューサンスコントロールとは，感染症を媒介する衛生動物の防除を指す。

(3) 吸血昆虫の中には，幼虫，成虫，雌，雄ともに吸血する種類がある。

(4) 昆虫等に対する不快感は，主観的なものである。

(5) 昆虫成長制御剤（IGR）で処理しても，成虫密度が速やかに低下することはない。

ねずみ・昆虫等の防除

【問題 166】 蚊の防除に関する次の記述のうち、最も不適当なものはどれか。

(1) 昆虫成長制御剤（IGR）は、成虫に対する致死効果が認められない。

(2) 浄化槽内の殺虫剤処理後も成虫数が減少しない場合は、より高い濃度の薬剤を複数回処理する。

(3) 浄化槽に殺虫剤を処理する場合には、クレゾールなどの殺菌剤を含有する製剤は使用しない。

(4) 防除を効果的に行うためには、吸血被害の聞取調査や成虫の発生状況の調査を行う。

(5) 排水槽や汚水槽の通気管は、外部からの成虫の侵入経路となる。

【問題 167】 ゴキブリの防除に関する次の記述のうち、最も不適当なものはどれか。

(1) チャバネゴキブリでは、毒餌への喫食抵抗性を示す個体が知られている。

(2) ULV処理は、室内空間に薬剤を充満させて処理する方法である。

(3) 残留処理は、薬剤を経口的に取り込ませることをねらった処理法である。

(4) 防除に先立ち、ゴキブリの生息密度調査を行うことは重要である。

(5) ピレスロイド剤は、ゴキブリに対してフラッシング効果を示す。

【問題 168】 ダニに関する次の記述のうち、最も不適当なものはどれか。

(1) ダニの頭部には、温度や炭酸ガスを感知するための触角がある。

(2) マダニは、吸血源動物が近づいてくるのを、植物の葉の先端部で待ち構えている。

(3) トリサシダニやスズメサシダニの被害は、野鳥の巣立ちの時期に集中する。

(4) ヒトの皮膚に内部寄生するダニが知られている。

(5) コナヒョウヒダニが増える温湿度条件は、ヒトが快適に生活できる条件とほぼ一致している。

【問題 169】 ハエ類に関する次の記述のうち、最も不適当なものはどれか。

(1) イエバエの主要な発生源は、畜舎やゴミ処理場である。

(2) クロバエは、夏期によく見られる小型のハエである。

(3) ショウジョウバエやチョウバエ等は、走光性を示す種類が多い。

(4) 国内のハエ症では、食べ物と一緒に幼虫を飲み込み、腹痛などを起こす消化器ハエ症が最も多い。

(5) ノミバエの主要な発生源は、腐敗した動物質である。

【問題 170】 衛生害虫に関する次の記述のうち、最も不適当なものはどれか。

(1) カツオブシムシ類の幼虫は、乾燥食品や毛織物等を加害する。

(2) シバンムシアリガタバチの幼虫は、シバンムシの体表に寄生する。

(3) コナチャタテ類は、ドライフラワーなどから発生する。

(4) トコジラミは、シラミの仲間の吸血昆虫である。

(5) ノミはシラミと異なり、飢餓に耐えることができる。

【問題　171】殺虫剤の有効成分とその防除対象害虫との組合せとして、最も不適当なものは次のうちどれか。
(1)　フィプロニル ——————— チャバネゴキブリ幼虫・成虫
(2)　フェノトリン ——————— アカイエカ幼虫
(3)　プロペタンホス ——————— トコジラミ幼虫・成虫
(4)　ジクロルボス ——————— チカイエカ成虫
(5)　ピリプロキシフェン ——— イエバエ幼虫

【問題　172】薬剤やその効力に関する次の記述のうち、最も適当なものはどれか。
(1)　イカリジンは、ゴキブリ類に対する致死効力が高い。
(2)　ジクロルボスを有効成分とする樹脂蒸散剤がある。
(3)　LD_{50} 値は、50% 致死濃度を表している。
(4)　有機リン剤の処理によってノックダウンした個体は、蘇生する傾向が強い。
(5)　昆虫成長制御剤（IGR）に対する抵抗性を獲得した衛生害虫は、知られていない。

【問題　173】ネズミの防除に関する次の記述のうち、最も不適当なものはどれか。
(1)　ネズミの毒餌を作る場合、クマネズミは植物質の物を基材とする。
(2)　殺鼠剤による防除を行った場合、死体からハエ類が発生することがあるので、死鼠の回収に努める。
(3)　ネズミの侵入防止のため、通風口や換気口に取り付ける金属格子の目の幅は、1 cm 以下とする。
(4)　ラットサインとは、ネズミ類の活動によって残される糞尿や足跡等の証跡のことである。
(5)　ドブネズミは、警戒心が強く、毒餌やトラップによる防除が困難である。

【問題　174】ネズミ用の薬剤やその効力に関する次の記述のうち、最も不適当なものはどれか。
(1)　経皮的な取り込みによる効力の発現を目的とした殺鼠剤はない。
(2)　殺鼠剤による駆除を行った際、イエダニによる吸血被害が顕在化することがある。
(3)　ネズミの薬剤抵抗性は、免疫の獲得によって発達する。
(4)　ケーブルなどのかじり防止の目的で使用できる忌避剤がある。
(5)　抗凝血性殺鼠剤の致死効果の発現は、遅効的である。

【問題　175】衛生害虫とその健康被害に関する次の記述のうち、最も不適当なものはどれか。
(1)　アカイエカは、デング熱の媒介蚊である。
(2)　ネコノミは、宿主の範囲が広く、ネコ以外の動物からも吸血する。
(3)　イエバエは、腸管出血性大腸菌の運搬者として注目されている。
(4)　ホテル、旅館、簡易宿泊所等で、トコジラミによる吸血被害が報告されている。
(5)　マダニ類は、重症熱性血小板減少症候群（SFTS）の病原体を媒介する。

【問題 176】殺虫剤・殺鼠剤に関する次の記述のうち、**最も不適当な**ものはどれか。

(1) 昆虫体内の加水分解酵素などが、殺虫剤の解毒に関わっている。

(2) 殺鼠剤の安全性は、毒性の内容や強弱、摂取量、摂取期間によって決まる。

(3) 殺鼠剤の多くは、選択毒性が低く、ヒトに対しても毒性を示す。

(4) 殺鼠剤には、劇薬、毒薬に該当する製剤がある。

(5) 薬剤を実験動物に投与して求めた LD_{50} 値は、殺虫剤の急性毒性の評価基準となる。

【問題 177】防虫・防鼠構造や防除に用いる機器に関する次の記述のうち、**最も適当な**ものはどれか。

(1) 通常 16 メッシュの網目であれば、蚊、コバエ等、多くの昆虫の侵入を防止できる。

(2) 光源がナトリウム灯の場合は、白熱灯に比べて昆虫類を誘引しやすいことが知られている。

(3) ミスト機は、100〜400 μm 程度の粒子の薬剤を、ゴキブリなどの生息場所に散布する場合に使用する。

(4) 食品取扱場所やその周辺では、毒餌や圧殺式トラップは、施錠可能な毒餌箱に入れて設置する。

(5) 噴霧機は、殺虫剤などに熱を加えないで、送風装置とノズル先端の衝突板で 20〜100 μm 程度の粒子を噴射する機器である。

【問題 178】殺虫剤の処理や保管に関する次の記述のうち、**最も不適当な**ものはどれか。

(1) 乳剤や油剤等には、消防法に定める第四類危険物のうち、第一石油類に該当するものが多い。

(2) 有機溶剤系の薬剤を取り扱う場合には、耐有機溶剤性のゴム手袋を用いる。

(3) 建築物環境衛生管理基準に従って衛生害虫の防除を行う場合は、医薬品又は医薬部外品を使用しなければならない。

(4) 殺虫剤の処理によって、煙感知機が作動することがある。

(5) 殺虫剤散布を行う場合は、散布前後とも 3 日間は、当該区域の入口に殺虫剤の種類、散布方法等を掲示するなどして、その旨を周知する必要がある。

【問題 179】ねずみ・昆虫等の防除に関する次の記述のうち、**最も不適当な**ものはどれか。

(1) ペストコントロールには、ベクターコントロールとニューサンスコントロールの二つの側面がある。

(2) 防除は、発生時対策より発生予防対策に重点を置いて実施する。

(3) IPM（総合的有害生物管理）による、ねずみ・昆虫等の対策に当たって設定される維持管理水準値は、該当建築物又は該当場所ごとに設定することができる。

(4) ねずみ・昆虫等に対する対策を行った場合は、対象生物の密度調査などにより、その効果について客観性のある評価を行う。

(5) IPM（総合的有害生物管理）における「措置水準」とは、放置すると今後問題になる可能性がある状況をいう。

【**問題 180**】害虫や薬剤に関する次の記述のうち、<u>最も不適当な</u>ものはどれか。

(1) 害虫の薬剤に対する抵抗性の発達を抑制するために、作用機構の異なる薬剤のローテーション処理を行う。

(2) 有機塩素系の殺虫成分を含有する製剤が、ハエ類の駆除に用いられている。

(3) 炭酸ガス製剤は、有機溶剤に溶解させた有効成分を液化炭酸ガスと混合した製剤である。

(4) 昆虫等に対する不快感の程度は、第三者による客観的な判断が困難である。

(5) メイガ類の幼虫は、小麦粉で作られた菓子を加害することがある。

令和元年度
7編 **ねずみ・昆虫等の防除**
(166〜180)

【問題 166】 蚊の生態に関する次の記述のうち，最も不適当なものはどれか。
(1) チカイエカは，九州から北海道まで分布する。
(2) 吸血せずに産卵する蚊が知られている。
(3) ウシやウマなど，大型動物を好んで吸血する種類がある。
(4) ヒトスジシマカは，雨水ますなどの小さな水域から発生する。
(5) アカイエカは，主として昼間に吸血する。

【問題 167】 蚊の防除に関する次の記述のうち，最も不適当なものはどれか。
(1) ULV 処理は，成虫に対する速効性が認められる。
(2) ライトトラップや粘着トラップで捕獲した成虫の数は，維持管理の状態を評価するために重要である。
(3) クレゾールなどの殺菌剤を含む製剤は，浄化槽内の微生物に影響を及ぼすおそれがある。
(4) 殺虫剤による防除効果が得られない場合には，殺虫剤抵抗性の発達を考慮する必要がある。
(5) 樹脂蒸散剤は，密閉性が保たれていない空間であっても，殺成虫効果が期待できる。

【問題 168】 ゴキブリの生態に関する次の記述のうち，最も適当なものはどれか。
(1) チャバネゴキブリは，卵鞘を孵化直前まで尾端に保持し続けている。
(2) クロゴキブリは，昼行性で，夜間はほとんど活動しない。
(3) トビイロゴキブリは，孵化後間もない幼虫が，単独で生活する傾向が強い。
(4) ワモンゴキブリは，動物性の食品や汚物等を餌としない。
(5) ヤマトゴキブリは，幼虫，蛹を経て成虫となる。

【問題 169】 ダニに関する次の記述のうち，最も適当なものはどれか。
(1) マダニ類には，ヒトの皮膚内に寄生する種類がある。
(2) ダニの体は，頭部，胸部，胴体部に分けることができる。
(3) ツメダニ類は，他のダニやチャタテムシ等を補食することが知られている。
(4) ワクモは，室内塵中の有機物を餌として発育する。
(5) イエダニは，野鳥に寄生し，吸血する。

【問題 170】 害虫に関する次の記述のうち，最も不適当なものはどれか。
(1) ニセケバエ類は，鉢植の肥料に用いられる油粕などから発生する。
(2) ネコノミは，イヌにも寄生する。
(3) ツマアカスズメバチは，特定外来生物に指定されている。
(4) シバンムシアリガタバチの成虫は，乾燥食品や建築材料を餌とする。
(5) トコジラミは，夜間吸血性である。

【問題　171】　下記の①〜④の特徴を<u>すべて</u>有する殺虫剤は，次のうちどれか。
　①　抵抗性を獲得した害虫集団の存在が知られている。
　②　基礎的な効力は，IC_{50} 値により評価される。
　③　昆虫などの節足動物以外の生物に対する影響が少ない。
　④　成虫に対する致死効力はない。
　(1)　ピレスロイド剤　　　　　　(4)　非対称型有機リン剤
　(2)　昆虫成長制御剤（IGR）　　(5)　カーバメート剤
　(3)　対称型有機リン剤

【問題　172】　殺虫剤やその有効成分に関する次の記述のうち，<u>最も適当な</u>ものはどれか。
　(1)　メトフルトリンは，常温揮散でも効力を発揮する。
　(2)　ULV 処理には，専用の油剤を使用する。
　(3)　ジフルベンズロンは，幼若ホルモン様化合物である。
　(4)　乳剤は，煙霧処理に使用される。
　(5)　KT_{50} 値が小さいほど，致死効力が高い。

【問題　173】　ネズミの生態に関する次の記述のうち，<u>最も不適当な</u>ものはどれか。
　(1)　ねずみ類は，多くの場合移動する通路が一定で，体の汚れが通路となる壁や配管に付着する。
　(2)　クマネズミは，動物質の餌を好む。
　(3)　ドブネズミの尾は，体長より短い。
　(4)　クマネズミは運動能力に優れ，ロープを伝わって船舶から上陸することができる。
　(5)　ドブネズミは泳ぎが得意なので，水洗便所の排水管を通って侵入することがある。

【問題　174】　ねずみ用の薬剤に関する次の記述のうち，<u>最も不適当な</u>ものはどれか。
　(1)　ブロマジオロン製剤は，動物用医薬部外品として承認されている。
　(2)　ジフェチアロールは，第2世代の抗凝血性殺鼠剤である。
　(3)　粉剤は，餌材料にまぶして，毒餌として利用することができる。
　(4)　リン化亜鉛は，致死させるために，複数回摂取させる必要がある。
　(5)　カプサイシンは，忌避剤で，かじり防止などの目的で使用される。

【問題　175】　ねずみ用の薬剤に関する次の記述のうち，<u>最も不適当な</u>ものはどれか。
　(1)　殺鼠剤により死亡したネズミから，ハエなどが発生することがある。
　(2)　配置された毒餌から，シバンムシ類などの食品害虫が発生することがある。
　(3)　クマテトラリルは，第1世代の抗凝血性殺鼠剤である。
　(4)　シクロヘキシミドには，処理区域からネズミを追い出す効果はない。
　(5)　ドブネズミでは，抗凝血性殺鼠剤に対する抵抗性を獲得した集団は報告されていない。

【問題 176】 衛生害虫と疾病に関する次の記述のうち，最も不適当なものはどれか。
(1) トコジラミが疾病媒介に直接関わっている事例は，知られていない。
(2) ねずみ類は，レプトスピラ症の媒介動物である。
(3) コガタアカイエカは，ジカウイルス感染症を媒介する。
(4) アカイエカは，ウエストナイル熱を媒介する。
(5) アシナガバチによる刺症は，アナフィラキシーショックの原因となる。

【問題 177】 殺虫剤・殺鼠剤に関する次の記述のうち，最も不適当なものはどれか。
(1) 昆虫の変態等の生理的な変化に影響を与え，その他の生物に影響が小さい薬剤が防除に利用されている。
(2) 有効成分の毒性と安全性は，医薬品，医療機器等の品質，有効性及び安全性の確保等に関する法律によって定められた基準によりチェックされている。
(3) 毒薬に該当する衛生害虫用の殺虫剤はない。
(4) ある殺虫剤の毒性がヒト又は動物と昆虫の間であまり変わらないことを，選択毒性が高いと表現する。
(5) 薬剤の安全性は，毒性の強弱や摂取量等によって決まる。

【問題 178】 建築物衛生法に基づく特定建築物内のねずみ等の防除に関する次の記述のうち，最も適当なものはどれか。
(1) 環境的対策は，特定建築物維持管理権原者のもとで当該区域の管理者が日常的に行う。
(2) 食料取扱い区域などのねずみ等が発生しやすい場所では，6カ月以内ごとに発生状況調査を実施する。
(3) 調査は，目視調査や聞取り調査を重点的に行い，トラップ調査は実施しなくてよい。
(4) IPM（総合的有害生物管理）における「警戒水準」とは，すぐに防除作業が必要な状況をいう。
(5) IPMに基づくねずみ等の防除では，定期的・統一的な薬剤処理を行う。

【問題 179】 ねずみ・昆虫等及び鳥類の防除に関する次の記述のうち，最も不適当なものはどれか。
(1) ドバトの捕獲や卵の除去を行う際は，自治体等の長の許可が必要である。
(2) ネズミと昆虫では，薬剤抵抗性の発達の原理が異なる。
(3) ネッタイトコジラミは，近年，東京都内の宿泊施設でも散見されている。
(4) 防除は，発生時対策より発生予防対策に重点を置いて実施する。
(5) 吸血昆虫を対象にした人体用忌避剤として，イカリジンがある。

【問題 180】 ねずみの建物侵入防止のための防鼠構造に関する次の記述のうち，最も不適当なものはどれか。
(1) 建物の土台である基礎は，地下60cm以上の深さまで入れる。
(2) 外壁には，ツタ等の植物を這わせたり，樹木の枝を接触させない。
(3) 床の通風口や換気口には，目の大きさ2cm以下の金網格子を設置する。
(4) 1階の窓の下端と地表との距離は，90cm以上離す。
(5) ドアの上部，側部，底部の隙間は，1cm以内とする。

令和 6 年度版
建築物環境衛生管理技術者試験
ビル管理士　科目別問題集　2024 年度版

2024 年 3 月 29 日　初 版 印 刷
2024 年 4 月 10 日　初 版 発 行

執 筆 者　長　澤　　　泰 （ほか上記 7 名）
発 行 者　澤　崎　明　治

（印刷製本）　大日本法令印刷 （株）
（装　丁）　加　藤　三　喜

発 行 所　株式会社市ヶ谷出版社
　　　　　東京都千代田区五番町 5
　　　　　電話　03-3265-3711(代)
　　　　　FAX　03-3265-4008
　　　　　http://www.ichigayashuppan.co.jp

ⓒ 2024　　ISBN 978-4-86797-393-6

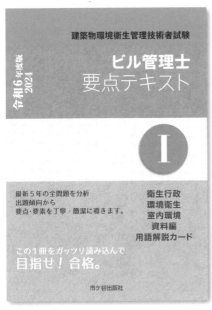
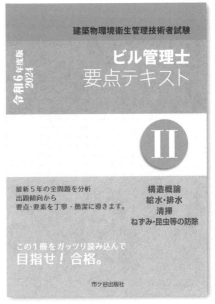
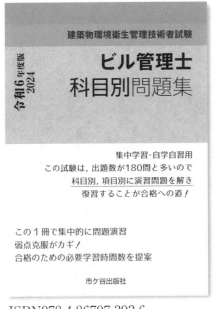

市ケ谷出版社版

建築物環境衛生管理技術者
ビル管理士試験　科目別問題集

解 答 試 案

市ケ谷出版社

令和5年度 2023年　1編（1〜20）　建築物衛生行政概論　問題解答試案

問題番号	解答番号	ワ ン ポ イ ン ト 解 説
1	(1)	すべて国民は，健康で文化的（ア）な最低限度の生活を営む権利を有する。 ② 国は，すべての生活部面（イ）について，社会福祉（ウ），社会保障及び公衆衛生（エ）の向上及び増進に努めなければならない。
2	(4)	土壌汚染対策法は，環境省である。
3	(3)	「就学前の子どもに関する教育，保育等の総合的な提供の推進に関する法律」第二条第7項に規定する幼保連携型認定こども園も適用される。 (4)（間違いやすい）博物館法第二条にある「社会教育法による公民館及び図書館法による図書館」も適用される。 (5) 学校法第二条にある「学校に附属する図書館又は図書室」も適用される。
4	(3)	特定建築物の用途に含まれる幼保連携型認定こども園は，幼稚園と保育園の機能を併せ持つ単一の施設で，満3歳以上の子どもに対し学校教育法に掲げる目標が達成されるよう保育を行われるものである。一方，認可保育園は，保護者が就労，病気などで平日の昼間に子供を保育できない場合（子供の年齢が3歳未満，両親共働きが常態化しているなど，入園対象の条件がある）において，保護者に代わり保育を行う児童福祉施設であり特定建築物の用途に該当しない。
5	(4)	変更があった日から1カ月以内に届け出る。
6	(5)	給水の系統図は永久保存（当該建物が解体されるまでの期間）しなければならない。
7	(2)	ホルムアルデヒドの量の測定結果が管理基準を超過した場合は，室内空気中におけるホルムアルデヒドの量の低減策に努め，翌年の測定期間中に1回，再度，当該測定を実施する。
8	(4)	地下水，水道又は専用水道から供給する水以外の場合，水質検査の項目と頻度は水道水の場合と異なる。
9	(5)	雑排水のうち，散水，修景，清掃用水は大腸菌と濁度の，水洗便所用水は大腸菌の検査を2か月以内に1回行う。
10	(4)	法第七条第2項第一号による。 厚生労働大臣は，建築物環境衛生管理技術者免状の返納を命ぜられ，その日から起算して1年を経過しない者に対しては，建築物環境衛生管理技術者免状の交付を行なわないことができる。
11	(5)	規則で認められていない。
12	(1)	建築物衛生法に基づく事業の登録は，法十二条の二第1項の各号に掲げられており，その中に「建築物の環境衛生上の維持管理業務」という事業はない。 (2) と (5) に関連して，建築物の環境衛生上の維持管理を行う事業者の資質の向上を目的に，昭和55年の法改正により，建築物の環境衛生上の維持管理を行う事業者について，一定物的，人的基準を満たしている場合，都道府県知事の登録を受けることができるという制度が設けられた旨を押さえておくとよい。

問題 番号	解答 番号	ワンポイント解説
13	(3)	法第七条の十五第３項により,「厚生労働大臣は,この法律の施行に関し必要があると認めるときは,登録講習機関に対し,業務に関して必要な報告をさせ,又はその職員に,登録講習機関の業務を行う場所に立ち入り,帳簿書類その他の物件を検査させ,若しくは関係者に質問させることができる。」とあるが,<u>犯罪捜査のために認められたものと解してはならない。</u>とされている。
14	(4)	法第十三条により,特例で国又は地方公共団体の用に供する特定建築物においては,<u>法第十一条（報告,検査等）は適用されない。</u>
15	(3)	感染症法第十条（予防計画）第１項により,「<u>都道府県</u>は,基本指針に即して,感染症の予防のための施策の実施に関する計画（以下この条及び次条第２項において「予防計画」という。）を定めなければならない。」とされている。
16	(2)	水道法の一部を改正する法律（平成30年法律第92号）によるもので, 改正の概要は, 1. 関係者の責務の明確化 2. 広域連携の推進 3. 適切な資産管理の推進 4. 官民連携の推進 5. 指定給水装置工事事業者制度の改善 であることから,<u>上水道事業者数の具体的な削減目標の設定はない。</u>
17	(4)	公衆浴場法第二条第１項により,「業として公衆浴場を経営しようとする者は,<u>都道府県知事の許可</u>を受けなければならない。」とされている。
18	(1)	光化学オキシダント（Ox）の環境基準達成率は,極めて低い水準であり,他の物質がほぼ100%の達成率であることから,<u>最も低いものである。</u>
19	(4)	一定規模以上の温泉施設の排水中の水素イオン濃度は,<u>水質汚濁防止法の規制対象である。</u> (5)（間違いやすい）はダイオキシン類対策特別措置法第二条第２項及び同施行令第一条により正しい。
20	(4)	労働安全衛生法第三十七条第１項（製造の許可）により,「特に危険な作業を必要とする機械等として別表第一に掲げるもので,政令で定めるもの（以下「特定機械等」という。）を製造しようとする者は,厚生労働省令で定めるところにより,あらかじめ,<u>都道府県労働局長の許可</u>を受けなければならない。」とされている。

令和4年度 2022年　1編（1〜20）　建築物衛生行政概論　問題解答試案

問題番号	解答番号	ワンポイント解説
1	(4)	(4) 廃棄物の処理及び清掃に関する法律は，環境省である。
2	(5)	(5) 法第十二条の六第1項により知事ではなく厚生労働大臣の誤り。 登録制度の一環として，厚生労働大臣が登録業者等の団体を指定する制度があり，登録された登録業者等の団体による自主的な活動を通じて登録業者の業務の改善向上を図ることを目的としている。 参考URL：https://www.mhlw.go.jp/bunya/kenkou/seikatsu-eisei11/03.html
3	(4)	(1) 該当しない。 (2) 該当しない。 (3) 研究所のうち，自然科学系統の研究所は，特殊な環境にあるものが多いので，一般に除外される。 (4) 図書館，美術館，博物館に類するものとして該当する。 (5) 体育館その他スポーツをするための施設は，一般に特定建築物に該当しない。
4	(2)	問題ただし文に，「記載された年については判断しないものとする」とあることから，現行規定の有無と法改定履歴より，制度改正として(2)が見当たらないため消去法でこれが正答肢と判定できる。 (1) 令第一条において特定建築物の適用範囲が規定されている。 (3) 法第十二条の二等において建築物における衛生的環境の確保に関する事業の登録について規定されている。 (4) 建築物における衛生的環境の確保に関する法律の一部を改正する法律（平成13年12月14日法律第156号）による。 (5) 施行令の一部を改正する政令（平成14年政令第309号），施行規則の一部を改正する省令（平成14年厚生労働省令第156号）よる。
5	(3)	A社の銀行店舗とその事務所1,700 m²，B社の学習塾700 m²と自習室100 m²，E社の美容室400 m²は専ら特定用途に供される部分である。また，A社の地下駐車場300 m²は付属する部分である。一方，C社の保育施設600 m²とD社のデイサービス500 m²は専ら特定用途に供される部分ではない。 よって，1,700＋700＋100＋400＋300＝3,200 m²≧3,000 m²のため，特定建築物に該当する。
6	(1)	(1) 特定建築物として一部でも使用を開始したときは使用開始日を届け出なければならない。誤り。 (2)〜(5) 規則第一条により正しい。
7	(1)	(1) 測定回数の軽減措置は無い。誤り。
8	(3)	(1) 遊離残留塩素の含有率の規定は，飲料水も雑用水もDPD法又は，同等以上の性能をもつ測定器により測定を行う。誤り。 (2) し尿を含む水を原水として用いることはできない。誤り。 (4) 問題中の「14日以内」は「7日以内」，「3カ月以内」は「2カ月以内」の誤り。 (5) 給水を停止した後に関係者へ周知するとの解釈から正しくないと解釈される。

問題番号	解答番号	ワ ン ポ イ ン ト 解 説
9	(4)	(4) 高置水槽，圧力水槽等の清掃を行った後，受水槽の清掃を行うという規定はない。誤り。 ※東京都のように地域性を考慮し，グリース阻集器については，使用日ごとに捕集物を除去し，7日以内ごとに1回清掃を指導している場合もあることから（2）の記述についても注意する。
10	(2)	(1) 法第十六条第1項第二号により正しい。 (2) 消去法により不適当。 (3) 法第七条第2項第一号により正しい。 (4) 法第四条第1項及び第六条第1項により正しい。 (5) 規則第十一条第1項により正しい。
11	(3)	(1) 規則第三十条第1項第二号に該当する。 (2) 規則第三十条第1項第三号に該当する。 (3) 該当しない。 (4) 規則第三十条第1項第五号に該当する。 (5) 規則第三十条第1項第六号に該当する。
12	(5)	規則第三十三条第1項による。 (1) 第二号により届出が必要。 (2) 第四号（第三十一条第2項第二号）により届出が必要。 (3) 第三号により届出が必要。 (4) 第四号（第三十一条第2項第四号）により届出が必要。
13	(4)	(1) 法第十一条第1項により，住居者の承諾を得なければならない。誤り。 (2)，(3) に関する定めは無い。誤り。 (4) 法第十一条第2項により正しい。 (5) 法第十二条第1項により，全て直ちに改善命令等の行政処分が行われるとは限らない。誤り。
14	(5)	学校保健安全法 (1)，(2) 規則第二十四条第1項第一号により正しい。 (3) 規則第二十四条第1項第三号により正しい。 (4) 規則第二十二条第1項第二号により正しい。
15	(3)	地域保健法 (2) 法第五条第1項により正しい。 (3) 法第五条第2項において，都道府県は，保健所を設置する場合において，保健所の所管区域を設定しなければならないとあるが，厚生労働大臣への事前承認は規定されていない。誤り。 (4) 法第四条第1項により正しい。 (5) 法第十八条第1項により正しい。

問題番号	解答番号	ワンポイント解説
16	(1)	下水道法 (1) 法第十条第1項により，当該公共下水道の排水区域内の土地所有者，使用者又は占有者の誤り。 (2) 法第七条第1項及び第2項により正しい。 (3) 法第三条第1項及び第2項により正しい。 (4) 法第二条第1項第一号により正しい。 (5) 法第四条第1項により正しい。
17	(2)	法文と同じ語句
18	(5)	大気汚染に関する環境基準による。 参照（環境省ホームページ URL） https://www.env.go.jp/kijun/taiki.html
19	(5)	事務所衛生基準規則 (1) 規則第二条第1項により正しい。 (2) 規則第三条第2項により正しい。 (3) 規則第四条第2項により正しい。 (4) 規則第七条第1項により正しい。
20	(2)	健康増進法 (1) 法第二十八条第1項第五号（イ）により正しい。 (2) 法第二十八条第1項第五号（ロ）により誤り。 (3)，(4) 法第二十八条第1項第六号により正しい。 (5) 規則第三条第1項第十号により正しい。

令和3年度 2021年 1編（1〜20）　建築物衛生行政概論　問題解答試案

問題番号	解答番号	ワンポイント解説
1	(3)	(1) 消防法は<u>総務省所管</u>の誤りである。 (2) 学校保健安全法は<u>文部科学省所管</u>の誤りである。 (3) <u>下水道法は国土交通省の所管であるが，下水道の終末処理場の維持管理に関すること</u>は環境省と国土交通省の所管である（正しい）。 (4) 浄化槽法は<u>環境省所管</u>の誤りである。 (5) 保健所には<u>労働監督官は設置されていない</u>。
2	(5)	ア　精神的，イ　人種
3	(1)	建築物衛生法第一条「<u>建築物の維持管理に関し環境衛生上必要な事項</u>等」が定められている。
4	(4)	(1) <u>地下街の地下道は，建築基準法上の建築物ではないため，特定建築物に該当しない</u>。 (2) 電気事業者がその事業の用に供するために建築物の地階に設置した地下式変電所は，その建築物の他の部分とは<u>管理主体および管理系統をまったく異にしているため，特定用途に附属する部分には該当しない</u>。 (3) <u>プラットホームの上家等は建築基準法上の建築物ではないため</u>，一般的には特定建築物に該当しない。 (4) 特定用途に附属する倉庫は，主たる用途に包含され，倉庫，駐車場として<u>独立の用途としては取り扱わない</u>場合があることから，特定用途に供される部分として延べ面積に含まれる。 (5) <u>管理主体が異なる公共駐車場は，主たる用途に附属していないため</u>，多数の者の使用，利用という要件を欠くことから特定建築物とはならない。 参考：特定建築物の定義に関するQ&A（厚生労働省ホームページより）
5	(2)	(1) 建築物衛生法第五条2項により，「<u>建築物が特定建築物に該当することとなったときは，その日から1カ月以内に届け出なければならない。</u>」の誤り。 (2) 建築物衛生法第十六条第1項第一号により正しい。 (3) 建築物衛生法第五条第3項により，「<u>特定建築物に該当しないこととなったときは，その日から1カ月以内に，その旨を都道府県知事に届け出なければならない。</u>」の誤り。 (4) 建築物衛生法第五条1項により，<u>厚生労働省令</u>の誤り。 (5) 届出書に記載する事項は，建築物衛生法規則第一条1項に規定されており，届出で様式は，<u>都道府県でそれぞれ決められている</u>。
6	(5)	特定建築物の維持管理に関し，環境衛生上必要な事項を記載した帳簿書類は5年間保管する義務があり，(1)，(3)，(4)，(5) が該当する。 また，建物の平面図・断面図は永久保存しなければならず，(2) が該当する。 よって，(5) が正しい。

問題番号	解答番号	ワンポイント解説
7	(2)	(1) 機械換気設備を設ける場合にもホルムアルデヒドの基準は<u>適用される</u>。 (3) 建築物衛生法は 1000 ppm 以下，事務所衛生基準規則は 5000 ppm 以下で<u>異なる</u>。 (4) 特例として外気がすでに 10 ppm 以上ある場合は，<u>20 ppm 以下</u>。 (5) おおむね <u>10 μm 以下</u>の浮遊粉じんを対象にしている。
8	(1)	(1) 建築物衛生法第六条により正しい。 (2)，(3) 建築物衛生法施行規則第五条の建築物環境衛生管理技術者の選任において，「選任する」とは，所有者等との間に何らかの法律上の関係（委任関係等）があればよいとされ，その<u>特定建築物に必ずしも常駐する必要はない</u>。 (4) 建築物衛生法第六条第2項より，特定建築物の維持管理について権原を有するものに対し，<u>意見を述べることができる</u>の誤り。 (5) 建築物衛生法第十条により正しい。
9	(5)	(1) 水道法第三条第9項に規定する給水装置に該当するため，水道法第四条の水質基準への適合は<u>必ずしも要しない</u>。 (5) 井水を汲み上げて水を供給する場合は，水道法第三条第9項に規定する給水装置以外の給水に関する設備に該当するため，水道法第四条の水質基準に適合する水を供給しなければならず，<u>残留塩素の保持が求められる</u>。
10	(4)	新築，増築，大規模の修繕または大規模の模様替えを完了し，その<u>使用を開始した時点から直近の6月1日から9月30日までの間に1回行う</u>。
11	(3)	建築物衛生法第十二条の十により，登録を受けないで，当該事業に係る営業所につき第十二条の三に規定する表示又はこれに類似する<u>表示をしてはならない</u>。
12	(3)	事業の登録を受けるためには，以下の基準について，一定の要件を満たしていることが必要となる。 (1)，(5) は機械器具その他の設備に関する基準（<u>物的基準</u>）に， (2) は事業に従事する者の資格に関する基準（<u>人的基準</u>）に， (4) は作業の方法や機械器具の維持管理方法などに関するその他の基準に該当し，(3) の<u>事故発生時の補償対応については定められていない</u>。 参考：建築物における衛生的環境の確保に関する事業の登録について（厚生労働省ホームページより）
13	(1)	(1) 建築物衛生法第十一条（報告，検査等）において，都道府県知事は，厚生労働省令で定める場合において，<u>この法律の施行に関し必要があると認めるときは</u>，<u>特定建築物所有者等に対し</u>，必要な報告をさせ，又はその職員に，特定建築物に立ち入り，その設備，帳簿書類その他の物件若しくはその維持管理の状況を検査させ，若しくは関係者に質問させることができる。法律の規定内にて立ち入りが認められている。 (4) 建築物衛生法第五条の都道府県知事に関する括弧書き（保健所を設置する市又は特別区にあっては，市長又は区長。以下<u>この章並びに・・・</u>）により正しい。※この章とは，「第2章：特定建築部等の維持管理」をいう。

問題番号	解答番号	ワ ン ポ イ ン ト 解 説
14	(4)	建築物環境衛生管理基準（建築物衛生法第4条）に係る罰則は規定されていない。
15	(4)	中核市が設置している保健所が最も多い。
16	(5)	下水道法第一条の定義による。
17	(4)	都道府県（保健所を設置する市又は特別区にあっては，市又は特別区）の条例で定める公衆衛生上必要な基準に適合しなければならない。
18	(1)	大気汚染防止法第一条による。
19	(2)	環境基本法第 3 節「環境基準」に振動の基準は定められていない。
20	(3)	労働安全衛生法第三十七条より，都道府県労働局長の許可。

令和2年度 2020年　1編（1〜20）　建築物衛生行政概論　問題解答試案

問題番号	解答番号	ワンポイント解説
1	(2)	日本国憲法第25条による。
2	(1)	建築基準法第2条第35号による。
3	(1)	幼稚園は学校教育法第1条に規定する学校に該当し，8,000 m² 以上が特定建築物に該当する。
4	(3)	主たる特定用途に供される部分延べ床面積3000 m²（a＋b＋c）の特定建築物 A社の学習塾900 m²：特定用途供される部分（a） B社の銀行1500 m²：特定用途供される部分（a） A社とB社の共用地下駐車場500 m²：専ら特定用途以外に供される部分に付属する部分（b） B社の倉庫100 m²：特定用途に付属する部分（c） C社のトランクルーム（貸倉庫）300 m²：専ら特定用途以外に供される部分に付属する部分（B） D社の保育施設700 m²：専ら特定用途以外に供される部分（B）
5	(5)	建築物衛生法規則第1条1項より，特定建築物が使用されるに至った年月日を届け出る。
6	(4)	(1) 維持管理に関する年間管理計画書：5年間で1年間は不適当 (2) 空気環境測定結果：5年間で2年間は不適当 (3) ねずみ等の防除に関する記録：5年間で3年間は不適当 (4) 空調ダクトの系統を明らかにした図面：永久保存のため5年間は不適当
7	(5)	厚生労働大臣の登録を受けた者の誤り。
8	(1)	(1) 残留塩素，pH値，臭気，外観は7日以内ごとに1回，大腸菌，濁度は2月以内ごとに1回と規定されている。残留塩素（毎日）＜1ヵ月で適，濁度（毎日）＜1ヵ月で適，臭気・外観（毎日）＜7日で適，pH値（1ヵ月）＞7日で不適，大腸菌（1カ月）＜2カ月で適 (5) 排水設備の清掃6か月以内ごとに1回＞4ケ月で適当
9	(3)	(1) 建築物衛生法第7条第3項により適当 (2) 建築物衛生法施行規則第12条により適当 (3) 建築物衛生法施行規則第13条により1カ月以内に返還するの誤り (4) 建築物衛生法第7条第2項第一号により適当 (5) 建築物衛生法施行規則第11条により適当
10	(5)	厚生労働省「建築物における衛生的環境の確保に関する事業の登録について」より (5) 従事者全員を1度に研修することが事実上困難を伴う場合には，何回かに分けて行うことも可能である。

問題番号	解答番号	ワンポイント解説
11	(3)	建築物衛生法第 13 条第 3 項より，改善命令等は特例事項に該当し適用されない。勧告することはできる。
12	(2)	五類感染症に該当し，<u>診断後 7 日以内</u>に届け出る。
13	(2)	地域保健法第 6 条第 1 項第 10 号により適当。
14	(4)	学校環境衛生基準　教室等の環境に係る学校環境衛生基準による。
15	(3)	旅館業法施行令第 1 条・第 3 条による。
16	(4)	水質汚濁防止法第 2 条第 8 項による。
17	(2)	悪臭防止法施行令第 1 条による。
18	(4)	労働安全衛生法第 78 条により，都道府県知事ではなく厚生労働大臣の誤り。
19	(4)	健康増進法第 25 条の 5 による。
20	(5)	(1) オゾン層保護，(2) 湿地の保存，(3) 絶滅のおそれのある野生動植物の種の国際取引，(4) 気候変動抑制多国間協定

令和元年度 2019年　1編（1〜20）　建築物衛生行政概論　問題解答試案

問題番号	解答番号	ワンポイント解説
1	(3)	
2	(2)	映画，演劇，音楽，スポーツ，演芸または見せ物，聞かせる施設で興行場法第1条第1項に規定されるもの。
3	(3)	倉庫や駐車場は多数の者の使用，利用という要件を欠くので特定建築物にはならないが，<u>主たる用途に附属する場合はその主たる用途に包含される</u>。
4	(4)	建築物衛生法第4条第1項より，建築物環境衛生管理技術者ではなく，<u>特定建築物の所有者，占有者その他の者で当該特定建築物の維持管理について権原を有するもの</u>に対して義務付けられている。
5	(5)	スポーツジム（フィットネスクラブ）は，一般に娯楽性が極めて強く遊技場と同視できるような場合を除き，<u>特定建築物に該当しない</u>。
6	(3)	(3) 学校教育法第一条の学校で，体育施設が専門学校と一つの建築物であれば特定建築物に該当する。 (5) 店舗に付属する倉庫であれば特定建築物に該当する。
7	(4)	届出の内容や届出様式については<u>各自治体によって異なる</u>。
8	(2)	(1) 2カ月以内に1回測定する。 (3) 測定点は原則として各階ごとに1箇所以上とし，ビルの規模に応じ測定点を調整する。 (4) 居室の中央部の床上75cm以上150cm以下の位置において測定する。 (5) 使用開始日以降に到来する最初の6〜9カ月の間に1回測定する。
9	(5)	(1) 複数の特定建築物の建築物環境衛生管理技術者として職務遂行に支障がない場合には兼任を認めることができる。 (2) 建築物維持管理権原者は，その意見を尊重しなければならない。 (3) 建築物維持管理権原者に対して罰則の適用がある。 (4) 厚生労働大臣ではなく厚生労働省医薬・生活衛生局生活衛生課に申請する。
10	(5)	建築物衛生法施行規則　第2条（一酸化炭素の含有率の特例）による。
11	(3)	(1) 監督者等と特定建築物に選任されている建築物環境衛生管理技術者は兼務することは認められていない。 (2)，(4) 1人の者を2以上の営業所又は2以上の業務の監督者等として登録を受けることは認められない。 (5) 登録事業に従事する者として，パート，アルバイト等であっても従事者研修の対象になる。 https://www.mhlw.go.jp/bunya/kenkou/seikatsu-eisei11/03.html
12	(1)	建築物空気調和ダクト清掃業に専用の保管庫の記載はない。

問題番号	解答番号	ワンポイント解説
13	(2)	第2章第5条括弧書き（保健所を設置する市又は特別区にあっては，市長又は区長。以下この章並びに第13条第2項及び第3項において同じ。）による。
14	(5)	(1)～(4)は30万円以下の罰金。
15	(4)	鉄の量に関して<u>0.3 mg/L 以下</u>であること。
16	(2)	厚生労働大臣ではなく，<u>国土交通大臣</u>（政令で定める下水道に係るものにあっては，都道府県知事）
17	(1)	<u>都道府県</u>が<u>条例</u>で定める。
18	(1)	ア：生活排水対策，イ：国民の健康を保護する，ウ：事業者の損害賠償の責任
19	(4)	設備の占める容積及び床面から4mをこえる高さにある空間を除き，労働者1人について，<u>10 m³ 以上</u>。
20	(1)	受動喫煙防止を規定しているものは，<u>健康増進法</u>である。

令和5年度 2023年 2編（21～45） 建築物の環境衛生 問題解答試案

問題番号	解答番号	ワンポイント解説
21	(4)	Hatch の図において，**横軸に化学的因子の量，縦軸に医学的な症状をとっている。**両者は直線的ではなく S 字カーブをとるような関係である。 閾値の概念 (2)（間違いやすい）**閾値とは最小の刺激量として定義され，医学的な有害性の判断の根拠となる量，言い換えれば基準値と考えられるものである。**
22	(4)	有害物の曝露量と集団の反応率との関係を，**量―反応の関係という。** (1)（間違いやすい）許容濃度は一般環境基準として用いてはならない。 許容濃度の性格については以下の特徴がある。①**人の有害物質への感受性は個人ごとに異なる**ので，この数値以下でも不快，既存の健康異常の悪化，あるいは職業病の発生を防止できない場合が有り得る。②許容濃度は産業における経験，人および動物についての実験的研究等から得られた多様な知見に基礎をおいており，物質によってその許容濃度決定に用いられた情報の量と質とは必ずしも同等のものではない。
23	(4)	甲状腺は**内分泌系**臓器である。 (2)（間違いやすい）肝臓は消化器系臓器である。
24	(1)	**基礎代謝とは早朝覚醒後の空腹時で仰臥の姿勢におけるエネルギー代謝をいう。**睡眠時のエネルギー代謝は基礎代謝の約 95% とされている。
25	(2)	高齢者の室温は若年者と比較して低い場合が多い。この原因として，**高齢者の寒さに対する感受性の低下**が考えられる。 (3)（間違いやすい）冬季における高齢者の深部体温は若年者に比べて低い傾向にある。特に**深部体温が 35℃ 未満を低体温症と呼ぶ**が，高齢者はこの低体温症に陥りやすい。
26	(3)	**ヒトの温熱的快適性に影響する因子は環境側として気温，湿度，風速，熱放射（平均放射温度）の4要素，人体側として活動状態（エネルギー代謝量）着衣量の2要素，計6要素がある。これを温熱環境要素という。**二酸化炭素濃度はこの因子ではない。
27	(3)	**DNA に最初に傷を付け，変異を起こさせる物質をイニシエーター**といい，細胞の増殖を促したり，活性酸素を増大させる要因は癌化を促進するのでプロモータと呼ばれる。 (4)（間違いやすい）ウィルス等への感染は，日本人のがんの原因の約 20% を占めると推計されます。感染の内容として，日本人では，B 型や C 型の肝炎ウイルスによる肝がん，ヒトパピローマウイルス（HPV）による子宮頸がん，ヘリコバクター・ピロリ（H. pylori）による胃がんなどがその大半を占めます。

問題番号	解答番号	ワ ン ポ イ ン ト 解 説
28	(5)	建築物衛生法において，ダニ又はダニアレルゲンに関する基準は直接的に定められていない。ただ，建築物衛生の観点からもダニや真菌が増殖しないように，換気や床材料の選定，清掃等の対策を講じる必要がある。 (2)（間違いやすい）5 種類ある免疫グロブリンの一つである IgE（免疫グロブリン E）は気管支壁にある肥満細胞と結合し，ダニの成分等の抗原がもう一方の部分に結合すると，それが信号となり，肥満細胞の中の顆粒中のヒスタミン等が排出され，同時に他の化学伝達物質が合成される。この化学伝達物質は，血管の透過性を増し，気管支壁にある平滑筋を収縮させ，気管支の内腔に分泌される粘液を増加させ，白血球を集める。アレルギー性鼻炎や気管支喘息の症状はこの反応による。
29	(3)	良好な室内環境を維持するためには，1 人当たりおおむね 30 m³/h 以上の換気量を確保することが必要である。 (5)（間違いやすい）花粉は外気を介して室内に存在し得るエアロゾル粒子であり，健康影響としてアレルギー反応を起こすことがある。
30	(2)	建築物衛生法におけるホルムアルデヒド量の管理基準は 0.1 mg/m³ 以下である。 (1)（間違いやすい）厚生労働省で決められたシックハウス問題に関する検討会による室内濃度指針値は 0.08 ppm である。
31	(5)	オゾンは特有の臭気があり，粘膜に対して強い刺激作用があり，0.3〜0.8 ppm で鼻，喉に刺激を生じる。水に溶けにくいので，吸入すると肺の奥まで達し，肺気腫を起こすこともある。
32	(5)	加熱式たばこについても，健康増進法では規制対象になっている。 (4)（間違いやすい）健康増進法において，義務に違反する場合については，まずは「指導」を行うことにより対応する。指導に従わない場合等には，義務違反の内容に応じて勧告・命令等を行い，改善が見られない場合に限って，罰則（過料）を適用する。
33	(5)	騒音現場などの定期健康診断における聴力検査は 1000 Hz と 4000 Hz の聴力レベルが測定される。
34	(3)	騒音性難聴とは，強大な音波が慢性的に曝露されることによって，内耳の蝸牛が障害を受けることで生じる感音性難聴である。 (5)（間違いやすい）聴取妨害の程度は明瞭度や了解度で評価される。音声レベルと騒音のレベル差が 15〜20 dB 以上であれば，十分な了解度が得られる。
35	(5)	(1) 振動レベルの単位は dB で示される。 (2) 振動は全身に分布する知覚神経末端の受容器により知覚される。 (3) 全身振動は鉛直振動と水平振動に分けて測定・評価される。 (4) 全身振動の健康影響の例として，長距離バスやフォークリフトの運転等により，胃下垂などの内臓下垂や腰痛などの骨関節の障害を生じることがある。 (5) 振動を原因とする白ろう病では，指に境界鮮明な蒼白化状態が発生する。
36	(2)	角膜は目の全面，水晶体の前方に位置する。 (1)（間違いやすい）眼の網膜にある視細胞が光を感知し，神経システムの電気的活動に変換して，脳が処理して知覚することになる。
37	(1)	一連続作業時間は 1 時間以下，1 日の作業時間は 5〜6 時間以下が望ましい。 (5)（間違いやすい）ディスプレイを用いる場合はディスプレイ画面上における照度は 500 lx 以下，書類及びキーボード上における照度は 300 lx 以上とする。

問題番号	解答番号	ワンポイント解説
38	(4)	光を波長の長さ順に並べると，**紫外線が一番短く，その次が可視光線で赤外線が一番長い。**
39	(5)	**赤外線の慢性曝露はガラス工白内障**（潜伏10～15年）として古くから知られている。 (4)（間違いやすい）**紫外線への曝露は屋外作業，アーク溶接・溶断作業，炉前作業，殺菌・検査作業で起こる。**
40	(1)	感受性が最も高い細胞は**リンパ球**である。 (5)（間違いやすい）妊娠可能な婦人の骨盤照射は，月経開始後10日以内に行うこと（10日規則）が国際放射線防御委員会で出されている。
41	(3)	成人の場合，不可避尿として**1日最低0.4～0.5Lの尿の排泄**が必要である。 (4)（間違いやすい）一般に，体重当たりの体内水分量は女性より男性の方が多い。また，加齢とともに体内の水分割合は小さくなる。
42	(1)	**水系感染症は発生時期が季節などに左右されることが少ない。** (5)（間違いやすい）水で薄められるため潜伏期間が長く，致死率は低く，軽症例が多い。
43	(4)	次の感染症は以下の病原体によって引き起こされる。 (1) 発疹チフス・・・・リケッチア (2) カンジダ症・・・・真菌 (3) マラリア・・・・・原虫 (4) **日本脳炎・・・・・ウィルス** (5) レプトスピラ症・・スピロヘータ
44	(2)	感染症で全数を直ちに報告する必要があるのは1～4類である。 (1) ヘルパンギーナ・・・・・5類 (2) **A型肝炎・・・・・・・4類** (3) 季節性インフルエンザ・・5類 (4) 手足口病・・・・・・・・5類 (5) マイコプラズマ肺炎・・・5類
45	(5)	次亜塩素酸ナトリウム溶液量をAとすると $A \times 0.05 = 200\,mg/L \times 10\,L$ $A = 40000\,mg = 40\,g \rightarrow 40\,mL$ となる。

令和4年度 2022年 2編（21〜45） 建築物の環境衛生　問題解答試案

問題番号	解答番号	ワンポイント解説
21	(5)	放射線は物理的要因である。 環境は**自然環境**と**人為的環境**の2つに大別できる。環境の中で健康に影響を与える因子として，物理的要因と化学的要因と生物的要因と社会的要因がある。自身の周囲環境が原因となるのが物理的要因であり，化学物質が原因となるのが化学的要因である。 (4)（間違いやすい）し尿は化学的要因である。
22	(4)	白血球が細菌などに対する生体防御作用をもち，赤血球ではない。 (1)（間違いやすい）自律神経は生命維持に必要な消化，呼吸，循環等の諸機能を調整する。
23	(1)	有害物の曝露量（負荷量）と集団の反応率との関係を，量−反応関係といい，有害物への曝露量（負荷量）と個体への影響との関係を，量−影響関係という。 (4)（間違いやすい）ストレスによる影響が最も少ない条件を至適条件と呼び，ストレスが大きくなり，ある限界を超えると生物は耐えきれなくなる。この限界のことを許容限界と呼ぶ。
24	(4)	有効温度は，気温，湿度，風速の3要素の影響を含んだ温熱環境指標であり，熱放射も考慮すると修正有効温度にあたる。 (3)（間違いやすい）黒球（グローブ）温度は直径15cmのつや消し銅製の黒球の中心温を測定したものである。
25	(2)	睡眠時のエネルギー消費量は基礎代謝の95%程度とされている。 (3)（間違いやすい）安静時代謝量は基礎代謝量よりおよそ20%高い。
26	(4)	低体温症の診断は直腸温を測定する。一般の体温計では正確に測定できないので直腸専用の体温計を用いる。 (3)（間違いやすい）乳幼児や高齢者は寒さへの適応力が低く，低体温症のリスクが高い。
27	(5)	塗装の剥離は低湿度で起きやすくなる。 (2)（間違いやすい）低湿度ではインフルエンザウィルスの生存度が高まる。 (4)（間違いやすい）高湿度では体感温度が上昇する。
28	(3)	意識障害・けいれんは酸素濃度10%以下で起こる。 (1)（間違いやすい）良好な室内空気環境を維持するためには一般に1人当たり30m³/h以上の換気量が必要とされている。
29	(5)	粒径10μm以下の粉塵は長時間にわたり浮遊し，ヒトの気道内に取り込まれる。また，5μm程度のものは，気道の粘液と有毛細胞の線毛に捕捉されて，粘液線毛運動により排出される。特に肺に沈着し，人体に有害な影響を及ぼすのは，通常1μm程度以下の大きさである。
30	(5)	古い建物には防火のために石綿が使用されている。（残っている） (2)（間違いやすい）健康障害はアスベスト製品製造工場の従業員に限られていない。
31	(2)	学校環境衛生基準では二酸化炭素は1500ppm＝0.15%以下と決められている。労働安全衛生法の事務所衛生基準規則は0.5%以下である。 (5)（間違いやすい）二酸化炭素の室内の濃度が7〜10%になると数分間で意識不明となる。

問題番号	解答番号	ワンポイント解説
32	(5)	過敏性肺炎の原因は粉じんや特定の細菌，真菌の場合もあります。 ・過敏性肺炎：有機粉じんの吸引とリンパ球の湿潤を病理学的特徴とする肺の疾患，原因は好熱性放射菌が多いが，真菌や原虫の場合もあります。 ・二酸化硫黄：特有の刺激臭，粘膜刺激作用，咳，咽頭痛，喘息等，目の刺激症状，呼吸困難，死亡の影響があります。その一例として，四日市ぜんそくは亜硫酸ガス（二酸化硫黄）が原因とされているが，症状の中で肺炎を確認することはできないので間違いです。 (2)（間違いやすい）レジオネラ症は急性肺炎との関連があります。慢性影響に対して，不適切選択肢として出題されたことがあります。
33	(1)	外耳は耳介と外耳道からなり，鼓膜は中耳である。 (3)（間違いやすい）サウンドアメニティとは，快い音環境のことである。 近年は快い音環境（サウンドアメニティ）を積極的に実現するための方策がとられている。快いと感じられる音の種類には個人差が大きいが，比較的多くの人が快いと感じる音には，暗騒音の低い静かな場所における小鳥の声，川のせせらぎ等の比較的レベルの低い自然の音や，静かな室内における楽音，いわゆる環境音楽等がある。
34	(4)	聴力レベルの平均値と4000 Hzの聴力レベルとが，ともに30 dB未満の人が聴力正常者とみなされる。（マイナス側が，聴力が良いことを指します。）⇒（4）は20 dBなので聴力正常者 (2)（間違いやすい）騒音により副腎ホルモンの分泌の増加など，内分泌系への影響が起こる。騒音により自律神経系が刺激され，末梢血管の収縮，血圧の上昇，胃の働きの抑制等が起こる。また，副腎ホルモンの分泌の増加，性ホルモン分泌の変化等が起き，騒音レベルが高くなると，生理的・身体的な影響が大きくなる。騒音による健康影響は，年齢や生活習慣，生活・活動環境などによる複合的な要因で変化すると考えられる。
35	(3)	全身振動により，騒音と同様に不快感や不安感，疲労を覚える。 100 dB以上の強い振動で，呼吸数の増加，血圧増加，胃腸の働きの抑制等，自律神経系や内分泌系への影響が見られる。 (1)（間違いやすい）地震の震度は，以前は体感および周囲の状況から観測していましたが，1996年4月以降は「計測震度計」により自動的に観測され，「計測震度」と呼んでいる。 (2)（間違いやすい）レイノー現象は誘因として寒冷や精神的緊張，情緒的興奮等がある。 (4)（間違いやすい）振動の知覚は皮膚，内臓，関節など，ヒト全身に分布する知覚神経末端受容器によりなされる。 (5)（間違いやすい）一般に，地面の振動は建築物により増幅されてから，建築物内部の柱や床を減衰して伝播していくことが多く，屋外地面上より建築物内床面の振動レベルの方が高くなることがある。
36	(2)	錐体には赤・青・緑に反応する3種があり，これらの組み合わせにより，色を感じる。 (4)（間違いやすい）グレアとは，視野内で過度に輝度が高い点や面が見えることによって起きる不快感や見にくさのことをいう。グレアには見やすさを損なったり一時的に視力が低下したりする減能グレアと，不快さを感じる不快グレアがある。

問題番号	解答番号	ワ　ン　ポ　イ　ン　ト　解　説
37	(3)	画面の上端は眼の高さまで（ガイドライン参照） ・(3) 厚生労働省資料「情報機器作業における労働衛生管理のためのガイドラインについて（令和元年 7 月 12 日付け基発 0712 第 3 号）」参照 ・ディスプレイは，眼から 40 cm 以上の距離。画面の上端は眼の高さまで。 (1)（間違いやすい）情報機器には，ディスクトップ型パソコン，ノート型パソコン，タブレット，スマートフォンがある。 (5)（間違いやすい）情報機器作業者に対する健康診断では，眼の症状，筋骨格系の症状，ストレスに関する症状をチェックする。
38	(5)	周波数が多くなると波長が短くなる。 (1)（間違いやすい）電磁波には電波，光，x 線，γ 線が含まれる。 (2)（間違いやすい）可視光線のみが目で確認できる電磁波である。 (3)（間違いやすい）地球磁場のような静磁場の曝露による健康影響は知られていない。
39	(2)	ビタミン D の形成には『紫外線』が必須である。 (4)（間違いやすい）紫外線のうち UV-C はオゾン層に吸収される。
40	(4)	人体の水分量は 50〜70% ・75 kg の 70% = 52.5 kg ・75 kg の 50% = 37.5 kg。従って（4）40 kg〜50 kg が正しい。
41	(4)	水俣病は有機水銀が生物濃縮して引き起こされた事例である。 (2)（間違いやすい）シアンは細胞内の多くの酵素の働きを阻害する。特に呼吸酵素系阻害により酸素を利用したエネルギー代謝を妨げることで，酸素要求の大きい大脳を中心に強い毒性を発揮する。また，代謝産物が甲状腺に影響を与えることが知られている。
42	(1)	喉の渇きは水分の欠乏率 1% である。 (2)（間違いやすい）水分の欠乏率 4% は動きの鈍り，皮膚の紅潮化，いらいら，疲労及び嗜眠，感情鈍麻，吐気，感情不安定の状態になる。 (3)（間違いやすい）水分の欠乏率 6% は手足の震え，熱性抑うつ症，昏迷，頭痛などを引き起こす。 (4)（間違いやすい）水分の欠乏率 8% は呼吸困難，めまい，チアノーゼ，言語不明瞭，疲労増加，精神錯乱などを引き起こす。 (5)（間違いやすい）水分の欠乏率 10% は筋けいれん，平衡機能失調，失神，舌の腫脹などを引き起こす。
43	(3)	無症状病原体保有者への入院勧告は一類感染症のとき適用される。 (2)（間違いやすい）死体の移動制限は一類，二類，三類すべてに実施される。
44	(1)	厚生労働省 HP「マイコプラズマ肺炎に関する Q＆A」平成 23 年作成，平成 24 年 10 月改訂参照 ・患者の咳のしぶきを吸い込んだり，患者と身近で接触したりすることにより感染すると言われている。感染経路は風邪やインフルエンザと同じである。 (3)（間違いやすい）発疹チフスはリケッチアを病原体とする感染症である。

問題番号	解答番号	ワンポイント解説
45	(3)	次亜塩素酸ナトリウムは，細菌やウィルスには有効であるが<u>芽胞には無効である。</u> (1)（間違いやすい）手指消毒で一般的に用いられるのは，<u>アルコール</u>である。 (2)（間違いやすい）次亜塩素酸ナトリウム液の<u>適正濃度は 0.05% である。</u> (4)（間違いやすい）次亜塩素酸ナトリウムの<u>室内噴霧は厚生労働省 HP で，絶対に行わないで下さいとの注意がされている。</u> (5)（間違いやすい）次亜塩素酸ナトリウムは<u>有機物が多いと効力は減退する。</u>

令和3年度 2021年 2編 (21〜45) 建築物の環境衛生 問題解答試案

問題番号	解答番号	ワンポイント解説
21	(5)	人間は加齢によって外部刺激に対する適応力が弱くなる。ストレスに対して過剰あるいは過小な反応をする。また,反応が遅くなり,<u>エネルギー等を予備力として蓄えておく能力も低下する</u>。
22	(1)	<u>オゾンは化学的要因</u>である。環境の構成要因には,物理的要因,化学的要因,生物的要因,社会的要因の4つに分類される。
23	(5)	<u>不快指数 DI(Discomfort Index)</u>は夏期の蒸し暑さによる不快の程度を評価する指標である。<u>気温 Ta〔℃〕と湿球温度 Tw〔℃〕あるいは相対湿度 RH〔%〕から以下の式で算出される</u>。 DI = 0.72(Ta + Tw)+ 40.6 DI = 0.81Ta + 0.01RH(0.99Ta − 14.3)+ 46.3
24	(1)	身体の温度は,測定する部位と条件によりその値は大きく異なる。例えば,顔,躯幹,手,足等の身体表面の温度は,外表面の影響を受けやすく特に<u>気温が下がると部位差が拡大する</u>。
25	(3)	低温の環境では,人体からの熱放散量が増加するので体熱平衡を維持するために熱産出量も増加するが,これはふるえによる熱産出が主なものである。<u>高温の環境では,汗の分泌増加や血流量の増加で,代謝量はわずかに上昇する</u>。季節の影響については,日本人は基礎代謝が夏低く冬高く,年間の変動幅は約10%程度であるといわれている。 (2)(間違いやすい)蒸発は,水分が気化するときに潜熱(580 kcal/l)を奪う現象である。人体は,皮膚表面から常に水分が蒸発している。これを不感蒸泄(ふかんじょうせつ)と呼び,成人1日当たり約1,000 g 程度である。 (4)(間違いやすい)人間に影響を与える温熱環境要素は環境側として,<u>気温・湿度・風速・熱放射(平均放射温度)の4要素</u>,人体側として<u>活動状態(エネルギー代謝量)着衣量の2要素</u>,計6要素がある。
26	(3)	熱中症の中で<u>熱失神は軽症に分類され,皮膚血管の拡張により血圧が低下し,脳血流が減少して起こる一過性の意識障害</u>をいう。体温上昇のため中枢神経機能が異常をきたした<u>重症の状態を熱射病</u>と呼んでいる。

第2編　令和3年度

問題番号	解答番号	ワンポイント解説
27	(4)	DNA に傷を付け変異を起こさせる物質をイニシエータといい，細胞の増殖を促したり，活性酸素を増大させる要因は癌化を促進するので，プロモータと呼んでいる。癌細胞は増殖過程で多くの遺伝子変異を獲得し，増殖速度も速くなり，転移等を起こす悪性度の高い癌細胞に変化していく。これをプログレッションという。 　このような，イニシエータ，プローモータ，プログレッションという進展を多段階発癌という。 (1)（間違いやすい）人の癌の 3 分の 2 以上は，食事や喫煙等の生活環境にかかわる要因が原因とされている。35% が食事・栄養，30% が喫煙とされている。 (2)（間違いやすい）感染症も，食事や喫煙ほどではないが，人の癌の発癌要因となることがいわれている。
28	(1)	アスベスト（石綿）は，自然界に存在する繊維状の水和化したケイ酸塩鉱物の総称である。クリソタイル（温石綿），アモサイト（茶石綿），クラシドライト（青石綿）等がある。アスベストの使用は，試験研究を除き使用禁止である。肺癌に対してアスベストはプロモータとして働くと考えられ，また喫煙とアスベスト曝露の相乗効果が疫学的に示されている。
29	(3)	アレルゲンとはアレルギー疾患を持っている人の抗体と特異的に反応する抗原のことをいう。一方アレルゲンそのものではないが，多く摂取すると，アレルギー患者ではなくとも症状を悪化させ得ると考えられる物質を仮性アレルゲンと呼ぶ。鮮度の落ちた食材によってヒスタミン中毒などの食中毒を起こすことがある。したがって，ヒスタミンは仮性アレルゲンであって，アレルゲンには該当しない。
30	(2)	シックビル症候群の定義は ①　そのビルの居住者の 20% 以上が不快感に基づく症状を申し出る。 ②　それらの症状の原因〔因果関係〕は必ずしも明確でない。 ③　それらの症状のほとんどは該当ビルを離れると解消する。
31	(2)	(1) 医療機関における受動喫煙対策は健康増進法により，規定されている。 (2) 改正健康増進法により，喫煙専用室には，二十歳未満の者は立ち入れない旨の掲示が必要である。 (3) たばこ煙は，吸い口からの主流煙と，たばこが燃えている部分から直接空気中に立ち上る副流煙とに分類される。 (4) たばこ煙に含まれるニコチンやタールなどの発がん性物質は副流煙の方が主流煙より多い。 (5) 受動喫煙により，小児の呼吸器系疾患のリスクは増加する。
32	(1)	聴力とは各人の最小可聴値のことであり，オージオメータ（聴力検査機器）の基準音圧レベルを基準として測定される。基準音圧レベルを 0 dB として，各人の最小可聴値の，基準音圧レベルからの上昇分を，聴力レベル（単位 dB）という。プラスの値は基準値からの聴力の低下を，マイナスの値は基準値よりも聴力がよいことを意味する。

問題番号	解答番号	ワンポイント解説
33	(2)	ヒトの聴力は一般的に 20 歳前後が最もよく，加齢によって，<u>高い周波数（8,000 Hz 付近）から次第に低い周波数域に聴力の低下がみられる。これを加齢性難聴（老人性難聴）</u>という。
34	(3)	局所振動による障害にレイノー現象といわれる<u>指の末梢循環障害がある</u>。この問題は完全なひっかけ問題で，<u>末梢神経障害ではなく末梢循環障害である</u>。ほかの設問はすべて正しい。
35	(3)	<u>目の網膜にある視細胞</u>が光を検知し神経システムの電気的活動に変換して，脳が処理して知覚することになる。
36	(2)	ディスプレイのグレア防止には， ① ディスプレイの画面の位置，前後の傾き，左右の向き等を調整させること ② 反射防止型ディスプレイを用いること ③ <u>間接照明等のグレア防止照明器具を用いること</u>などがある。
37	(5)	紫外線の波長は 0.38 μm〜10 nm であり，可視光線は 0.78 μm〜0.38 μm であり，赤外線は 0.1 mm〜0.78 μm であり，<u>赤外線は可視光線より波長が長い</u>。
38	(4)	(1) 不妊は確定的影響かつ早期影響の放射線の影響である。 (2) 染色体異常は確率的影響かつ遺伝的影響である。 (3) 白血病は確率的影響かつ晩発影響である。 (4) <u>白内障は確定的影響かつ晩発影響である</u>。 (5) 甲状腺がんは確率的影響かつ晩発影響である。
39	(1)	通常の状態で，<u>水が最も多く排泄されるのは尿（1,400 mL／日人）で，次が皮膚からの蒸泄（600 mL／日人）</u>である。 (2) 成人の体内の水分量は，<u>体重の 50〜70%</u>である。 (3) 水分欠乏が<u>体重の 1%</u>で，喉の渇きを感じる。 (4) ヒトが最低限度の水分量は成人の場合，1 日当たり<u>約 1.5 L</u>である。 (5) <u>体液は細胞内液（体重の約 40%）と細胞外液（体重の約 20%）に分かれる</u>。 　細胞外液は血漿（約 5%）と組織間液（約 15%）に区分される。

問題番号	解答番号	ワンポイント解説
40	(4)	(1)（間違いやすい）ヒ素は健康影響の現れ方は曝露の経路によりことなり，経気道曝露では，呼吸器障害が顕著であるが，経口曝露によるものとして，体重減少，疲労などの全身症状のほか，色素沈着，角化，爪変化，ボーエン病などの皮膚障害や，末梢神経障害，血液障害，肝障害などの臓器障害を起こす。またヒ素とその化合物は人に対する発癌性が確認されている。これらの症状は<u>慢性ヒ素中毒</u>として知られている。 (2) <u>水俣病はメチル水銀</u>の環境汚染による慢性中毒である。 (3) カドミウムの水質汚濁に関する環境基準は<u>0.003 mg/L 以下</u>である。 (4) 水俣病は<u>アルキル水銀（メチル水銀）</u>が<u>生物学的濃縮（生物濃縮）</u>に引き起こされた事例である。 (5) <u>ベンゼン</u>は低濃度でも長期曝露によって，骨髄における造血機能が障害され，再生不良性貧血の原因となる。また，<u>発癌作用（白血病）が確認されており，経口曝露によって起こるものと考えられている。</u>
41	(4)	(2)（間違いやすい）建物の立入制限・封鎖，ならびに交通の制限が規定されているのは一類感染症であり，二類感染症の場合は制限されない。 (4) <u>積極的疫学調査は一類～五類まで実施されなくてはならない。</u>
42	(5)	(1) デング熱：四類感染症，蚊が媒体 (2) B型肝炎：血液（輸血，性交渉）が媒体 (3) ペスト：一類感染症，野生動物から直接感染，人と人との飛沫感染で伝染 (4) 日本脳炎：五類感染症，蚊が媒体 (5)（解説）<u>麻しん：五類感染症，空気感染，飛沫感染，接触感染で人と人に感染。その感染力は非常に強い</u>。免疫を持っていない人が感染すると100%発症し，一度感染して発症すると一生免疫が持続する。
43	(2)	(1) クリストスポリジウム症の病原体は<u>原虫</u>である。 (3) <u>塩素に抵抗性</u>がある原虫である。 (4) <u>レベル4が最もリスクが高い</u>。 (5) 発症は急性で，おびただしい水様の下痢，腹部けいれんを起こす。<u>症状は一般的に1～2週間続き</u>，その後軽減する。
44	(3)	Ag×0.05 = 10 L×0.1 g/L A = 20 g = 20 mL となる。
45	(5)	(1)（間違いやすい）γ線滅菌がある。 (2)（間違いやすい）ろ過滅菌がある。 (3)（間違いやすい）酸化エチレンガス滅菌がある。 (4)（間違いやすい）高圧蒸気滅菌がある。 (5) <u>紫外線消毒はあるが，滅菌ではない</u>。

令和２年度 2020年 2編（21～45） 建築物の環境衛生 問題解答試案

問題 番号	解答 番号	ワンポイント解説
21	(4)	<u>甲状腺は内分泌系</u>に属する。神経系には脳とか神経がある。
22	(5)	産熱機能は<u>基礎代謝の増進</u>などによって制御されている。放熱機能は，<u>呼吸，血液循環，皮下組織の熱遮断</u>等によって調整されている。
23	(5)	人体各部位の温度は直腸温が一番高く，足が一番低い。
24	(3)	WBGT（湿球黒球温度）は屋内では，<u>湿球と黒球の温度</u>で求めることができる。 **湿球黒球温度**：湿球黒球温度 WBGT（Wet Bulb Globe Temperature）は，米国の屋外軍事訓練時の熱中症予防のために作られた指標で，屋内外での暑熱作業時の暑熱ストレスを評価するために使用されている。<u>乾球温度（Ta），湿球温度（Tw）黒球温度（Tg）</u>から，求められる。 　屋外で太陽照射がある場合 　WBGT＝0.7 Tw＋0.2 Tg＋0.1 Ta 　屋内や屋外で太陽照射がない場合 　WBGT＝0.7 Tw＋0.3 Tg Tw：自然湿球温度[①]（℃），Tg：黒球温度（℃），Ta：気温（℃）
25	(2)	<u>快適感は核心温の影響を受け</u>低体温の場合は低い温熱刺激を不快に感じ，核心温が高い時には冷たい刺激を快適に感じる。
26	(4)	熱疲労は細胞外液の浸透圧の増加により，細胞内の<u>水分不足</u>が生じることで起きる。
27	(1)	低湿度では，風邪などの呼吸器疾患に罹患しやすくなる。
28	(4)	酸素濃度が18％未満である状態を「酸素欠乏（酸欠）」と定義している。10％以下の濃度になると，けいれんや意識障害などが生じる。

酸素濃度と影響の関係

濃度〔%〕	症状
17～16	呼吸・脈拍増加，めまい
15～14	労働困難になる。注意力・判断力の低下
11～10	呼吸困難になり，眠気を催し，動作が鈍くなる
10 以下	**けいれん，意識障害**
7～6	顔色が悪く，口唇は青紫色になり，感覚鈍重となり，知覚を失う。
4 以下	40秒以内に知覚を失い，卒倒する。

問題番号	解答番号	ワンポイント解説
29	(2)	二酸化炭素濃度が<u>1〜2%</u>になると，不快感を覚える。

二酸化炭素濃度と影響の関係

濃度〔%〕	症状
0.55 〔5500 ppm〕	6時間曝露で，症状なし
<u>1〜2</u>	**不快感が起こる**
<u>3〜4</u>	呼吸中枢が刺激され呼吸の増加，脈拍・血圧の上昇，**頭痛，めまい等の症状が現れる**
6	呼吸困難となる
7〜10	数分間で意識不明となり，チアノーゼが起こり死亡する。

問題番号	解答番号	ワンポイント解説
30	(4)	アスベストの健康障害はアスベスト製品製造工場の従業員に限らず，多くの分野でみられている。
31	(2)	ホルムアルデヒドは強い還元性を持つ。
32	(1)	レジオネラ属菌を含んだ直径5 μm以下のエアロゾルを吸引して起こるのは<u>気道感染症</u>である。ラドンの高濃度の被爆が続けば，肺がんのリスクが高くなる。
33	(1)	加齢に伴い，高い周波数から聴力低下が起きる。
34	(2)	振動の知覚は，皮膚，内臓，関節等，全身に分布する<u>知覚神経末端受容器</u>によりなされる。 環境要因として問題になる振動は，人体の**全身振動**と**局所振動**に大別される。 人体での振動の知覚は皮膚，内臓，関節など，ヒト全身に分布する<u>知覚神経末端受容器</u>によりなされる。全身振動の場合には，内耳の前庭器官，三半規管が加速度の知覚に関係している。
35	(3)	LEDは<u>指向性が強く拡散光が得にくい</u>。
36	(4)	ノート型パソコンの方が眼と肩の疲労の訴えが多い。
37	(3)	電気性眼炎は<u>紫外線</u>による生態影響である。
38	(5)	(1) γ線は，アルミニウム板は通過するが鉛や鉄の板で遮断される。中性子線は鉛や鉄の板を通過する。 (2) 放射線の人体に与える単位はSv（シーベルト）である。Bq（ベクレル）は放射線の強さの単位である。 (3) 放射線の健康影響には確定的影響と確率的影響があり，がんのように確率的影響には閾値が存在しない。 (4) 一人当たりの自然放射線世界平均，年間2.4 mSvであるが，胸のX線検査一回で被爆する線量は0.1 mSv以下である。

問題番号	解答番号	ワンポイント解説
39	(1)	被爆時間短縮は体外被曝防護の対策である。体内被曝の防御のためには，放射線物質の封じ込め，汚染対策が重要である。 　　放射線の線量管理は，体内曝露と体外曝露で対策は異なる 　　**体外被曝に対する防護3原則：a：距離を離す。b：遮蔽。c：被爆時間短縮** 　　**体内被曝の防御：a：放射性物質の封じ込め，b：汚染対策**
40	(4)	水分欠乏が体重の10〜12%になると，筋肉のけいれんが起きる。

水分の欠乏率と脱水症状

水分の欠乏率（%） （体重に対する概略値）	脱水症状
1%	喉の渇き
2%	強い渇き，ぼんやりする，重苦しい，食欲減退血液濃縮
4%	動きの鈍り，皮膚の紅潮化，いらいらする，疲労および嗜眠，感情鈍麻，吐気，感情不安定
6%	手足のふるえ，熱性抑うつ症，昏迷，頭痛，熱性こんぱい，体温上昇，脈拍・呼吸数の増加
8%	**呼吸困難，めまい，チアノーゼ[①]，言語不明瞭，疲労増加，精神錯乱**
10〜12%	**筋けいれん**，平衡機能失調，失神，舌の腫脹，譫妄および興奮状態，循環不全，血液濃縮および血液の減少，腎機能不全
15〜17%	皮膚目がしなびてくる，飲み込み困難，目の前が暗くなる，目がくぼむ，排尿痛，聴力損失，皮膚の感覚鈍化，舌がしびれる，眼瞼硬直
18%	皮膚のひび割れ，尿生成の停止
20%以上	死亡

問題番号	解答番号	ワンポイント解説
41	(2)	アニサキスは魚介類に寄生するもので，生鮮魚介類を食することで感染する。
42	(5)	フッ素は過剰摂取では，斑状歯や骨増殖，靭帯の骨化などの生態影響が知られる。 **フッ素は過剰摂取では，斑状歯（主に小児）や骨増殖・靭帯の骨化（主に成人）などの生体影響が知られる。**

問題番号	解答番号	ワ ン ポ イ ン ト 解 説
43	(4)	入院勧告は1類，2類のみで，3類での措置ではない。

感染症における疾病分類別の主な措置（感染症法）

	1類感染症	2類感染症	3類感染症	4類感染症	5類感染症
疾病名の規定方法	法律	法律	法律	政令	省令
擬似症患者への適用	○	○	×	×	×
無症状病原体保有者への適用	○	×	×	×	×
積極的疫学調査の実施	○	○	○	○	○
医師の届出	○（直ちに）	○（直ちに）	○（直ちに）	○（直ちに）	○（一部を除き7日以内）
獣医師の届出	○	○	○	○	×
健康診断の受診の勧告・実施	○	○	○	×	×
就業制限	○	○	○	×	×
入院の勧告・措置，移送	<u>○</u>	<u>○</u>	<u>**×**</u>	<u>**×**</u>	<u>**×**</u>
汚染された場所の消毒	○	○	○	○	×
ねずみ・昆虫等の駆除	○	○	○	○	×
汚染された物件の廃棄等	○	○	○	○	×
死体の移動制限	○	○	○	×	×
生活用水の使用制限	○	○	○	×	×
建築物の立入制限・封鎖	○	×	×	×	×
交通の制限	○	×	×	×	×
動物の輸入禁止・輸入検疫	○	○	○	○	×

問題番号	解答番号	ワ ン ポ イ ン ト 解 説
44	(5)	クリプトスポリジウムは塩素に抵抗性を持つ原虫であり，塩素消毒だけでは対策としては不十分である。
45	(5)	次亜塩素酸ナトリウムは芽胞には効果がない。

令和元年度 2019年 2編（21〜45）　建築物の環境衛生　問題解答試案

問題番号	解答番号	ワンポイント解説
21	(3)	環境基本法の中で環境基準として「政府は，大気の汚染，水質の汚染，土壌の汚染及び騒音に係る環境上の条件について，それぞれ，<u>人の健康</u>を保護し，及び<u>生活環境</u>を保全する上で維持されることが望ましい基準を定めるものとする」（第16条）と規定されている。
22	(4)	集団の反応率と有害物への曝露量の関係を<u>量−反応関係</u>という。
23	(1)	発汗反応は，<u>自律性体温調節</u>の一つの反応である。
24	(3)	熱に順化していない人はWBGT基準値を低く設定する必要がある。<u>熱への順化期間を設ける場合は7日以上かけて熱の曝露</u>を次第に長くするとよい。
25	(2)	日本人の基礎代謝は<u>夏低く，冬高く</u>，年間の変動幅は約10%程度といわれている。
26	(2)	熱失神は，皮膚血管の拡張により<u>血圧が低下</u>し，脳血流が減少して起こる一過性の意識障害をいう。
27	(3)	シックビル症候群の<u>原因物質は同定されていない</u>。
28	(4)	気管支喘息の原因となるアレルゲンは室内に存在する<u>ハウスダスト</u>やその成分でもあるヒョウヒダニ属が最も多い。
29	(5)	有機物の粒子が原因となり，喫煙との関係は薄い。
30	(1)	慢性閉塞性肺疾患は肺気腫と慢性気管支炎の2疾患を指す。喫煙は慢性閉塞性肺疾患の主な原因であり，<u>80〜90%を占める</u>。
31	(5)	聴力の正常な人では，<u>4000 Hz付近</u>の最小可聴値が，他の周波数の音と比べて敏感である。
32	(5)	(1) 杆体細胞は暗い時に働きやすい。 (2) 暗順応は，完全に順応するのに40分以上かかる。 (3) 杆体細胞は錐体細胞の約500倍の感光度をもっている。 (4) 杆体細胞は錐体細胞の約20倍存在する。
33	(4)	指示，<u>誘導は青</u>である。
34	—	現在，規則改正でディスプレイの照度基準がなくなったので，この問題は成立しない。
35	(2)	慢性曝露で<u>白内障</u>を発症する。
36	(4)	<u>脱毛</u>は<u>早期影響</u>である。
37	(1)	<u>赤外線</u>は<u>非電離放射線</u>である。
38	(3)	成人の場合で，1日最低でも，<u>0.4〜0.5 L</u>の尿排泄が必要であり，不可避尿といわれる。
39	(5)	カドミウムの経口摂取で，低分子蛋白尿などの症状を示す。

第2編　令和元年度

問題番号	解答番号	ワ ン ポ イ ン ト 解 説
40	(2)	全シアン，アルキル水銀，<u>PCB</u> が検出されないことが決められている。
41	(1)	(2) カンジダ症（真菌）(3) A 型肝炎（ウイルス）(4) クリプトスポリジウム症（原虫）(5) デング熱（ウイルス）
42	(5)	ワクチンの接種は<u>宿主の**抵抗力の向上**</u>であり，感染経路対策ではない。
43	(1)	エボラ出血熱は<u>**1 類感染症**</u>で，建物の立入り制限が適用される。
44	(3)	消毒用エタノールは<u>**70%** が**至適濃度**</u>である。
45	(4)	100 mL×0.06＝6 mL→6000 mg 6000 mg÷30 L＝200 mg/L

令和5年度 2023年 3編（46～90） 空気環境の調整 問題解答試案

問題番号	解答番号	ワンポイント解説
46	(5)	J/(g・K) 質量1gの物質の温度を1K上げるのに必要な熱量
47	(4)	q＝θ/R より q＝単位面積当たりの熱流量［W/m²］ θ＝壁の内外の温度差＝20℃ R＝熱還流抵抗［m²・K/W］ R＝1/室外側熱伝達率＋A部材熱伝導抵抗＋B部材熱伝導抵抗＋1/室内側熱伝達率 A部材熱伝導抵抗＝0.14［m］/1.4［W/(m・K)］＝0.1［m²・K/W］ B部材熱伝導抵抗＝0.05［m］/0.2［W/(m・K)］＝0.25［m²・K/W］ R＝1/20［W/(m²・K)］＋0.1［W/m2］＋0.25［W/m²］＋1/10［W/(m²・K)］＝ 　　0.05＋0.1＋.0.25＋0.1＝0.5［m²・K/W］ q＝θ/R＝20［K］/0.5［m²・K/W］＝40［W/m²］ ＊熱貫流抵抗は熱貫流率の逆数である。 　熱貫流抵抗と熱貫流率を間違えないように
48	(5)	比エンタルピーが同じ湿り空気では，温度が高い方が絶対湿度は<u>低い</u>。
49	(2)	個体を流れる熱流は，温度勾配に熱伝導<u>率</u>を乗じて求められる。
50	(5)	温度が0℃の個体表面は，放射率に関わらず熱放射<u>する</u>。
51	(1)	連続の式（質量保存の法則）はダクト中の流体の<u>密度</u>，断面積，流速の積が一定となる事を意味する。
52	(3)	開口部①と②両方の開口面積を2倍にすると，換気量は，<u>2倍</u>になる。
53	(1)	混合換気（混合方式の換気）は，<u>室内に供給する清浄空気と　室内の空気を混合し，希釈する方式である</u>。＊この設問は床吹き空調方式である。
54	(1)	通過風量を求める式は， Q＝αA√2 ⊿P/ρ Q＝通過風量 α＝流体係数，A開口面積　→　相当開口面積：ア ⊿P＝開口部前後の圧力差　　　　　　　：ウ ρ＝空気の密度［kg/m³］　　　　　　　：イ
55	(4)	一酸化炭素発生量　0.0004 m³/h/本より 15本×0.0004 m³/h/本＝0.006 m³/h 6 ppm＝0.000006 0.000006－0＝0.000006 0.0060 m³/h/0.000006＝<u>1000 m³/h</u>
56	(3)	理論排ガス量とは，燃料が完全燃焼<u>させたときに発生される</u>廃ガス量のことである。
57	(1)	単位時間当たりに室内に取り入れる外気量を室内容積で除したものを換気<u>回数</u>という。
58	(2)	電荷をもつ粒子の電気移動度は，粒子の移動速度と電界強度<u>で除した値</u>ある。
59	(4)	分散設置空気熱源ヒートポンプ方式では，圧縮機の<u>インバーター</u>制御主流である。

第3編　令和5年度

問題番号	解答番号	ワ ン ポ イ ン ト 解 説
60	(4)	d＝吹出口：イ a＝外気：オ b＝混合：エ c＝冷却コイル出口：ア **d＝吹出口：イ** e＝室内空気：ウ
61	(1)	定風量単一ダクト方式　―　**CAV** ユニット
62	(3)	絶対湿度とは，湿り空気中の**乾燥空気 1 kg と共存している水蒸気の質量**である。
63	(3)	暖房時に水噴霧加湿を用いる場合，給気温度は加湿前の温水コイルの出口温度**より低く**なる。
64	(5)	排熱回収**もできる**。
65	(1)	鋳鉄製ボイラは，高温・高圧の蒸気の発生に適**さない**。
66	(2)	オゾン層破壊係数 R11　　　　1.0 R32　　　　**0** R123　　　0.02 R717　　　0 R744　　　0
67	(1)	地域冷暖房システムは，地域内の建物や施設（需要家）**に対し熱源装置の集約化，大型化により**効率的に熱需要に対応する方式である。
68	(3)	静止型は，回転型よりも目詰まりを起こし**やすい**。
69	(1)	**密閉**型冷却塔は通風抵抗が大きいため，**開放**型冷却塔よりも大きな送風動力が必要である。
70	(2)	ターミナルエアハンドリングユニットは，熱交換器，制御機器，送風機等の必要機器が一体化された空調機である。
71	(3)	**水噴霧方式**加湿器では，水中に含まれる微生物の放出により空気質が悪化することがある。
72	(2)	**斜流**式送風機では，空気が軸方向から入り，軸方向に対し傾斜して通り抜ける。
73	(5)	**スパイラル**ダクトは，**丸**ダクトに比べて，はぜにより高い強度が得られる。
74	(2)	ノズル型吹出口は，拡散角度が**小さく**到達距離が**長い**。
75	(5)	蒸気トラップは，**蒸気還管の蒸気と凝縮水の分離に用いられ，蒸気還管に蒸気が流入するのを防止する**。
76	(3)	導入した外気は直膨コイル**を通過**後に加湿される。
77	(3)	デジタル粉じん計は，粉じんによる散乱光の**量**により相対濃度を測定しる。
78	(2)	超音波風速計は，超音波の**伝搬**時間と気流の関係を利用している。
79	(2)	単位は，**ppm**
80	(2)	二酸化炭素の測定には，**検知管法**がる。

問題番号	解答番号	ワ ン ポ イ ン ト 解 説
81	(5)	<u>吸光光度法</u>
82	(5)	建築物衛生管理基準に基づき，空気調和設備内に設けられた排水受けは，<u>1か</u>月以内ごとに1回，定期<u>的</u>にその汚れ及び閉塞の状況を点検し，必要に応じて，清掃等を行うこと。
83	(4)	空気調和機から発生した音が隔壁の隙間などから透過してくる音は，<u>空気伝搬音</u>である。
84	(5)	低周波数の全身振動よりも高周波数の方が感じ<u>にくい</u>。
85	(3)	騒音レベル80 dDと騒音レベル86 dDの差は，6 dBである 一般に同騒音レベルの合成騒音は，3 dD上昇と言われている。 4〜9 dBの差では，1 dD上昇よって<u>約87 dB</u>
86	(2)	外部騒音が同じ場合，<u>録音スタジオの方がコンサートホール・オペラハウス</u>より高い遮音性が求められる。
87	(3)	色温度が高くなると光色は<u>赤→黄→白→青</u>と変わる。
88	(5)	必要照度＝750 lx　ランプ1本当たりの光束＝3,000 [lm] 面積100 m² なのでランプ1灯分の純水な照度は，3,000 [lm]/100 [m²] ＝30 [lx] 照明率＝0.6　保守率0.75よりランプ1灯分の照度は，30 [lx] ×0.6×0.75＝13.5 [lx] 必要な灯数は750 [lx]/13.5 [lx] ＝55.5灯　→　<u>56灯</u>
89	(2)	コードペンダントは，<u>部分照明器具であり分類に入らない</u>。
90	(3)	BCPは，<u>事業継続計画であり，該当しない</u>。

令和4年度 2022年　3編（46～90）　空気環境の調整　問題解答試案

問題番号	解答番号	ワンポイント解説
46	(3)	密度が大きい材料ほど，一般に熱伝導率は小さ**大き**くなる
47	(4)	絶対湿度が上昇すると，露点温度は低下**上昇**する
48	(1)	白色ペイントは，光ったアルミ箔よりも長波長放射率が小さ**大きい**。
49	(2)	下記計算結果　22℃　より 壁材料の熱通過は，下記計算式で表される。 　　Qt ＝ A・K・⊿t 　　Qt ＝ 熱通過熱量〔W〕＝ 1,620〔W〕　　室内で加熱された熱量 A ＝ 面積〔m²〕＝ 3 m × 3 m × 6 面 ＝ 54〔m²〕 熱貫流抵抗＝ 0.4〔m²・K〕/ W K ＝ 熱通過率〔W/m²・K〕＝ 1/熱貫流抵抗〔m²・K/W〕＝ 1/0.4〔W/m²・K〕＝ 2.5〔W/m²・K〕 ⊿t ＝ Qt/ A・K ＝ 1,620〔W〕/54〔m²〕× 2.5〔W/m²・K〕＝ 12℃ ⊿t ＝（外気温度 to℃ － 室内温度 tr℃） 室内温度 tr℃〔K〕＝ 外気温度 to℃〔K〕＋ ⊿t〔K〕＝ 10℃〔K〕＋ 12℃〔K〕＝ 22℃
50	(4)	風力による換気力は，開口部の風圧係数に比例して増加する。
51	(3)	合流，分岐のないダクト中を進む気流の速度は，断面積に**反**比例する。
52	(1)	ア：速度　　イ：静圧　　ウ：高さ
53	(2)	空気環境管理項目の中で，気流は不適格率が**低い**項目の一つである
54	(3)	第**3**種換気は，自然給気口と機械排気による換気である。
55	(5)	オゾンの建築物内での発生源は，**コピー機**等である。
56	(1)	ア（常温で無色の刺激を有する気体である）　　イ（ヒトに対して発がん性がある）
57	(3)	**円等価径** 　　物理相当径：空気力学径，ストークス径，光散乱径，電気移動度径
58	(1)	オフィスビル内のアレルゲンの大部分は**空気中を浮遊しているカビ，花粉やダニ**などである。
59	(5)	タバコ煙　0.07～0.5 μm より
60	(5)	新鮮外気量の確保は**外気処理用空調機**で対応する。
61	(1)	壁体からの通過熱負荷　顕熱負荷 （2）人体による室内発熱負荷　　　　　顕熱負荷**と潜熱負荷** （3）ガラス窓からの通過日射熱負荷　　顕熱負荷 （4）外気負荷　　　　　　　　　　　　顕熱負荷**と潜熱負荷** （5）照明による室内発熱負荷　　　　　顕熱負荷
62	(1)	ア　蒸気加湿　　顕熱＋潜熱が加わるため，右斜め上方に状態変化する。

問題番号	解答番号	ワンポイント解説
63	(5)	空気熱源ヒートポンプは，<u>暖房</u>時にデフロスト運転（除霜運転）のより効率低下が発生することがある。 ＊注　水熱源ヒートポンプ方式のパッケージ空調機は，圧縮機が室内機に内蔵されている。
64	(2)	乾球温度　22℃－0＝22℃　22℃×3/5＝13.2〔℃〕 　　　比エンタルピ（4〔kj/kg（DA）〕×2＋39〔kj/kg（DA）〕×3）/5＝<u>25〔kj/kg（DA）〕</u>
65	(3)	除湿において，デシカントロータ通過前後で外気の乾球温度は<u>上昇</u>する
66	(5)	冷凍サイクルでは圧縮機，<u>凝縮器，</u>膨張弁，蒸発器の順に冷媒が循環する。
67	(3)	HFC（ハイドロフルオロカーボン）は，オゾン破壊係数（ODP）<u>は物質により違いがあ</u>る。
68	(1)	コージェネレーション方式は，電力需要を主として運転する**場合は，空気調和その他の熱需要に追従できない場合がある。**
69	(5)	密閉型冷却塔は，水と空気が 間接 熱交換となるため，通風抵抗と送風機動力が 増加 する。また，冷却水の散布水系統の保有水量は開放型に比べて 少ない 。 ＊密閉型冷却塔は，水と空気　→　密閉型冷却塔は，**冷却水**と空気　が適切な表現
70	(2)	ファンコイルユニット　　<u>送風機</u>
71	(1)	<u>静止</u>型全熱交換器は，仕切り板の伝熱性と透湿性により給排気間の全熱交換を行う。
72	(5)	電極式は**タンク内の電極間に通電させ，ジュール熱によって蒸気を発しさせる，水に電気を通電するため不純物が溶存していることが必要である。** ＊注　透湿膜式は，透湿膜から気化して加湿するため不純物質は放出されない。
73	(1)	(2) 軸流吹出口の吹き出し気流は，拡散角度が<u>小さく</u>，到達距離が<u>長い</u>のが特徴である。 (3) 線状吹出口は，主に<u>ペリメータ</u>ゾーンの熱負荷処理用として設置されることが多い。 (4) 面状吹出口は，放射冷暖房用の効果が期待でき<u>る</u>。 (5) 線状吹出口は，吹出し方向を調整でき<u>る</u>。
74	(4)	ア：風力　　イ：圧力　　ウ：ダンパ
75	(2)	ULPAフィルタは，定格風量で粒径が<u>0.15 µm</u> の粒子に対する粒子捕集率で規定されている。 ＊注　ULPAフィルタは，0.1 µm 対象のクリーンルームで使用されることがあるため注意が必要。 　　　定格風量で粒径が 0.3 µm 対象は HEPA フィルタである。
76	(2)	高温水配管は，<u>120℃～180℃</u> である
77	(3)	サージング　　<u>流量を絞って運転することによる，脈動や振動，騒音が発生すること。</u>
78	(4)	臭気　　<u>ppm</u>
79	(2)	**物理相当径**
80	(3)	**放射線**　　シンチレーションカウンタ
81	(2)	<u>事後</u>保全とは，故障発生時に，他の部分への影響を防止するため，当該部分を速やかに修復する方法である。

第3編　令和4年度

問題番号	解答番号	ワンポイント解説
82	(4)	夏季冷房時の室内温度の上昇　　外気量の**増大**
83	(2)	**遮音**　　壁などで音を遮断して，透過する音のエネルギーを小さくすること。
84	(5)	空気調和設備による振動は，**連続**的かつ**周期的**に発生する。
85	(3)	下記の計算より 56.99 dB より（3）である 　L_1 ＝音源質の音圧レベル〔dB〕＝80〔dB〕 　L_2 ＝受音室の平均音圧レベル〔dB〕　　今回求める音圧レベル 　TL ＝隔壁の音響透過損失〔dB〕＝20〔dB〕 　　　　下記の式が成り立つ 　$L_1 - L_2$ ＝TL＋$10 \log_{10} A_2/Sw$ 　A_2 ＝透過吸音面積（吸音力）$20\,m^2$ 　Sw ＝音の透過する隔壁の面積 $10\,m^2$ 　$10 \log_{10} A_2/Sw = 10 \log \times 20\,m^2/10\,m^2 = 10 \log_{10} \times 2 = 10 \times 0.3010 = 3.010$ 　$L_2 = 80$〔dB〕$-$（20＋3.010）〔dB〕＝56.99〔dB〕
86	(4)	下記文章より（4）正答である 軽量床衝撃音は，\boxed{食器を落とした} ときに発生し，\boxed{高周波数域} に主な成分が含む。対策としては \boxed{柔らかな床仕上げ材} が効果的である。
87	(2)	対象となる騒音・振動を測定するには，暗騒音・暗振動が**小さい**時間帯に実施することが望ましい。
88	(1)	照度　　単位**面積**当たりに入射する光束
89	(4)	点光源から発する光による照度は，光源の距離に**比例**する
90	(5)	下記計算より 87,000 lx　（5）となる。 太陽高度 60° より法線照度と水平照度の比は sin60° となるため，sin60°＝0.8667 より， 　100,000 lx×0.8667＝86,670 lx　≒　87,000 lx

令和3年度 2021年 3編（46〜90） 空気環境の調整 問題解答試案

問題番号	解答番号	ワンポイント解説
46	(3)	乾球温度22℃，相対湿度60%の空気が表面温度 <u>14℃</u> の窓ガラスに触れると結露する。 露点温度以下になると結露するため，乾球温度22℃，相対湿度60%の露点温度は，14℃である。空気線図上，乾球温度22℃，相対湿度60%をプロットし絶対湿度一定状態の相対湿度100%のところが露点温度である。
47	(2)	暖房時の壁体の内部や表面での結露を防止するには壁体内において，水蒸気圧の <u>高い</u> 側に <u>湿気伝導率</u> の低い <u>防湿層</u> を受けることが有効である。 暖房時においては室内側の水蒸気分圧が高く，外部側の水蒸気分圧が低い。
48	(1)	白っぽい材料は，長波長放射率が高く日射吸収率は低い，黒っぽい材料は長波長放射率が高く日射吸収率が高い，光った材料は長波長放射率が低めである。 白色プラスター：長波長放射率が高く，日射吸収率が低い アスファルト：長波長放射率が高く，日射吸収率が高い 光ったアルミ箔：長波長放射率が低く，日射吸収率が低い 新しい亜鉛鉄板：長波長放射率が低くめで，日射吸収率が高めである 以上より（1）が最も適当である。
49	(5)	A，B，C部材のなかで，材料間を移動する単位面積当たりの熱流量は同じである。
50	(5)	通常の窓の流量係数は約 <u>0.6〜0.7</u> である。
51	(2)	直線ダクトの圧力損失は風速の二乗に比例する。
52	(3)	1時間に <u>新鮮空気（外気）</u> 量を部屋の容積で除した <u>回数</u> を換気回数という。
53	(3)	$1\,\text{ppm} = 1 \times 10^{-6}$ $Q = M/(C-Co)$ $Q =$ 必要換気量 $M =$ 汚染物質の発生量（二酸化炭素）：$16\,人 \times 0.018\,\text{m}^3/\text{h} = 0.288\,\text{m}^3/\text{h}$ $C =$ 室内（二酸化炭素）許容濃度 $1,000\,\text{ppm}$ $[\text{m}^3/\text{m}^3]$ $Co =$ 外気（二酸化炭素）濃度 $400\,\text{ppm}$ $[\text{m}^3/\text{m}^3]$ $Q = 0.288\,\text{m}^3/\text{h}/(1,000 \times 10^{-6} - 400 \times 10^{-6}) = 0.288\,\text{m}^3/\text{h}/(0.001 - 0.0004) = 480\,\text{m}^3/\text{h}$ 室内の二酸化炭素の建築物環境衛生管理基準値は $1,000\,\text{ppm}$ である。
54	(4)	コンクリートは，ホルムアルデヒドは発生しない。
55	(5)	(5) フェノブカルブ— <u>防蟻剤，殺虫剤，シロアリ駆除した建材</u> (1)（間違いやすい）タバコの煙にはアセトアルデヒドが含まれている。
56	(5)	第3種換気は，<u>機械排気と自然給気口</u> による換気をいう。
57	(3)	イ <u>抵抗係数</u> ウ 気流に <u>垂直</u> な <u>平行面</u> への沈着速度 以上よりアとエが正しく（3）が適当である。

第3編　令和3年度

問題番号	解答番号	ワンポイント解説
58	(1)	ウイルスは建材表面で増殖することはない。ウイルスは生きている細胞中でしか増殖できない。
59	(5)	(1) 中央式の空気調和設備と異なり，熱源設備は必要ない。 (2) 圧縮機の駆動は，電力，ガスエンジン，灯油エンジンなどを用いている。 (3) 通常は外気処理機能を設けていない。 (4) ビル用マルチパッケージは，ON-OFF 制御やインバータ制御等により，圧縮機の容量制御を行うのが主流である。
60	(1)	BEMS：Building Energy Management System と呼ばれる総合的なビル管理システムの導入が進んでいる。一方， HEMS：Home Energy Management Service は，家庭内で使用するエネルギー節減の管理システムである。
61	(5)	躯体蓄熱システムにより蓄熱槽や熱源機器の容量が提言されるが，氷蓄熱に比べ，熱損失が 大きく，蓄熱投入熱量比率が 小さい。また，放熱時の熱量制御は 困難 である。
62	(5)	(5) 冷水コイルによる冷却除湿では，コイル出口における空気の相対湿度は冷水コイルのバイパスファクターがあるため 100% とはならない。 (1) 水噴霧加湿は，等エンタルピ上を移動する。 (2) 室内熱負荷には，外気の隙間風や在室人員からの汗等からの水分の潜熱負荷がある，この分を見込んだ，絶対湿度の低い空気を送り込まなければならない。 (3) 温水コイル加熱は，水分加湿が加わらないため絶対湿度は変化しない。 (4) 直線状の還気と外気の風量比点となる。
63	(3)	冷水コイルによる除去熱量の潜熱分は $(A-C)$ $(h_A - h_C)$，顕熱分は $(C-B)$ $(h_C - h_B)$
64	(2)	変風量単一ダクト方式は，定風量単一ダクト方式と比較して空気質確保には不利である。
65	(3)	吸収式冷凍機に都市ガスを使用する場合は，特別な運転資格は必要ない。 ＊灯油炊きの場合は，危険物取扱資格が必要。
66	(1)	地域冷暖房システムでは，個別熱源システムに比べて，一般に環境負荷は減少する。
67	(1)	圧力が一番高く，比エンタルピが一番高い点は，アである
68	(2)	蓄熱システムにおける潜熱利用蓄熱体として，氷，無機水和塩類が用いられる。
69	(3)	開放型冷却塔は，密閉型冷却塔に比べ送風機動力が減少する。
70	(5)	(5) 超音波式ー水噴霧方式 超音波式は，超音波振動子により水を霧化し噴霧する。 (2) (間違いやすい) 電極式は電極版を加熱し蒸気を発生し加湿源としている。 (3) (間違いやすい) パン型はパン内（皿状）に電気シーズヒータを挿入し，加熱し蒸気を発生加湿源としている。

問題番号	解答番号	ワンポイント解説
71	(2)	エアハンドリングユニットは，冷却，加熱のための熱源を内蔵して<u>いない</u>空調機である。
72	(4)	防火ダンパに関して，ヒューズ型の溶解温度は， 一般換気用　72℃　　厨房用　120℃　　排煙用　280℃
73	(5)	(5) グラフの横軸に送風機の風量，縦軸に送風機静圧を表した送風機<u>抵抗曲線</u>は，原点を通る二次曲線となる。 (2) （間違いやすい）シロッコファンは，多翼送風機で遠心力を利用している。
74	(3)	<u>アネモ型吹出し口</u>は，誘引効果が高いので，均一度の高い温度分布が得やすい。
75	(4)	一般に HEPA フィルタの圧力損失は，一般空調用フィルタのそれと比較して<u>大きい</u>。
76	(5)	キャビテーションとは，<u>流体が流動しているときに，ある部分における圧力がそのときの液体温度に相当する蒸気圧力以下になると，その部分で液体は局部的な蒸発を起こして気泡を発生すること。</u>
77	(4)	(4) ヒートポンプデシカント調湿型外気処理装置は，暖房時において効果的な相対湿度の維持管理が期<u>できない</u>。 ヒートポンプデシカント調湿型外気処理装置の加湿源となるのは，外気の絶対湿度の低い水分と在室者の人体潜熱発水分の水分のみである。 (2) （間違いやすい）全熱交換器は，排気と外気との顕熱，潜熱の熱交換機能のみで室内冷暖房負荷の処理機能はない。 (3) （間違いやすい）外気処理ユニット（外調機）は，外気を室内の温湿度条件まで処理する空調機である。
78	(2)	1分間当たりの相対濃度は，$90/3＝30$ カウント/分，バックグランドは $60/10＝6$ カウント/分なので，実際の粉じん量は $30－6＝24$ カウント/分となる。感度が1分間当たり1カウント $0.001\,mg/m^3$ なので，24 カウント×$0.001\,mg/m^3＝0.024\,mg/m^3$ これに較正係数1.3のため，$0.024\,mg/m^3×1.3＝0.0312\,mg/m^3$
79	(1)	アスベスト－<u>f/cm^3</u> CFU/m^3：浮遊細菌，浮遊真菌の個数 Colony Forming Unit
80	(2)	サーミスター温度計は，<u>金属の温度による電気抵抗値変化を</u>利用している。
81	(2)	(2) DNPH カートリッジは，オゾンによる<u>負</u>の妨害を受ける。 簡易測定法のアクティブ法には， 検知管法（電動ポンプ式），定電位電解法（DNPH 干渉フィルタ法），光電光度法（試験紙），燃料電池法，光電光法（AHMT 試験紙），化学発光法，吸光光度法（拡散スクラバー法）がある。
82	(4)	TVOC（Total VOC）を測定する装置では，<u>方法によっては各 VOC への感度が異なる</u>。

第3編　令和3年度

問題番号	解答番号	ワンポイント解説
83	(1)	加湿装置使用開始時および使用期間中の<u>一月</u>（1カ月）以内ごとに1回，定期にその汚れの状況を点検し，必要に応じて清掃などを行う。（建築物衛生法施行規則第三条18項三号）
84	(2)	対象音と暗騒音のレベル差が15dBより<u>小さい</u>場合は，暗騒音による影響の除去が必要である。 　　＊音速Cは　　C＝331.5 m/s＋0.6 t 　　　t＝温度
85	(2)	(2) 吸音率－入射音響エネルギーに対する<u>透過および吸収</u>エネルギーの割合 (5) （間違いやすい）パワーレベル：音源の音響出力をデシベル尺度で表したもの PWL＝10 log$_{10}$（W/Wo） W＝音源の音響出力［Watt］　　　　Wo＝音響出力の基準値［10^{-12} Watt］
86	(3)	点音源の場合，音源からの距離が2倍になると約 $\boxed{6}$ dB，距離が10倍になると約 $\boxed{20}$ dB 音圧レベルが減衰する。線音源の場合，音源からの距離が2倍となると約 $\boxed{3}$ dB，10倍になると約 $\boxed{10}$ dB 音圧レベルが減衰する。
87	(4)	床衝撃音に関する遮音等級のLr値は，値が<u>小さい</u>方が，遮音性能が高いことを表す。
88	(4)	(4) 直接昼光率は，直接日光による照度の影響を受け<u>ない</u>。 　　直接昼光率 Dd＝πMgRφ 　　π＝窓ガラスの透過率 　　Mg＝汚れ等によるガラスの透過率の劣化割合を示す維持率 　　R＝採光面積から枠等を除いた透明部の有効面積の比率 　　φ＝窓の<u>立体角投影率</u> 　　以上から，直接日光による照度の影響は含まれない。 (2) （間違いやすい）色温度は晴天の青空で12,000［K］　曇天の空で7,000［K］ 　白熱球（100 W）2,850［K］。 (3) （間違いやすい）特に明るい日（薄曇り，雲の多い晴天）で全天空照度50,000［Lx］，快晴の晴天で全天空照度10,000［Lx］。
89	(1)	光度は，単位立体角当たりから放出される $\boxed{光束}$ である。光度の単位は，通常，$\boxed{cd}$ と表わされる。さらに，光度を観測方向から見た，見かけの面積で割った値が $\boxed{輝度}$ である。
90	(4)	照度E［Lx：ルクス］＝光束F［Lm：ルーメン］/受光面積［m^2］ 光束F［Lm：ルーメン］＝照度E［Lx：ルクス］×受光面積［m^2］＝450×3^2＝4,050［Lm：ルーメン］ 点光源直下1.0 mの場合 照度E［Lx：ルクス］＝4,050［Lm：ルーメン］/1^2〔m^2〕＝4,050［Lm：ルーメン］

令和２年度 2020年　3編（46〜90）　空気環境の調整　問題解答試案

問題番号	解答番号	ワンポイント解説
46	(1)	輝度の単位は cd/m^2
47	(5)	室外側⇒室内側
48	(1)	放射による熱量の移動は壁間の温度差に比例し，その比例係数を放射熱伝達率という。材料の色は日射吸収率に影響する。
49	(3)	通常の窓の流量係数は 0.6 から 0.7，流量係数が 1 を超えることはない。
50	(2)	風力による換気力は風圧係数の差に比例して増加する。従って，換気量は風圧係数の差の平方根に比例して増加する。
51	(1)	吹き出し気流と比較すると，吸い込み気流の影響は遠方には及ばない
52	(5)	第2種機械換気は，給気ファンと自然排気を利用した換気システムで，汚染室には不向きである。
53	(4)	加湿器の位置が，空調機加熱コイルの後ろに設置するのは正しい。
54	(5)	浮遊粉塵濃度の不適率は 0 から 1% と少ない。
55	(1)	アセトアルデヒドは主に木材から発生する。
56	(4)	室内の二酸化炭素の濃度を 900 ppm に維持しているが，外気には 400 ppm のため，室内の人によって発生した二酸化炭素濃度は 900 ppm − 400 ppm = 500 ppm（0.05%）　になる。 また，一人当たりの二酸化炭素発生量は 0.025 $[m^3/h]$ なので，8 人在室していると部屋全体の二酸化炭素発生量は 0.20 $[m^3/h]$ になる。この 0.20 $[m^3/h]$ が空気全体の 0.05%（=0.0005）なので，換気量は $0.20 \div 0.0005 = 400\ [m^3/h]$　となる。
57	(4)	最初に，ホルムアルデヒドの分子量 M を計算する。 HCHO = 1 + 12 + 1 + 16 = 30　である。 次に，計算式が与えられているので，与式に数値を代入すると， $Cmg/m^3 = Cppm \times M/22.41 \times 273/(273+t)$ $= 0.04 \times 30/22.41 \times 273/(273+20) = 0.0499\ mg$　となる。
58	(3)	浮遊細菌濃度は浮遊真菌濃度より多い。
59	(2)	比例⇒反比例
60	(5)	水蒸気分圧と露点温度は平行線なので，相対湿度は求められない。
61	(1)	図-A は，空調機で加熱加湿された後の空調用送気である。
62	(2)	電動機駆動ヒートポンプは，水熱源方式と空気熱源方式がある。
63	(4)	個別の建築物では，熱源機器のスペースが不要になる。
64	(1)	2 つの空気を混合した場合，混合量の多いほうの状態に近くなる。

問題番号	解答番号	ワンポイント解説
65	(5)	潜熱顕熱分離空調システムには，吸収式除湿方式（デシカント空調など）がある。
66	(2)	熱源機器の容量は小さくできる。
67	(5)	図中，吸収器を出た冷却水←が，凝縮器に入って→再度利用される経路の線が繋がっていないのに注意。
68	(2)	ボイラ（含む貫流ボイラ）は，容量，ゲージ圧力等によって，資格者が必要となる。
69	(3)	開放型冷却塔は，密閉型冷却塔より大きな送風機動力が必要である。
70	(1)	多管式熱交換器はｕ字菅式，全固定式，遊動頭式がある。
71	(5)	エアハンドリングユニットは，熱源を持たない。
72	(3)	吸収式除湿方式はデシカント空調方式が有名である。
73	(2)	送風機の特性曲線は，送風機の種類によって特徴のある曲線を示すが，抵抗曲線は原点を通る２次曲線である。
74	(3)	鋼板製ダクトの長方形ダクトの接続には，アングルフランジや共板フランジを使用する。
75	(4)	軸流吹出口の吹出気流は到達距離が長い。
76	(1)	電気集じん機は，静電式集じん機である。
77	(4)	架橋ポリエチレン管の最高使用温度は95℃以下である。
78	(4)	グローブ温度計の値は平均放射温度におおむね比例する。
79	(3)	花粉の測定は，標準的な測定方法となっているダーラム法だが，環境省では，自動花粉センサーによる測定法に順次移行している。微生物の測定法には，培地法がある。
80	(1)	アスベストの測定→赤外線吸収スペクトル法
81	(5)	パック剤は，錠剤等の固形剤を水槽下部に定期的に投入し，訳注の効果を求める。
82	(4)	ある騒音環境下で，対象とする特定の音以外の音を暗騒音という。
83	(2)	重量床衝撃音は，衝撃源自体の衝撃力低周波数域に主な成分を含む。
84	(3)	1台の騒音レベルをLA（dB），6台の騒音レベルをL_B（dB）とすると $L_B = 10 \log_{10}\left[(B \times 6)/A\right]$ $= 10 \log_{10}(B/A) + 10 \log_{10}(2 \times 3)$ $= 10 \log_{10}(B/A) + 10\ (0.3010 + 0.4771)$ $= 73 + 10(0.3010 + 0.4771) = 73 + 3.01 + 4.771 \fallingdotseq 81$
85	(2)	ポンプに接続された配管系で発生する騒音は，固体伝播音である。
86	(2)	事務所の維持照度と，製図作業の維持照度は同じである。
87	(3)	発光ダイオードは，電界発光である。

問題番号	解答番号	ワ　ン　ポ　イ　ン　ト　解　説
88	(4)	必要な照度は $2{,}000\,\text{lx} \div 50\,\text{m}^2 = 40\ [\text{lx}]$ 照明率と保守率を加味すると，ランプ一灯に必要な照度は $40 \times 0.6 \times 0.7 = 16.8\,\text{lx}$ 必要な灯数は $500 \div 16.8 = 29.7\ 灯$
89	(1)	建築化照明とは，建築物として天井や壁に組み込んだ照明である。
90	(5)	空調・換気のパーソナル化は，従来の空調・換気方式に対してタスク域（実際の作業域）とアンビエント域（周辺の区域）とを分けて空調・換気を行う方式である。

令和元年度 2019年　3編（46〜90）　空気環境の調整　問題解答試案

問題番号	解答番号	ワンポイント解説
46	(5)	内断熱の場合，内部結露を防止するため防湿層は断熱層の室内側に設ける。
47	(5)	光ったアルミ箔の長周波放射率と日射吸収率は，共に 0.1 程度。
48	(3)	通過熱流 = 面積（m^2）× 温度差（K）÷ 熱還流抵抗（$m^2 \cdot K/W$） = $8 \times (20-(-5)) \div 2 = 100$ [W]
49	(1)	同じ材料でも内部に水分を含むほど，熱伝導率は大きくなる。
50	(4)	位置圧は，高さに比例する。
51	(2)	換気量は，開口部の風力係数の差の平行根に比例する。
52	(2)	暖房時は，天井部に暖かい空気が滞留しないように吹出しを行う。
53	(2)	非喫煙場所から喫煙場所方向に一定の空気の流れ（0.2 m/s 以上）を提案している。
54	(3)	トルエンは，揮発性有機化合物（VOCs）の一種であり，揮発性有機化合物は厚生労働省により室内濃度指針値が定められている。
55	(4)	必要換気量 = 在室者 1 人当たりの CO_2 発生量 × 在室者数 ÷（室内二酸化炭素許容値 − 外気 CO_2 濃度） = $0.022 \times 6 \div (1000 \times 10^{-6} - 400 \times 10^{-6}) = 220$ [m^3/h]
56	(2)	Cppm = C mg/m^3 × 22.41/M ×（273 + t）/273 = $0.08 \times 22.41/30 \times (273+20)/273 = 0.064$ [ppm]
57	(2)	ウイルスは病原微生物であり，カビや藻などの環境微生物ではない。
58	(5)	ウイルス 0.01 μm
59	(3)	外気負荷は，室内負荷には含まれない。
60	(1)	比エンタルピー：（50×2+68）÷3 = 56 [kJ//kg（DA）] 絶対湿度：（0.01×2+0.016）÷3 = 0.012 [kg/kg（DA）]
61	(2)	湿り空気を加熱しても，露点温度は変わらない。
62	(2)	吸着式冷凍機は，低温の温水（65℃〜100℃）を利用して冷水をつくることができるが，吸収式冷凍機よりは成績係数は低い。
63	(3)	定風量単一ダクト方式は，新鮮空気量が確保しやすい。
64	(5)	膨張弁は蒸気圧縮式冷凍機で使用される。
65	(4)	自然冷媒冷凍機は，通常の冷媒よりも高い圧縮比で使用される。
66	(3)	R32（新冷媒）はオゾン層破壊係数が 0 である。
67	(3)	加湿器は，加熱コイルの下流側に設置する。
68	(1)	回転型は，目詰まりが起きにくい。
69	(3)	水噴霧式は，給水中の不純物を放出する。

第3編　令和元年度

問題番号	解答番号	ワ　ン　ポ　イ　ン　ト　解　説
70	(5)	厨房用防火ダンパーの温度フューズ熔解温度は，一般に <u>120℃</u> である。
71	(1)	斜流式送風機は，空気が羽根車の軸方向から入り，<u>軸に対して斜めに通り抜ける。</u>
72	(5)	ここで言う丸ダクトとは，スパイラルダクトと製法を区分けしていて，平板を軸と並行に丸めたダクトのことを言っている。
73	(4)	ろ過式は，各種フィルターの種類によって，<u>粒子捕囚率が分かれる。</u>
74	(1)	伸縮継手は配管の<u>伸縮膨張を吸収</u>する。
75	(4)	第2種機械換気方式は，<u>排気口及び送風機</u>により構成される。
76	(5)	外気処理専用パッケージ型空調機は，給排気のバランスを<u>取りやすい。</u>
77	(4)	グローブ温度計は，気流の影響を受けるので，気流変動の大きな場所での測定に<u>適していない。</u>
78	(1)	紫外線吸収法はオゾンの測定には採用されるが，<u>酸素の測定はできない。</u>
79	(3)	オゾン濃度の単位は ppm
80	(5)	光散乱法は，浮遊粉塵等の測定として利用する。
81	(3)	パッシブ法は，厚生労働省が定めた「室内空気測定のガイドライン」において，標準的な方法として選定されているものではない。
82	(1)	冷却塔及び冷却水の清掃は<u>1年以内ごとに</u>1回定期に清掃を行う。
83	(4)	複数の断面仕様の異なる部材で構成される壁の透過損失は，<u>最も透過損失の小さい構成部材</u>の値を用いる。
84	(2)	風による建物の振動は，風の性質や建築物の形状によって，<u>不規則になったり，周期的になったりする。</u>
85	(4)	点音源で距離が2倍になると6dB減衰する。
86	(2)	光度は単位立体角当たりから放出される光束。
87	(5)	天窓は天頂からの天空光を，ほぼ鉛直に取り入れることができ，側窓よりも<u>昼光率が高まる。</u>
88	(4)	水平面照度＝法線面照度（80,000 lx）×cos 30° ＝80,000×0.866＝69,280 ［lx］
89	(1)	照明器具の保守率（M）＝光源の設計光束維持率（Ml）×<u>清掃間隔に応じた照明器具の設計光束維持率（Md）</u>
90	(1)	ふく流吹出口は，他の吹き出し口より，誘引効果が大きいため，均一度が高くなる。

令和5年度 2023年　4編（91〜105）　建築物の構造概論　問題解答試案

問題番号	解答番号	ワンポイント解説
91	(2)	CASBEE の評価対象は，①エネルギー消費，②資源循環，③地域環境，④室内環境の4分野である。火災安全は含まれない。
92	(3)	環境基本法で定義されている公害は，大気の汚染，水質の汚濁，土壌の汚染，騒音，振動，地盤の沈下および悪臭によって，人の健康または生活環境に係る被害が生じることとしている。内水氾濫による都市型洪水は含まれない。
93	(1)	セメントペーストは，セメントと水だけを混ぜてペースト状にしたものを言い，これに砂を混ぜた状態をモルタル，さらに砂利や小石を骨材として加えたものがコンクリートである。
94	(5)	鋼材の炭素量が増すと，一般に溶接性は<u>低下</u>する。
95	(2)	教室の床の構造計算をする場合の積載荷重（2300 N/m²）は，事務室（2900 N/m²）より<u>小さい</u>。 (5)（間違いやすい）風圧力は，動的な荷重であるが，構造計算では通常，静的な荷重として扱い，速度圧に風力係数を乗じて計算する。
96	(5)	木材の含水率は，木材中に含まれている水分の質量の，木材のみの質量（絶乾質量）に対する割合である。 (2)（間違いやすい）LVL（Laminated Veneer Lumber）は，乾燥させた単板を何層も重ねることによって，強度低下の要因となる「節」を分散でき，強度のばらつきの少ない安定した強度の構造材となる。
97	(2)	受変電設備の容量は，建築物内部の電気設備の負荷合計に<u>利用率</u>を乗じて求める。 (4)（間違いやすい）コイルの中に電流を通すと，磁性を現して磁力を発生する。磁力を持つ空間を磁界と言い，磁界の強さ（磁束密度）は，電流の強さとコイルの巻き数との積に比例する。
98	(4)	二基以上の非常用エレベータを設置する場合，避難上および消火上有効な間隔を保って配置しなければならない。
99	(2)	落雷から建築物を守るため，高さ<u>20 m</u>を超える建築物，危険物貯蔵庫，火薬庫には，避雷設備を設置することが建築基準法および消防法等で義務付けられている。
100	(3)	減光係数は，<u>煙濃度</u>の定量的評価に用いられる指標である。
101	(4)	気象庁震度階級は，地震の揺れの強さを示す指標であり，<u>10</u>階級に分類される。
102	(1)	(2) 連結散水設備は，消火設備とは異なり，「消火活動上必要な施設」の一つで，火災が発生した場合，煙や熱が充満することによって<u>消防活動が難しくなることが予想される地下街や地下階に設置される設備</u>である。 (3) 建築物の軒の高さが地盤面から70 mを超える建築物にはブースターポンプを<u>設置しなければならない</u>。 (4) 屋内消火栓設備には1号消火栓と2号消火栓があり，工場・倉庫では<u>1号消火栓が</u>設置される。 (5) 各種消火器の消火能力を表す能力単位は，<u>消火器の消火薬剤の種類や大きさに応じた消火能力を示したもの</u>である。

問題番号	解答番号	ワンポイント解説
103	(3)	指定数量以上の危険物がある防火対象物では，防火管理業務について権原を有する者は，防火管理者を定め，防火管理上必要な業務を行わせなければならないとしている。危険物の安全対策において，危険物取扱者の役割は重要であるが，施設全体の安全は，防火管理者等と協議の上，消防計画の中にあらかじめ対策が盛り込まれて初めて達成する。
104	(1)	床面積とは，建築物の各階またはその一部で壁その他の区画の<u>中心線</u>で囲まれた部分の水平投影面積のことである。
105	(2)	BIM とは，Building Information Modeling の略称で，3次元の建物のデジタルモデルに様々な属性データを追加した建築物のデータベースを設計，施工，維持管理を通じて活用するワークフローのことを指す場合もある。

第4編　令和5年度

令和4年度 2022年 　4編（91〜105）　建築物の構造概論　問題解答試案

問題番号	解答番号	ワンポイント解説
91	(3)	(3) 屋上緑化は，建築物の屋上部分を樹木，多年草等で植栽することであり，市街地風とは関連がない。 (1) （間違いやすい）フレキシビリティは，変化に対する柔軟性や融通性を意味し，建築においては，用途や機能の変化，間取りの変化などに対応可能なことを指すことが多い。
92	(4)	(4) ダウンドラフトは，煙突から排出される煙の排出速度が小さい場合，煙はあまり上昇せず，風下にある建造物の後ろで生じる渦に巻き込まれて降下し，高濃度の汚染物質が建築物付近に滞留する現象をいう。
93	(4)	(4) 展開図は，各室の内部壁面の詳細を北から時計回りに描いた図である。設問は，透視図（パース）の説明である。
94	(1)	(1) 基礎の構造計算をする場合の積載荷重は，床の構造計算をする場合の積載荷重より小さく設定されている。 (3) （間違いやすい）片持ち梁のスパンの中央に集中荷重が作用する場合，中央から先端までは，曲げ変形が生じないので，曲げモーメントは生じない。
95	(5)	(5) 層間変計角は，各階の層間変位をその層の高さで除した値である。 (4) （間違いやすい）耐震改修には，構造躯体のほか，仕上げ材や設備機器等の非構造部材の耐震性向上も重要である。
96	(1)	(1) 鋼材の降伏比は，降伏強さの引張強さに対する割合をいう。
97	(2)	(2) 断熱材料には，熱伝導率が低いことが必要である。グラスウールは，無機繊維系断熱材の一つで細いガラス繊維が絡み合って作る連続空気室が熱の移動をしにくくすることで断熱性能を発揮するものである。
98	(4)	(4) 施工管理とは，建設工事の現場技術者を指揮監督し，工事全体を管理することである。設問は，工事監理のことである。
99	(3)	(3) 非常用エレベーターの設置義務は，建築基準法によって定められている。
100	(2)	(2) 消音ボックス
101	(1)	(1) 不活性ガス消火設備は，主として，電気室・通信機器室・ボイラー室等に設置される。
102	(3)	(3) 防火管理者は，消防法により学校・病院・工場・百貨店等，多数の者が出入・勤務・所住する防火対象物において，火災予防のために必要な業務を推進する責任者のことである。地震被害の軽減が主目的ではない。
103	(5)	(5) 建築物の高さ制限は，絶対高さ制限・道路からの高さ制限・隣地境界からの高さ制限・北側からの高さ制限・日影による中高層建築物の高さ制限がある。相対高さ制限は規定されていない。

問題番号	解答番号	ワ ン ポ イ ン ト 解 説
104	(3) (5)	(1) 事務所は，「特殊建築物」に該当しない。 (2) 鉄道線路敷地内の跨線橋は，「建築物」に該当しない。 (4) 駅舎のプラットホーム上家は，「建築物」に該当しない。 (5) （間違いやすい）床は，主要構造部ではあるが，「構造耐力上主要な部分」に該当しない。床版は，「構造耐力上主要な部分」に該当する。しかしながら，今回は，(5) も正答になった。
105	(3)	(3) 設備ライフサイクルとは，設備の計画・設計・製作・運用・保全を経て，廃却または再利用までを含めたすべての段階および期間，と JIS で定義されている。

50

問題番号	解答番号	ワンポイント解説
91	(4)	(4) 夏至の日の南壁面の日積算日射量は，低緯度に位置する那覇の方が東京より小さい。 (2)（間違いやすい）直射日光は変動が激しく，光源として利用できないばかりか，有害になることもある。このため，採光計画では，直射日光を遮へいし，天空光を光源として扱う。
92	(4)	(4) 建築士法で定義されている設計図書には，施工図は含まれない。 (1)（間違いやすい）仕様書は，図面では表すことができない点を文章や数値等で表現するもので，図面と同様に重要なもので，設計図書に含まれる。
93	(5)	直接土に接する床において，鉄筋に対するコンクリートのかぶり厚さは，6 cm 以上としなければならない。
94	(1)	降伏比の大きい鋼材は，靭性が乏しい。
95	(3)	(3) 片持ち梁の先端に集中荷重の作用する梁のせん断力は，全長にわたり一定である。 (1)（間違いやすい）地震力を計算する場合，住宅の居室の積載荷重は 600 N/m²，事務室の積載荷重は 800 N/m² である。
96	—	正答となる選択肢が無いため「解答なし」です。 (1) 免震構造では，ダンパーを用いて振動エネルギーを吸収し，振動を小さくする。アイソレーターは，地盤から建築物を絶縁する部材，機構等のことをいう。 (4) コールドジョイントとは，先に打設したコンクリートと後から打ち込んだコンクリートが一体化せず不連続な面が生じることである。打設時間の間隔が長くなるほど生じやすい。
97	(5)	(5) 木材の強度は，年輪の接線方向，幹の半径方向（放射軸），繊維方向（幹軸）の順に大きくなる。 (4)（間違いやすい）鋼材の引張試験において，元の長さを L，伸びた変形量（伸び）を ΔL とすると，ΔL/L をひずみという。破断した時の伸びを破断伸びという。破断伸びは，百分率［％］で表すこともある。
98	(3)	(3) 金属工事は，仕上げ工事に分類される。 (5)（間違いやすい）公共工事では，建築工事と設備工事を分離して発注する分離発注方式が基本であるが，民間工事では一括発注方式が多く，やや疑問が残る設問である。
99	(2)	建築設備に電力を送るケーブルの許容電流値は，配線用遮断器の定格電流値よりも大きくする。
100	(3)	専用駐車場・車庫は，駐車場法の適用を受けない駐車場である。

問題番号	解答番号	ワ ン ポ イ ン ト 解 説
101	(1)	発熱量の表し方として，水蒸気の潜熱を含む場合の発熱量を高位発熱量（高発熱量，総発熱量）といい，含まない場合を低位発熱量（低発熱量，真発熱量）という。低位発熱量は，高位発熱量の 90% 程度である。
102	(2)	排煙設備の給気機の外気取入口は，<u>地上付近に設置し</u>，排煙口からの煙を吸い込まないようにする。
103	(3)	延焼おそれのある部分とは，<u>隣接する建築物等が火災になったとき，延焼する可能性の高い部分</u>で，<u>隣地境界線</u>（あるいは道路中心線または建築物相互の各外壁中心線）<u>から，1 階では 3 m 以下，2 階以上では 5 m 以下の距離にある部分</u>をいう。
104	(2)	移転とは，<u>同一敷地内での位置の変更をいう。</u>別の敷地への移動は，その敷地での新築または増築と扱われる。
105	(4)	タスク・アンビエント空調とは，居住者が長く滞在するタスク域と比較的滞在時間が短いアンビエント域に分けて空調を行い，<u>タスク域を効率的に空調することにより全体として省エネを図ろうとするもの</u>である。

令和2年度 2020年 4編（91〜105） 建築物の構造概論　問題解答試案

問題番号	解答番号	ワンポイント解説
91	(3)	UV-A，UV-B，UV-C と称される紫外線のうち，波長が最も短いのは UV-C である。UV-A の波長は 320〜400nm，UV-B の波長は 280〜320nm，UV-C の波長は 100〜280nm である。
92	(3)	(1) 構造設計一級建築士の資格を取得するには，原則として一級建築士として5年以上構造設計の業務に従事した後，国土交通大臣の登録を受けた登録講習機関が行う講習の課程を修了することが必要である。 (2) 木造建築士が設計，工事監理を行うことができるのは，①階数2階以下，②延べ面積 300 m^2 以下の建物である。 (4) 建築設備士とは，建築士の求めに対し，建築設備の設計，工事監理に関する適切なアドバイスを行える建築士法に基づく国家資格である。 (5) 工事監理とは，その者の責任として，工事を設計図書と照合し，その通りに施工されていることを確認することである。
93	(2)	砂質地盤の長期に生じる力に対する許容応力度は，粘土質地盤より大きい。
94	(2)	梁に使用される H 形鋼のフランジは，主に曲げモーメントに対して抵抗する。主にせん断力に対して抵抗するのはウェブである。
95	(1)	等分布荷重の作用する単純梁のせん断力は，梁端部で最も大きい。梁中央では零になる。
96	(5)	構造設計に用いる鋼材の許容応力度は，基準強度（降伏点と引張強さの 70% のうちの小さい方）で規定される。
97	(4)	トタンは，鋼板に亜鉛めっきをしたものである。すずめっきをしたものはブリキである。
98	(1)	木工事は，躯体工事に分類される。
99	(2)	(1) 常時遠隔監視・管理が行われているエレベーターであっても，所有者による特定行政庁への定期報告は必要である。 (3) 分散電源システムとは，電力供給の方法の一つであり，小規模な電力発電装置を消費地の近くに設置して電力の供給を行うものである。太陽光発電や風力発電などがその代表例である。 (4) 建築物の不動産価値を評価するデューディリジェンスにおいては，建物の躯体・設備の現況と同様に，維持管理状態や稼働状況の記録も重要である。 (5) ESCO 事業のシェアード・セービング方式とは，ESCO 事業者が事業資金を調達する方式であり，顧客が事業資金を調達する方式は，ギャランティード・セービング方式である。
100	(4)	乗用エレベーターには，火災時に避難階まで自動運転する管制運転装置を備える必要がある。

第 4 編　令和 2 年度

問題番号	解答番号	ワンポイント解説
101	(3)	火勢は，窓などの開口部が大きいほど，建物内部の可燃物量が多いほど激しくなる。
102	(5)	高層ビルの避難計画では，2 以上の避難階段は，できるだけ離して配置するのが望ましい。
103	(2)	アクティブセンサーとは，赤外線ビームを発射し，そのビームを反射したり，遮ったりした物体を検出する防犯センサーである。問題文は，パッシブセンサーのことである。
104	(1)	消防法における特定防火対象物にあっては，消防用設備等の設置および維持に関する規定は，既存建築物にも遡及される。
105	(5)	CASBEE とは，建築物の環境性能評価システムのことである。

令和元年度 2019年 4編（91〜105） 建築物の構造概論 問題解答試案

問題番号	解答番号	ワンポイント解説
91	(4)	ストリートキャニオンは，熱や汚染物質の拡散能力が<u>低く</u>，市街地の中でも局所的に最悪な環境になる危険性が高い。
92	(5)	日影曲線は，地面に垂直に立てた棒でできる太陽の影の先端が1日の間に動いていく軌跡の曲線である。<u>冬至の日に限定していない</u>。日影規制に関わる日影図は，影が一番長くなる冬至の日で描く。
93	(1)	樹木の緑葉の日射反射率は，コンクリートに比べて小さい。
94	(5)	建築士法で，建築物の建築工事の実施のために必要な図面（<u>現寸図その他これに類するものを除く。</u>）及び仕様書を設計図書と定義している。
95	(2)	沖積層は，比較的新しい地層で，その地耐力は，第三紀層に比べて<u>小さい</u>。
96	(5)	等分布荷重の作用する片持支持梁のせん断力は，<u>固定端</u>で最も大きくなる。
97	(2)	建築材料の密度は，鋼材（7.85）＞アルミニウム（2.7）＞コンクリート（2.3〜2.4）＞合板（0.5〜0.65）である。
98	(1)	木材の気乾状態の含水率は，<u>15%</u>程度である。
99	(2)	(1) ガス漏れ時には電気のスイッチの点滅も着火源となるため禁止する。 (3) 地震後，ガスのマイコンメータの復帰ボタンを押し，一定時間経過後，赤いランプの点滅が消えたことを確認し，ガスの使用を行う。 (4) 土中埋設部から建築物にガス管を引き込む際，絶縁継手を設置する。これは，電位差により埋設配管が電気的に腐食することを防ぐためである。 (5) LPガス容器は，常時40℃以下の直射日光の当たらない場所に設置する。
100	(1)	「非常用の照明装置」は，停電を伴った災害発生時に安全に避難するための設備で，<u>建築基準法</u>により，設置場所・構造が定められている。
101	(4)	エレベータには，地震時に直ちに<u>最寄り階</u>に停止させ，かつ，かごの出入口の戸及び昇降路の出入口の戸を開くことなどができることとする安全装置の設置が義務付けられている。
102	(3)	(1) 煙感知器は，感知器周辺の空気に一定以上の煙が含まれているときに火災の感知をするものであり，熱感知器に比べ，火災の初期に起きやすい，くん焼火災の早期感知に適している。 (2) 差動式熱感知器は，感知器の周辺温度上昇率が一定以上になったときに作動する。 (4) ハロゲン化物消火設備は，負触媒作用による優れた消火効果があるが，地球環境問題からハロゲン化物がフロンとともにオゾン層破壊の要因とされ，平成6年以降生産中止となった。 (5) 排煙設備は，消防法施行令に定めるところの消防の用に供する設備に含まれていない。消防の用に供する設備は，消火設備・警報設備・避難設備である。

問題番号	解答番号	ワ ン ポ イ ン ト 解 説
103	(3)	建築物の構造上重要でない間仕切壁の過半の模様替えは，<u>大規模の模様替えにはならない</u>。
104	(3)	建築基準法に規定される建築設備は，建築物と一体となって機能する設備で，電気・ガス・給水・排水・換気・暖房・冷房・消火・排煙・汚物処理の設備・煙突・昇降機・避雷針をいう。
105	(4)	<u>特定行政庁</u>は，建築基準法の規定または許可に違反した建築物または建築物の敷地について，建築主・工事の請負人・所有者等に工事の停止・建築物の除去・移転・使用制限等違反を是正するために必要な措置を命ずることができる。

令和5年度 2023年　5編（106～140）　給水及び排水の管理　問題解答試案

問題番号	解答番号	ワンポイント解説
106	(1)	バルキングとは，<u>糸状性細菌が増加することで沈殿しにくくなる現象をいう。</u>一方，排水槽の底部に沈殿した固形物や油脂等が集まったものは，<u>汚泥である。</u> したがって，（1）の組み合わせが不適当である。 (2)（間違いやすい）自己サイホン作用－排水が器具排水管内を満流で流れるときに，サイホンの原理によってトラップ内の封水が引かれ，残留封水が少なくなる現象
107	(3)	白濁水は，<u>蛇口から水道水を勢いよく出すと蛇口の内部が負圧となり，蛇口の上部から空気を吸い込むため，それが細かな気泡となって白く見えることがある現象である。</u>一方，<u>銅イオンの溶出での着色障害は，青い水である。</u> したがって，（3）の組み合わせが不適当である。 (2)（間違いやすい）バイオフィルム－微生物により形成された粘着性物質
108	(5)	配水池の必要容量は，計画1日最大給水量の<u>12時間分</u>を標準とする。 (4)（間違いやすい）送水施設は，浄水施設から配水施設まで浄水を送るための施設である。
109	(4)	鉛及びその化合物の基準値は，<u>0.01 mg/L 以下</u>である。 (3)（間違いやすい）総トリハロメタンの基準値は，0.1 mg/L 以下である。
110	(3)	FRP貯水槽は，耐震などの機械的強度が<u>低い</u>ため耐震補強が必要である。 (5)（間違いやすい）木製貯水槽は，断熱性に優れていて，結露しにくい。
111	(2)	ウォータハンマ防止器は，急閉に伴う水の慣性で管内に衝撃と高水圧が発生するのを防止するため，<u>急閉止弁の直近上流</u>の場所に設ける。 (3)（間違いやすい）貯水槽の流入管は，ボールタップや電極棒の液面制御に支障がないように，波立ち防止策講じる。
112	(3)	事務所における1日当たりの設計給水量は，<u>60～100 L/人</u>である。建物の利用人員から設計給水量を求める場合は，一般的には，過去のデータを解析した空気調和・衛生工学便覧の建物種別単位給水量・使用人員・人員一覧から求め，<u>節水器具を使用する場合等の情報は考慮しない。</u> (4)（間違いやすい）給水配管の管径は，管内の流速が0.9～1.2 m/sとなる適正流速で選定するが，ウォータハンマを考慮して2.0 m/s以下となるように選定する。
113	(4)	硬質ポリ塩化ビニル管は，<u>TS接合（接着接合）</u>である。一方，融着接合は，接着接合ができない樹脂管用で，<u>電気融着は架橋ポリエチレン管，熱融着はポリブテン管である。</u> (5)（間違いやすい）架橋ポリエチレン管－メカニカル形接合
114	(5)	清掃終了時の水質検査における濁度の基準は，<u>2度以下</u>である。 (4)（間違いやすい）消毒後の水洗い及び水張りは，消毒終了後少なくとも30分以上経過してから行う。
115	(2)	給水ポンプの軸受部がグランドパッキンの場合は，水滴が<u>0.5 mL/s 程度</u>であることを確認する。一方，水滴が摘下していないことを確認するのは，<u>メカニカルシールの場合</u>である。 (3)（間違いやすい）管更生工法の一つに合成樹脂ライニング工法がある。

第5編 令和5年度

問題番号	解答番号	ワンポイント解説
116	(2)	耐熱性硬質ポリ塩化ビニル管の線膨張係数（60〜80×10⁻⁶）は，ポリブテン管の線膨張係（120〜150×10⁻⁶）より<u>小さい</u>。 (4)（間違いやすい）返湯管の管径は，給湯循環ポンプの循環量から決定するが，一般には給湯管の管径の半分程度である。
117	(4)	中央式給湯方式の循環ポンプは，連続運転とせず，<u>給湯返り管</u>の温度が低下した場合に作動させる。 (5)（間違いやすい）排水からの熱回収する場合，熱交換器の腐食などによる湯の汚染を防止するために間接熱交換とする。
118	(3)	事務所用途の建築物における1日当たりの設計給湯量は，<u>7〜10 L/人程度</u>である。 (4)（間違いやすい）耐熱性硬質塩化ビニルライニング鋼管の使用温度は，85℃である。
119	(4)	フェライト系ステンレス鋼のSUS444製の貯湯槽は，応力腐食割れを起こしにくいので，<u>電気防食は必要ない</u>。一方，電気防食を施さなくてはならないのは，オーステナイト系ステンレス鋼の<u>SUS304</u>の場合である。 (2)（間違いやすい）加熱装置から逃がし管を立ち上げる場合は，水を供給する高置水槽の水面より高く立ち上げる。
120	(2)	ポンプの循環流量は，加熱装置における給湯温度と返湯温度との差（一般には5℃）に<u>反比例し</u>，循環配管からの熱損失に比例する。 (5)（間違いやすい）ポンプで脈動による騒音・振動が発生した場合，フレキシブルジョイント挿入では効果がないので対応として，ポンプの吐出し側にサイレンサなどを設置する。
121	(1)	第一種圧力容器の自主検査は，<u>1カ月以内</u>ごとに1回である。 したがって，(1)の組み合わせが不適当である。 (5)（間違いやすい）給湯配管類の管洗浄−1年に1回以上
122	(3)	給湯水の流量を調整するために，流量調整が容易にできる<u>玉形弁</u>を使用する。 (1)（間違いやすい）中央式給湯方式においては，加熱により残留塩素が消滅する場合があるため，その水質には留意する。
123	(3)	広域循環方式は，下水の終末処理場で処理された再生水を供給する方式であるので，下水道に流す排水量は変わらない。一方，個別循環方式は，下水道に流す排水量が減る。したがって，広域循環方式は，個別循環方式に比べて下水道への排水量は増加する。 (5)（間違いやすい）雑用水は，火災時における非常用水の減水として利用することができる。
124	(5)	消毒槽においては，<u>再利用水中の遊離残留塩素の保持と確認</u>をする。一方，フロック形成状態が最良であることを確認するのは，<u>凝集処理装置の管理項目である</u>。 (3)（間違いやすい）活性炭処理装置においては，通水速度を適正に保持する。
125	(4)	雑用水の水質基準項目に，塩化物イオンはない。 (5)（間違いやすい）濁度−2度以下であること。
126	(1)	全窒素は，<u>無機性窒素（アンモニウム態窒素（NH₄-N），亜硝酸態窒素（NO₂-N），硝酸態窒素（NO₃-N））と有機性窒素も含めた全ての窒素の総和</u>である。 (2)（間違いやすい）浮遊物質（SS）は，試料を孔径1μmのグラスファイバろ紙でろ過し，蒸発乾燥したろ紙上の重量で表す。

第5編　令和5年度

問題番号	解答番号	ワンポイント解説
127	(4)	わんトラップは，<u>非サイホントラップに分類される</u>。一方，サイホントラップに分類されるのは，Sトラップ，Pトラップ，Uトラップである。 したがって，(4) の組み合わせが不適当である。 (2)（間違いやすい）雨水とラップ－ルーフドレンからの悪臭の防止
128	(5)	管径125 mmの排水横管の最小勾配は，<u>1/150</u>である。一方，1/200の勾配は，<u>管径150～300 mm</u>の場合である。 (3)（間違いやすい）飲料用水槽においては，いかなる管径であっても排水管に設ける排水口空間は，最小150 mmとする。
129	(3)	結合通気管は，<u>排水立て管から分岐して立ち上げ，通気立て管へ接続する逃がし通気管をいい，</u>排水立て管内の圧力を緩和する。一方，通気立て管と排水横枝管の間に設ける通気管は，<u>ループ通気管である。</u> (4)（間違いやすい）通気立て管の下部は，排水立て管に接続されている最低位の排水横枝管より低い位置で，排水立て管から取り出す。
130	(2)	掃除口の口径は，排水管の口径が125 mmの場合は<u>100 mm以上</u>とする。 (4)（間違いやすい）敷地排水管の直管が長い場合，排水ますは管内径の120倍を超えない範囲に設置する。
131	(5)	汚物ポンプの最小口径は<u>80 mm</u>とする。一方，最小口径が40 mmは，<u>汚水ポンプである</u>。 (2)（間違いやすい）排水槽のマンホールは，排水水中ポンプ又はフート弁の直上に設ける。
132	(4)	トラップが組み込まれていない阻集器には，その<u>出口側</u>にトラップを設け，排水管からの臭気の防止等を行う。 (1)（間違いやすい）自然流下式の排水枝管の勾配は，管内流速が0.6～1.5 m/sになるように設ける。
133	(3)	ウォータラム法は，空気式洗浄方法ともいい，<u>圧縮空気を一気に放出してその衝撃で閉塞物を除去する方法である</u>。一方，洗浄ノズルから高圧の水を噴射し，噴射力を利用して排水管内を洗浄する方式は，<u>高圧洗浄法である</u>。 (5)（間違いやすい）排水管内部の腐食状況の診断には，内視鏡以外に超音波厚さ計などが用いられる。
134	(2)	グリース阻集器では，<u>1か月に1回程度</u>，槽内の底部，壁面等に付着したグリースや沈殿物を除去する。 (1)（間違いやすい）排水水中ポンプのメカニカルシールの交換は，1～2年に1回程度行う。
135	(1)	大便器洗浄弁の必要水圧は，<u>70 kPa</u>である。 (5)（間違いやすい）大便器の洗浄水量は，JIS A 5207において，Ⅰ形は8.5 L以下と区分されている。
136	(5)	使用頻度の高い公衆便所用小便器の排水トラップは，詰まりのおそれが高いので，すぐに対処できる<u>カセット型の着脱式</u>のものが適している。一方，便器一体型は，<u>一般の標準の小便器の排水トラップである</u>。 (3)（間違いやすい）小便器のリップの高さは，床面からあふれ縁までの垂直距離をいう。

問題番号	解答番号	ワンポイント解説
137	(1)	放流水の水質は，20 mg/L 以下である（環境省関係浄化槽法施行規則第一条の二　放流水の水質の技術上の基準）。 (2)（間違いやすい）30 mg/L 以下
138	(4)	MLSS は，唯一活性汚泥法の点検項目の一つで，ばっ気槽混合液の浮遊物質をいう。生物膜法の一種である接触ばっ気槽の点検項目は，水温，pH，ばっ気部分の発砲状態及び生物膜の付着状況である。 (2)（間違いやすい）pH
139	(1)	レジオネラ症防止対策で，入浴施設の打たせ湯には，循環している浴槽水は<u>用いてはならない</u>。 (3)（間違いやすい）プール水の消毒設備には，塩素剤に加えてオゾン消毒や紫外線消毒を併用する例がある。
140	(2)	泡消火設備は，消火剤による<u>窒息作用や冷却作用</u>を主とした消火方法である。一方，負触媒採用を主とした消火方法は，<u>粉末消火</u>である (4)（間違いやすい）閉鎖型スプリンクラー設備は，火災が発生した際に，スプリンクラーヘッドが熱感知し，散水して初期消火するものである。

令和４年度 2022年 ５編（106〜140） 給水及び排水の管理 問題解答試案

問題番号	解答番号	ワンポイント解説
106	(1)	水の比体積の単位は，m^3/kg である。一方，kg/m^3 は，密度の単位である。 したがって，(1) の組み合わせが不適当である。 (3)（間違いやすい）BOD 容積負荷−$kg/(m^3 \cdot 日)$
107	正答なし	正答となる選択肢がないため，全員を正解として採点する（試験機関公表）。 なお，私案ではあるが，最も不適当なのは (2) である。(2) 専用洗浄弁式は，タンクレストイレの洗浄弁を指し大便器の給水方式の一つである。一方，小便器の給水方式には，専用洗浄弁式はなく，洗浄水栓式，手動式洗浄弁式及び節水自動式がある。
108	(3)	逆サイホン作用は，水受け容器に吐き出された水，使用された水又はその他の液体が給水管内に生じた負圧による吸引作用のために，これらの水や液体が給水管内に逆流することである。一方，排水管内の正圧により，器具側に封水が吹き出す現象は，誘導サイホン作用である。 したがって，(3) の組み合わせが不適当である。 (5)（間違いやすい）クリープ劣化−合成樹脂に応力が長時間継続してかかる場合，材料変形が時間とともに進んでいく状態
109	(3)	総トリハロメタンは，$0.1\,mg/L$ 以下であること。 (2)（間違いやすい）銅及びその化合物は，銅の量に関して，$1.0\,mg/L$ 以下であること。
110	(5)	塩素消毒は，短所として，アルカリ側で消毒効果が急減する。 (1)（間違いやすい）CT 値とは，塩素濃度と接触時間の積である。
111	(4)	大気圧式バキュームブレーカは，常時圧力のかからない配管や器具に設置する。一方，常時圧力のかかる配管部分に設置するのは，圧力式バキュームブレーカである。 (3)（間違いやすい）給水配管から消火設備配管系統に給水する場合は，吐水口空間を確保した消火用水槽を設置する。
112	(1)	高置水槽方式は，高置水槽の水位によって揚水ポンプの起動・停止が行われる。 (2)（間違いやすい）直結増圧方式における吸排気弁は，給水管内の空気の排出と給水管内が負圧となった場合の逆流防止のために設置する。
113	(3)	ステンレス鋼板製貯水槽は，水から遊離した塩素ガスが水槽の水面より上で空気に接触する内面の部分（気相部）の結露水などに付着・反応し，局部的にステンレス鋼の不動態被膜を破壊・腐食を引き起こす要因となるので，水面下の部分である液相部よりも気相部の腐食対策が必要である。 (1)（間違いやすい）FRP 製高置水槽は，槽内照度が $100\,Lx$ 以上になると，光合成により藻類が繁殖しやすい。
114	(5)	水抜き管の管末には，バルブで水槽とは常時遮断されており，かつ排水時に槽内の沈殿物が詰まるおそれがあるので，防虫網は設けない。一方，防虫網を設置するのは，オーバフロー管の管末である。 (2)（間違いやすい）オーバフロー管に設置する防虫網の有効開口断面積は，オーバフロー管の断面積以上とする。

問題番号	解答番号	ワ ン ポ イ ン ト 解 説
115	(5)	玉形弁は，止水部が吊りコマ式で弁体が管路を塞ぐように閉める構造である。一方，通路を開けた弁体を回転させて開閉する構造のものは，ボール弁である。 したがって，(5) の組み合わせが不適当である。 (3) (間違いやすい) 減圧弁－ダイヤフラムと調節ばねのバランスにより弁体の開度を調整する機構である。
116	(2)	防錆剤の注入及び管理に関する業務は，防錆剤管理責任者が行う。一方，建築物衛生法に基づく建築物飲料水水質検査業を受けた者は，建築物における飲料水について，「水質基準に関する省令」の表の下欄に掲げる方法により水質検査を行う業務とする。 (1) (間違いやすい) 貯水槽の清掃によって生じた汚泥などの廃棄物は，廃棄物の処理及び清掃に関する法律（以下「廃棄物処理法」），下水道法等の規定に基づき，適切に処理する。
117	(2)	第 2 種圧力容器に該当する圧力水槽は，1 年以内ごとに 1 回の定期自主検査を行う。 (1) (間違いやすい) 飲料用貯水槽の点検は，1 か月に 1 回程度，定期に行う。
118	(2)	集合住宅の設計用給湯量は，150〜250 L/（戸・日）である。 (5) (間違いやすい) ステンレス鋼鋼管において単式の伸縮管継手を用いる場合，その設置間隔は 20 m 程度である。
119	(4)	ヒートポンプ給湯機（自然冷媒ヒートポンプ給湯機）は，エコキュートとも呼ばれ，炭酸ガス（CO_2）を冷媒としたヒートポンプの原理を利用し，大気中の熱エネルギーを給湯の加熱に利用するもので，未利用エネルギー回収用の給湯用熱源機として利用される。一方，一体型の集熱器と貯湯槽で構成され，その間で水を自然循環させ加温する機器は，太陽熱利用温水器である。 したがって，(4) の組み合わせが不適当である。 (3) (間違いやすい) 貯湯式湯沸器－貯湯部が大気に開放されており，本体に取り付けられた給湯栓から飲用に適した高温湯が得られる。
120	(3)	密閉式膨張水槽を設ける場合は，逃し弁の設定圧力を膨張水槽にかかる給水圧力よりも高くする。 (1) (間違いやすい) 配管中に含まれている溶存空気を抜くには，圧力の低いところに自動空気抜き弁を設置する。
121	(4)	給湯設備における省エネルギーは，湯水混合水栓を使用し，湯と水は別々の水栓としない。 (3) (間違いやすい) 適切な給湯設備の制御方法を採用する。
122	(1)	ステンレス鋼管の隙間腐食は，すきま部は酸素の供給が不足がちになり不働態皮膜が不安定になることで腐食が発生することである。 (5) (間違いやすい) 樹脂管は，使用温度が高くなると許容使用圧力は低くなる。
123	(2)	ベローズ形伸縮継手は，個々の銅製又はステンレス鋼製Ω型ベローズが変形して管の伸縮を吸収する形式であるので伸縮の吸収量には制限（35 mm 程度）があり，スリーブ形伸縮継手（200 mm 程度）と比較して伸縮吸収量が小さい。 (3) (間違いやすい) 給湯量を均一に循環させるため，返湯量を調整する必要がある。

第5編　令和4年度

問題番号	解答番号	ワンポイント解説
124	(5)	雨水利用設備における雨水利用率とは，降った雨水をどれだけ有効利用しているかどうかなので，<u>雨水集水量</u>に対する雨水利用量の割合となる。一方，使用水量に対する雨水利用量の割合は，<u>上水代替率</u>である。 (4)（間違いやすい）配管にスライムが発生した場合は，雑用水の残留塩素濃度を高めて洗浄する。
125	(2)	<u>ア　流量調整槽，イ　生物処理槽，ウ　ろ過装置</u> (4)（間違いやすい）ア　流量調整槽，イ　沈砂槽，ウ　ろ過装置　排水再利用施設には，沈砂槽はない。
126	(3)	膜分離活性汚泥処理装置の後段に<u>消毒槽</u>を設ける。一方，後段に沈殿槽を設けるのは，<u>生物処理槽</u>である。 (1)（間違いやすい）分離膜としては，主に精密ろ過膜（MF）が用いられる。
127	(4)	排水用耐火二層管は，繊維モルタルによる外管と<u>硬質ポリ塩化ビニル管</u>からなる内管の組み合わせからなる。 (2)（間違いやすい）排水用硬質塩化ビニルライニング鋼管は，その接続に排水管用可とう継手（MD継手）を用いる。
128	(3)	排水横枝管からループ通気管を取り出す場合，ループ通気管は，<u>最上流</u>の器具排水管を排水横枝管に接続した直後の<u>下流側</u>からとする。なぜなら，通気管の取り出し口は，閉塞しないように常に排水で洗浄されていなければならず，直後の器具の下流側からが正しい。 (1)（間違いやすい）排水横枝管から通気管を取り出す場合，通気管を取り出す方向は，排水横枝管の断面の真上方向中心より45°以内とする。
129	(5)	インバートますは，<u>インバート（固形物の滞留を防止するため底部にモルタルで排水溝を設けたもの）</u>を設けた構造となっている。一方，底部に150 mm程度の泥だまりを有し，土砂を堆積させ，下水道へそれが流出するのを防ぐ排水ますは，<u>雨水ます</u>である。したがって，(5)の組み合わせが不適当である。 (3)（間違いやすい）排水口開放－間接排水管を一般の排水系統へ直結している容器又は排水器具のあふれ縁より低い位置で開放することをいう。
130	(5)	厨房用の口径100 mmの排水管に設置する掃除口の口径は，<u>排水管と同一径とするので100 mm</u>とする。 (1)（間違いやすい）管径75 mmの排水横管の最小勾配は，1/100である。
131	(4)	排水トラップの脚断面積比（流出脚断面積/流入脚断面積）が小さくなると，封水強度は<u>弱くなる</u>（破封しやすい）。 (5)（間違いやすい）使用頻度の少ない衛生器具に設置するトラップには，封水の蒸発による破封を防ぐため，トラップ補給水装置を設置する。
132	(2)	敷地内（建物内）での合流式排水方式は，<u>汚水と雑排水</u>を同じ系統で排水するが，<u>雨水は単独</u>とする排水方式である。なお，勘違いしやすいのだが，敷地外での下水道でいう合流式排水方式は，汚水（雑排水を含む）と雨水を同じ系統で排水する排水方式である。 (3)（間違いやすい）雨水ますの流入管と流出管との管底差は，20 mm程度とする。

問題番号	解答番号	ワンポイント解説
133	(2)	排水管の有機性付着物は，アルカリ性洗浄剤を用いて除去する。一方，酸性洗浄剤を用いるのは，小便器系の尿石除去等である。 (5)（間違いやすい）ワイヤを通す方法は，ワイヤの長さは 25 m 以下なので，一般に長さ 25 m までの排水横管の清掃に使用する。
134	(2)	雨水管での逆流防止弁は，下水本管の位置より低い敷地にある建築物や，豪雨時に浸水するおそれのある建築物では，下水本管からの逆流を防止するために設置する。 (5)（間違いやすい）排水管に設置する床下式の掃除口の蓋には，砲金製プラグを設ける。
135	(4)	水受け容器は，便器・洗面器類，流し類及び浴槽等である。トラップは，排水器具に分類される。 (5)（間違いやすい）小便器の排水状態は，6 か月に 1 回，定期に点検する。
136	(2)	洗浄力が弱く，汚物が流れない又は洗浄力が弱いのは，タンク内の止水位が低くなっているからである。 (4)（間違いやすい）吐水時間が長い―洗浄弁のピストンバルブのストレーナが詰まりかけている。
137	(1)	浄化槽の汚水の処理方法として，生物膜法と活性汚泥法がある。生物膜法は，担体に汚水を接触させ，担体表面に付着している微生物の働きによって，BOD，SS（浮遊物質）で表される汚水中の有機物を除去する方法で，担体流動方式，接触ばっ気方式，回転板接触方式，散水ろ床方式などがある。一方，長時間ばっ気法は，ばっ気槽での処理時間を長くすることで，余剰汚泥量の発生量を少なくすることで普及した活性汚泥法の一つである。 (2)（間違いやすい）散水ろ床方式
138	(4)	まず，最初の状態である水分 98.0% の汚泥 15 m³ に含まれる汚泥の固形分を求める。 　汚泥の固形分 = 15 m³ × （(100−98)/100）= 0.3 m³ 濃縮後（水分 97.0%）は，この汚泥の固形分 0.3 m³ が汚泥全体の 3.0%（100%−97.0%）に相当するということなので汚泥量は， 　汚泥量 = 汚泥の固形分 ÷（100%−水分%） 　　　　 = 0.3 m³ ÷（(100−97)/100）= 10 m³ (5)（間違いやすい）12.5 m³
139	(5)	入浴設備で浴槽からの循環水を消毒する場合は，消毒に用いる消毒系薬剤の投入口をろ過器に入る直前に設置し，ろ過器内の生物膜の生成を抑制すること。 (4)（間違いやすい）プールの循環ろ過にオーバフロー方式を採用する場合は，オーバフローに床の洗浄水が入らない構造とする。
140	(3)	消防用設備機器に附置される自家発電設備は，半年に 1 回機器点検を行う。一方，1 年に 1 回行うのは，総合点検である。 (2)（間違いやすい）一定規模以上の建築物における定期点検の結果は，特定防火対象物で 1 年に 1 回，非特定防火対象物で 3 年に 1 回報告する。

令和3年度 2021年 5編（106〜140） 給水及び排水の管理 問題解答試案

問題番号	解答番号	ワンポイント解説
106	(5)	水槽照度率は，FRP製水槽における藻類増殖防止のため，太陽光線の水槽内侵入防止の規制に係わる割合を示すもので，(100×(水槽内部照度)／(水槽外部照度))で示される。単位は [%] である。一方，Lm/m^2 は，1 m^2 当たりの光束 [ルーメン：Lm] を示し，照度 [ルクス] の単位である。お互いに関連しないので，組み合わせとして不適当である。 (1)（間違いやすい）水の比熱— [kJ/(kg・℃)]
107	(4)	スケール障害は，使用する水の硬度成分や腐食にともなうさびによって，配管や水槽の内面に発生し，詰まりを引き起こす。一方，トリハロメタンは，塩素滅菌にともない生成する発がん性物質である。お互いに関連しないので，組み合わせとして不適当である。 (1)（間違いやすい）スライム障害—バイオフィルムの形成
108	(3)	上水道事業とは，計画給水人口が 5,001 人以上である水道事業をいう。 (2)（間違いやすい）水道事業とは，一般の需要に応じて水道によって水を供給する事業であって，計画上の給水人口が 101 以上のものをいう。
109	(4)	導水施設とは，貯留施設より取水施設を経由して，原水を浄水施設まで送る施設のことである。一方，浄水施設で処理された水を配水施設まで送る施設は，送水施設である。 (1)（間違いやすい）市又は特別区の専用水道および簡易専用水道は，当該市長又は特別区長が指導監督を行う。
110	(3)	水道水中の窒素化合物と反応することで，塩素消毒の効果が減少する。 (4)（間違いやすい）塩素消毒の効果は，アルカリ側で急減する。
111	(4)	大便器洗浄弁は，給水管が洗浄弁を介して大便器と直結されることになるので，場合によっては汚水を給水管に逆流させるおそれがある。したがって，大便器洗浄弁の流出側（常時圧力のかからない配管部分）で，大便器の越流面から150 mm以上高い位置に大気圧式バキュームブレーカを取り付ける必要がある。 (3)（間違いやすい）洗面器における吐水口空間は，給水栓の吐水口と洗面器のあふれ縁との垂直距離である。洗面器のオーバフロー口ではない。
112	(5)	高層ホテル，集合住宅の上限給水圧力は，騒音防止の観点から 0.3 MPa である。なお，その他事務所ビル等は，0.5 MPa である。 (1)（間違いやすい）小学校における1日当たりの設計給水量は，70〜100 L/人である。

問題番号	解答番号	ワ　ン　ポ　イ　ン　ト　解　説
113	(2)	貯水槽水面の波立ちは，ボールタップや電極棒の液面制御に支障をきたすので，<u>波立ち伝搬防止措置</u>を施す。一方，迂回壁の設置は，大容量の貯水槽の場合，<u>滞留水の防止のために</u>設けられる。お互いに関連しないので，組み合わせとして不適当である。 (5)（間違いやすい）孔食―ステンレス鋼管内の異物の付着。
114	(4)	建物の揺れ，配管の振動等による変位を吸収するため，貯水槽と配管との接続には変位吸収管継手である<u>可とう継手</u>を使用する。 (5)（間違いやすい）機器との接続配管は，機器の交換の際に容易に機器が外せるフランジ接合などとする。
115	(3)	架橋ポリエチレン管は，接着接合ができないので，<u>電気熱融着接合又はメカニカル接合</u>とする。一方，接着接合ができるのは，<u>硬質ポリ塩化ビニル管（TS 接合）</u>である。お互いに関連しないので，組み合わせとして不適当である。 (4)（間違いやすい）ポリブテン管―メカニカル形接合
116	(1)	防錆剤を使用している場合は，定常時においては<u>2 カ月以内毎</u>に 1 回，防錆剤の濃度検査を行う。 (3)（間違いやすい）飲料用貯水槽の清掃業務に従事する者は，6 カ月に 1 回程度，健康診断を受ける。
117	(4)	貯水槽清掃終了後の水質検査における遊離残留塩素濃度の基準値は，配管清掃後も同様であるが，平常時における 0.1 mg/L 以上ではなく，非常時おける <u>0.2 mg/L 以上</u>とする。 (1)（間違いやすい）貯水槽清掃終了後の消毒は，有効塩素濃度 50～100 mg/L の次亜塩素酸ナトリウム溶液などの塩素剤を用いる。
118	(2)	自然冷媒ヒートポンプ給湯機（CO_2 を冷媒としたエコキュート）による湯の最高沸き上げ温度は <u>90℃</u> である。 (3)（間違いやすい）総合病院における使用湯量は，100～200 L/（床・日）程度である。
119	(2)	配管内の水中における気体の溶解度は，ヘンリーの法則に従い，水温の上昇により<u>減少する</u>。大気圧の場合，100℃ でほぼ 0 mg/L となり脱気された状態となる。 (1)（間違いやすい）4℃ の時の水は，密度が最大で，温度が高くなる（低くなる）と密度は小さくなる。
120	(5)	ポリブテン管の線膨張係数は，$150×10^{-6}$/K 程度で，銅管（$16.6×10^{-6}$/K 程度）と比較して一桁<u>大きい</u>。ちなみに，炭素鋼鋼管は，$11×10^{-6}$/K 程度，ステンレス鋼鋼管は，$17.3×10^{-6}$/K 程度である。 (4)（間違いやすい）ステンレス鋼管は，酸化被膜による母材の不働態化によって耐食性が保持される。

問題番号	解答番号	ワ ン ポ イ ン ト 解 説
121	(3)	循環配管 100 m からの熱損失 H_L［W］を求める。 　　$H_L = Q \times \Delta t / 0.0143$ 　　　　$= 10 \times 5 / 0.0143 = 3,497$［W］ 　したがって，1 m 当たり 35 W/m となる。 (5)（間違いやすい）3,500 W/m
122	(2)	貯蔵式給湯器は，大気開放式の給湯器であり，液面制御のためボールタップを備えてある。一方，減圧弁，安全弁および逆止弁を備えているのは，貯湯式給湯器である。 (1)（間違いやすい）貫流ボイラは，煙道を備えている。
123	(2)	無圧式温水発生機は，労働安全衛生法に規定によるボイラーに該当しないので法的な規制はないが，自主的に，毎日外観検査を行い，1年に1回，定期的に検査をする。 (1)（間違いやすい）給湯水にレジオネラ属菌汚染が認められた場合は，高濃度塩素により系統内を消毒する対策がある。
124	(5)	原水にし尿を含む雑用水を，水洗便所の用に供する場合は，規定された水質基準に適合させる必要がある。一方，散水，水景用に使用する雑用水は，規定された水質基準に適合させる必要もあるが，原水にし尿を含んではならない。 (4)（間違いやすい）雑用水受水槽は，飲料水用受水槽と同様に，耐食性および耐久性のある材質のものを用いる。
125	(4)	雑用水の水質検査において，7日以内ごとに1回，定期に行う項目は，① pH 値，②臭気，③外観，④遊離残留塩素である。一方，①大腸菌，②濁度は，2月以内ごとに1回行う項目である。したがって，(4) は該当しない。 (1)（間違いやすい）pH
126	(1)	スクリーンの点検項目は，枯葉，ゴミ等固形物の付着状況確認である。一方，ばっ気状況は，排水再利用設備のばっ気処理装置の点検項目である。 (2)（間違いやすい）降雨水集水装置―屋根面の汚れ
127	(2)	BOD（生物化学的酸素要求量：Biochemical Oxygen Demand）と COD（化学的酸素要求量：Chemical Oxygen Demand）の比は，一般的に微生物学的分解性の難易を示し，難分解性有機物を含む排水に紫外線処理を行うことで，COD が低減されると共に BOD/COD の比が大きくなり，生物分解性が上がる。したがって，(BOD/COD) の比が高い排水は，物理化学処理法より生物処理法が適している。 (3)（間違いやすい）窒素化合物は，閉鎖性水域の富栄養化の物質原因の一つである。

問題番号	解答番号	ワ ン ポ イ ン ト 解 説
128	(3)	間接排水管の管径が 30 mm の場合の排水口空間は，最小 <u>100 mm</u> である。

間接排水管の管径 [mm]	排水口空間 [mm]
25	最小 50
30〜50	最小 100
65 以上	最小 150

(1)（間違いやすい）通気管の末端を，窓・換気口等の付近に設ける場合は，その上端から 600 mm 以上立ち上げて大気に開放する。

| 129 | (1) | ドラムトラップは，<u>非サイホントラップ</u>に分類される。一方，サイホントラップは，管トラップともいわれ，<u>P トラップ，S トラップ，U トラップ</u>である。 |

(5)（間違いやすい）繊維くず阻集器には，金網の目の大きさが 13 mm 程度のバスケットストレーナを設置する。

| 130 | (3) | 雨水排水ますの流出管は，流入管よりも管底を <u>20 mm</u> 程度下げて設置する。 |

(2)（間違いやすい）管径 65 mm の排水横管の最小勾配は，1/50 である。

| 131 | (3) | 排水ポンプは，空気の巻き込みを防止するため，排水槽の吸込みピットの壁面から <u>200 mm 以上離</u>して設置する。 |

(5)（間違いやすい）厨房用 n 排水槽には，汚物ポンプを用いる。

| 132 | (1) | 掃除口の設置間隔は，掃除用具の到達距離などを考慮して，排水管の管径が 75 mm の場合には，<u>15 m 以内</u>とする。 |

排水管の管径 [mm]	掃除口の設置間隔 [m]
100 以下	15 m 以内
100 を超える	30 m 以内

(3)（間違いやすい）掃除口の口径は，排水管の管径が 125 mm の場合には，100 mm とする。

| 133 | (3) | 排水ポンプは，<u>1 カ月</u>に 1 回絶縁抵抗の測定を行い，1 MΩ 以上であることを確認する。 |

(5)（間違いやすい）排水ポンプは，1〜2 年に 1 回程度，メカニカルシールの交換を行う。

| 134 | (5) | 高圧洗浄による排水管の清掃では，<u>5〜30 MPa</u> の圧力を噴射させて洗浄する。 |

(3)（間違いやすい）ロッド法による排水管の清掃には，最大 30 m の長さにつなぎ合わせたロッドが用いられる。

| 135 | (3) | 大便器洗浄弁が接続する給水管の管径は，作動時の必要最低動水圧が 70 kPa 以上で，かつ瞬時流量が多量となるので，<u>25 mm</u> とする。 |

(2)（間違いやすい）大便器の洗浄水量は，JIS A 5207 において，I 形は 8.5 L 以下と区分されている。ちなみに，II 形は 6.5 L 以下と区分されている。

問題番号	解答番号	ワンポイント解説
136	(4)	ほうろう鉄器製の衛生器具に付いた水あかや鉄錆等の汚れは，<u>クリームクレンザを付けたスポンジ等でこすり取る</u>。金属タワシやナイロンタワシでは表面に小さな傷が付くので，使用してはならない。一方，金属タワシでこすり取るような清掃ができる<u>衛生器具はない</u>。唯一，ステンレスが適用できそうであるが，小さな傷が付くので注意が必要である。 (1)（間違いやすい）陶器製の衛生器具に湯を使用する場合，熱湯を直接注ぐと割れることがある。
137	(2)	リン化合物は，凝集剤を注入することにより，リンをフロック化して沈殿させる<u>凝集沈殿法で除去する</u>。一方，活性炭吸着法は，<u>溶解性の有機物質</u>の除去法である。お互いに関連しないので，組み合わせとして不適当である。 (1)（間違いやすい）浮遊性の有機物質―急速ろ過法
138	(1)	最初の保守点検は，浄化槽の<u>使用を開始する直前に行う</u>。これは，設置されている浄化槽が適正なものであるかどうか，適切に設置されているか，また，汚水が流入してからただちに生物処理が行われる状態にあるかどうか等を保守点検で確認したした上で，使用を開始する必要があるからである。 (5)（間違いやすい）保守点検は，登録を受けた浄化槽保守点検業者に委託することができる。
139	(5)	ばっ気槽の点検項目は，①ばっ気槽混合液浮遊物質濃度（MLSS），②溶存酸素濃度，③空気供給量，④30分間汚泥沈殿率（SV$_{30}$）である。一方，<u>透視度は，浄化槽において，河川に放流される前に，浄化槽内で浄化された水がきちんと浄化されているか調べる際に用いられるが，ばっ気槽の点検項目でない</u>。 (4)（間違いやすい）30分間汚泥沈殿率
140	(5)	オーバフロー方式による浴槽循環ろ過装置の循環水は，誤飲を避けるためおよびレジオネラ症防止対策のために，<u>浴槽水面に没した底部に近い位置から供給する</u>。 (4)（間違いやすい）水景施設における維持管理としては，貯水部や流水部の底部や側壁に沈殿，付着した汚泥等の除去も必要である。

令和2年度 2020年 5編（106〜140） 給水及び排水の管理 問題解答試案

問題番号	解答番号	ワンポイント解説
106	(2)	BOD容積負荷は，ばっき槽や接触ばっ気槽の設計諸元の一つで，処理槽1m³当たりの1日当たりに流入するBOD量で表され，単位は [kg/(m³・日)] である。一方，[g/(人・日)] は，BOD負荷量の単位である。 (1)（間違いやすい）総アルカリ度は，水に溶解している炭酸水素塩，炭酸塩，水酸化物などのアルカリを所定のpHに中和するのに要する酸の量であり，酸に相当する炭酸カルシウムの量に換算して表すので，[mg/L] となる。
107	(1)	逃し通気管は，ループ通気方式を採用している排水横枝管にあって，大便器及びこれと類似の器具が8個以上接続される場合，ループ通気だけでは通気性能に支障が起き，これを緩和するために，排水横枝管の最下流とループ通気管を連結する通気管をいう。 (4)（間違いやすい）バルキングとは，汚泥の沈降性が悪化し，上澄水を得にくくなる現象で，膨化ともいわれる。排水処理技術の活性汚泥法において問題視される現象で，汚泥の単位乾燥重量あたりの水分が多くなったり，糸状性細菌が増加することで起こる。
108	(3)	カルシウム，マグネシウム等（硬度）の水質基準値は，300 mg/L以下である。 (2)（間違いやすい）総トリハロメタンは，0.1 mg/L以下であること。
109	(1)	給水の殺菌効果は，一般に塩素濃度が高く，且つ接触時間が長ければ長いほど高くなる。すなわち，CT値は，消毒剤の殺菌効果を表す用語で，塩素濃度（Concentration）と接触時間（Time）を掛け算した値である。 (3)（間違いやすい）微生物に対する殺菌効果は，細菌＜ウイルス＜ファージ＜原虫シスト・芽胞の順に抵抗性があるといわれている。すなわち，クリプトスポリジウムのような原虫シスト（一時的に小さな細胞体や幼生が厚い膜を被って休眠状態に入ったような状態）は，塩素消毒に対する抵抗性が強い。
110	(2)	防錆剤は，赤水等の対策として飲料水系統配管の布設替え等が行われるまでの応急対策として使用する。 (4)（間違いやすい）給水設備の老朽化に伴い，配管内に腐食による錆こぶ・スライムが付着し，断面積が縮小することから，水量・水圧が減少することがある。
111	(3)	取り外しが必要な機器の前後に止水弁を設置する場合は，機器を交換する時に，容易に機器が外せるフランジ接合とする。 (5)（間違いやすい）仕切弁は，弁体を上下して開閉させ，開弁時の損失水頭は小さく，全開又は全閉で使用するので，玉形弁に比べ止水弁として多く使用される。

問題番号	解答番号	ワ ン ポ イ ン ト 解 説
112	(4)	(4) 直結増圧方式の記述である。 (1) 総合病院における1日当たりの設計給水量は，<u>1500〜3500 L/床</u>とする。 (2) 受水槽の有効容量は，一般に1日最大使用量の<u>2/5〜3/5</u>とする。 (3) 高層建築物では，給水を1系統で供給すると，下層階において給水圧が過大となり，器具類の機能障害やウォータハンマ等の原因となる。これを防ぐため系統分け（ゾーニング）を行うが，高層ホテルでは，<u>0.3 MPa</u>を上限水圧とする。 (5) 高置水槽方式は，水質汚染を起こしやすい受水槽・高置水槽を有しているので，他の給水方式に比べて水質汚染の可能性が<u>高い</u>方式である。
113	(4)	ポリブテン管は，優れた耐薬品性を有していることから，管と管継手の接合には有機溶剤を用いた接着接合ができないので，<u>メカニカル接合又は熱融着式接合</u> <u>（管端外面と管継手内面を専用のヒーターで加熱溶融した後，管と管継手を挿入圧着する）の接続方法</u>とする。 (3)（間違いやすい）ステンレス鋼鋼管は，品質上で現場溶接接合が難しいので，メカニカル接合又はTIG溶接（工場プレハブ）のフランジ接合とする。
114	(3)	流入管は，定水位面下に水没させてしまうと，流入管内が負圧になった場合，貯水槽内の水が逆流するおそれがあるので，<u>定水位面より規定の吐水口空間を確保</u> <u>する位置までも高くし，</u>予め内部の点検に支障のない波立ち防止策を講じる。 (5)（間違いやすい）有効容量が2 m³以上の貯水槽は，天板より汚染水が浸入するのを防ぐため，水槽本体との取付部に水密性をもたせた通気管を設ける。
115	(2)	高置水槽方式の揚水管は，屋上での横引き管が長くなると，水柱分離によるウォータハンマが発生しやすいので，横引き管の水平展開は地階で行い，<u>屋上での横</u> <u>引き管は極力短くする。</u> (3)（間違いやすい）合成樹脂管のクリープ劣化は，合成樹脂に熱応力が長時間継続してかかる場合，材料変形が時間とともに進んで合成樹脂管の機械的特性を失った状態をいう。
116	(4)	消毒後の水洗いと水張りは，消毒終了後<u>30分以上</u>経過してから行う。 (5)（間違いやすい）清掃終了後の消毒は，遊離残留塩素0.4 mg/L以上あればほとんどの病原菌が死滅するので有効塩素濃度50〜100 mg/Lあれば十分で，この濃度の次亜塩素酸ナトリウム溶液など消毒剤等を用いる。
117	(1)	ホテル宿泊部の設計給湯量は，<u>150〜250 L/（人・日）</u>である。 (3)（間違いやすい）ちゅう房における業務用皿洗い機の給湯温度は，昇温させ皿洗い時は60℃，すすぎ時は70〜90℃とする。
118	(3)	ライニング鋼管における単式の伸縮管継手の設置間隔は，<u>30 m</u>程度とする。 (4)（間違いやすい）貯湯槽の容量は，小さいと加熱装置の発停が多くなり，大きいと発停が少なくなる。通常，ピーク時の必要容量の1〜2時間分を目安に，加熱能力とのバランスから決定する。

問題番号	解答番号	ワンポイント解説
119	(1)	中央式の給湯設備における湯の必要循環量は，一般に小流量であり，給湯配管はこの流量に対して十分太いので循環流量による摩擦損失水頭は無視でき，<u>リバースリターン方式を採用する意味がない</u>。 (2)（間違いやすい）密閉式膨張水槽を設けた場合でも，トラブルで膨張量を吸収できなくなり，貯湯槽の圧力が上昇することになるので，逃し弁を設けておく。
120	(4)	返湯管のない単管式の給湯配管に銅管を用いる場合は，中央式の給湯循環配管に用いる場合より新鮮な給湯水との接触が少なくなるので，<u>孔食，潰食等の腐食の発生はほとんどなく低い</u>。 (2)（間違いやすい）ステンレス鋼管は，すき間腐食を生じる可能性があるので，溶接箇所にすき間を作らない，フランジ接合は，テフロン被覆ガスケットを使用する等入念な施工が要求される。
121	(3)	無圧式温水発生機は，開放形温水機とも呼ばれ，缶体内を<u>常に大気圧の状態に保たれ</u>，熱媒を蒸発させて内部の熱交換器で熱交換し，湯を供給する。 (1)（間違いやすい）ガス瞬間湯沸器には，給湯の他にセントラルヒーティング用の回路を内蔵したものがある。
122	(5)	シャワーヘッドは，<u>半年に1回以上</u>，定期的に点検を行い，1年に1回以上分解清掃を行う。 (4)（間違いやすい）給湯配管は，1年に1回以上，厚生労働省告示に基づく給水系配管の管洗浄に準じて管洗浄を行うのが望ましい。
123	(1)	器具のワッシャは，天然ゴムを使用すると，レジオネラ属菌に限らず細菌の格好の栄養源となるので，<u>クロロプレン系等の合成ゴムとする</u>。 (4)（間違いやすい）SUS444製貯湯槽は，フェライト系鋼種で応力腐食割れが起こりにくいので，過防食となるのでオーステナイト系鋼種のSUS304のように電気防食を施さない。
124	(2)	雨水処理方法は，雨水の汚染度が低いため，生物処理法ではなく，<u>沈殿，ろ過及び消毒装置等の簡単なもので済む</u>。 (3)（間違いやすい）雨水利用率とは，降った雨水をどれだけ有効利用したかを示すので，雨水集水量に対する雨水利用量の割合である。
125	(4)	色度や臭気の除去に適したものは，<u>活性炭処理装置やオゾン処理である</u>。
126	(5)	外観の水質基準は，<u>ほとんど無色透明である</u>。 (4)（間違いやすい）濁度は，2度以下であること。

第5編　令和2年度

問題番号	解答番号	ワンポイント解説
127	(2)	BOD（生物化学的酸素要求量：Biochemical Oxygen Demand）は，主として水中の有機物質が好気性微生物によって分解される際に消費される酸素量を表したものである。一方，COD（化学的酸素要求量：Chemical Oxygen Demand）は，主として有機物質が酸化剤によって酸化される際に消費される酸素量を表わしたものである。主として有機物質が酸化剤によって酸化される際に消費される酸素量を表したものである。 (1)（間違いやすい）透視度は，浮遊物質やコロイド性物質などによる濁りの程度を示し，BODと相関を示すことが多く，汚水処理の進行状態を推定する指標として用いられる。
128	(3)	排水トラップの封水強度は，排水管内に正圧又は負圧が生じたときに発生する誘導サイホン作用や自己サイホン作用を防ぐ排水トラップの封水保持能力をいう。蒸発作用や毛管現象作用は含まない。 (2)（間違いやすい）脚断面積比とは，トラップの流出脚断面積を流入脚断面積で除した値をいう。脚断面積比が大きいほど封水強度が強くなる。
129	(5)	通気弁は，大気の吸込みしか行わない空気の逆止弁構造となっているので，通気管の頂部に設け通気管内の負圧防止装置として用いる。 (2)（間違いやすい）飲料水槽の汚染防止には，吐水口空間・排水口空間の確保が重要である。
130	(4)	排水槽の床のこう配は，吸込みピットに向かって1/15以上1/10以下とする。 (1)（間違いやすい）排水ポンプは，吸込みピットの側面に近いと空気を吸込むおそれがあるので，側面から200 mm以上離して設置する。
131	(3)	特殊継手排水システムは，通気立て管を併用しない俗称単管排水システムともいわれ，排水横枝管への接続器具数が少ないホテルや集合住宅に採用されている。 (4)（間違いやすい）管径150 mmの排水横管の最小こう配は，1/200である。
132	(3)	排水ますは，敷地排水管の直管が長い場合，敷地排水管の管内径の120倍程度に設置する。 (1)（間違いやすい）排水管の掃除口の設置間隔は，掃除用具の到達距離を考慮して，管径100 mm以内の場合15 m以内，管径100 mmを超える場合通常30 m以内とする。
133	(5)	フロートスイッチは，電極棒だと排水中の固形物が付着して作動不良のおそれのある汚水槽やちゅう房排水槽で用いられる水位制御用センサーである。 (3)（間違いやすい）ウォーターラム法は，空圧式洗浄法ともいわれ，圧縮空気を一気に放出してその衝撃で管内閉塞物を除去する清掃方法である。
134	(5)	水中用排水ポンプのメカニカルシール部のオイル交換は，6か月～1年に1回程度行う。 (4)（間違いやすい）グリース阻集器のトラップに付着したグリースや沈殿物の清掃は，2か月に1回程度高圧洗浄等で行う。

問題番号	解答番号	ワ　ン　ポ　イ　ン　ト　解　説
135	(1)	小便器の排水管内に付着した尿石は，主成分が炭酸カルシウムの無機性付着物であるので，薬品による洗浄とするなら硫酸・塩酸等の<u>酸性洗浄剤</u>を用いて除去する。一方，アルカリ性洗浄剤は，スライムのような有機性付着物に用いる。 (4)（間違いやすい）排水横管の清掃に用いるスネークワイヤー法は，一般に長さ 25 m 以内で用いられる。排水立て管で用いる場合は，質量の関係で 20 m 程度が限界である。
136	(3)	衛生器具は，給水器具，水受け容器，排水器具及び付属品に分類される。設問肢のトラップは，<u>排水器具</u>に分類される。 (2)（間違いやすい）給水器具には，給水栓，洗浄弁及びボールタップ等がある。
137	(5)	サイホン式大便器の留水面が正常より小さいということは，洗浄後の便器への捕給水が不足していることで，タンク内の補助水管がオーバフロー管内に<u>差し込まれていない</u>。 (3)（間違いやすい）混合水栓にあって，給水圧力と給湯水圧力の差が大きい場合，安定して適温が得られない。
138	(2)	雨水ではなく<u>雑排水</u>である。 (5)（間違いやすい）市町村である。
139	(1)	沈殿分離槽の点検内容は，<u>スカム・堆積汚泥の生成状況</u>である。 (5)（間違いやすい）消毒槽の点検内容は，沈殿物の堆積状況や消毒の状況である。
140	(2)	特定防火対象物における法定定期点検の結果とその不備に対するその是正の報告は，<u>1 年に 1 回</u>行う。一方，特定防火対象物を除く対象物のそれは，3 年に 1 回行う。 (3)（間違いやすい）動力消防ポンプは，6 か月に 1 回作動点検，外観点検及び機能点検を行う。

第5編　令和元年度

問題番号	解答番号	ワンポイント解説
106	(2)	ばっ気槽混合液浮遊物質濃度（MLSS）の単位は，[mg/L] である。
107	(2)	ゲージ圧力とは，大気圧を基準とする圧力のことである。
108	(3)	青水現象は，脂肪酸と銅イオンが化合物を形成することによって生じる。一方，白濁現象は，蛇口から水道水を勢いよく出すと蛇口の内部が負圧となり，蛇口の上部から空気を吸い込むため，それが細かな気泡となって白く見えることである。
109	(5)	水道法に基づく水質基準では，一般細菌は 1 mL の検水で形成される集落数が 100 以下である。一方，大腸菌は検出されないことが基準である。
110	(4)	配水池の必要容量は，計画 1 日最大給水量の 12 時間分を標準とする。
111	(1)	ウォータハンマとは，給水管路において，バルブを急激に閉止するときにバルブの上流に生じる著しい圧力上昇が，圧力変動の波として管路に伝わる現象である。
112	(5)	不等（不同）沈下の変位吸収のために，変位吸収管継手を配管に取り付ける。
113	(5)	受水槽の流入口と流出口の位置は，対角線の位置にすることで滞留を防止する。
114	(2)	給水管と排水管が水平に並行して埋設される場合は，一般に両配管の水平間隔を 500 mm 以上とし，かつ給水管は排水管の上方に埋設する。
115	(4)	高置水槽と受水槽の清掃は，原則として同じ日に行い，受水槽の清掃を行った後に，高置水槽の清掃を行う。
116	(2)	(1) 吐出側の圧力は，毎日。 (3) 電動機の絶縁抵抗は，月 1 回。 (4) 電流値は，毎日。 (5) 軸受温度は，毎日。
117	(3)	飲料用の貯水槽の点検は，1 カ月に 1 回程度，定期に行う。
118	(2)	総合病院における使用給湯量は，100〜200 L/(床・日) である。
119	(1)	中央式給湯方式の循環ポンプは，省エネルギーのため間欠運転とする。
120	(5)	給湯用貫流ボイラは，出湯温度が安定していないので，大規模なシャワー設備の給湯に適していない。
121	(4)	返湯管に銅管を用いた場合は，他の配管材を用いた場合と比較して，流速を 1.2 m/s 以下と遅く設定しないと「潰食」が起きる。
122	(4)	貯湯槽に流電陽極式電気防食を施す場合は，外部電源ではなく陽極が必要である。
123	(3)	真空式温水発生器の定期検査は，労働安全衛生法の規定外で，毎日外観検査を行い，1 年以内ごとに定期的に検査を行う。

問題番号	解答番号	ワ ン ポ イ ン ト 解 説
124	(1)	<u>地区循環方式</u>は，複数の建築物間で排水再利用設備を共同利用し，処理水を各建築物に送水して利用するものである。一方，広域循環方式は，<u>より広い地域を対象に，下水の終末処理場等で処理された再生水</u>を事業所や住宅などの需要に応じて，<u>大規模に供給する方式</u>である。
125	(1)	ア：沈砂槽　イ：沈殿槽
126	(4)	水洗便所の用に供する雑用水の水質基準項目として，濁度は<u>規定されていない</u>。
127	(5)	流域下水道の事業主体は，原則として<u>都道府県</u>である。
128	(3)	飲料用貯水槽の間接排水管の口径が65 mmの場合，排水口空間は最小<u>150 mm</u>である。
129	(3)	排水トラップが組み込まれていない阻集器には，その<u>出口側</u>に排水トラップを設ける。
130	(5)	雑排水ポンプは，厨房排水を<u>含まない</u>雑排水を排除する。
131	(5)	排水横管から通気管を取り出す場合，通気管は排水管断面の水平中心線から<u>45°以上</u>の角度で取り出す。
132	(1)	排水槽内はブロワーによりばっ気すると<u>正圧となるので，通気管で排気する</u>。
133	(3)	床下式の掃除口は，ねじが固着しにくい<u>砲金製プラグ</u>とする。
134	(2)	排水槽の清掃では，最初に酸素濃度が<u>18%以上</u>，硫化水素濃度が<u>10 ppm以下</u>であることを確認してから行う。
135	(3)	手動式洗浄弁は，使用後，人為的な操作により洗浄する方式なので，公衆用には<u>適さない</u>。
136	(4)	大便器の洗浄タンク内の汚れ状態は，<u>6カ月</u>に1回，定期に点検する。
137	(1)	<u>浮上分離法</u>は，<u>生物処理法</u>に比べて発生汚泥量が多い傾向にある。
138	(1)	(1) 浄化槽製造業の登録制度は浄化槽法に<u>規定されていない</u>。 (2) 浄化槽工事業の登録制度は，法第二十一条に規定されている。 (3) 浄化槽保守点検業の登録制度は，法第四十八条に規定されている。 (4) 浄化槽清掃業の許可制度は，法第三十五条に規定されている。 (5) 浄化槽設備士は法第四十二条に，浄化槽管理士は法第四十五条の国家資格として規定されている。

第5編　令和元年度

問題番号	解答番号	ワ ン ポ イ ン ト 解 説
139	(4)	BOD 除去率［%］は，次式で求められる。 BOD 除去率＝100×（流入 BOD 量−流出 BOD 量）÷流入 BOD 量 一次処理装置の流入 BOD 量を A，流出 BOD 量を B，二次処理装置の流入 BOD 量を B，流出 BOD 量を C とすると， 　100（A−B）/A＝30…①式　　100（B−C）/B＝50…②式 ①式より　　B＝0.7 A ②式より　　C＝0.35 A したがって，浄化槽全体の BOD 除去率［%］は， 　100（A−C）/A＝100（A−0.35A）/A＝65%
140	(2)	<u>放水型スプリンクラー設備は，アトリウムなどの大空間</u>に設置される。一方，閉鎖型予作動式スプリンクラー設備は，<u>水損事故を防止する目的で，コンピュータ室などに設けられる。</u>

令和5年度 2023年　6編（141〜165）　清　　掃　問題解答試案

問題番号	解答番号	ワンポイント解説
141	(5)	建築物衛生法施行規則第二十条第1項　空気環境の調整，給水及び排水の管理，清掃並びにねずみ等の防除の状況（これらの措置に関する測定又は検査の結果並びに当該措置に関する設備の点検及び整備の状況を含む。）を記載した帳簿書類。
142	(1)	清掃用機械器具として，真空掃除機，床みがき機を有すること
143	(3)	ELV カゴ内部の除じんは，一般に日常清掃として実施する。
144	(2)	限られた時間で一定の成果を得るためには，計画的に作業を実施する必要がある。
145	(4)	作業のしやすさを考慮し，建物の規模や形態によって，資機材保管庫は複数個所に設けること。
146	(5)	品質評価項目のうち，資機材管理は作業品質に含まれる。
147	(3)	ダストコントロール法は，粘度の低い，不乾性の鉱油などを布に含ませ，ほこりを除去する方法。 (4)（間違いやすい）ダストクロス法は，化学繊維の不織布ワイパーでほこりを付着させたり土砂を回収する方法なので，油分は使わない。
148	(2)	洗剤供給式床磨き機は，ウィルトンカーペットの洗浄には適さない。
149	(2)	(1) 超高速バフ機の回転数は，毎分1000〜3000回転である。 (3) 文化ちり取りは，移動する際にごみがこぼれない構造となっている。 (4) 凹凸のある床面は，研磨粒子が付着したブラシを床磨き機に装着して洗浄する。 (5) 床磨き機に用いるブラシは，直径40cm以下のものが多く使われる。
150	(1)	助剤（ビルダ）の働きとして，界面活性剤の表面張力を低下させ，洗浄力を向上させることがあげられる。
151	(3)	アルカリ洗剤―油汚れ
152	(4)	リノリウム床材は，アルカリ性に弱いので，強アルカリ性の剥離剤は使用しない。
153	(4)	建築物内で使用されているカーペット全体の調和を保つために，全面クリーニングを行う。
154	(5)	一般的に針葉樹の床材は広葉樹の床材に比べて木質が軟らかい。
155	(3)	(1) 大理石は耐アルカリ性に乏しい。 (2) テラゾは耐酸性に乏しい。 (4) 花崗岩は耐熱性に乏しい。 (5) コンクリートは耐酸性に乏しい。
156	(3)	ロープ高所作業を行う場合，ライフラインの設置が法的義務となっている。
157	(2)	ごみの総排出量は約44000万トンで，そのうち30%が事業系のゴミ，70%が家庭系のゴミである。
158	(1)	産業廃棄物の埋立処分は，安定型最終処分場で行われる。
159	(5)	天然資源―環境への負荷
160	(5)	「地球環境の保全」は項目として入っていない。

問題番号	解答番号	ワ ン ポ イ ン ト 解 説
161	(1)	建築物内の医療機関から感染のおそれのある産業廃棄物が排出される場合，<u>医療機関が</u>特別管理産業廃棄物管理責任者を設置しなければならない。
162	(4)	店舗から廃棄された発泡スチロールは，産業廃棄物である。 (3)（間違いやすい）事務所建築物から廃棄された木製の机は，<u>事業系一般廃棄物</u>である。
163	(1)	紙マニュフェストの場合，運搬作業が終了すると<u>収集運搬業者</u>よりマニフェスト B2 票が排出業者に返却される。
164	(4)	【役員室及び会議室】 380 m²/95（m²/人・h）＝4（人・h） 4（人・h）/2.5 h＝1.6 人 【事務室】 5200 m²/200（m²/人・h）＝26（人・h） 26（人・h）/2.5 h＝10.4 人 1.6 人＋10.4 人＝12 人
165	(3)	家電リサイクル法（特定家庭用機器再商品化法） ―エアコン，テレビ，冷蔵庫・冷凍庫，洗濯機・衣類乾燥機

令和４年度 2022年 6編（141～165） 清　掃　問題解答試案

問題番号	解答番号	ワンポイント解説
141	(3)	収集・運搬設備，貯留設備その他の廃棄物処理設備については，6か月以内ごとに１回，定期に点検し，必要に応じ，補修，消毒等の措置を講じる。
142	(2)	従事者に対する作業の指示・指導 —— 作業手順書の作成
143	(2)	品質評価構成は，「組織品質」と「作業品質」に大別できる。
144	(3)	改善において，改善内容や具体的な対策を示して，清掃責任者に指示する。
145	(2)	(1) かさ高固着物は水溶性であっても，通常水洗いだけでは除去出来ないので，物理的な力で除去する。 (3) おがくずに水分を含ませて掃き取る方法は，ほこりを付着させる効果は大きい。 (4) バキュームクリーニングでは，カーペットの織目に入り込んだほこりや土砂は除去できる。 (5) ダストコントロール作業法を用いれば，ほこり以外の汚れは除去できない。
146	(4)	カーペットに洗剤分を残ると，汚れをを呼び，再汚染を促進させることになる。
147	(3)	文化ちり取りは，本体を下に置けばふたが開き，移動する際にゴミがこぼれない構造である。
148	(4)	(1) 樹脂床維持剤の皮膜手入れ用の表面洗剤は，泡立ちが少ないように作られている。 (2) 洗剤に使用する界面活性剤は，陰イオン系と陽イオン系と両性系と非イオン系に大別される。 (3) 酸性の強い洗剤は，トイレの尿石の除去に有効である。 (5) アルカリ性の強い洗剤は，リノリウムの建材には不向きである。
149	(2)	フロアオイル —— 床油
150	(4)	ウェットメンテナンス法よりも，ドライメンテナンス法の方が，作業の標準化・システム化がしやすい。
151	(3)	スチーム洗浄機は，エクストラクタより，洗浄後，カーペットに残留する水分量が少ない。
152	(3)	セラミックタイルそのものは，アルカリ性にも強いので，アルカリ洗剤も使用できる。
153	(4)	体育館の床材は木質系床材であるため，日常清掃における水拭きは行わない。 (3)（間違いやすい）ならやけやき等の広葉樹は木質が硬い。スギやヒノキなどの針葉樹は木質が柔らかい。フローリングボードや建具に使われるのは針葉樹である。
154	(2)	自動窓拭き設備の窓ガラスクリーニングは，人の作業に比べて仕上がりは良くない。
155	(2)	中間処理 —— 余熱利用（焼却処理）
156	(4)	産業廃棄物の総排出量のうち，種類別では汚泥が約40%で最も多い。 (5)（間違いやすい）産業廃棄物の総排出量のうち，52.7%が再生利用量，減量化量が44.9%，最終処分量が2.4%である。（令和元年度実績）
157	(1)	ア：効率的 —— イ：所有者等 —— ウ：利用者
158	(2)	産業廃棄物の排出事業者が，その処理を委託した廃棄物の移動及び処理の状況を自ら把握するため，廃棄物処理法に基づく，産業廃棄物管理票制度が設けられている。

問題番号	解答番号	ワ ン ポ イ ン ト 解 説
159	(5)	kg/m^3 または kg/L
160	(4)	<u>建物所有者などの建築物維持管理権原者</u>は，建築物内の廃棄物の処理に必要な容器，集積場所，保管場所等を適切に準備する。
161	(2)	300 kg/2 m^3 = 150 kg/m^3 60 L = 60/1000 m^3 = 0.06 m^3 (150 kg/m^3) ×0.06 m^3 = 9 kg
162	(5)	紙のマニュフェストの場合，最終処分場での処理が完了すると，<u>排出事業者に E 票が返却</u>される。
163	(4)	発表スチロールの処理方法として用いられる溶融固化装置は，<u>熱を強制的に加えて</u>溶融し，固化する方式である。
164	(3)	容器方式は，他の方式と比較して<u>初期費用が少ない点</u>が優れている。
165	(2)	家電リサイクル法（特定家庭用機器再商品化法）—— <u>小売業者による廃家電の引き取り</u> (3)（間違いやすい）「シュレッダーダスト」とは，自動車を工業用シュレッダーで粉砕後，非鉄金属や鉄を取り除いた後に残った廃棄物のことである。

令和３年度
2021年 6編（141〜165） 清 掃 問題解答試案

問題番号	解答番号	ワンポイント解説
141	(5)	事務室窓台の除塵は<u>定期清掃</u>である。
142	(1)	建築物清掃管理仕様書は，基本管理方針や作業範囲，作業環境，作業時間帯等を記載した総括的なものと作業内容を図表などで表した，<u>清掃作業基準表</u>からなる。
143	(1)	作業計画および作業手順書の内容ならびにこれらに基づく清掃作業の実施状況について，<u>3カ月</u>以内ごとに一回，定期に点検し，必要に応じて，適切な措置を講じること。
144	(1)	きれいさの評価は，主として<u>目視</u>で行う。
145	(2)	(1) アクリル板のほこりは，<u>静電気</u>による<u>付着である</u>。 (3) ほこりは，長時間放置すると<u>除去しにくくなる</u>。 (4) ダストコントロール法は，水溶性の汚れは除去<u>できない</u>。 (5) <u>ダストコントロール法</u>は，油分による床面への弊害が多い。
146	(2)	カーペットスイーパは，<u>パイル表面</u>のほこりを除去する。
147	(3)	(1) 剥離剤は，<u>アルカリの作用</u>で，樹脂床維持剤の皮膜を溶解する。 (2) フロアポリッシュは，物理的・化学的方法により容易に<u>除去できる</u>。 (4) フロアオイルは，主に表面加工<u>されていない</u>木質系床材の保護のために用いられる。 (5) 床維持剤には，<u>水性</u>フロアポリッシュが多く使われている。
148	(2)	塩化ビニルシートは，<u>可塑剤</u>により床維持剤の<u>密着不良</u>が起こりやすい。
149	(4)	(1) 木質系床材は，耐水性に<u>乏しい</u>。 (2) テラゾは，耐酸性に<u>乏しい</u>。 (3) リノリウムは耐アルカリ性に<u>乏しい</u>。 (5) コンクリートは耐酸性に<u>乏しい</u>。
150	(5)	(1) ウェットメンテナンス法に比べて部分補修が<u>しやすい</u>。 (2) ドライバフ法で用いる床磨き機は，回転数が高い<u>ほど</u>フロアポリッシュ皮膜<u>と接地面の温度が高くなり，光沢が回復するので，高速で使用する</u>。 (3) ドライバフ法は，つや出し作業を持つスプレーを<u>使用せずに</u>，パッドで磨き，光沢を回復させる。 (4) スプレークリーニング法は，毎分200回転の床磨き機を用いる。
151	(2)	(2) アクリル素材は，耐久性に<u>乏しい</u>。 (5) （間違いやすい）しみは，見つけた時点で，なるべく早くしみ取り作業を行う。すなわち，「しみ取り作業は日常清掃で行う」は正しい。
152	(4)	階段の壁面は，廊下の壁面と比較して，ほこりの付着度合いが<u>高い</u>。
153	(4)	スクイジー法は，<u>水</u>をガラスに塗布しスクイジーでかき取る方法である。
154	(5)	逆性石けん，ノロウィルスに対して消毒効果が<u>低い</u>。

問題番号	解答番号	ワンポイント解説
155	(3)	ごみ燃料化施設―減容化，資源化，減量化
156	(5)	焼却を行ってごみを減量化することは，<u>中間処理に含まれる</u>。
157	(4)	(4) 1970年に制定された廃棄物処理法では，<u>衛生面</u>から規定していた汚物に加えて，新たに不要物の概念を導入して廃棄物を定義し，産業廃棄物と一般廃棄物に分類するとともに，<u>生活環境の保全</u>が新たに法の目的に追加された。 (3)（間違いやすい）「排出の抑制」が，新たに法の目的に追加されたのは，1990年代である。
158	(1)	排出事業者が，産業廃棄物の処理を委託する場合，その移動および処理の状況を自ら把握するため，<u>産業廃棄物管理票制度（マニュフェスト制度）</u>が設けられている。
159	(3)	<u>市町村長</u>は，その区域において事業活動にともない多量の一般廃棄物を生ずる土地または建物の<u>占有者</u>に対し，当該一般廃棄物の<u>減量</u>に関する計画の作成，当該一般廃棄物を運搬すべき場所およびその運搬方法その他必要な事項を指示することができる。
160	(5)	事業活動のともない発生する廃棄物のうち，ばいじん類は，安定型品目の産業廃棄物に該当<u>しない</u>。
161	(5)	特定建築物の清掃作業にともなう廃液の排水基準値は，建築物衛生法により定められて<u>いない</u>。
162	(2)	容器方式は，コンパクタ・コンテナ方式おり作業性<u>が劣る</u>。
163	(1)	雑誌の処理方法としては，<u>梱包</u>がある。
164	(2)	一日の廃棄物発生量は，$10,000\ \text{m}^2 \times (0.04\ \text{kg/m}^2 \cdot \text{日}) = 400\ \text{kg}$ 一日の必要容器数は，$400\ \text{kg}/(10\ \text{kg/個}) = 40\ \text{個}$ 一日の容器面積は，$40\ \text{個} \times 0.25\ \text{m}^2 = 10\ \text{m}^2$ 2日分保存なので，$10\ \text{m}^2 \times 2\ \text{日} = 20\ \text{m}^2$
165	(4)	特定家庭用機器再商品化法（家電リサイクル法） <u>―4品目：家庭用エアコン，テレビ，電気冷蔵庫・冷凍庫，電気洗濯機・衣類乾燥機</u>

令和2年度 6編（141〜165） 清　　掃　問題解答試案
2020年

第6編　令和2年度

問題番号	解答番号	ワンポイント解説
141	(3)	清掃用機械器具などの保管庫は，6月以内ごとに一回，定期に点検する。
142	(3)	廊下壁面の除塵は，定期清掃得行う。
143	(1)	出入り口やコーナーでの指差し呼称は，衝突事故防止対策である。
144	(2)	(1) 評価は，3ヶ月に1回行う。 (3) 評価は，利用者の視点で行う。 (4) 点検は，主として目視で行う。 (5) 評価範囲は，汚染度の激しい箇所に重点を置く。
145	(3)	(1) 沈降性大気じん　0.1 μm〜100 μm (2) たばこ煙　0.1 μm〜1 μm (4) 掃除機の排気中の粒子　0.1 μm〜10 μm (5) ダストクロス清掃による発塵　0.5 μm〜10 μm
146	(4)	洗剤を使用する時の温度は，高く設定しない。
147	(2)	(1) 文化ちり取りは，移動する際に後もがこぼれないので，広い掃き用として広く使われる。 (3) 自動床洗浄機は，洗剤供給式床磨き機とウィット式真空掃除機とを結合したものである。 (4) 樹脂床維持剤皮膜の剥離は，床用パットの黒か茶色が使われる。 (5) 凹凸のある床面には，ブラシが使われる。
148	(5)	エキストラクタは，洗浄液を噴射して，直ちに吸引する構造となっている。
149	(4)	(1) 表面洗剤は，界面活性剤を配合して，泡立ちにくいようにしてある。 (2) 洗剤に使用される界面活性剤は，陰イオン系と非イオン系，陽イオン系，両性系に大別される。 (3) 界面活性剤は，液体の表面張力を低くする働きを持つ。 (5) 洗剤は，適正な濃度で使用する。
150	(5)	リノリウム床の洗浄　　　中性洗剤
151	(2)	防音性は必要ない。
152	(3)	床維持剤を塗布しても，ほこり除去の作業頻度は減らすことは出来ない。
153	(2)	(1) 事務所建築物の繊維床材の汚れは，約60%が水性のしみである。 (3) ポリプロピレン素材は。親水性の汚れが取れやすい。 (4) カーペットのほつれは，気付いたらなるべく早めにカットする。 (5) アクリル素地は，親水性の汚れが取れやすい。
154	(5)	ドライバフ法の床磨き機は，床面の光沢回復のために使用される。
155	(1)	エレベーターホールにある繊維床のスポットクリーニングは，1ヶ月に1回を目安に行う。

問題番号	解答番号	ワ ン ポ イ ン ト 解 説
156	(4)	<u>1970 年代</u>に，「廃棄物」を「一般廃棄物」と「産業廃棄物」に分類し，廃棄物の適正処理が図られた。
157	(4)	<u>約 25%</u> のごみ焼却処理施設で，余熱を利用した発電が行われている。
158	(4, 5)	一般廃棄物の埋立処分は「最終処分場」に埋め立てる産業廃棄物のうち，有害物質を含まない汚泥は，**管理型**最終処分場に埋めたてられる。
159	(1)	<u>市町村長</u>は，多量の一般廃棄物を生じる建物の占有者に対し，減量に関する計画の作成等を支持することが出来る。
160	(2)	飲食店から排出された木くずは，<u>一般廃棄物</u>に該当する。
161	(4)	全廃棄物質量が 1 日当たり 2.4 t（2400 kg）であるから，その 5% は 2400 kg×0.05＝120 kg 厨芥は 1 日当たり 0.25 m³ 排出されているので， 120 kg÷0.25 m³＝480 kg/m³
162	(5)	(1) 家庭から排出される廃棄物より，事務所建築物から排出される廃棄物の方が，単位容積質量値は小さい。 (2) 厨芥とは，**厨房等から排出される生ごみや雑芥**である。 (3) 感染性廃棄物は，<u>収集・運搬</u>を考慮して保管場所を決める。 (4) 建築物内に診療所がある場合は，**診療所**が特別管理産業廃棄物管理責任者を置かなければならない。
163	(2)	**建物所有者**は，建築物の管理責任者を選任する。
164	(1)	容器方式は，コンパクタ・コンテナ方式より貯留・排出の作業性が<u>劣る</u>。
165	(3)	(1) 破砕機は，<u>厨芥類</u>の粉砕に用いられる。 (2) シュレッダーは，<u>OA 紙</u>の切断に用いられる。 (4) 梱包機は，<u>新聞・雑誌</u>の圧縮に用いられる。 (5) 圧縮装置は，**OA 紙・再生紙等の紙類**保管場所の確保のために用いられる。

令和元年度 2019年 6編（141〜165） 清　掃　問題解答試案

問題番号	解答番号	ワ ン ポ イ ン ト 解 説
141	(3)	大掃除においては，6カ月以内ごとに1回，日常清掃の及びにくい箇所等の汚れ状況を点検し，必要に応じ除じん，洗浄を行う。
142	(3)	(1) エレベータかご内部の除じんは，日常清掃として実施する。 (2) 廊下壁面のスイッチ回りの洗剤拭きは，定期清掃として実施する。 (4) 一般の人が立ち入らない管理用区域の清掃は，日常的な整理整頓と，汚れの状況に応じた清掃が必要である。 (5) エスカレータパネル類の洗剤拭きは，定期清掃として実施する。
143	(1)	記憶や経験を基にした個人的な管理ではないため，従業員にも理解しやすく，作業指示や消化が円滑になる。
144	(3)	ノロウイルス感染によると思われる嘔吐物があった場合は，その物をぬぐい取り，その部分を含む広い範囲を次亜塩素酸ナトリウムで消毒する。
145	(4)	作業実態分析を行い，ムリ，ムダ，ムラがないようにし，常に実情に見合った作業計画とするため，必要があれば修正等を加えて作業を実施する。
146	(5)	清掃作業の点検評価は，主として目視により行う。
147	(2)	高気密化している建築物では，窓や隙間がほこりの侵入路として重要視されていない。
148	(1)	床みがき機に用いるブラシは，直径50cm以内のものが多く使われている。
149	(4)	洗剤供給式床みがき機は，ウールのウィルトンカーペットの洗浄に適さない。
150	(5)	表面洗剤には，界面活性剤や助剤が配合されているので，泡立ちにくいものが多い。
151	(2)	(1) 塩化ビニルシートは，床維持剤の密着不良が起きやすい。 (3) リノリウムは，耐アルカリ性に乏しい。 (4) 床維持剤を塗布することで，土砂・ほこりの除去頻度を減らすことは出来ない。 (5) 塩化ビニルタイルは，可塑剤を含む。
152	(5)	(1) 花崗岩は，耐アルカリ性がある。 (2) セラミックタイルは，耐酸性，耐アルカリ性に優れる。 (3) テラゾは，耐酸性に乏しい。 (4) コンクリートは，耐酸性に乏しい。
153	(1)	(2) パイル内部のほこりの除去には，真空掃除機を用いる。 (3) アクリル素材は，親水性の汚れが取れやすい。 (4) しみ取り作業は，発見したらなるべくは早い段階で行う。 (5) スポットクリーニングは，汚れがパイルの上部にあるうちに行う洗浄作業である。

問題番号	解答番号	ワ ン ポ イ ン ト 解 説
154	(3)	ウェットメンテナンス法に比べ，滑りや転倒が<u>少ない</u>。
155	(2)	樹脂床維持剤の皮膜を除去するには，<u>強アルカリ性</u>の剥離剤で皮膜を溶解させる。
156	(3)	(1) 廊下の壁面は，階段の壁面と比較して，ほこりの付着量が多い。 (2) ドア・エレベータスイッチは，冬期は夏期に比べ手垢が<u>付きにくく</u>なる。 (4) トイレの清掃は，衛生上の観点から利用者の使用を全面的に禁止<u>しないよう</u>，作業を行う。 (5) 照明器具は静電気でほこりがたまりやすく，照度低下があるため，<u>定期的に</u>清掃する必要がある。
157	(2)	自動窓拭き設備には，スチーム洗浄機は組み込まれて<u>いない</u>。
158	(5)	最終処分において，天然資源の投入を<u>進めていない</u>。
159	(1)	<u>有害な産業廃棄物の埋立処分</u>は，遮断型最終処分場に埋め立てなければならない。
160	(5)	事業活動に伴い発生する廃棄物のうち，廃プラスチック類は，業種指定の<u>ない産業廃棄物</u>に該当する。
161	(4)	グリース阻集器で阻集される油分は，<u>産業廃棄物の廃油</u>に該当する。
162	(4)	<u>排出事業者は，</u>産業廃棄物を<u>収集・運搬業者</u>に引き渡す際に産業廃棄物管理票を交付する。
163	(2)	厨芥とは，<u>厨房等から排出された雑芥である</u>。
164	(1)	排出事業者は，電子マニフェストを<u>使用する</u>場合は，A 票，B2 票，D 票，E 票の保存は<u>必要ない</u>。
165	(4)	貯留・排出機方式は，コンパクタ・コンテナ方式より<u>小規模建築物</u>に適用される。

令和5年度 2023年　7編（166〜180）　ねずみ，昆虫等の防除　問題解答試案

問題番号	解答番号	ワンポイント解説
166	(3)	(1) 日本のヒトスジシマカは，冬季は卵で越冬する。 (2) アカイエカは，主に建築物外の下水溝，雨水桝，防水用水槽で発生する。 (4) コガタアカイエカの発生源は主に水田である。 (5) 同一期間における移動距離は，アカイエカの方がヒトスジシマカよりも長い。
167	(5)	(1) ゴキブリは集団の方が単独で生活するよりも発育が早い。 (2) 8か所に5日間設置した粘着トラップに捕獲されたゴキブリの総数が200匹であった場合のゴキブリ指数は5である。 (3) ゴキブリは食べ物に対する好みはあるものの，特定のものだけを喫食することはなく，食品類や汚物などあらゆるものを餌とする。 (4) ゴキブリは集合フェロモンを分泌し，お互い集合させる性質を持つ。
168	(3)	他の屋内生息性のゴキブリ類と比較して，野外生活性が弱い。
169	(4)	ケナガコナダニ (2) （間違いやすい）カベアナタカラダニは，ビルの外壁などで大発生する
170	(5)	建築物内で発生するチョウバエ類は，人からは吸血しない。
171	(4)	ハエ類の建築物への侵入を抑制するために，電撃殺虫機を窓や出入り口の近くに設置する
172	(5)	有機リン剤の薬量や濃度の増加に伴う致死率の上昇は，ピレスロイド系に比べて急傾斜を示す。
173	(1)	ホウ酸―ゴキブリ食毒剤
174	(4)	(1) 建物内のIPMによるネズミの防除は，餌を断つこと，巣を作らせないこと，通路を遮断すること，の3点を基本として進める。 (2) 建築物における維持管理マニュアルでは，生きているネズミが確認されない，無毒餌が食べられていない，天井の出入り口に配置した黒紙に足跡やかじり跡がつかない，ことをもって「許容水準に該当する」としている。 (3) ネズミが活動した際に残す証跡のうち，糞，尿，毛，足跡，かじり跡をラットサインと呼ぶ。 (5) 生け捕りかごなどのトラップを用いたドブネズミの駆除を行う場合，「鳥獣の保護及び管理並びに狩猟の適正化に関する法律」の規制を受けない。
175	(2)	ジフェチアロール―第二世代の抗凝血性殺鼠剤
176	(1)	粉剤の鼠穴内部への散粉処理は，殺鼠剤を経口的に取り込ませることを狙った処理法である。
177	(2)	重症熱性血小板減少症候群（SFTS）の原因となるウィルスが媒介されるのは，主に野山や草むらである。

問題番号	解答番号	ワンポイント解説
178	(4)	(1) 防毒マスクは，薬剤を空間散布する場合や狭い場所で，気化したガスの吸引防止のために着用する。 (2) 薬剤散布時には，薬剤は人目に触れる場所に放置せず，車などに保管して施錠する。 (3) 2 m 以上の高所作業では，墜落防止用器具等の装着が必要である。 (5) 建築b津衛生法に基づく特定建築物内における，ねずみ・昆虫等の防除では，医薬部外品として承認されている薬剤は使用できる。
179	(4)	建築物衛生法に基づく特定建築物では，維持管理水準を三段階に分けて値を示し，それぞれ必要な措置を定めている。
180	(5)	人畜共通感染症は，ヒトから動物へ，動物からヒトへ病原体が伝搬される感染症を指す。 (1)（間違いやすい）喫食抵抗性は，長期間同じ成分の毒餌基剤を繰り返し与えられることにより，喫食忌避が起こり発達する。

令和４年度 2022年 ７編（166～180） ねずみ，昆虫等の防除 問題解答試案

問題番号	解答番号	ワンポイント解説
166	(1)	ULV 処理は，一般成虫に対する速効性は高い。
167	(5)	アカイエカとチカイエカは，外部形態での区別は困難である。
168	(5)	ゴキブリの集団形成は，直腸細胞から分泌される集合フェロモンにより促進される。
169	(2)	乳剤とマクロカプセル剤の残効性を同条件で比較すると，マイクロカプセルの方が長い。
170	(3)	ツメダニ類は，他のダニやチャタテムシ等を捕食する。
171	(1)	ヒメマルカツオブシムシの幼虫は，乾燥食品や羊毛製品等を食害する。 (2)（間違いやすい）シバンムシ類は幼虫期に乾燥食品や菓子類，動物の剥製等を加害する。 (3) ヒラタキクイムシ類の幼虫は，家具などの乾材や穀物も加害する。
172	(4)	チョウバエ類の幼虫に対する殺虫剤の効力は一般的に蚊と比較して低い。 (2)（間違いやすい） ヒメマルカツオブシムシはフェロモンによって誘引されるため，ヒメマルカツオブシムシ用のフェロモントラップが市販されている。
173	(4)	トコジラミ (2)（間違いやすい） 特定建築物内でねずみ・害虫防除に使用する薬剤は，医薬品，医療機器等法により，医薬品または医薬部外品として承認された製剤でなければならない。シロアリは建材害虫であるが，対象薬剤に法的規制はなく，業界団体の自主規制が行われている。
174	(5)	ピレスロイド剤を有効成分とする ULV 処理専用の乳剤がある。 (3)（間違いやすい） ゴキブリ用の食毒剤に適した成分には，ホウ酸，ヒドラメチルノン，フィプロニルがある。
175	(2)	ハツカネズミは，クマネズミと比較してトラップかかりやすく，殺鼠剤には強い。
176	(1)	(2) 殺鼠剤に対するネズミ類の抵抗性の発達原理は，昆虫と同じである。 (3) 殺鼠剤を食べて死んだネズミから，ハエなどが発生することはある。 (4) 殺鼠剤の有効成分は選択毒性が低く，人に対しても強い毒性を示す成分が多い。 (5) ワルファリンは，複数回の摂取によってネズミを失血死させる。
177	(4)	ジファチアロール
178	(2)	(1) ライトトラップは，短波長誘引ランプに誘引された昆虫を捕獲する器具である。 (3) 噴射できる薬剤の粒径は，ミスト機，ULV 機，噴霧器の中で，噴霧器が最も大きい。 (4) 昆虫の室内侵入防止のため設置する網戸は，20 メッシュ程度とする。 (5) ULV 機は，高濃度の薬剤を少量散布する薬剤散布機である。
179	(3)	調査では，目視調査とトラップ等による捕獲調査を実施する。 (1)（間違いやすい） 個々の対象では許容水準を達成していても，複数の種が発生する場所では，環境が悪化している恐れがある場所が多いことが考えられるため，「警戒水準」と判断して環境整備状況を見直す。
180	(1)	蚊の成虫に対する基礎的な殺虫力は，LD50 値により判断できる。

令和3年度 2021年　7編（166〜180）　ねずみ，昆虫等の防除　問題解答試案

問題番号	解答番号	ワンポイント解説
166	(1)	昆虫成長制御剤（IGR）は，成虫に対する効果はない。
167	(3)	チカイエカは，地下の浄化槽や湧水槽に発生する。
168	(5)	ゴキブリの食性は，発育段階によって変化しない。
169	(3)	毒餌処理に用いられる薬剤には，ヒドラメチルノンやホウ酸，フィプロニルを有効成分とした製剤がある。
170	(3)	ヒゼンダニは，皮膚内に侵入し，内部寄生する。
171	(5)	(1) ピレスロイド剤を液化炭酸ガスに溶解し，ボンベに封入した製剤がある。 (2) 有機リン剤によりノックダウンした昆虫は，蘇生せずに死亡することが多い。 (3) 乳剤は，有効成分をケロシンに溶かし，乳化剤を加えた製剤である。 (4) プロペタンホスは，有機リン系殺虫剤である。
172	(4)	幼若ホルモン用化合物は，昆虫の幼虫脱皮後の表皮形成を阻害する作用を示す。
173	(4)	ドブネズミに比べて雑食の傾向は弱い。
174	(5)	殺鼠剤には，経口的な取込み以外に，経皮的な取り込みによって効果を示す薬剤はない。
175	(5)	トコジラミは，ホテルや旅館の客室での吸血被害が問題になっている。
176	(2)	日本紅斑熱ーマダニ
177	(1)	隙間や割れ目等の細かな部分に粉剤を処理する場合には，そのまま散布する。
178	(4)	ネズミの防除においては，IPM（総合的有害生物管理）の理念に基づく防除を実施しなければならない。この防除においては，生息密度調査や防除目標の設定，防除法の選定，生息指数による評価等が重要視され，防除法の選定においては，発生予防対策や侵入防止対策を優先的に検討する必要がある。
179	(3)	(1) ネズミや害虫に対しては，発生場所や発生密度を生息実態調査によって把握し，結果に応じた対策を施す。 (2) IPMにおける措置水準とは，すぐに防除作業が必要な状況をいう。 (4) チャバネゴキブリが発生している厨房の5箇所に3日間配置した粘着トラップでの捕獲数が，成虫30匹と幼虫120匹であった場合のゴキブリ指数は10である。 （解説）ゴキブリ指数とは，1日の1トラップ当たりのゴキブリ捕獲数である。 1日の捕獲数：30＋120＝150匹 1日1トラップ当たりの捕獲数：150匹／（5トラップ×3日）＝10 (5) ゴキブリ防除用として，医薬品や医薬部外品として承認された殺虫剤の代わりに使用できる農薬はない。
180	(2)	ニューサンスコントロールとは，刺咬や不快対策として行う害虫等の防除をさす。

令和2年度 2020年 7編（166～180） ねずみ，昆虫等の防除 問題解答試案

問題番号	解答番号	ワンポイント解説
166	(2)	浄化槽内の殺虫剤処理後も成虫数が減少しない場合は，異なる系統の殺虫剤への変更を検討する。
167	(3)	毒餌処理は，薬剤を経口的に取り込ませることをねらった処理法である。
168	(1)	ダニは，頭部，胸部，腹部という区分はなく，胴体部と顎体部からなる。
169	(2)	クロバエは，気温の低い時期に発生する大型のハエである。
170	(4)	トコジラミは，カメムシの仲間の吸血昆虫である。
171	(2)	フェノトリン ─── アカイエカの成虫
172	(2)	(1) イカリジンは，ゴキブリ類に対する致死効率が低い。 (3) LD50値は，50％致死薬量を表している。 (4) 有機リン剤の処理によってノックダウンした個体は，蘇生する傾向が低い。 (5) 昆虫成長制御剤（IGR）に対する抵抗性を獲得した衛生害虫が確認されている。
173	(5)	クマネズミは，警戒心が強く，毒餌やトラップによる防除が困難である。
174	(3)	ネズミの薬事抵抗性は，抵抗性遺伝子が子孫に伝えられることにより発生する。
175	(1)	ヒトスジシマカは，デング熱の媒介蚊である。
176	(4)	殺鼠剤には，劇薬，毒薬に該当する製剤はない。
177	(4)	(1) 通常の16メッシュの網目であれば，コバエの侵入は防止できない。 (2) 光源がナトリウム灯の場合は，白熱灯に比べて昆虫類を誘引しにくいことが知られている。 (3) 噴霧器は，100～400 μm程度の粒子の薬剤を，ゴキブリなどの生息場所に散布する場合に使用する。 (5) ミスト機は，殺虫剤などに熱を加えないで，送風装置とノズルの先端の衝突版で20～100 μm程度の粒子を噴霧する機器である。
178	(1)	乳剤や油剤等には，消防法に定める第四類危険物のうち，第一石油類に該当するものはない。
179	(5)	IPM（総合的有害生物管理）における「措置水準」とは，すぐに防除作業が必要な状況をいう。
180	(3)	炭酸ガス製剤は，ピレスロイド剤を液化炭酸ガスに溶解させ，ボンベに封入した製剤である。

令和元年度 2019年　7編（166〜180）　ねずみ，昆虫等の防除　問題解答試案

問題番号	解答番号	ワンポイント解説
166	(5)	アカイエカは，主として夜間に吸血する。
167	(5)	樹脂蒸散剤は，密閉性が保たれていない空間では，殺成虫効果が期待できない。
168	(1)	(2) クロゴキブリは，夜行性で，昼間はほとんど活動しない。 (3) トビイロゴキブリは，孵化後間もない幼虫が，単独で生活する傾向はない。 (4) ワモンゴキブリは，動物性の食品や汚物等を餌とする。 (5) ヤマトゴキブリは，幼虫のあとは蛹の時期がなく，成虫となる。
169	(3)	(1) 動物寄生性ダニ類には，ヒトの皮膚内に寄生する種類がある。（ヒゼンダニ） (2) ダニの体は，胴体部と顎体部に分けることができる。 (4) ヒョウヒダニ類は，室内塵中の有機物を餌として発育する。 (5) イエダニは，ネズミに寄生し，吸血する。
170	(4)	シバンムシアリガタバチの幼虫は，乾燥食品や建築材料を餌とする。
171	(2)	昆虫成長制御剤（IGR）
172	(1)	(2) ULV 処理には，専用の乳剤を使用する。 (3) ジフルベンズロンは，キチン合成阻害剤である。 (4) 油剤は，煙霧処理に使用される。 (5) KT5 の値は，致死効力とは相関しない。
173	(2)	クマネズミは，植物質の餌を好む。
174	(4)	リン化亜鉛は，急性毒性（一度食べさせることで効果を発揮する）殺鼠剤である。
175	(5)	ドブネズミでは，抗凝血性殺鼠剤に対する抵抗性を獲得した集団は報告されている。
176	(3)	コガタアカイエカは，日本脳炎の感染症を媒介する。
177	(4)	ある殺虫剤の毒性がヒト又は動物と昆虫の間であまり変わらないことを，選択毒性が低いと表現する。
178	(1)	(2) 食料取扱い区域などのねずみ等が発生しやすい場所では，2カ月以内ごとに発生状況調査を実施する。 (3) 調査は，全体を包括的に点検する目視調査や聞取り調査と，種類や発生量を把握するためのトラップ調査を行う。 (4) IPM（総合的有害生物管理）における「警戒水準」とは，放置すると今後問題にある可能性がある状況をいう。 (5) IPM に基づくねずみ等の防除では，定期的・統一的な薬剤処理ではなく，あらかじめ発生状況を調査し，結果に応じた対策を講じるものである。
179	(2)	ネズミと昆虫では，薬剤抵抗性の発達の原理は同じである。
180	(3)	床の通風口や換気口には，目の大きさ 1 cm 以下の金網格子を設置する。

科目別解答用紙　第1週　1編＋4編（　　月　　日～　　月　　日）

	月	火	水	木	金
	令和5年度	令和4年度	令和3年度	令和2年度	令和元年度
1編（建築物衛生行政概論）	問1	問1	問1	問1	問1
	問2	問2	問2	問2	問2
	問3	問3	問3	問3	問3
	問4	問4	問4	問4	問4
	問5	問5	問5	問5	問5
	問6	問6	問6	問6	問6
	問7	問7	問7	問7	問7
	問8	問8	問8	問8	問8
	問9	問9	問9	問9	問9
	問10	問10	問10	問10	問10
	問11	問11	問11	問11	問11
	問12	問12	問12	問12	問12
	問13	問13	問13	問13	問13
	問14	問14	問14	問14	問14
	問15	問15	問15	問15	問15
	問16	問16	問16	問16	問16
	問17	問17	問17	問17	問17
	問18	問18	問18	問18	問18
	問19	問19	問19	問19	問19
	問20	問20	問20	問20	問20

	月	火	水	木	金
	令和5年度	令和4年度	令和3年度	令和2年度	令和元年度
4編（建築物の構造概論）	問91	問91	問91	問91	問91
	問92	問92	問92	問92	問92
	問93	問93	問93	問93	問93
	問94	問94	問94	問94	問94
	問95	問95	問95	問95	問95
	問96	問96	問96	問96	問96
	問97	問97	問97	問97	問97
	問98	問98	問98	問98	問98
	問99	問99	問99	問99	問99
	問100	問100	問100	問100	問100
	問101	問101	問101	問101	問101
	問102	問102	問102	問102	問102
	問103	問103	問103	問103	問103
	問104	問104	問104	問104	問104
	問105	問105	問105	問105	問105

科目別解答用紙　第２週　2編＋7編（　　　月　　　日〜　　　月　　　日）

	月	火	水	木	金
	令和５年度	令和４年度	令和３年度	令和２年度	令和元年度
2編（建築物の環境衛生）	問21	問21	問21	問21	問21
	問22	問22	問22	問22	問22
	問23	問23	問23	問23	問23
	問24	問24	問24	問24	問24
	問25	問25	問25	問25	問25
	問26	問26	問26	問26	問26
	問27	問27	問27	問27	問27
	問28	問28	問28	問28	問28
	問29	問29	問29	問29	問29
	問30	問30	問30	問30	問30
	問31	問31	問31	問31	問31
	問32	問32	問32	問32	問32
	問33	問33	問33	問33	問33
	問34	問34	問34	問34	問34
	問35	問35	問35	問35	問35
	問36	問36	問36	問36	問36
	問37	問37	問37	問37	問37
	問38	問38	問38	問38	問38
	問39	問39	問39	問39	問39
	問40	問40	問40	問40	問40
	問41	問41	問41	問41	問41
	問42	問42	問42	問42	問42
	問43	問43	問43	問43	問43
	問44	問44	問44	問44	問44
	問45	問45	問45	問45	問45

	月	火	水	木	金
	令和５年度	令和４年度	令和３年度	令和２年度	令和元年度
7編（ねずみ・昆虫の防除）	問166	問166	問166	問166	問166
	問167	問167	問167	問167	問167
	問168	問168	問168	問168	問168
	問169	問169	問169	問169	問169
	問170	問170	問170	問170	問170
	問171	問171	問171	問171	問171
	問172	問172	問172	問172	問172
	問173	問173	問173	問173	問173
	問174	問174	問174	問174	問174
	問175	問175	問175	問175	問175
	問176	問176	問176	問176	問176
	問177	問177	問177	問177	問177
	問178	問178	問178	問178	問178
	問179	問179	問179	問179	問179
	問180	問180	問180	問180	問180

科目別解答用紙　第３週　3編（　　月　　日〜　　月　　日）

	月	火	水	木	金
	令和5年度	令和4年度	令和3年度	令和2年度	令和元年度
3編（空気環境の調整）	問46	問46	問46	問46	問46
	問47	問47	問47	問47	問47
	問48	問48	問48	問48	問48
	問49	問49	問49	問49	問49
	問50	問50	問50	問50	問50
	問51	問51	問51	問51	問51
	問52	問52	問52	問52	問52
	問53	問53	問53	問53	問53
	問54	問54	問54	問54	問54
	問55	問55	問55	問55	問55
	問56	問56	問56	問56	問56
	問57	問57	問57	問57	問57
	問58	問58	問58	問58	問58
	問59	問59	問59	問59	問59
	問60	問60	問60	問60	問60
	問61	問61	問61	問61	問61
	問62	問62	問62	問62	問62
	問63	問63	問63	問63	問63
	問64	問64	問64	問64	問64
	問65	問65	問65	問65	問65
	問66	問66	問66	問66	問66
	問67	問67	問67	問67	問67
	問68	問68	問68	問68	問68
	問69	問69	問69	問69	問69
	問70	問70	問70	問70	問70
	問71	問71	問71	問71	問71
	問72	問72	問72	問72	問72
	問73	問73	問73	問73	問73
	問74	問74	問74	問74	問74
	問75	問75	問75	問75	問75
	問76	問76	問76	問76	問76
	問77	問77	問77	問77	問77
	問78	問78	問78	問78	問78
	問79	問79	問79	問79	問79
	問80	問80	問80	問80	問80
	問81	問81	問81	問81	問81
	問82	問82	問82	問82	問82
	問83	問83	問83	問83	問83
	問84	問84	問84	問84	問84
	問85	問85	問85	問85	問85
	問86	問86	問86	問86	問86
	問87	問87	問87	問87	問87
	問88	問88	問88	問88	問88
	問89	問89	問89	問89	問89
	問90	問90	問90	問90	問90

科目別解答用紙　第4週　5編（　　月　　日～　　月　　日）

	月	火	水	木	金
	令和5年度	令和4年度	令和3年度	令和2年度	令和元年度
5編（給水及び排水の管理）	問106	問106	問106	問106	問106
	問107	問107	問107	問107	問107
	問108	問108	問108	問108	問108
	問109	問109	問109	問109	問109
	問110	問110	問110	問110	問110
	問111	問111	問111	問111	問111
	問112	問112	問112	問112	問112
	問113	問113	問113	問113	問113
	問114	問114	問114	問114	問114
	問115	問115	問115	問115	問115
	問116	問116	問116	問116	問116
	問117	問117	問117	問117	問117
	問118	問118	問118	問118	問118
	問119	問119	問119	問119	問119
	問120	問120	問120	問120	問120
	問121	問121	問121	問121	問121
	問122	問122	問122	問122	問122
	問123	問123	問123	問123	問123
	問124	問124	問124	問124	問124
	問125	問125	問125	問125	問125
	問126	問126	問126	問126	問126
	問127	問127	問127	問127	問127
	問128	問128	問128	問128	問128
	問129	問129	問129	問129	問129
	問130	問130	問130	問130	問130
	問131	問131	問131	問131	問131
	問132	問132	問132	問132	問132
	問133	問133	問133	問133	問133
	問134	問134	問134	問134	問134
	問135	問135	問135	問135	問135
	問136	問136	問136	問136	問136
	問137	問137	問137	問137	問137
	問138	問138	問138	問138	問138
	問139	問139	問139	問139	問139
	問140	問140	問140	問140	問140

科目別解答用紙　第5週　6編（　　月　　日〜　　月　　日）

	月		火		水		木		金	
	令和5年度		令和4年度		令和3年度		令和2年度		令和元年度	
6編（清掃）	問141		問141		問141		問141		問141	
	問142		問142		問142		問142		問142	
	問143		問143		問143		問143		問143	
	問144		問144		問144		問144		問144	
	問145		問145		問145		問145		問145	
	問146		問146		問146		問146		問146	
	問147		問147		問147		問147		問147	
	問148		問148		問148		問148		問148	
	問149		問149		問149		問149		問149	
	問150		問150		問150		問150		問150	
	問151		問151		問151		問151		問151	
	問152		問152		問152		問152		問152	
	問153		問153		問153		問153		問153	
	問154		問154		問154		問154		問154	
	問155		問155		問155		問155		問155	
	問156		問156		問156		問156		問156	
	問157		問157		問157		問157		問157	
	問158		問158		問158		問158		問158	
	問159		問159		問159		問159		問159	
	問160		問160		問160		問160		問160	
	問161		問161		問161		問161		問161	
	問162		問162		問162		問162		問162	
	問163		問163		問163		問163		問163	
	問164		問164		問164		問164		問164	
	問165		問165		問165		問165		問165	

項目別解答用紙　第1週用（　　年　　日）

1編（建築物衛生行政概論）

月	火	水	木	金
令和5年	令和5年	令和5年	令和5年	令和5年
問1	問5	問10	問15	問18
問2	問6	問11	問16	問19
問3	問7	問12	問17	問20
問4	問8	問13	令和4年	令和4年
令和4年	問9	問14	問13	問17
問1	令和4年	令和4年	問14	問18
問2	問4	問9	問15	問19
問3	問6	問10	問16	問20
問5	問7	問11	令和3年	令和3年
令和3年	問8	問12	問9	問17
問1	令和3年	令和3年	問14	問18
問2	問5	問8	問15	問19
問3	問6	問11	問16	問20
問4	問7	問12	令和2年	令和2年
令和2年	問10	問13	問12	問15
問1	令和2年	令和2年	問13	問16
問2	問5	問9	問14	問17
問3	問6	問10	令和元年	問18
問4	問7	問11	問14	問19
令和元年	問8	令和元年	問15	問20
問1	令和元年	問9	問16	令和元年
問2	問4	問10	問17	問18
問3	問7	問11		問19
問5	問8	問12		問20
問6		問13		

4編（建築物の構造概論）

月	火	水	木	金
令和5年	令和5年	令和5年	令和5年	令和5年
問91	問93	問96	問99	問102
問92	問94	問97	問100	問104
令和4年	問95	問98	問101	問105
問91	令和4年	令和4年	問103	令和4年
問92	問94	問97	令和4年	問101
問93	問95	問98	問99	問103
令和3年	問96	問105	問100	問104
問91	令和3年	令和3年	問102	令和3年
問92	問93	問97	令和3年	問100
令和2年	問94	問98	問99	問103
問91	問95	問99	問101	問104
問92	問96	問105	問102	令和2年
問93	令和2年	令和2年	令和2年	問104
令和元年	問94	問97	問99	令和元年
問91	問95	問98	問101	問102
問92	問96	問99	問102	問103
問93	令和元年	問105	問103	問104
問94	問96	令和元年	令和元年	問105
問95	問97	問98	問101	
		問100		
		問101		

項目別解答用紙　第2週用（　　年　　日）

2編（建築物の環境衛生）

月	火	水	木	金
令和5年	令和5年	令和5年	令和5年	令和5年
問21	問28	問30	問37	問42
問22	問29	問31	問38	問43
問23	令和4年	問32	問39	問44
問24	問24	問33	問40	問45
問25	問25	問34	問41	令和4年
問26	問26	問35	令和4年	問43
問27	問27	問36	問37	問44
令和4年	問28	令和4年	問38	問45
問21	問29	問31	問39	令和3年
問22	問30	問33	問40	問40
問23	問32	問34	問41	問41
令和3年	令和3年	問35	問42	問42
問21	問23	問36	令和3年	問43
問22	問25	令和3年	問36	問44
問24	問27	問31	問37	問45
問26	問28	問32	問38	令和2年
令和2年	問29	問33	問39	問41
問21	問30	問34	令和2年	問42
問22	令和2年	問35	問36	問43
問23	問25	令和2年	問37	問44
問24	問27	問28	問38	問45
問26	問30	問29	問39	令和元年
令和元年	問32	問31	問40	問40
問21	令和元年	問33	令和元年	問41
問22	問27	問34	問34	問42
問23	問28	問35	問35	問43
問24	問29	令和元年	問36	問44
問25	問30	問31	問37	問45
問26		問32	問38	
		問33	問39	

7編（ねずみ・昆虫の防除）

月	火	水	木	金
令和5年	令和5年	令和5年	令和5年	令和5年
問166	問169	問174	問172	問175
問167	問170	問177	問173	問176
問168	問171	問179	問179	問178
令和4年	令和4年	令和4年	令和4年	問180
問166	問169	問179	問173	令和4年
問167	問170	問180	問174	問176
問168	問171	令和3年	問178	問177
問175	問172	問174	問180	令和3年
令和3年	令和3年	問178	令和3年	問180
問166	問169	問179	問171	令和2年
問167	問170	令和2年	問172	問174
問168	問175	問173	問177	問176
問173	問176	問175	令和2年	問178
令和2年	令和2年	問179	問171	問180
問166	問167	令和元年	問172	令和元年
令和元年	問168	問176	問177	問174
問166	問169	問178	令和元年	問175
問167	問170	問179	問171	問177
問168	令和元年	問180	問172	
問173	問169			
	問170			

項目別解答用紙　第３週用（　　年　　　日）

3編（空気環境の調整）

月

令和5年
問46、問47、問49、問50、問51、問52、問53、問54、問58

令和4年
問46、問48、問49、問50、問51、問52、問53、問54、問55

令和3年
問47、問48、問49、問50、問51、問57

令和2年
問46、問47、問48、問49、問50、問51、問54、問55、問59

令和元年
問46、問47、問48、問49、問50、問51、問52、問53、問54

火

令和5年
問48、問55、問56、問57、問60、問61、問62、問63、問67、問76

令和4年
問47、問56、問57、問58、問59、問61、問62、問63、問64、問65

令和3年
問46、問52、問53、問54、問55、問56、問58、問62、問63、問66、問68

令和2年
問52、問53、問56、問57、問58、問60、問61、問62、問63

令和元年
問55、問56、問57、問58、問59、問60、問61、問62、問63

水

令和5年
問59、問64、問66、問68、問69、問70、問71、問74

令和4年
問60、問66、問67、問68、問69、問70、問71、問72、問73、問76

令和3年
問59、問60、問64、問65、問67、問69、問70、問71、問73

令和2年
問67、問69、問70、問71、問72、問73、問75、問81

令和元年
問64、問65、問66、問67、問68、問69

木

令和5年
問65、問72、問73、問75、問77、問78、問79、問80、問82、問90

令和4年
問74、問75、問77、問79、問80、問81、問82

令和3年
問61、問72、問74、問75、問76、問77、問78、問80、問83

令和2年
問64、問65、問66、問68、問74、問76、問77、問78、問79、問80

令和元年
問70、問71、問72、問73、問74、問75、問76、問77、問78、問79、問82、問90

金

令和5年
問81、問83、問84、問85、問86、問87、問88、問89

令和4年
問78、問83、問84、問85、問86、問87、問88、問89、問90

令和3年
問79、問81、問82、問84、問85、問86、問87、問88、問89、問90

令和2年
問82、問83、問84、問85、問86、問87、問88、問89、問90

令和元年
問80、問81、問83、問84、問85、問86、問87、問88、問89

項目別解答用紙　第４週用（　　年　　日）

月	火	水	木	金
令和５年	令和５年	令和５年	令和５年	令和５年
問106	問110	問116	問126	問133
問107	問113	問117	問127	問134
問108	問114	問120	問128	問135
問109	問115	問121	問129	問136
問111	問118	問122	問130	問137
問112	問119	問123	問131	問138
令和４年	令和４年	問124	問132	問139
問106	問111	問125	令和４年	問140
問107	問113	令和４年	問127	令和４年
問108	問114	問119	問128	問133
問109	問115	問121	問129	問134
問110	問116	問122	問130	問135
問112	問117	問123	問131	問136
令和３年	問118	問124	問132	問137
問106	問120	問125	令和３年	問138
問107	令和３年	問126	問127	問139
問108	問111	令和３年	問128	問140
問109	問114	問119	問129	令和３年
問110	問115	問120	問130	問133
問112	問116	問123	問131	問135
問113	問117	問124	問132	問136
令和２年	問118	問125	問134	問137
問106	問121	問126	令和２年	問138
問107	問122	令和２年	問127	問139
問108	令和２年	問121	問128	問140
問109	問111	問122	問129	令和２年
問110	問113	問123	問130	問136
問112	問114	問124	問131	問137
問115	問116	問125	問132	問138
令和元年	問117	問126	問133	問139
問106	問118	令和元年	問134	問140
問107	問119	問120	問135	令和元年
問108	問120	問121	令和元年	問135
問109	令和元年	問122	問128	問136
問110	問112	問123	問129	問137
問111	問113	問124	問130	問138
問114	問115	問125	問131	問139
	問116	問126	問132	問140
	問117	問127	問133	
	問118		問134	
	問119			

（左欄）5編（給水及び排水の管理）

項目別解答用紙　第5週用（　　年　　日）

	月	火	水	木	金
	令和5年	**令5年**	**令和5年**	**令和5年**	**令和5年**
	問141	問147	問153	問157	問163
	問142	問148	問154	問158	**令和4年**
	問143	問149	問155	問159	問157
	問144	問150	問156	問160	問159
	問145	問151	問164	問161	問160
	問146	問152	**令和4年**	問162	問161
	令和4年	**令和4年**	問146	問165	問162
	問141	問145	問150	**令和4年**	問163
	問142	問147	問151	問155	問164
	問143	問148	問152	問156	問165
	問144	問149	問153	問158	**令和3年**
	令和3年	**令和3年**	問154	**令和3年**	問161
6編（清掃）	問141	問145	**令和3年**	問155	問162
	問142	問146	問149	問156	問163
	問143	問147	問150	問157	問164
	問144	問148	問151	問158	問165
	令和2年	**令和2年**	問152	問159	**令和2年**
	問141	問145	問153	問160	問159
	問142	問146	問154	**令和2年**	問161
	問143	問147	**令和2年**	問156	問162
	問144	問148	問152	問157	問163
	令和元年	問149	問153	問158	問164
	問141	問150	問154	問160	問165
	問142	問151	問155	**令和元年**	**令和元年**
	問143	**令和元年**	**令和元年**	問158	問161
	問144	問148	問153	問159	問163
	問145	問149	問154	問160	問164
	問146	問150	問155	問162	問165
	問147	問151	問156		
		問152	問157		

年度別全問解答用紙 （令和5年度）

□午前						□午後			
問 1		問 37		問 73		問 109		問 145	
問 2		問 38		問 74		問 110		問 146	
問 3		問 39		問 75		問 111		問 147	
問 4		問 40		問 76		問 112		問 148	
問 5		問 41		問 77		問 113		問 149	
問 6		問 42		問 78		問 114		問 150	
問 7		問 43		問 79		問 115		問 151	
問 8		問 44		問 80		問 116		問 152	
問 9		問 45		問 81		問 117		問 153	
問 10		問 46		問 82		問 118		問 154	
問 11		問 47		問 83		問 119		問 155	
問 12		問 48		問 84		問 120		問 156	
問 13		問 49		問 85		問 121		問 157	
問 14		問 50		問 86		問 122		問 158	
問 15		問 51		問 87		問 123		問 159	
問 16		問 52		問 88		問 124		問 160	
問 17		問 53		問 89		問 125		問 161	
問 18		問 54		問 90		問 126		問 162	
問 19		問 55		問 91		問 127		問 163	
問 20		問 56		問 92		問 128		問 164	
問 21		問 57		問 93		問 129		問 165	
問 22		問 58		問 94		問 130		問 166	
問 23		問 59		問 95		問 131		問 167	
問 24		問 60		問 96		問 132		問 168	
問 25		問 61		問 97		問 133		問 169	
問 26		問 62		問 98		問 134		問 170	
問 27		問 63		問 99		問 135		問 171	
問 28		問 64		問 100		問 136		問 172	
問 29		問 65		問 101		問 137		問 173	
問 30		問 66		問 102		問 138		問 174	
問 31		問 67		問 103		問 139		問 175	
問 32		問 68		問 104		問 140		問 176	
問 33		問 69		問 105		問 141		問 177	
問 34		問 70		問 106		問 142		問 178	
問 35		問 71		問 107		問 143		問 179	
問 36		問 72		問 108		問 144		問 180	

年度別全問解答用紙 （令和 4 年度）

				□午前				□午後				

□午前						□午後			
問 1		問 37		問 73		問 109		問 145	
問 2		問 38		問 74		問 110		問 146	
問 3		問 39		問 75		問 111		問 147	
問 4		問 40		問 76		問 112		問 148	
問 5		問 41		問 77		問 113		問 149	
問 6		問 42		問 78		問 114		問 150	
問 7		問 43		問 79		問 115		問 151	
問 8		問 44		問 80		問 116		問 152	
問 9		問 45		問 81		問 117		問 153	
問 10		問 46		問 82		問 118		問 154	
問 11		問 47		問 83		問 119		問 155	
問 12		問 48		問 84		問 120		問 156	
問 13		問 49		問 85		問 121		問 157	
問 14		問 50		問 86		問 122		問 158	
問 15		問 51		問 87		問 123		問 159	
問 16		問 52		問 88		問 124		問 160	
問 17		問 53		問 89		問 125		問 161	
問 18		問 54		問 90		問 126		問 162	
問 19		問 55		問 91		問 127		問 163	
問 20		問 56		問 92		問 128		問 164	
問 21		問 57		問 93		問 129		問 165	
問 22		問 58		問 94		問 130		問 166	
問 23		問 59		問 95		問 131		問 167	
問 24		問 60		問 96		問 132		問 168	
問 25		問 61		問 97		問 133		問 169	
問 26		問 62		問 98		問 134		問 170	
問 27		問 63		問 99		問 135		問 171	
問 28		問 64		問 100		問 136		問 172	
問 29		問 65		問 101		問 137		問 173	
問 30		問 66		問 102		問 138		問 174	
問 31		問 67		問 103		問 139		問 175	
問 32		問 68		問 104		問 140		問 176	
問 33		問 69		問 105		問 141		問 177	
問 34		問 70		問 106		問 142		問 178	
問 35		問 71		問 107		問 143		問 179	
問 36		問 72		問 108		問 144		問 180	

年度別全問解答用紙 （令和3年度）

午前							午後			
問 1		問 37		問 73		問 109		問 145	
問 2		問 38		問 74		問 110		問 146	
問 3		問 39		問 75		問 111		問 147	
問 4		問 40		問 76		問 112		問 148	
問 5		問 41		問 77		問 113		問 149	
問 6		問 42		問 78		問 114		問 150	
問 7		問 43		問 79		問 115		問 151	
問 8		問 44		問 80		問 116		問 152	
問 9		問 45		問 81		問 117		問 153	
問 10		問 46		問 82		問 118		問 154	
問 11		問 47		問 83		問 119		問 155	
問 12		問 48		問 84		問 120		問 156	
問 13		問 49		問 85		問 121		問 157	
問 14		問 50		問 86		問 122		問 158	
問 15		問 51		問 87		問 123		問 159	
問 16		問 52		問 88		問 124		問 160	
問 17		問 53		問 89		問 125		問 161	
問 18		問 54		問 90		問 126		問 162	
問 19		問 55		問 91		問 127		問 163	
問 20		問 56		問 92		問 128		問 164	
問 21		問 57		問 93		問 129		問 165	
問 22		問 58		問 94		問 130		問 166	
問 23		問 59		問 95		問 131		問 167	
問 24		問 60		問 96		問 132		問 168	
問 25		問 61		問 97		問 133		問 169	
問 26		問 62		問 98		問 134		問 170	
問 27		問 63		問 99		問 135		問 171	
問 28		問 64		問 100		問 136		問 172	
問 29		問 65		問 101		問 137		問 173	
問 30		問 66		問 102		問 138		問 174	
問 31		問 67		問 103		問 139		問 175	
問 32		問 68		問 104		問 140		問 176	
問 33		問 69		問 105		問 141		問 177	
問 34		問 70		問 106		問 142		問 178	
問 35		問 71		問 107		問 143		問 179	
問 36		問 72		問 108		問 144		問 180	

年度別全問解答用紙 （令和 2 年度）

□午前						□午後				
問 1		問 37		問 73		問 109		問 145	
問 2		問 38		問 74		問 110		問 146	
問 3		問 39		問 75		問 111		問 147	
問 4		問 40		問 76		問 112		問 148	
問 5		問 41		問 77		問 113		問 149	
問 6		問 42		問 78		問 114		問 150	
問 7		問 43		問 79		問 115		問 151	
問 8		問 44		問 80		問 116		問 152	
問 9		問 45		問 81		問 117		問 153	
問 10		問 46		問 82		問 118		問 154	
問 11		問 47		問 83		問 119		問 155	
問 12		問 48		問 84		問 120		問 156	
問 13		問 49		問 85		問 121		問 157	
問 14		問 50		問 86		問 122		問 158	
問 15		問 51		問 87		問 123		問 159	
問 16		問 52		問 88		問 124		問 160	
問 17		問 53		問 89		問 125		問 161	
問 18		問 54		問 90		問 126		問 162	
問 19		問 55		問 91		問 127		問 163	
問 20		問 56		問 92		問 128		問 164	
問 21		問 57		問 93		問 129		問 165	
問 22		問 58		問 94		問 130		問 166	
問 23		問 59		問 95		問 131		問 167	
問 24		問 60		問 96		問 132		問 168	
問 25		問 61		問 97		問 133		問 169	
問 26		問 62		問 98		問 134		問 170	
問 27		問 63		問 99		問 135		問 171	
問 28		問 64		問 100		問 136		問 172	
問 29		問 65		問 101		問 137		問 173	
問 30		問 66		問 102		問 138		問 174	
問 31		問 67		問 103		問 139		問 175	
問 32		問 68		問 104		問 140		問 176	
問 33		問 69		問 105		問 141		問 177	
問 34		問 70		問 106		問 142		問 178	
問 35		問 71		問 107		問 143		問 179	
問 36		問 72		問 108		問 144		問 180	

年度別全問解答用紙 （令和元年度）

□午前								□午後	
問 1		問 37		問 73		問 109		問 145	
問 2		問 38		問 74		問 110		問 146	
問 3		問 39		問 75		問 111		問 147	
問 4		問 40		問 76		問 112		問 148	
問 5		問 41		問 77		問 113		問 149	
問 6		問 42		問 78		問 114		問 150	
問 7		問 43		問 79		問 115		問 151	
問 8		問 44		問 80		問 116		問 152	
問 9		問 45		問 81		問 117		問 153	
問 10		問 46		問 82		問 118		問 154	
問 11		問 47		問 83		問 119		問 155	
問 12		問 48		問 84		問 120		問 156	
問 13		問 49		問 85		問 121		問 157	
問 14		問 50		問 86		問 122		問 158	
問 15		問 51		問 87		問 123		問 159	
問 16		問 52		問 88		問 124		問 160	
問 17		問 53		問 89		問 125		問 161	
問 18		問 54		問 90		問 126		問 162	
問 19		問 55		問 91		問 127		問 163	
問 20		問 56		問 92		問 128		問 164	
問 21		問 57		問 93		問 129		問 165	
問 22		問 58		問 94		問 130		問 166	
問 23		問 59		問 95		問 131		問 167	
問 24		問 60		問 96		問 132		問 168	
問 25		問 61		問 97		問 133		問 169	
問 26		問 62		問 98		問 134		問 170	
問 27		問 63		問 99		問 135		問 171	
問 28		問 64		問 100		問 136		問 172	
問 29		問 65		問 101		問 137		問 173	
問 30		問 66		問 102		問 138		問 174	
問 31		問 67		問 103		問 139		問 175	
問 32		問 68		問 104		問 140		問 176	
問 33		問 69		問 105		問 141		問 177	
問 34		問 70		問 106		問 142		問 178	
問 35		問 71		問 107		問 143		問 179	
問 36		問 72		問 108		問 144		問 180	

108

年度別全問解答用紙

	□午前					□午後			
問1		問37		問73		問109		問145	
問2		問38		問74		問110		問146	
問3		問39		問75		問111		問147	
問4		問40		問76		問112		問148	
問5		問41		問77		問113		問149	
問6		問42		問78		問114		問150	
問7		問43		問79		問115		問151	
問8		問44		問80		問116		問152	
問9		問45		問81		問117		問153	
問10		問46		問82		問118		問154	
問11		問47		問83		問119		問155	
問12		問48		問84		問120		問156	
問13		問49		問85		問121		問157	
問14		問50		問86		問122		問158	
問15		問51		問87		問123		問159	
問16		問52		問88		問124		問160	
問17		問53		問89		問125		問161	
問18		問54		問90		問126		問162	
問19		問55		問91		問127		問163	
問20		問56		問92		問128		問164	
問21		問57		問93		問129		問165	
問22		問58		問94		問130		問166	
問23		問59		問95		問131		問167	
問24		問60		問96		問132		問168	
問25		問61		問97		問133		問169	
問26		問62		問98		問134		問170	
問27		問63		問99		問135		問171	
問28		問64		問100		問136		問172	
問29		問65		問101		問137		問173	
問30		問66		問102		問138		問174	
問31		問67		問103		問139		問175	
問32		問68		問104		問140		問176	
問33		問69		問105		問141		問177	
問34		問70		問106		問142		問178	
問35		問71		問107		問143		問179	
問36		問72		問108		問144		問180	

ビル管理士試験科目別問題集　市ヶ谷出版社

年度別全問解答用紙

□午前			□午後	
問 1	問 37	問 73	問 109	問 145
問 2	問 38	問 74	問 110	問 146
問 3	問 39	問 75	問 111	問 147
問 4	問 40	問 76	問 112	問 148
問 5	問 41	問 77	問 113	問 149
問 6	問 42	問 78	問 114	問 150
問 7	問 43	問 79	問 115	問 151
問 8	問 44	問 80	問 116	問 152
問 9	問 45	問 81	問 117	問 153
問 10	問 46	問 82	問 118	問 154
問 11	問 47	問 83	問 119	問 155
問 12	問 48	問 84	問 120	問 156
問 13	問 49	問 85	問 121	問 157
問 14	問 50	問 86	問 122	問 158
問 15	問 51	問 87	問 123	問 159
問 16	問 52	問 88	問 124	問 160
問 17	問 53	問 89	問 125	問 161
問 18	問 54	問 90	問 126	問 162
問 19	問 55	問 91	問 127	問 163
問 20	問 56	問 92	問 128	問 164
問 21	問 57	問 93	問 129	問 165
問 22	問 58	問 94	問 130	問 166
問 23	問 59	問 95	問 131	問 167
問 24	問 60	問 96	問 132	問 168
問 25	問 61	問 97	問 133	問 169
問 26	問 62	問 98	問 134	問 170
問 27	問 63	問 99	問 135	問 171
問 28	問 64	問 100	問 136	問 172
問 29	問 65	問 101	問 137	問 173
問 30	問 66	問 102	問 138	問 174
問 31	問 67	問 103	問 139	問 175
問 32	問 68	問 104	問 140	問 176
問 33	問 69	問 105	問 141	問 177
問 34	問 70	問 106	問 142	問 178
問 35	問 71	問 107	問 143	問 179
問 36	問 72	問 108	問 144	問 180